世界の
スープ図鑑

独自の組み合わせが楽しい
ご当地レシピ

317

The World's Soups

佐藤政人

誠文堂新光社

まえがき

　この本の中で紹介するスープの数は317種類だが、この本を書くにあたって、実際は350種を超えるスープを作り、写真を撮り、食べた。1日に4種類のスープを作ったこともある。もちろん好き嫌いはある。一口食べて「うまい！」と一言発し、気が付くと食べきっていたというときもあれば、「こんなもんかなぁ」とか「ちょっと変わってるなぁ」とか思いながら、数回スプーンを口に運んで終わってしまったものもないわけではない。でも「これはまずいわ」と顔をしかめたものは、正直ひとつもなかった。すべての撮影が終わったあと、「よくもこんなにたくさんのスープを作ったものだ」と思うと同時に、「世界には本当にたくさんのスープがあるものだ」と改めて感動したのである。

　湯を沸かし、そこに肉なり野菜なりをぶち込めばスープができる。というか、コンソメ顆粒を加えただけでも立派なスープになる。日本に帰る飛行機の中、食事のときに必ず「お味噌汁はいかが？」と言いながら、フライトアテンダントがピッチャーを片手ににこやかな笑顔で通路を行ったり来たりする。私はこのチャンスを見逃したことがない。初めて機内で味噌汁を手にしたとき、いったいどんな具が入っているか、豆腐かワカメかとそれなりにワクワクしたわけだが、現実は過酷なもので、単なる味噌汁だったのである。つまり、具なしである。それでも味噌汁は味噌汁、今でも必ず機内で具なし味噌汁を食べている。

　スープは、そもそも庶民の食べ物なのだ。貧困で苦しんでいるときでも、スープならわずかな具を加えるだけで作ることができる。残り物、本来は捨ててしまうような物を使ってスープを作る。それが元来のスープの姿であり、だからこそ世界に無限に近いスープが存在するのだ。スープは特別な料理ではない。スープはもっとも慣れ親しんだ故郷の味、母の味なのである。

佐藤政人

Contents

- 2 まえがき
- 10 スープを作る前に
- 12 スープの定義

Chapter 1
西ヨーロッパ

14 イギリス
- 14 ブリティッシュ・オックステール・スープ
- 15 コッカリーキー・スープ
- 16 ロンドン・パティキュラー
- 17 ブリティッシュ・ウォータークレス・スープ
- 18 ヘアスト・ブリー
- 19 カウル
- 20 カウル・ケニン
- 21 カレン・スキンク

22 アイルランド
- 22 アイリッシュ・ベーコン・アンド・キャベッジ・スープ
- 23 ギネス・スープ

24 ドイツ
- 24 ビアズッパ
- 25 キエーゼズッパ
- 26 ズィーベン・クラウターズッパ
- 27 フランクフルター・ズッパ
- 28 ゲロステテ・クルビスズッパ
- 30 ハイセン・コールラビズッパ

31 オーストリア
- 31 フリタテンズッパ
- 32 グリースノケールズッパ
- 33 ヴァイナー・エルデプフルズッパ

34 ベルギー
- 34 ヴァーテルゾーイ

36 ルクセンブルク
- 36 ボンヌシュルップ

37 オランダ
- 37 スネルト
- 38 モスタードスープ

39 スイス
- 39 ブンドナー・ゲアステンズッパ
- 40 カルトフェルズッパ

41 フランス
- 41 ヴェルテ・ドゥ・シャテンヌ
- 42 ブイヤベース
- 43 スップ・ア・ルニョン
- 44 コンソメ
- 46 ポ〜フ
- 47 ラグー
- 48 ラタトイユ
- 50 ヴィシソワーズ
- 51 スップ・ドゥ・トゥマット

52 ジャージー
- 52 ラ・スップ・ダンジュール

Chapter 2
南ヨーロッパ＆地中海エリア

54 アンドラ
- 54 エスクデイヤ

56 ポルトガル
- 56 カルド・ヴェルデ
- 57 ソパ・ディ・ペドラ
- 58 アソルダ・アレンテジャーナ
- 59 カルデイラーダ・ディ・ペイシュ
- 60 カンジャ・ディ・ガリーニャ

61 スペイン
- 61 カルディオ・デ・ペロ
- 62 ファバダ・アストリアナ
- 63 ガスパッチョ
- 64 オリアイグア・アン・フィグレス
- 65 ファベス・コン・アルメハス
- 66 ピスト
- 67 マルミタコ

68 イタリア
- 68 ミネストローネ・ディ・ヴェルデューレ
- 69 ミネストラ・マリタータ
- 70 ガルムージャ
- 72 マク・ディ・ファヴェ
- 73 ブリダ・ディ・セピエ
- 74 ミネストラ・ディ・チェチ
- 75 リボリータ
- 76 ストラッチャテーラ＆ミル・ファンティ

78 マルタ
- 78 ブロドゥ
- 79 クスクス
- 80 ソパ・タルアルムラ

81 スロベニア
- 81 リチェット
- 82 ミタ
- 83 ブイタ・レパ

84 クロアチア
- 84 マネストラ
- 85 パシュティツァダ
- 86 チョバナック
- 88 ピレッチ・パプリカッシュ

90　**ボスニア・ヘルツェゴビナ**
　　90　ベゴヴァ・チョルバ
　　91　グラフ

92　**モンテネグロ**
　　92　チョバスカ・クレム・オドゥ・ヴルガーニャ
　　93　チョルバ・オドゥ・コプリヴェ

94　**アルバニア**
　　94　スップ・メ・トラーナ
　　95　ミシュ・メ・ラクラ

96　**北マケドニア**
　　96　テレスカ・チョルバ

97　**ギリシャ**
　　97　ファソラダ
　　98　コトシュパ・アヴゴレモノ
　　99　タヒーノシュパ

100　**セルビア**
　　100　チョルバ・オドゥ・カルフィオーラ

101　**トルコ**
　　101　アイロン・チョルバス
　　102　ドマテス・チョルバス
　　103　タルハナ・チョルバス
　　104　ラハナ・チョルバス
　　105　バデム・チョルバス
　　106　スルタン・チョルバス

107　Chapter 3
北ヨーロッパ

108　**デンマーク**
　　108　グーレ・エルダル
　　109　フンセクースーベ・メル・クーバラル

110　**フィンランド**
　　110　ヴォルコシプリケイト
　　111　シスコンマッカラケイト
　　112　ケサケイト

113　**アイスランド**
　　113　フィスキスパ
　　114　カコースパ

115　**ノルウェー**
　　115　ラプスカウス
　　116　フィスクスパ

118　**スウェーデン**
　　118　エトソッパ
　　119　フルックツォッパ
　　120　ヴォーレンス・ネッスルソッパ

121　Chapter 4
東ヨーロッパ

122　**エストニア**
　　122　ヴァルスケカプサスップ
　　123　セリカンカ

124　**ラトビア**
　　124　フリカデイユ・ズッパ

126　**リトアニア**
　　126　シャルティバルシチャイ
　　127　グリビエネイ

128　**ベラルーシ**
　　128　スプ・サ・シュチャウーヤ

129　**ブルガリア**
　　129　シュケンベ・チョルバ
　　130　ボブ・チョルバ
　　131　レシュタ・チョルバ

132　**チェコ共和国**
　　132　チェスネチュカ
　　133　ブランボラチュカ

134　**ハンガリー**
　　134　グーヤシュラベシュ
　　136　ホラースリー
　　137　ボルラベシュ

138　**ポーランド**
　　138　ビヤウエ・バルシュト
　　139　ロスール
　　140　クルブニック

141　**ルーマニア**
　　141　チオルバ・デ・ファソレ・ク・アフマトゥーラ
　　142　チオルバ・デ・ペーシュテ

143　**スロバキア**
　　143　パズロヴァ・ポリヨーカ

144　**ロシア**
　　144　オクロシュカ
　　145　スヴェコルニック
　　146　シー

147　**ウクライナ**
　　147　ボルシチ
　　148　ホロキスカ
　　149　クリシュ

150　**アルメニア**
　　150　ボズバーシュ
　　151　コロラック・アプール

152 **ジョージア**
    152 チヒルトゥマ

154 **アゼルバイジャン**
    154 キョフテボズバーシュ
    155 ドヴガ
    156 ドゥシュバラ

157 **Chapter 5**
カリブ海諸島

158 **アンティグア・バーブーダ**
    158 フンギー & ペッパーポット

159 **アルバ**
    159 ソピ・ディ・パンプーナ

160 **バハマ**
    160 バハミアン・ピー & ダンプリング・スープ
    162 ソパ・デ・カラコル

163 **バルバドス**
    163 バハン・スープ

164 **ケイマン諸島**
    164 ケイマン・フィッシュ・ティー

165 **キューバ**
    165 フリカセ・デ・ポイヨ
    166 ギーソ・デ・マイス

167 **ドミニカ共和国**
    167 サンコーチョ
    168 ハビチュエラス・ギサダス
    169 アソパオ

170 **ハイチ**
    170 スープ・ジュームー

172 **ジャマイカ**
    172 ジャマイカン・レッド・ピー・スープ

173 **プエルトリコ**
    173 カルド・サント

174 **トリニダード・トバゴ**
    174 トリニダディアン・コーン・スープ

175 **Chapter 6**
ラテンアメリカ

176 **ベリーズ**
    176 エスカベーシュ
    177 チモリ

178 **コスタリカ**
    178 ソパ・デ・モンドンゴ
    179 ソパ・ネグラ

180 **エルサルバドル**
    180 ソパ・デ・ポイヨ
    181 ソパ・デ・フリホレス

182 **グアテマラ**
    182 カキーク
    183 カルド・デ・レス

184 **ホンジュラス**
    184 アトル・デ・エローテ

185 **メキシコ**
    185 カルド・デ・カマロン
    186 ポソレ
    188 ソパ・アステカ
    190 カルネ・エン・ス・フゴ
    191 ソパ・デ・アフアカテ
    192 ソパ・デ・リマ

194 **ニカラグア**
    194 インディオ・ヴィエホ
    195 ソパ・デ・アルボンディガス

196 **アルゼンチン**
    196 ロクロ
    197 カルボナーダ・クリオイア
    198 ギソ・デ・レンテハス

200 **ボリビア**
    200 ソパ・デ・マニ
    201 フリカセ

202 **ブラジル**
    202 フェイジュアーダ・ブラジレイラ
    203 モケカ・ジュ・カマロウン

204 **チリ**
    204 ソパ・デ・マリスコス

205 **コロンビア**
    205 チャングア
    206 アヒアコ
    207 クチュコ

208 **エクアドル**
    208 ビッチェ・デ・ペスカード
    210 カルド・デ・ボラス・デ・ヴェルデ
    212 ファネスカ

213 **パラグアイ**
    213 ソヨ
    214 ヴォリ・ヴォリ

215 ペルー
　215　サンコチャード
　216　チュペ・デ・カマロネス
　217　インチカピ

218 スリナム
　218　サオト

219 ウルグアイ
　219　プチェロ

220 ベネズエラ
　220　チュペ・アンディーノ

221 **Chapter 7**
北アメリカ

222 バミューダ諸島
　222　バミューダ・フィッシュ・チャウダー

224 カナダ
　224　カナディアン・イエロー・ピー・スープ
　225　カナディアン・チェダー・チーズ・スープ

226 アメリカ
　226　チキン・ヌードル・スープ
　227　ブランズウィック・シチュー
　228　ポット・リッカー・スープ
　229　グリーン・チリ・シチュー
　230　ガンボ
　232　ニュー・イングランド・クラム・チャウダー
　233　メリーランド・クラブ・スープ
　234　タコ・スープ

235 **Chapter 8**
アフリカ

236 ブルンジ
　236　ブルンディアン・ビーン・スープ

237 エチオピア
　237　ミシル・ワット
　238　シロ・ワット

239 ケニア
　239　ケニアン・マッシュルーム・スープ
　240　ケニアン・ティラピア・フィッシュ・シチュー

241 マダガスカル
　241　ロマザヴァ

242 モザンビーク
　242　ソパ・ジ・フェイジャオ・ヴェルデ

243 ルワンダ
　243　アガトゴ

244 ソマリア
　244　マラック・ファーファー

245 タンザニア
　245　スプ・ヤ・ンディジ

246 ザンビア
　246　ソルガム・スープ

247 アンゴラ
　247　カルル

248 カメルーン
　248　エレファント・スープ

249 コンゴ民主共和国
　249　ムアンバ・ンスス

250 ガボン
　250　プレ・ニエンブエ

251 アルジェリア
　251　ベルクケス
　252　ブクトゥフ

253 エジプト
　253　クルカース
　254　ムルヒヤ

255 モロッコ
　255　ハリラ
　256　ビサラ
　257　ケフタ・ムカワラ
　258　ムルージア

260 チュニジア
　260　マルカ・ジェルバナ
　261　ラブラビ

262 ボツワナ
　262　ボツワナ・パンプキン・スープ

263 南アフリカ
　263　サウス・アフリカン・バターナット・スープ

264 マリ
　264　マーフェ

265 コートジボワール
　265　ケジュネ

266 ガンビア
　266　エベ

267 シエラレオネ
 267 プラサス

268 ガーナ
 268 プラサス
 268 フェトゥリ・デッツィ

270 リベリア
 270 ライベリアン・エッグプラント・スープ

271 ナイジェリア
 271 エグシ・スープ
 272 アファング・スープ

273 **Chapter 9**
東アジア

274 中国
 274 ジーマーフー
 275 ジーユータン
 276 ヤオシャンジタン
 277 シエロウユミタン
 278 サンツァイユー
 279 ドングァンワンズタン
 280 バイグーリャンオウタン
 281 ダンファタン
 282 スアンラータン

283 日本
 283 豚汁
 284 味噌汁
 285 粕汁
 286 雑煮
 287 けんちん汁
 288 お汁粉

289 モンゴル
 289 バンタン

290 韓国
 290 マンドゥクク
 292 カルビタン
 293 サムゲタン
 294 メウンタン
 295 テンジャンチゲ
 296 キムチチゲ
 297 スンドゥブチゲ
 298 ソゴギムグク

299 台湾
 299 タイワンマーユージタン
 300 ロウガン
 302 ヤオドゥンバイグー

303 **Chapter 10**
中央&南アジア

304 トルクメニスタン
 304 シュルパ

305 ウズベキスタン
 305 チャロップ
 306 マスタヴァ

307 アフガニスタン
 307 マシャワ

308 バングラデシュ
 308 ハリーン

309 ブータン
 309 ニマ・ダシ

310 インド
 310 ダル・ショルバ
 311 パラック・ショルバ
 312 ウラヴァ・チャル
 313 ゴビ・マサラ
 314 ラサム
 315 サンバル
 316 パンジャビ・カディ

317 モルディブ
 317 ガルディーヤ

318 ネパール
 318 クワティ
 319 ジョル・モモ

320 パキスタン
 320 ニハリ
 321 ヂュラ

322 スリランカ
 322 マリガターニ

323 **Chapter 11**
東南アジア&
オセアニア&ポリネシア

324 カンボジア
 324 サムロル・カコ
 325 サムロル・カリ

326 ラオス
 326 ケン・ノ・マイ・サイ・ヤナン

インドネシア
- 327 スップ・ブレネボン
- 328 コンロ
- 329 ラウォン
- 330 テクワン
- 332 トンセン

マレーシア
- 333 スプ・アヤム

ミャンマー
- 334 チン・ヘイ・ヒン

シンガポール
- 335 バークテー
- 336 カーリーユートウ

タイ
- 337 カオ・トム
- 338 トム・カ・ガイ
- 339 トム・ヤム
- 340 ガン・キオウ・ワァン

ベトナム
- 341 チャウ・ガー
- 342 ラウ
- 343 ボー・コー

オーストラリア
- 344 オーストラリアン・パイ・フローター

フィジー
- 345 フィジアン・フィッシュ・スープ

グアム
- 346 グアミアン／シャモロ・コーン・スープ

ハワイ
- 347 ルアウ・シチュー

ニュージーランド
- 348 クマラ・スープ

サモア
- 349 スアファイ・バナナ・スープ

ソロモン諸島
- 350 カリード・ココナッツ・アンド・ライム・ゴード・スープ

Chapter 12 中近東

イラク
- 352 マラック・クーベ・アドム
- 353 マルガート・バーミア
- 354 ショルバット・ルマン

イラン
- 355 フェセンジュン
- 356 アシェ・ドゥーグ
- 357 アブーシュト
- 358 コレッシュ・ボデムジューン
- 359 ゴルメ・サブジ

イスラエル
- 360 マツォ・ボール・スープ
- 361 イスラエリ・ビーン・スープ
- 362 シャクシューカ

ヨルダン
- 364 ショルベット・フリーカ
- 365 ショルバット・アダス

レバノン
- 366 アダス・ビハモッド
- 367 ムクフルタ

サウジアラビア
- 368 マタズィーズ

アラブ首長国連邦
- 370 ハリース

イエメン
- 371 ファフサ

- 372 参考文献・参考Webサイト
- 375 あとがき

スープを作る前に

　料理は、材料さえ揃えることができれば作れるが、実際に調理を始める前に言及しておきたい、いくつかの注意点などを記しておきたい。

- 何人分か記載されているが、出来上がりの量は同じ4人分でも随分違う。ピュレにするものはだいたい少なめ。具の種類が多い、またはメインディッシュになるものは多めだ。不安な場合は2人分から始めることをおすすめする。
- 材料の分量は一応の目安である。そもそも厳密なものではないので、好きなものは好きなだけ入れるくらいの気持ちで考えてほしい。
- 材料の切り方も、材料を細かく刻む、あるいは逆に切らずに使うなど、料理によっては指定通りに作ったほうがいい場合もあるが、ほとんどは食べやすいと思う大きさで構わない。
- 肉によっては手に入りにくいものや部位がある。トライプ（反芻動物の胃）のような特別な部位はもちろん指定通りのものを使うべきだが、単に肉、骨付き肉の場合は臨機応変に考えていい。

- ブロスという言葉がよく出てくる。これは液体の出汁スープのようなもので、そのまま使う。この本ではすべて無塩のものを使った。日本では入手が難しいので、固形のコンソメなどを使う。ただし塩分量に気をつけること。
- 材料は塩、コショウ以外、使用する順に記載してある。材料は調理前にすべて用意しておくことをおすすめする。
- 水の量も好みで変えていい。目安は1人分200〜250cc。豆スープなどは常に同じレベルの水分量を保つように順次補充する。
- 調理する過程で必ず行う必要があるのが灰汁取り。個々のレシピには書いてないが、灰汁は可能な限り取り除くこと。また、煮ている間はできる限り蓋をしておくこと。
- パームオイル使用の料理がいくつか登場する。実際のスープに近付けるために使用したが、自然破壊、劣悪労働環境が世界的な問題となっているパームオイルは、RSPO（持続可能なパーム油のための円卓会議）が認証するものを使用してほしい。ない場合は普通のサラダ油を使おう。

スープの定義

　スープは、人間が火を使い始めたころから食べられていたわけでない。水を入れても漏れない器が必要だからだ。では、火にかける必要が絶対あるかというと、そうとは限らない。防水性のある木などでできた器に、焚火に放り込んで焼いた石を投げ込めば湯を沸かすことができるし、材料を煮ることもできる。いずれにしても、紀元前2万年ころから人間はスープを食べていたらしい。以来、貧乏金持ちを問わず、健康な人はもちろん、病人食としても重要な役割を果たしてきた。

　スープは、肉や魚や野菜を煮たものである。でも、もしそうだとするとひとつ疑問が湧いてくる。シチューも同じではないか。スープとシチューの違いは何か。

　簡単にいえば、水分が多くてさらさらしているのがスープで、少なくてとろりとしているのがシチューである。スープをさらに煮込めばシチューになる。シチューをさらに煮込めばソースになる。でも、どこまでがスープでどこからがシチューなのかとなると、「ううん」と考え込んでしまうのだ。わからないものを分けても仕方がないというわけで、この本の中にはスープもシチューもある。

　このように、スープとは？ シチューとは？ などと考えていると、思わぬことにハッと気が付く。日本のカレーはシチューである。これは誰もがすぐに気が付く。では、肉じゃがはどうだろうか。肉じゃがは立派なシチューなのだ。といっても、これといった理由はないが、日本のカレーも肉じゃがもこの本には登場しない。

　先の「料理を作る前に」で述べたように、この本の中にはブロスという言葉がよく出てくる。でも、ブロスに似たものにストックというものがある。一般にストックは骨で作り、ブロスは骨付き肉のほか野菜やハーブが入る。ブロスはそのままスープとして食べることもできるが、ストックは普通料理の材料として使う。他の言葉を使えば、ブイヨンやコンソメはブロス、鶏ガラや豚骨はストック、カツオ出汁もおそらくストックということになる。

※スープの日本語表記は、日本で一般的に使われているものに対してはそれに合わせ、それ以外のものは現地の発音にできるだけ近付けました。

The World's Soups
Chapter 1

西ヨーロッパ
Western Europe

イギリス／アイルランド／ドイツ／オーストリア／ベルギー
ルクセンブルク／オランダ／スイス／フランス／ジャージー

British Oxtail Soup

イギリス United Kingdom

| ブリティッシュ・オックステール・スープ

ゆっくり時間をかけて煮込むことでうまさが増す牛の尻尾

イギリス

なぜオックステールなのかという素朴な疑問がある。オックスは荷物の運搬などをする水牛のような牛のことで、オックステールはその牛の尻尾ということになるが、そうではないらしい。オックステールとは料理に使われる単なる専門用語みたいなもので、かつては去勢した牛の尻尾だったが今では牛の尻尾なら何でも構わないようだ。

オックステールのスープは19世紀にフランスからやってきて英国に広まった。オックステールは肉が骨から簡単にはがれるくらいまでじっくり煮込む。ゼラチン質を豊富に含んでいるので、肉だけでは達成できない深みのある味になる。

材料（4人分）

無塩バター：大さじ2／牛テール（オックステール）：800g（関節で切り、余分な脂と筋を取り除く）／ハム：1枚（1cm角切り）／ニンジン：1本（スライス）／ターニップまたはカブ：1個（スライス）／玉ネギ：1個（スライス）／リーキまたは長ネギ：1/2本（スライス）／セロリ：2本（スライス）／ブーケガルニ：1束／粒コショウ：4粒／クローブ：2粒／水：1200cc／塩：適宜／小麦粉：大さじ2／ポルトワイン：60cc／トマトソースまたはケチャップ：大さじ1／イタリアンパセリ（飾り）：適宜

作り方

❶鍋にバターを溶かし、牛テールを入れて全体に焦げ目がつくまでソテーする。❷ハムを加えて軽くソテーしたら、さらに野菜を加えて玉ネギがしんなりするまで炒める。❸ブーケガルニとスパイス、水、塩小さじ1を加えて沸騰させ、弱火にして牛テールが柔らかくなるまで煮る。❹牛テールを取り出して別の器に移し、鍋の中身をザルなどで濾す。ザルに残った野菜などは捨て、スープは鍋に戻す。牛テールは冷めたら肉と骨に分けて、骨は捨てる。❺小麦粉をポルトワインで溶き、鍋にトマトソースとともに加えてひと煮立ちさせる。肉を加えて塩で味を調え、弱火で5、6分煮る。❻スープを器に注いで、イタリアンパセリを散らす。

Cock-a-Leekie Soup

イギリス United Kingdom

コッカリーキー・スープ

リーキのうまみが溶け込んだスコットランドのナショナルスープ

　コッカリーキーと日本語表記するとわけがわからないが、コック、つまり鶏と、リーキ、太さが3センチくらいある日本でいえば群馬県の下仁田ネギみたいな太いネギのスープである。このスープはそもそもはフランスの鶏と玉ねぎのスープらしく、16世紀に海を渡りスコットランドにやってきた。そのはるか昔にローマ人が持ってきたリーキが玉ネギに取って代わった。

　19世紀の料理本を見ると、リーキを3、4時間煮込んでピュレ状にするとある。ドライプルーンを加えるのは最近になってからのことだといわれているが、その料理本にはすでにプルーンが材料として登場する。

材料（4人分）

サラダ油：大さじ1／鶏モモ肉またはドラムスティック（できれば骨付き）：800g／リーキまたは長ネギ：2本（2cm輪切り、緑の部分はそのままとっておく）／ニンジン：2本（1cm輪切り）／セロリ：1本（小口切り）／白ワイン：大さじ1／チキンブロスまたは水＋チキンブイヨン：1000cc／ローリエ：1枚／タイム：小さじ1/2／塩・コショウ：適宜／ドライプルーン：8個／イタリアンパセリ（飾り）：適宜（ざく切り）

作り方

❶鍋に油を熱し、肉を加えて全体に焦げ目を付けたら取り出しておく。❷リーキの緑の部分、ニンジン、セロリを鍋に入れて、リーキが柔らかくなるまで炒めたら白ワインをかけ、ワインが蒸発するまで炒める。❸肉を鍋に戻してブロス、ハーブ、塩小さじ1、コショウ少々を加えて、肉に火が通るまでじっくり弱火で煮込む。❹火をいったん消して肉を取り出す。スープが少し冷めたら余分な脂をスプーンなどですくい取り、ザルで濾してスープを鍋に戻す。❺肉の骨を取って食べやすい大きさに裂いたら鍋に戻し、輪切りにしたリーキ、プルーンを加えて10分くらい煮込む。❻スープを器に盛り、イタリアンパセリを散らす。

London Particular

ロンドン・パティキュラー

霧にむせぶロンドンを象徴するスープ、それがこのスープである

　シャーロック・ホームズのようなちょっと昔のロンドンを舞台にした映画を見ると、霧に包まれた何とも幻想的な光景に目が奪われる。でも、実はそんな美しいものなどではなくて、むしろメリー・ポピンズの煙突掃除の方がしっくりくる、工場など煙突から噴き出す煙が充満したスモッグなのだ。このどんよりしたスモッグまみれの霧をロンドン・パティキュラーと呼ぶ。

　ひどい名前が付いたものだとは思うが、実際に作ってみるとその色といい濃度といい、この名前がぴったりのスープなのである。でも、ロンドンの人が愛するおいしいスープであることは保証付きである。

材料（8人分）

スモークハムホック（塩辛い場合は一晩水に浸しておく）：1個（200gほど）／玉ネギ：2個（1個は2等分、もう1個は1cm角切り）／セロリ：1本（長さ4cmくらいに切る）／ニンニク：1粒（みじん切り）／粒コショウ：8粒／ブーケガルニ：1束／水：2000cc／グリーンスプリットピー（または緑レンズ豆）：200g（一晩水に浸しておく）／無塩バター：大さじ2／塩・コショウ：適宜／細かく切ったハムホック（飾り）：適宜（スープ用のものを少しとっておく）／チャイブ（飾り）：適宜（小口切り）

作り方

❶ハムホックと、2等分した玉ネギ、セロリ、ニンニク、粒コショウ、ブーケガルニを鍋に入れ、水を注いで沸騰したら弱火にして、だいたい2時間ほど、肉が柔らかくなるまでじっくり煮る。❷煮えたらそのまま冷まし、ザルなどで濾してスープは鍋に戻す。肉は骨、皮、筋、余分な脂肪などを取り除き、細かく裂くか、切っておく。豆はザルにあけ、さっと水洗いする。❸別の鍋にバターを熱し、角切りにした玉ネギを透き通るまで炒める。❹❸にハムホックを煮たスープ、豆を加えて、弱火で豆が柔らかくなるまで煮る。柔らかくなったら、ブレンダーでピュレにする。❺ピュレを鍋に戻し、肉を少し残しておいて加える。塩とコショウで味付けしてひと煮立ちさせる。❻スープを器に盛り、残しておいた肉とチャイブで飾る。

British Watercress Soup

|| ブリティッシュ・ウォータークレス・スープ

清らかな水で育った、ちょっとピリリとするクレソンのスープ

　英国の南に位置するハンプシャー州には、緩やかな草原を滔々と流れるチョークストリームと呼ばれる川があり、その透き通った流れの中でクレソンが踊る。この辺りでは数世紀に渡りクレソンが栽培され、ウォータークレス鉄道路線でロンドンに出荷されてきた。マスタードのような辛味があるクレソンは、ティーサンドイッチやサラダなどに欠かせない素材として親しまれてきた。

　鮮やかなグリーンのスープも、クレソンのデリケートな味が堪能できる料理のひとつである。クリームを使うものと使わないものがあるが、ここではクリーミーでのど越しがなめらかな生クリーム入りを紹介する。

材料（4人分）

チキンブロスまたは水＋チキンブイヨン：200cc ／水：200cc ／ジャガイモ：小1個（薄くスライス）／リーキまたは長ネギ：1/2本／クレソン（ウォータークレス）：120g（太い茎を取って残りをざく切り）／無塩バター：大さじ2 ／生クリーム：120cc ／塩・コショウ：適宜／クレソンの葉（飾り）：適宜

作り方

❶ブロスと水を鍋に入れて沸騰させ、ジャガイモ、リーキ、塩とコショウ少々を加えて、中火で野菜が柔らかくなるまで煮る。❷クレソンを加え、クレソンがスープを吸って色が変わったらすぐに火を消し、ブレンダーでピュレにする。❸❷のピュレを鍋に戻し、バターと生クリームを加えて温め、塩とコショウで味を調える。❹熱いまま器に注ぐ。あるいは冷蔵庫で冷ましてからサーブしてもいい。上にクレソンの葉を飾る。

Hairst Bree

イギリス

ヘアスト・ブリー

別名ホッチポッチ。ラム肉と野菜をたくさん使った温かなスープ

　ゲール語の影響がいまだに残るスコットランドの料理名はユニークである。ヘアストはハーベスト、収穫の意味で、ブリーはローストターキーなどにかけるソース、グレービーのこと。つまり収穫を祝うためのスープなのだ。このスープには別名がある。ホッチポッチというこれまた妙な名前で、正直いったい何のことなのかこれだけではまったくわからない。どうも混ぜ物とか各種詰め合わせとかいう意味らしい。

　ヘアスト・ブリーはラムと数種の野菜で作るボリュームのあるスープで、昔はマトンやラムの首の部分が使われたが、今は骨付きラムを使うのが一般的である。

材料（4人分）

骨付きラム肉：400g／水：1200cc／ローリエ：1枚／塩・コショウ：適宜／ニンジン：2本（幅1cmに切る）／ターニップまたはカブ：1本（幅1cmに切る、なければニンジンをもう1本）／キャベツ：1/2個（千切り）／青ネギ：4本（長さ3cmに切る）／レタス：1個（千切り）／グリーンピース（冷凍でOK）：250g／イタリアンパセリ（飾り）：適宜（ざく切り）

作り方

❶肉と水、ローリエを鍋に入れて火にかける。小さじ1程度の塩とコショウ少々を加えて沸騰させ、灰汁を取ったら中火にして、肉が柔らかくなるまで煮込む。❷肉を取り出して冷ます。❸ニンジン、ターニップ、キャベツを鍋に加え、中火で煮る。その間に肉の骨を取り除き、食べやすい大きさに切って鍋に戻す。❹野菜が柔らかくなったら青ネギ、レタスを加えて10分ほど煮込み、グリーンピースを加えてひと煮立ちさせる。❺塩とコショウで味を調えたら、スープを器に盛り、イタリアンパセリを散らす。

Cawl

｜｜ カウル

ウェールズが誇る根菜をふんだんに使ったナショナルディッシュ

　カウルはウェールズの言葉でスープを意味する。ウェールズでスープはこれだけというわけでもない。正確にはカウル・カムレイグ、ウェールズのスープという意味で、基本的には何も変わりがない。

　ウェールズのナショナルディッシュであるカウルは、スコットランドのヘアスト・ブリーに材料的には似ているが、キャベツやレタスの代わりにカブの仲間であるルタバガやパースニップが入る。ナショナルディッシュというだけあって、14世紀頃から食されてきた伝統の料理で、以前は塩漬けのベーコンや牛肉が使われていた。ジャガイモが加わったのは16世紀に入ってからだ。

材料（4人分）

骨付きラム肉または牛肉：400g／無塩バター：大さじ2／玉ネギ：1個（スライス）／水：1500cc／タイム：1本／イタリアンパセリ：5本／ローリエ：1枚／ジャガイモ：2個（1cm角切り）／ニンジン：1本（1cm角切り）／パースニップ（なければニンジン）：1本（1cm厚切り）／ターニップまたはカブ：1個（1cm角切り）／ルタバガ：1個（1cm角切り）／リーキまたは長ネギ：1本（小口切り）／塩・コショウ：適宜

作り方

❶肉に軽く塩、コショウする。鍋にバターを熱し、肉を加えて全体に焦げ目を付ける。❷いったん肉を取り出す。鍋に玉ネギを加えて、透き通るまで炒める。❸肉を鍋に戻し、水、ハーブを加えて、肉が柔らかくなるまで弱火で煮る。❹肉は取り出し、リーキ以外の根菜を加えて柔らかくなるまで弱火で煮る。ハーブは取って捨てる。❺肉が冷めたら骨、筋、余分な脂肪を取り除いて鍋に戻す。ひと煮立ちしたらリーキを加えて5分煮て、塩とコショウで味を調える。

Cawl Cennin

|| カウル・ケニン

ウェールズの象徴リーキたっぷりのポタージュスタイルのスープ

　ケニンはウェールズの言葉でリーキ。リーキとジャガイモを煮てピュレにしたクリームたっぷりのスープ、それがカウル・ケニンだ。フランスやルーマニアにも同じようなスープがあるが、ウェールズの人にとってはよく食べるスープという以外に重要な意味を持っている。

　6世紀、サクソン人との戦いのとき、ウェールズ戦士は味方であることがわかるように兜にリーキをつけて戦った。以来、リーキはウェールズのシンボルとなり、今でもエンブレムに描かれている。つまりカウル・ケニンはウェールズの象徴ともいえる、誇り高きスープなのである。

材料（4人分）

無塩バター：大さじ2／玉ネギ：1個（スライス）／ニンニク：1粒（みじん切り）／リーキまたは長ネギ：2本（小口切り）／ジャガイモ：2個（スライス）／チキンブロスまたは水＋チキンブイヨン：1000cc／生クリームまたはクレムフレッシュ：160cc／チェダーチーズ（お好みで）：100g（すりおろす）／塩・コショウ：適宜／イタリアンパセリ（飾り）：適宜（みじん切り）

作り方

❶鍋にバターを熱し、玉ネギとニンニクを加えて、玉ネギが透き通るまで炒める。❷リーキとジャガイモを加え、軽く混ぜ合わせたらブロスを加え、野菜が柔らかくなるまで弱火でじっくり煮る。❸いったん火を消して少し冷ましたら、ブレンダーでピュレにする。鍋に戻して生クリームとチーズを加え、チーズが完全に溶けるまで中火で煮る。塩とコショウで味を調える。❹スープを器に注いで、イタリアンパセリを散らす。

Cullen Skink

カレン・スキンク

イギリス United Kingdom

燻製のほのかな香りと風味が食欲をそそる白身魚のスープ

　スコットランドの北東部に人口が1500人に満たない村、カレンがある。カレン・スキンクの生まれ故郷である。今では東北部全域で頻繁に食される。フィナンハディーと呼ばれるタラ科の魚ハドックの燻製を使ったスープである。低温でゆっくりスモークされた白身魚の燻製が、生魚を使ったスープにはないうまみを生む。

　牛乳や生クリームを加えるのが普通だが、加えないもの、マッシュポテトでとろみをつけるものなどいろいろなバリエーションがある。アメリカ・ニューイングランドのチャウダー、フランスのビスクに勝るとも劣らない、ボリュームのあるスープである。

材料（4人分）

無塩バター：大さじ2／玉ネギ：1個（みじん切り）またはリーキ：1本（小口切り）／ハドック（タラ）の燻製（皮付き）または他の白身魚の燻製：400g／フィッシュブロス：750cc／イタリアンパセリ：10本程度（茎部分と葉を切り分け、葉はみじん切り）／ローリエ：1枚／ジャガイモ：2個（1cmサイコロ切り）／生クリーム：250cc／塩・コショウ：適宜／チャイブ（飾り）：適宜（みじん切り）

作り方

❶鍋にバターを熱し、玉ネギを入れて透き通るまで炒める。❷ハドックを皮を下にして鍋に置き、ブロスを注いでイタリアンパセリの茎、ローリエ、塩とコショウ少々を加えたら、中火で魚に火が通るまで煮る。❸魚とイタリアンパセリ、ローリエを取り出す。イタリアンパセリの茎とローリエは捨てる。魚は冷めたあとに骨と皮を取って身をほぐす。❹鍋にジャガイモ、イタリアンパセリを加えて柔らかくなるまで中火で煮たら、ほぐした魚と生クリームを加えて、塩とコショウで味を調える。沸騰しないように注意しながら沸騰直前まで温める。❺スープを器に注ぎ、上にチャイブを散らす。

Irish Bacon and Cabbage Soup

アイルランド

アイルランド Ireland

|| アイリッシュ・ベーコン・アンド・キャベッジ・スープ

ベーコンとキャベツの組み合わせはアイルランド料理の定番

　3月17日、アイルランドでは聖パトリックの祝日を祝い、盛大なフェスティバルが行われる。家庭の食卓には伝統的なアイルランド料理が並ぶ。ベーコン＆キャベツもそのひとつ。これはそのスープ版といえる。

　アイルランドのベーコンは一般に知られているバラ肉ではなく、脂身が少ない肩ロースが使われるので、一見するとハムに似ている。キャベツも硬く締まったものではなく、日本ではあまり馴染みがないサボイキャベツが使われる。サボイキャベツは煮ても甘味が強くならず、脂の少ないベーコンと相まって、思っているよりもあっさりとしたスープに仕上がるのだ。

材料（4人分）
アイリッシュベーコン（なければ普通のベーコンまたはパンチェッタ）：200g／缶詰のトマト：400g（1cmサイコロ切り）／チキンブロスまたは水＋チキンブイヨン：500cc／ジャガイモ：2個（1cmサイコロ切り）／サボイキャベツ（なければ普通のキャベツ）：150g（千切り）／無塩バター：大さじ1／塩・コショウ：適宜

作り方
❶鍋でベーコンを全体的に茶色くなるまで炒めたら、余分な脂をすくい取る。❷鍋に缶詰のトマト、ブロスを加えて沸騰させ、ジャガイモ、塩とコショウ少々を加えたら、ジャガイモに少し硬さが残っているくらいまで煮る。❸キャベツを加えて柔らかくなるまで煮、バターを溶かし、塩とコショウで味を調える。

Guinness Soup

アイルランド Ireland

ギネス・スープ

ビールで牛肉を煮込んだ、スープというよりも濃厚なシチュー

　アイルランド料理の知識はなくても、ギネスなら知っているのではないだろうか。黒ビールの代表ともいえるギネスビールを牛肉にたっぷり注いで作るのが、このビーフシチューなのだ。
　日本でもビールを煮込み料理に使う人は多いので、ギネスのスープと聞いても違和感はない。デミグラスソースを使う必要はない。見た目も味も濃厚なシチューが黒ビールだけで達成できてしまうのだ。マッシュポテトを添える、あるいはスープの器に入れてシチューと一緒に食べると、これがまたうまい。牛肉ではなく玉ネギとギネスでオニオンスープもまたいける。

材料（4人分）

シチュー用牛肉：400g ／小麦粉：大さじ3 ／サラダ油：大さじ1＋1 ／玉ネギ：1個（1cm角切り）／ニンニク：2粒（みじん切り）／セロリ：2本（長さ1cmに切る）／赤ワイン：60cc ／ビーフブロス：250cc ／ギネスビール：500cc ／トマトピュレ：大さじ2 ／ローリエ：1枚／ニンジン：1本（1.5cm輪切りまたはサイコロ切り）／塩・コショウ：適宜

マッシュポテト（2カップ分）
ジャガイモ：4個（スライス）／生クリーム：大さじ2 ／無塩バター：大さじ2 ／塩・コショウ：適宜

作り方

❶マッシュポテトを作る。ジャガイモを茹でる、蒸す、または電子レンジを使って柔らかくなるまで火を通し、マッシャーなどでつぶしたら他の材料を加えてよく混ぜる。
❷シチューを作る。肉に塩とコショウ少々を振り、小麦粉を全体にまぶす。❸鍋に油大さじ1を熱し、牛肉を加えて全体に焦げ目が付くまでソテーする。❹いったん肉を取り出し、鍋に油大さじ1、玉ネギ、ニンニク、セロリを加えて、玉ネギが透き通るまで炒める。❺赤ワインを加えて完全に蒸発するまで炒めたら、ブロスとギネスビールを注ぐ。肉を戻し、トマトピュレ、ローリエを加えて、中火以下で肉が柔らかくなるまでじっくり煮込む。❻ニンジンを加えて柔らかくなるまで煮たら、塩とコショウで味を調える。❼マッシュポテトを器に盛り、シチューを注ぐ。ポテトとシチューは別の器に盛りつけてもいい。

Biersuppe

|| ビアズッパ

チーズをのせたパンにかけて食べるドイツ版ビールスープ

　アイルランドにギネスのスープがあるのだから、当然ドイツにもビールを使ったスープがある。でも、見た目も味もまったく違う。ギネススープのような濃厚さはなく、卵と砂糖が入るので正反対ともいえる甘いスープになる。中世から食されていたといわれるこのスープは、19世紀に出版された『プラクティシェス・クッフブッフ』に詳しいレシピが出てくる。材料も作り方も現在のレシピとほとんど変わりがない。

　作り方はシンプルだが、卵とじにならないようにするのに気を遣う。弱火で少しずつ混ぜながらミックスするのがポイントだ。そして絶対に沸騰させない。

材料（4～6人分）

ビール：1000cc／水：500cc／ブラウンシュガー：小さじ1／塩：小さじ1/2／小麦粉：大さじ3／卵：2個／バゲット（スライスしたもの）：4枚／チーズ（スイス、エダム、エメンタールなど）：125g（すりおろす）

作り方

❶鍋にビール、水、砂糖、塩を入れて沸騰させる。❷ボウルに小麦粉と卵を入れて、よく混ぜ合わせておく。❸❷を別の鍋に入れて弱火にかける。そこに❶を泡立て器で混ぜながら少しずつ注ぐ。卵が固まらないように注意。❹そのまま沸騰させないように十分に温める。❺器にバゲットを置いてチーズを上にのせ、スープを注ぐ。

Käsesuppe

ドイツ / Germany

|| キエーゼズッパ

クリームチーズがとろ〜り溶け込んだとても温まるスープ

あまりスープをおいしく感じないときでも、パルメザンチーズをパラパラッとかけただけで大変身することがままある。このスープはそんな便利なチーズをメインの材料にしたスープだ。日本ではあまり一般的ではないが、チーズのスープは世界各地にある。

チーズはスープに溶かし込むことが多いが、溶けないチーズをサイコロに切ってスープに混ぜたものもある。熟成したチーズを使えば濃厚になるし、フレッシュチーズを使えばクリーミーなスープになる。このスープはクリームチーズを使った食べやすいスープだ。ドイツでは前ページのスープのようにビールを加えて作ることも多い。

材料（4人分）

牛または豚挽き肉：200g／青ネギ：5本（小口切り）／ジャガイモ：2個（1cm角切り）／ニンジン：1本（1cm角切り）／野菜ブロスまたは水＋野菜ブイヨン：1000cc／無塩バター：大さじ2／ハーブ入りクリームチーズ（できればソフトタイプ）：300g／イタリアンパセリ：3本（みじん切り）

作り方

❶鍋を熱して挽き肉を入れ、肉がパラパラになるまで炒める。❷青ネギを加えて柔らかくなるまで炒め、ジャガイモとニンジンを加えて、ざっと混ぜ合わせる。❸ブロスを注いで、弱火で野菜が柔らかくなるまで煮る。❹スープにバターを入れて溶かし、クリームチーズを少しずつ加えてかき混ぜながらチーズを完全に溶かす。❺塩とコショウで味を調え、イタリアンパセリを加えて、さっと混ぜ合わせる。

Sieben Kräutersuppe

ズィーベン・クラウターズッパ

日本人もドイツ人も同じ。春の訪れを料理にして楽しむ

　日本に春の七草粥があるように、ドイツには七草を使ったスープがある。野生のハーブや野草、栽培した緑色野菜を合わせ、春を味わうスープを作る。写真のスープの材料はイラクサ、タンポポ、チャービル、チャイブ、スイバ、クレソン、ディルだが、ほかにも様々な素材が使われる。飾りに食べられる花を添えると、さらに華やかなスープとなる。

　材料や分量によって味が微妙に変わる。タンポポの葉が多いとちょっと苦みが出るし、スイバやディルが多いと酸味が強くなる。色鮮やかに仕上げるコツは、あまり煮すぎないことだ。日本の春の七草で作るというのもいいかもしれない。

材料（4人分）

無塩バター：大さじ1／玉ネギ：中1個（みじん切り）／野菜ブロスまたは水＋野菜ブイヨン：500cc／生クリーム：250cc／ハーブミックス（青ネギ、イラクサ、タンポポの葉、タラゴン、クレソン、チャイブ、スイバ、パセリ、ラムソン、サラダバーネット、チャービル、ディル、ホウレン草などから7種）：200g（ざく切り）／塩・コショウ：適宜／スープに使用したハーブ（飾り、イラクサ以外）：適宜／タンポポ、スミレなど食用の花（飾り）：適宜

作り方

❶鍋にバターを熱し、玉ネギを加えて透き通るまで炒めたら、ブロスと生クリームを加えて沸騰寸前まで温める。❷ハーブを飾り用に少し残して加えてかき混ぜ、ブレンダーでなめらかにしたら、塩とコショウで味を調える。❸スープを器に盛り、残しておいたハーブ、花で飾る。

Frankfurter Suppe

|| フランクフルター・ズッパ

ドイツなので、当然のごとくスープにソーセージが加わるわけである

　ソーセージはドイツ料理の代名詞というのが世界的な認識ではないだろうか。グリルしてもよし、茹でてもよし、サンドイッチにしてもよし。もちろんスープにしてもうまい。そもそもソーセージは、様々なハーブやスパイスが入っているれっきとした単品料理なので、スープに投げ込むだけでソーセージのうまみがスープに広がり、肉だけでは味わえない深みのある味となる。

　ここで紹介しているのは、少しばかりスパイスが効いたキャベツのスープだが、レンティルなど豆がスープのベースになっていることも多い。ソーセージは少ない材料でスープを作るのに最適な素材である。

材料（4人分）

無塩バター：大さじ1＋1／ベーコン：100g（スライス）／玉ネギ：小2個（みじん切り）／ニンニク：2粒（みじん切り）／クミンパウダー：小さじ1〜2（お好みで）／パプリカパウダー：小さじ1／小麦粉：大さじ1／チキンブロスまたは水＋チキンブイヨン：1250cc／サボイキャベツまたは普通のキャベツ：70)g（スライス）／フランクフルトソーセージ（できればフランクフッター・ヴルストチェン）：4〜8本（1cm厚輪切り）／クレムフレッシュ（飾り）：大さじ4／イタリアンパセリまたはチャイブ（飾り）：適宜

作り方

❶鍋に大さじ1のバターを熱してベーコンを加え、ベーコンから十分脂が出るまで炒めたら、玉ネギとニンニクを加えて、玉ネギが透き通るまで炒める。❷クミン、パプリカパウダー、小麦粉を加え、小麦粉の粉っぽさがなくなるまで弱火で混ぜる。❸ブロスを加えて沸騰させ、キャベツを入れて柔らかくなるまで煮る。❹その間に大さじ1のバターをフライパンで熱し、ソーセージをソテーしておく。❺器にソーセージを置いてその上にスープをかける。クレムフレッシュとイタリアンパセリでスープを飾る。

Geröstete Kürbissuppe

ゲロステテ・クルビスズッパ

ローストしておいしさが増したカボチャで作る秋冬に最適のスープ

　秋になると、スーパーやファーマーズマーケットに様々なカボチャが並ぶ。正確にはスクワッシュ。カボチャもスクワッシュの一種で、世界にはスクワッシュの種類が無数にあり、色も味も様々だ。ドイツでもスクワッシュは秋から冬にかけての重要な食材であり、スクワッシュのスープは寒い冬には欠かせないものだ。

　カボチャもそうだが、スクワッシュはオーブンで焼くとおいしさが数倍増す。ドイツではこのローストしたスクワッシュを使ってスープを作ることがよくある。スクワッシュをそのまま器にすれば、食卓をさらに賑わせること間違いなしだ。

ドイツ Germany

材料（4人分） ※カボチャを器に使わない場合

無塩バター：大さじ1＋1 ／カボチャ：小1個（半分に切って種を取る） ／玉ネギ：1/2個（スライス） ／セロリ：1/2本（小口切り） ／ニンジン：1本（スライス） ／グリーンアップル：1/4個（スライス） ／おろしショウガ：小さじ1 ／チキンブロスまたは水＋チキンブイヨン：750cc ／オレンジの果汁：1/4個分 ／ハチミツ：大さじ1 ／コリアンダーパウダー：小さじ1/4 ／ナツメグ：少々 ／オールスパイス：一摘み ／シナモンパウダー：一摘み ／クローブ：一摘み ／カイエンペッパー：一摘み ／ローリエ：1枚 ／生クリーム：250cc ／塩：適宜 ／白コショウ：適宜 ／ナッツ、レーズン、クリスプベーコン、クルトン、クレムフレッシュなど好みのもの（飾り）：適量

作り方

❶オーブンを220度にセットする。溶かしたバター大さじ1をカボチャの内側に塗る。トレイにベーキングシートを敷き、その上に切り口を上にしてカボチャを置いて完全に火が通るまで焼く。火が通る前に焦げそうな場合は、上からアルミ箔をかぶせる。焼けたら取り出して冷ます。❷鍋に大さじ1のバターを溶かし、玉ネギとセロリを入れて玉ネギが透き通るまで炒める。さらにニンジン、グリーンアップル、ショウガを加えて少し炒める。❸ブロスを注ぎ、オレンジの果汁、ハチミツ、スパイス、塩と白コショウ少々を加える。❹野菜が柔らかくなったら、十分冷めたカボチャの身をスプーンなどですくい取って鍋に入れる。❺ひと煮立ちしたらローリエを取り出し、ブレンダーでピュレにする。❻生クリームを加えて、かき混ぜながら沸騰直前まで温める。❼スープを器に注ぎ、ナッツやクレムフレッシュなど好みの飾りをのせる。

Heiße Kohlrabisuppe

ハイセン・コールラビズッパ

コールラビと呼ばれるほんのり甘みのある野菜を使ったスープ

　このスープに使われているコールラビは日本ではほとんど見かけなかったが、最近では地方などで売られるようになったらしい。一見すると根菜のようだが実は茎で、キャベツの仲間と知って驚いた。そういわれてみると、同じキャベツの仲間であるブロッコリーの茎を太く丸くするとこうなるのではと想像できなくもない。

　もともと地中海原産だが、コールラビという名前自体がドイツ語からきていることからもわかるように、ドイツ語圏で人気の野菜だ。生で食べても甘みがあり、煮るとカブに似た食感と味になる。ハイセンは熱いという意味だが、冷やしてもおいしい。

材料（4～6人分）

無塩バター：大さじ2／玉ネギ：小1個（みじん切り）／小麦粉：大さじ1／チキンまたは野菜ブロスあるいは水＋ブイヨン：1000cc／コールラビ（できれば葉付き）：2～3個（1cmサイコロ切り、葉は細かく切る）／ジャガイモ：大1個（1cmサイコロ切り）／サワークリームまたは生クリーム：120cc／塩・コショウ：適宜／クルミ（飾り）：適宜（粗く砕く）／イタリアンパセリ（飾り）：適宜（みじん切り）

作り方

❶鍋にバターを熱し、玉ネギを加えて透き通るまで炒めたら、小麦粉を加えて粉っぽさがなくなるまで混ぜる。❷ブロスを注ぎ、コールラビ、ジャガイモ、塩小さじ1、コショウ一摘みを加えて沸騰させたら、弱火にして野菜が柔らかくなるまで煮る。❸鍋の中身をブレンダーでピュレにし、再び火にかけてサワークリームを加え、沸騰しないように十分温めたら、塩とコショウで味を調える。❹スープを器に注ぎ、クルミとイタリアンパセリで飾る。

Frittatensuppe

|| フリタテンズッパ

かなり突拍子もないスープだが、ぜひ試してほしいと言いたい

　レシピと写真を見た瞬間にどうしても許せない、とんでもない料理というものはあるもので、このスープもそのひとつだ。パンケーキだかクレープだかをスープに浸して食べるなどとは言語道断だと思ったのだ。でも作ってみたら、レシピを見たとき以上にびっくりしてしまった。

うまいのだ。しかもすごく。
　薄く焼いたパンケーキを錦糸卵のように切って器に盛り、スープを上からかける。一口食べただけでわかる。パンケーキから滲み出た卵と牛乳がスープに溶け込み、イタリアのミル・ファンティ（P76）にも匹敵するすばらしいスープになってしまうのである。

材料（4人分）

チキンまたはビーフブロスあるいは水＋ブイヨン：1000cc／小麦粉：80g／牛乳：250cc／卵：1個／イタリアンパセリ：1本（みじん切り）／塩：一摘み／サラダ油：適宜／塩・コショウ：適宜／イタリアンパセリまたはチャイブ（飾り）：適宜（みじん切り）

作り方

❶ブロスを沸騰させ、塩とコショウで味を調える。
❷小麦粉をボウルに入れ、牛乳を加えて泡立て器でよく混ぜたら、卵、イタリアンパセリ、塩を加えてさらによく混ぜる。❸フライパンを中火で熱して少量の油を敷き、❷の生地の1/4を流し入れて、フライパンを動かしながら薄く広げる。❹裏側に少し焦げ目が付いたら裏返して同じように焦げ目を付け、焼けたら筒状に丸めて皿に置いておく。同じ要領で合計4枚焼く。
❺❹のパンケーキを丸めたまま錦糸卵のように細く切る。❻切ったパンケーキを器に盛り、その上から熱々のスープをかけて飾りを散らす。

Grießnockerlsuppe

オーストリア

グリースノケールズッパ

セモリナ粉のふわふわダンプリングが入った上品なスープ

このスープに入っているダンプリングにはセモリナ粉が使われている。スパゲティの材料となるデュラム粉もセモリナ粉も同じデュラム小麦が原料だ。違いはセモリナ粉は粗く、デュラム粉は小麦粉のように細かい。小麦粉よりもグルテン、たんぱく質が多く、粘りのある生地ができる。にもかかわらず、セモリナ粉のダンプリングはとてもソフトな生地ということもあり、きれいに形作って、形を保ちつつ調理するのに気を遣う。ぐつぐつ沸騰した湯に入れるとばらばらになってしまうのだ。でも、苦労の甲斐ありというもので、口の中で簡単に崩れてしまうほどふわふわの食感になる。

材料（4人分）
無塩バター：70g／卵：1個／塩：小さじ1/2／ナツメグ：一摘み／セモリナ粉：140g／好みのスープ：2000cc／イタリアンパセリ（飾り）：適宜（みじん切り）

作り方
❶バターをボウルに入れて、泡立て器で白くなるまでホイップする。❷卵を加えてさらにホイップしてよく混ぜたら、塩、ナツメグ、セモリナ粉を加えて、ヘラで混ぜ合わせる。混ぜすぎないように注意。混ぜたら冷蔵庫で30分寝かせる。❸好みのスープを温め、もうひとつの鍋でたっぷりの湯（材料外）を沸かす。❹❷の生地を2つのスプーンを使って、面が平らでフットボール型のダンプリングを作る。❺湯が沸いたら弱火にして、塩（大さじ1程度）を加え、ダンプリングをひとつずつ湯に落とし、10～15分茹でる。❻ダンプリングをそれぞれの器に置き、スープを注いでイタリアンパセリを散らす。

Wiener Erdäpfelsuppe

オーストリア Austria

ヴァイナー・エルデプフルズッパ

乾燥ポルチーニで食べ慣れたポテトスープもがらりと変わる

　ポテトスープといえばお隣のドイツのポテトスープが知られているが、あえてオーストリアのポテトスープを紹介するのには理由がある。ドイツに限らずポテトスープは世界中にある。その数あるポテトスープの中でユニークな存在なのがこのスープなのだ。何が違うのかといえば、乾燥したキノコが入っているのだ。キノコはイタリア料理でもよく使われるポルチーニ。干しシイタケ同様、うまみが増した乾燥ポルチーニが加わることで、普通のポテトスープでは考えられない深みのある味がプラスされる。ヴィネガーやキャラウェイ、マジョラムといったハーブが入るのもユニークだ。

材料（4人分）

無塩バター：大さじ2／ベーコン：50g（スライス）／玉ネギ：小1個（1cm角切り）／ニンニク：1粒（みじん切り）／根菜（ニンジン、セロリルート、パースニップ、ターニップなど）：合計100g（1cmサイコロ切り）／小麦粉：大さじ2／ビーフブロスまたは水＋ビーフブイヨン：1000cc／ローリエ：1枚／マジョラム：小さじ1/2／キャラウェイシード：小さじ1/2／ドライマッシュルーム（ポルチーニなど）：10g（水で戻しておく）／ジャガイモ：小2個（1cmサイコロ切り）／生クリームまたはサワークリーム：100cc／アップルサイダーヴィネガー：大さじ1／塩・コショウ：適宜／イタリアンパセリ（飾り）：適宜

作り方

❶鍋にバターを熱して、ベーコンを脂が十分に出てくるまで炒めたら、玉ネギとニンニクを加えて玉ネギが透き通るまで炒める。❷根菜を加えてさっと炒めたら弱火にして、小麦粉を加えて粉っぽさがなくなるまで混ぜる。❸泡立て器で常に混ぜながらブロスをゆっくり注ぎ、だまがないか確認したあと強火にして沸騰させ、ハーブ、塩小さじ1、コショウ少々を加えて、野菜が柔らかくなるまで中火で煮る。❹戻したキノコを食べやすい大きさに切って鍋に加え、キノコを浸していた水を120cc鍋に加えて、再び中火でキノコに火が通るまで煮る。❺ジャガイモを加えて火が通るまで煮たら、生クリームを加えて沸騰寸前まで温める。❻火を止めてヴィネガーを加え、塩とコショウで味を調える。❼スープを器に盛り、イタリアンパセリを飾る。

Waterzooi

ベルギー
Belgium

‖ ヴァーテルゾーイ

クリームシチューに似た、食欲をそそる美しさを持ったスープ

　ブリュッセルの北西に位置するベルギー第3の都市ヘントにはレイエ川、スヘルデ川が流れ、これらの川に生息する淡水魚を使ってスープにする。これが元来のヴァーテルゾーイである。しかし、川が汚染されるに従い、主役が魚から鶏肉に変わり、今では鶏肉を使うのが一般的となった。生まれ故郷のヘントの名前を冠してヘンツァ・ヴァーテルゾーイと呼ばれることも多い。

　ヴァーテルゾーイはバター、生クリーム、卵を使ったクリーミーなスープだが、小麦粉でとろみをつけるので、スープというよりもシチューに近い。千切りの野菜がたくさん入った、とても美しいスープである。

材料（4人分）

鶏肉：1kg（一口大に切る）／玉ネギ：1個（1cm角切り）／リーキまたは長ネギ：2本（緑の部分をカット、白い部分は長さ5cmくらいの千切り）／セロリ：3本（2本は半分、1本は縦に千切り）／タイム：3本／ローリエ：1枚／水：1500cc／ジャガイモ：2個（2cmサイコロ切り）／ニンジン：1本（千切り）／無塩バター：大さじ2／小麦粉：大さじ2／生クリーム：120cc／卵黄：1個分／塩・白コショウ：適宜／イタリアンパセリ（飾り）：適宜（みじん切り）

作り方

❶肉、玉ネギ、リーキの緑の部分、半分に切ったセロリ2本、タイム、ローリエを鍋に入れ、水を加えて沸騰させて、肉に火が通るまで中火でじっくり煮込む。❷肉を取り出して人数分にカットし、残りをザルで濾してスープを取る。肉はアルミ箔をかけて冷めないようにしておく。❸スープを鍋に戻し、ジャガイモを加えて柔らかくなるまで煮たら取り出す。千切りにしたリーキとセロリ、ニンジンを加えて柔らかくなるまで煮たらザルで濾す。ジャガイモとほかの野菜を分けて皿などに置き、冷めないようにアルミ箔などでカバーしておく。スープはボウルにとっておく。鍋は洗っておく。❹洗った鍋にバターを熱し、小麦粉を加え、粉が完全にバターと混ざるまで、ヘラなどで混ぜる。③のスープを少しずつ加えて、泡立て器などで混ぜながらルーを作る。❺残りのスープも鍋に加えて沸騰させる。❻生クリームと卵黄をボウルに入れてよく混ぜる。鍋の火を消して、泡立て器で混ぜながら、生クリームと卵黄のミックスを少しずつ加えていく。塩とコショウで味を調える。❼ジャガイモ以外の野菜を鍋に戻し、沸騰させないように注意しながらスープを熱する。❽器の中央に肉を置き、周りにジャガイモを置いて、上からスープを注ぐ。煮たリーキ、セロリ、ニンジンとイタリアンパセリを上に散らす。

Bouneschlupp

Luxembourg

ルクセンブルク

ボンヌシュルップ

ルクセンブルクのナショナルディッシュはサヤインゲンのスープ

　ボンヌシュルップはルクセンブルクのナショナルディッシュといわれる、サヤインゲンがたくさん入った野菜のスープである。材料にソーセージが使われている場合、丸ごとスープに加えるにしろ切って加えるにしろ、煮込むことでソーセージのうまみをスープに溶かし込む場合が多い。でもこのスープの場合は、仕上げにソテーしたソーセージを浮かべるだけだ。なので、生クリームが入っているにもかかわらず、スープ自体はあっさりしている。

　サヤインゲンは他の野菜と一緒に煮込むが、鮮やかなグリーンを残したい場合は他の野菜の後に加えるといいだろう。

材料 (4人分)

無塩バター：大さじ2／玉ネギ：1個（1cm角切り）／リーキまたは長ネギ：1/2本（小口切り）／チキンまたは野菜ブロスあるいは水＋ブイヨン：1000cc／セロリルート（根セロリ）：1個（1cm角切り、なければセロリ2本を1cm幅に切る）／サヤインゲン：40本（2cm幅に切る）／ジャガイモ：2個（1個半は1cmサイコロ切り、残りの半分はすりおろす）／生クリーム：250cc／塩・コショウ：適宜／ベーコン（飾り）：4枚（1cm角切り）／ソーセージ（飾り）：1本（1cm輪切り）

作り方

❶鍋にバターを熱し、玉ネギ、リーキを加えて、玉ネギが透き通るまで炒める。❷ブロスを加えて沸騰させ、セロリルート、サヤインゲン、ジャガイモ（サイコロ切り、すりおろしたもの両方）を加えて、弱火で野菜が柔らかくなるまで煮る。その間にベーコンをパリパリに焼き、ソーセージをソテーしておく。❸生クリームを加え、塩とコショウで味を調え、かき混ぜながら沸騰させないようにスープを温める。❹スープを皿に盛り、ベーコンとソーセージを上に置く。

Snert

|| スネルト

煮込んだ乾燥グリーンピースと野菜をピュレにした栄養満点スープ

オランダ

　グリーンピースは世界でもっとも食べられている豆のひとつではないだろうか。生や冷凍のものはもちろん、乾燥させたスプリットピーはヨーロッパや中東、南アジアでスープの材料として頻繁に登場する。実際に緑だけでなく黄色いピーもあり、同じようにスープに使われる。スネルトもスプリットピーが主な材料である、とろりとしたスープだ。

　他のピースープとの違いは、ニンジン、ジャガイモ、セロリルート（根セロリ）といった野菜が入り、煮えたところですべて一緒にブレンダーにかけるところだ。オランダではライ麦パンやベーコンが一緒にサーブされることが多い。

材料（4人分）

チキンまたは野菜ブロスあるいは水＋ブイヨン：1000cc／グリーンスプリットピー（または緑レンズ豆）：250g（たっぷりの水に一晩浸しておく）／ベーコン：100g／ポークチョップまたはスペアリブ：200g／ローリエ：1枚／セロリルート（根セロリ）：1個（1cmサイコロ切り。なければセロリ1本（1cm幅））／ジャガイモ：小2個（1cmサイコロ切り）／ニンジン：1本（1cmサイコロ切り）／玉ネギ：1個（1cm角切り）／リーキ：1本（小口切り）／ソーセージ（できればスモークソーセージ）：150g／塩・コショウ：適宜／セロリの葉またはイタリアンパセリ（飾り）：適宜（みじん切り）

作り方

❶ブロスを鍋に注ぎ、豆、ベーコン、肉、ローリエを加えて沸騰させ、弱火で肉と豆が柔らかくなるまで煮る。❷肉を取り出して冷まし、食べやすい大きさに切る。❸セロリルート、ジャガイモ、ニンジン、玉ネギ、リーキ、ソーセージを加えて、野菜に火が通るまで中火で煮込む。❹ベーコンとソーセージを取り出し、食べやすい大きさに切る。❺なめらかなスープが好みの場合は、この時点でブレンダーにかけておく。❻肉とベーコンを鍋に戻し、塩とコショウで味を調え、ひと煮立ちさせる。❼スープを器に注ぎ、ソーセージ、セロリの葉で飾る。

Mosterdsoep

モスタードスープ

意外にも食べやすい、マスタードが入ったオランダのスープ

　マスタードといえばホットドッグやポトフに塗ったりつけたりして食べるもので、スープの材料になるとは思いもしない。でもオランダにはそれが存在するのである。ベーコンの脂を下味に、玉ネギ、ニンニクなどで野菜の甘さを加える。さらに生クリームで舌触りがなめらかなスープに仕上げる。こんな風に講釈を垂れようと、瓶からスプーンでマスタードをすくい取ってスープにたっぷり投げ込むという想像外の行為が伴うことを忘れてはならない。

　しかしこれが結構いけるのであって、マスタードの酸味やスパイスの辛味が生クリーム、野菜で和らぎ、食べやすいスープになる。

材料（4人分）

無塩バター：大さじ1／ベーコン：100g（細かく刻む）／玉ネギ：2個（みじん切り）／ニンニク：1粒（みじん切り）／小麦粉：大さじ2／チキンまたは野菜ブロスあるいは水＋ブイヨン：800cc／リーキまたは長ネギ：1本（小口切り）／粒なしのなめらかなマスタード：大さじ2／粒マスタード：大さじ1／生クリーム：200cc／塩・コショウ：適宜／イタリアンパセリ（飾り）：適宜（みじん切り）

作り方

❶鍋にバターを熱し、ベーコンを加えて脂が出るまで炒めたら、玉ネギとニンニクを加えて、玉ネギが透き通るまで炒める。❷小麦粉を加えて粉っぽさがなくなるまで混ぜたら、ブロスを少しずつ加えてのばす。❸沸騰したらリーキ、2種のマスタードを加えてよく混ぜ、中火でリーキが柔らかくなるまで煮る。❹生クリームを加え、混ぜながら沸騰直前まで温めたら、塩とコショウで味を調える。❺スープを器に盛り、イタリアンパセリを散らす。

Bündner Gerstensuppe

スイス Switzerland

|| ブンドナー・ゲアステンズッパ

冬に最適。体の芯まで温まるスイスアルプスの大麦スープ

　スイスの東に位置するグラウビュンデン州は、高い山と深い谷に囲まれた自然豊かな場所というだけでなく、中世の城や城跡が点在する美しい州である。この地方の名産は、ブンドナーフライシュと呼ばれる牛の干し肉で、このスープの味の決め手となる欠かせない食材である。しかし、入手が難しいので、よく似たイタリアのベルサオラ、それもなければベーコンを使うといいだろう。本来の味とは違うだろうが、少なくともこのスープのおいしさは味わえる。

　だが、このスープの主役は肉ではなく大麦で、大麦が作り出すとろみと食感が、寒い冬に最適な温かなスープに仕立てる。

材料（4人分）

無塩バター：大さじ2／玉ネギ：1/2個（みじん切り）／ブンドナーフライシュまたはベルサオラ（なければベーコン）：50g（小さなサイコロまたは角切り）／リーキまたは長ネギ：1本（小口切り）／セロリ：1本（小口切り）／ビーフブロスまたは水＋ビーフブイヨン：1500cc／大麦：60g／ニンジン：1本（小サイコロ切り）／ジャガイモ：2個（小サイコロ切り）／生クリーム：大さじ3／塩・コショウ：適宜／チャイブ（飾り）：適宜（0.5〜1cm長に切る）

作り方

❶鍋にバターを熱し、玉ネギを加えて透き通るまで炒めたら、ブンドナーフライシュを加えて数分炒める。❷リーキとセロリを加えてしんなりするまで炒めたら、ブロスを加えて沸騰させ、大麦を加えて弱火でほぼ火が通るまで煮る。❸ニンジン、ジャガイモを加えて火が通るまで煮たら、生クリームを加えてひと煮立ちさせて塩とコショウで味を調える。❹スープを器に盛り、チャイブを散らす。

Kartoffelsuppe

スイス / Switzerland

カルトフェルズッパ

香り高いアルプスのチーズが味を引き立てるスイスのポテトスープ

　スイスの南に連立するアルプスは、世界でも有数のチーズの産地である。グリュイエールチーズはその代表だ。カルトフェルズッパはクリーミーなジャガイモのスープにフルーティーでわずかなナッツの風味を備えたアルプスのチーズを加えた、芳醇な味と香りを添えたスープだ。

　基本的には生クリームとジャガイモで作る日本でいうポタージュスープだが、仕上げにチーズをかけるだけでこれほど違うものかと思わせる魅力あるスープである。チーズにはレティバと呼ばれるハードチーズがよく使われるが、手に入らない場合はグリュイエールチーズを選びたい。

材料（4人分）

無塩バター：大さじ1／エシャロット：1個（粗みじん切り）／ジャガイモ：400g（1cm角切り）／ニンジン：1本（1cm角切り）／白ワイン：80cc／野菜ブロス：1500cc／ソーセージ：2本（1cm厚に切る）／小麦粉：大さじ1／生クリーム：60cc／マジョラム：小さじ1/2／ナツメグ：一摘み／塩・コショウ：適宜／レティバまたはグリュイエールチーズ（飾り）：適宜（細くすりおろすかスライス）／イタリアンパセリ（飾り）：適宜（みじん切り）

作り方

❶鍋にバターを熱し、エシャロットを加えて透き通るまで炒める。❷野菜、塩とコショウ少々を加えてさっと炒めたら白ワインを加え、混ぜながらワインをあらかた蒸発させる。❸ブロスを注ぎ入れ、沸騰させたらソーセージを加え、野菜が柔らかくなるまで弱火で煮る。❹小麦粉を生クリームで溶き、スープに加えてさらにハーブとスパイスを加えて弱火で10分くらい煮る。❺塩とコショウで味を調え、器にスープを注いでチーズとイタリアンパセリを散らす。

Velouté de Châtaignes

|| ヴェルテ・ドゥ・シャテンヌ

秋の味覚を存分に味わうことができる栗のビスク

　焼き栗、栗ご飯、モンブランなど、日本でも栗を使った料理やデザートがスーパーや食卓に並び始めると、秋の訪れをしみじみと感じる。ヨーロッパの国々でも秋に栗料理は欠かせない。

　このスープは栗をふんだんに使ったビスク、クリームベースのスープである。このスープには茹でた栗ではなく、ローストした栗が使われる。焼き芋と同じように、栗も焼くことで味が凝縮される。そのうまみが増した焼き栗がこのスープの主役である。コニャックの香りがさらに栗の味を引き立てる。ヴェルテという名にふさわしい、ヴェルベットのようにスムーズなスープだ。

材料（4人分）

無塩バター：大さじ2／玉ネギ：1個（スライス）／ニンジン：1本（スライス）／セロリ：1本（スライス）／リーキまたは長ネギ：10cm（スライス）／コニャックまたはブランデー（お好みで）：60cc／チキンブロスあるいは水＋チキンブイヨン1個：1000cc／焼き栗：400g（細かく砕く、飾り用に2個分残しておく）／ナツメグ：小さじ1/2／生クリームまたはクレムフレッシュ：360cc／塩・コショウ：適宜／クレムフレッシュ（飾り）：適宜

作り方

❶鍋にバターを熱し、玉ネギ、ニンジン、セロリ、リーキを加え、軽く塩コショウしてから玉ネギが透き通るまで炒める。❷コニャックを注ぎ、よく混ぜながらコニャックが蒸発するまで炒める。❸ブロス、栗、ナツメグを加え、沸騰したら弱火にして30分くらい煮込む。❹火を消して粗熱を取った後、ブレンダーでピュレにする。ザルなどで濾し、粒が残らないようにヘラなどでつぶしながらザルを通す。❺スープを鍋に戻して生クリームを加えたら、火をつけて中火にし、ヘラなどで混ぜながら沸騰する寸前まで温める。塩とコショウで味を整える。❻スープを器に注ぎ、クレムフレッシュ、刻んだ栗をのせる。

Bouillabaisse

ブイヤベース

3種類以上の魚を加えるのが必須という魚介類スープの代表

　フランス料理というと、高級感がどうしても先に立つ。ブイヤベースにしても同じだ。しかしフランスのレシピを追っていくと、そのイメージは消えてしまう。たまにムール貝などが入っているレシピが見つかるが、ロブスターや様々なシーフードが盛りだくさんというブイヤベースはほとんどない。材料は魚のみ、しかも近海で獲れた骨っぽい魚がほとんどなのだ。ブイヤベースはそもそもが漁師料理。売り物にならない魚を使って作ったのが始まりである。またフランスではスープと煮込んだ魚介類や野菜がそれぞれ別の器に盛られて、パンとルイユというソースとともに食卓に上る。

材料（4人分）

オリーブオイル：大さじ2／玉ネギ：1個（スライス）／ニンニク：2粒（スライス）／リーキまたは長ネギ：1本（小口切り）／トマト：2個（1cmサイコロ切り）／トマトペースト：大さじ1／フェンネルバルブ（球根）：1/2個（厚めの千切り）／ニンジン：小1本（厚くスライス）／白ワイン：250cc／パスティス（フランスのリキュール）：大さじ1／フィッシュブロスまたは水：1200cc／サフラン：一摘み／ローリエ：1枚／オレンジの皮：2×3cmくらいのもの3枚／ジャガイモ：3個（ぶ厚くスライス）／白身魚（何でも可。フサカサゴ、アンコウ、ホウボウ、コンガーイールなど3種以上。小さいものはそのまま、大きなものは筒切り）：1〜1.5kg／塩・コショウ：適宜

●魚の頭や骨を使ってブロスを作るのがベストだが、水だけでも十分なのでここではシンプルな方法を取った

ルイユ

バゲット：30g／チリペッパー：2本（ヘタと種を取って小口切り）／ニンニク：4粒／サフラン：一摘み／卵黄：1個分／オリーブオイル：250cc／塩：適宜／白コショウ：適宜

作り方

❶ルイユをまず作っておく。バゲットを水（材料外）に浸してふやかし、水分を絞っておく。❷絞ったバゲット、チリペッパー、ニンニク、サフランをすり鉢などでピュレ状にする。ボウルにこのピュレと卵黄を入れて、卵黄が白っぽくなるまでホイップする。❸オリーブオイルを加えてさらにホイップし、マヨネーズ状にしたら塩とコショウで味を調える。❹スープを作る。鍋にオリーブオイルを熱し、玉ネギを加えて透き通るまで炒めたら、ニンニク、リーキを加えて、リーキがしんなりするまで炒める。❺トマト、トマトペースト、フェンネルバルブ、ニンジンを加えて2分ほど炒めたら、白ワイン、パスティスを加えて、白ワインがほぼ蒸発するまで煮る。❻ブロスまたは水を注ぎ、サフラン、ローリエ、オレンジの皮、塩小さじ2、コショウ一摘みを加えて、沸騰させたらジャガイモを加える。❼スープの温度が下がらないように魚を何回かに分けて加え、ジャガイモと魚に火が通るまで中火で煮る。塩とコショウで味を調える。❽スープをザルなどで濾して器に注ぎ、魚、野菜は別の器に並べて、ルイユ、バゲットとともにサーブする。

Soupe à L'oignon

|| スップ・ア・ルニョン

時間をかけてキャラメル化した玉ネギの甘さがたまらない

　たっぷりの玉ネギをバターでゆっくり炒めながらキャラメル化させ、十分に玉ネギの甘さを引き出したこのスープは、日本はもちろん世界的に知れわたるフランスを代表するスープである。

　このスープも他の例に漏れず、元来は安価で手に入る玉ネギを使った貧困層のスープだった。それが次第に変化を遂げ、チーズをのせたバゲットのスライスがのる、現在のオニオンスープになった。

　フランスのオニオンスープはグラタンの1種で、グラタネ・パリジャンなどと呼ばれることがある。つまり仕上げにオーブンで焦げ目を付けることが必須の過程だ。

材料（4人分）

無塩バター：大さじ4／玉ネギ：4個（薄くスライス）／小麦粉：大さじ2／ビーフまたはチキンブロスあるいは水＋ブイヨン：1500cc／ブーケガルニ：1束／硬くなったバゲットまたはカントリーブレッド：4枚（1cm厚スライス、器がふさがる程度の大きさ。焼き立てのパンを使う場合は軽くトーストする）／グリュイエール、エメンタールまたはコンテチーズ：200g（すりおろす）／塩・コショウ：適宜

作り方

❶鍋にバターを熱して玉ネギを加え、玉ネギが薄茶色になるまで弱火で30分ほど炒める。❷小麦粉を加えて粉ぽっさがなくなるまで混ぜ、ブロス、ブーケガルニ、塩とコショウ少々を加えて沸騰させ、弱火で30分ほど煮る。❸煮ている間に、オーブンを上火焼きにセットして温めておく。❹スープをそれぞれの器に注ぎ、そこにチーズを少し入れてパンを上に置き、スープが完全に隠れるようにチーズをたっぷりかける。オーブンでチーズが完全に溶け、全体に焦げ目が付くまで焼く。

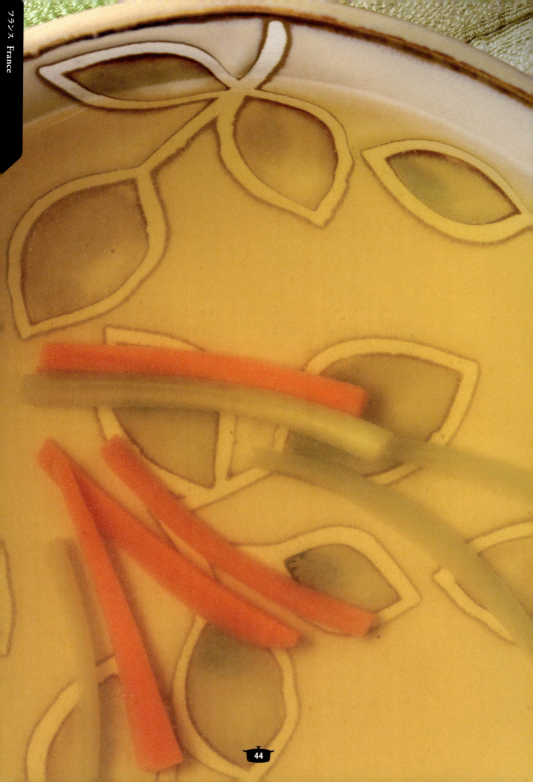

Consommé

コンソメ

千切り野菜など、具はシンプルにしてスープ自体の味を楽しむ

　透き通ったコンソメはもっとも洗練されたスープのひとつだ。難しそうでとっつきにくい印象があるが、実際はそうでもなく、焦らず時間をかければ、誰にでも本格的なホームメイドのコンソメが作れる。
　必要な材料はもとになるストック（鶏ガラと野菜で作ったスープ）、ミルポア（野菜、ハーブ、挽き肉、卵白を混ぜたもの）。基本的にはこれだけである。キーは卵白で、このたんぱく質が沈殿物、灰汁などを取る役目をする。沈殿物などは野菜とともに浮いてきて、ラフトと呼ばれる塊を形成する。これによりスープは透き通り、深みのあるフレーバーがプラスされる。

材料（4～6人分）

卵白：4個分／鶏挽き肉：200g／玉ネギ：1個（スライス）／ニンジン：1本（スライスまたは厚さ1、2mm長さ4、5cmの千切り）／セロリ：1本（小口切りまたは厚さ1、2mm長さ4、5cmの千切り）／タイム：1本／粒コショウ：小さじ1（砕く）／ローリエ：1枚／チキンブロス：1500cc／塩：適宜／ニンジン（飾り）：1/4本（千切りしてさっと湯がいておく）／セロリ（飾り）：1/2本（千切りしてさっと湯がいておく）
● 幅が狭くて背の高い鍋を使う

作り方

❶卵白を大きなボウルに入れて、泡立て器でほぐしておく。❷挽き肉、玉ネギ、ニンジン、セロリ、タイム、コショウ、ローリエを加えてよく混ぜる。野菜、挽き肉の順にフードプロセッサーで刻んでもOK。その場合、ハーブとコショウは鍋に移すときに加える。❸鍋に冷めたブロスを入れ、❷を加えて火にかけてよく混ぜたら、中火程度で卵白が底にこびりつかないように木べらでゆっくりかき混ぜながら温めていく。❹温度が約50度になり材料が表面に浮いてきてラフト（塊）を作り始めたら混ぜるのをやめ、沸騰したら弱火にして45～60分煮る。❺別の鍋にザルを置き、その上に濾し布をかけておく。❻お玉でラフトにスープがすくえる程度の穴を開け、他の部分のラフトを壊さないように静かにラフトの下の透き通ったスープをすくい、濾し布の上に注いで濾す。❼塩でスープの味を調えたら、器に飾りのニンジン、セロリを置いて、その上にスープを注ぐ。

Pot-au-Feu

|| ポトフ

数種の肉の部位とたくさんの野菜を煮込んだフランス家庭料理

　日本でもよく知られるポトフだが、地元フランスのものはかなり違っている。材料にはただ牛肉というのではなく、数種の部位が使われる。中でも欠かせないのが骨髄が詰まった牛骨。これはスープのうまみのベースになる。作り方も少し違う。ジャガイモは一緒に煮ない。一緒に煮ると崩れてスープが濁るからだ。サーブの仕方も違う。スープと具は別にサーブし、牛骨の骨髄はバター代わりにパンに塗って食べる。

　昔はシャブロと呼ばれるスープに赤ワインを入れて飲む習慣があった。今でもその風習はわずかだが残っている。スープはパスタやライス料理にも使われる。

材料（4～6人分）

牛の塊肉（できれば脂の多いもの、少ないもの、骨付きのものをミックス）：1.2kg／牛骨：幅2、3cmのもの1つか2つ／玉ネギ：1個／クローブ：3粒／水：6000～8000cc／ブーケガルニ：1束／粒コショウ：10粒／塩：適宜／ターニップまたはカブ：小4個／ニンジン：4本／ジャガイモ：大2個または小4個／キャベツ：半分（2等分）／リーキまたは長ネギ：1本（長さ10cmくらいに切る）／コルニション（フランスのキュウリピクルス）：適宜／ディジョンマスタード：適宜

作り方

❶肉を崩したくない場合は紐で縛る。玉ネギにクローブを刺しておく。❷鍋に水を注ぎ、肉、玉ネギ、ブーケガルニ、コショウ、塩を加えて沸騰させ、肉に火が通るまで弱火で煮る。❸ジャガイモを別の鍋に入れ、ジャガイモがかぶるのに十分なスープを❷の鍋から取って注ぎ、火が通るまで煮る。❹❷の鍋にターニップとニンジンを入れて、野菜に火が通るまで煮る。さらにキャベツ、リーキを加えて柔らかくなるまで煮て、塩で味を調える。❺肉をスライスし、野菜と❸のジャガイモとともに盛りつけ、コルニションとマスタードを添える。

Ragout

フランス France

|| ラグー

寒い冬、暖を求めるフランスの家庭の肉と野菜の煮込み料理

　ラグーは肉と野菜を弱火で時間をかけて料理した煮込み料理だ。スープではなくシチューといわれるが、小麦粉などでとろみがついているわけではない。もともとはマッシュルーム、各種野菜、牛肉あるいはマトンが材料として使われた。これだけの材料を一般の人が揃えられるわけがなく、ラグーを味わえるのは富裕層に限られていた。

　今はフランスの家庭料理として親しまれ、牛肉だけでなく、鶏、ラム、シーフードなどバラエティに富んだラグーが存在する。野菜だけを煮込んだラグーもある。イタリアにもラグーがあるが、これはパスタ用のソースで別のものである。

材料(4人分)

オリーブオイル：大さじ2／牛肉（シチュー用）：800g／玉ネギ：大1個（1cm角切り）／ニンニク：2粒（みじん切り）／セロリ：2本（1cm幅に切る）／ニンジン：1本（乱切り）／タイム：小さじ1／ローリエ：1枚／ビーフブロスまたは水＋ビーフブイヨン：500cc／水：500cc／赤ワイン：100cc／ジャガイモ：3個（4等分）／塩・コショウ：適宜／イタリアンパセリ（飾り）：適宜（みじん切り）

作り方

❶鍋にオリーブオイルを熱し、牛肉を加えて全体に軽く焦げ目が付くまで焼いたら、玉ネギ、ニンニクを加えて、玉ネギが透き通るまで炒める。❷セロリとニンジンを加えてざっくり混ぜたら、タイム、ローリエ、塩小さじ1、コショウ一摘みを加え、ブロス、水、赤ワインを加えて沸騰させる。❸弱火にして肉にほぼ火が通ったら、ジャガイモを加え、ジャガイモに火が通るまで弱火で煮る。塩とコショウで味を調える。❹シチューを器に盛って、イタリアンパセリを散らす。

Ratatouille

フランス

|| ラタトイユ

野菜好きにはたまらない、
いくらでも食べられる野菜シチュー

　日本でも知られるラタトイユ（ラタトゥユ）がなぜ登場するのかと驚く人がいるかもしれない。水分が少ない野菜だけの料理だが、ラタトイユはれっきとしたシチューである。
　種類は多いが基本的には野菜をただ煮込むだけなので、簡単なようだが本来は手間がかかる料理で、おそらく素材の個性を生かすために材料を別々にソテーしてから一緒に煮込むという面倒臭い方法をとる。しかし最近では、地元フランスでも全部一緒に調理してしまうことが多いようだ。野菜をおいしくたっぷり食べるならこのラタトイユに限る。冷めてもサラダ感覚で食べられるし、残ったラタトイユでパスタを作るとまたうまい。

材料（4人分）

オリーブオイル：大さじ2／玉ネギ：小2個（1cm角切り）／ニンニク：3個（粗みじん切り）／ピーマン：1個（1cm角切り）／赤パプリカ：1個（1cm角切り）／トマト：3個（2個は薄くスライス、1個は1cmサイコロ切り）／トマトピュレ：大さじ2／オレガノ：小さじ1/4／バジルの葉：4枚／イタリアンパセリ：10本／種なしブラックオリーブ：10個（粗みじん切り）／ナス：2本（薄くスライス）／ズッキーニ：1本（薄くスライス）／イエロースクワッシュ：1本（薄くスライス）／アーブ・ドゥ・プロヴァンス（プロヴァンス風ハーブミックス）：小さじ1/2／塩・コショウ：適宜

作り方

❶ナス、ズッキーニ、スクワッシュを切ったあとの切れ端は捨てずにとっておく。❷鍋にオリーブオイルを熱して、玉ネギとニンニクを加えて、中火で玉ネギが透き通るまで炒める。❸ピーマンと赤パプリカを加えて軽く混ぜたら、トマト、トマトピュレ、塩小さじ1、コショウ一摘み、オレガノ、バジル、❶の切れ端を鍋に入れて、野菜から十分水分が出るまで炒める。水分が足りないときは水を半カップほど加える。これがソースになる。❹オーブンを180度に熱しておく。❺スライスしたナス、ズッキーニ、スクワッシュをソースの上に並べ、イタリアンパセリ、オリーブとアーブ・ドゥ・プロヴァンス、塩とコショウ少々を全体に散りばめる。❻鍋をオーブンに入れて1時間くらい焼く。野菜を焦がしたくない場合は蓋をする。❼熱々でサーブするが、冷ましてから食べてもいい。

Vichyssoise

|| ヴィシソワーズ

お洒落で、おいしくて、簡単にできる冷たい夏のポテトスープ

　フランス語の名を持つこのスープの起源は不明だ。アメリカの名シェフ、ジュリア・チャイルドはアメリカが起源だと言う。1917年、マンハッタンのリッツ・カールトンホテルのシェフだったルイ・ディアに子供時代に食べていた温かいポテトスープを冷やし、クレム・ヴィシソワーズ・グラッセという名でメニューにのせた。フランスのヴィシはディアの生まれ故郷だ。これがこのスープの起源かどうかはわからない。ただ、アメリカ説を唱えるチャイルドのレシピをきっかけに人気が出始めたことは確かだろう。起源はともかく、世界的に知られたスープであることには変わりがない。

材料（4人分）

無塩バター：大さじ2／リーキまたは長ネギ（白い部分のみ）：1本（小口切り）／ジャガイモ：2個（薄くスライス）／チキンブロスまたは水＋チキンブイヨン：1000cc／生クリーム：100cc／塩：適宜／白コショウ：適宜／チャイブ（飾り）：適宜（小口切りまたは少し長めに切る）／生クリーム（飾り）：適宜

作り方

❶鍋にバターを熱し、リーキを加えてしんなりするまで炒めたら、ジャガイモを加えて混ぜ合わせる。❷ブロス、塩小さじ1、白コショウ摘みを加えて沸騰させ、弱火で20分ほど煮る。❸鍋の中身と生クリームをブレンダーに入れてピュレにし、ボウルなどにあけて、塩とコショウで味を調える。❹室温に戻した後、ラップで覆って冷蔵庫で冷やす。❺スープを器に注ぎ、チャイブを散らし、生クリームを少しかける。写真のように、ホイップさせた生クリームにチャイブを加えてスープの上に置くのもいい。

Soupe de Tomates

|| スップ・ドゥ・トゥマット

まろやかだがボリューム感がある、美しいオレンジ色のスープ

　トマトスープは世界各地にある。形がそのまま残ったもの、ポタージュ、ビスクなどスタイルに違いはあるものの、トマトはスープを作る上でもっとも重要な素材のひとつである。このスープはブレンダーあるいは濾してスムーズにしたビスクである。

　クレムフレッシュを加えることでトマトの酸味を抑えてまろやかにし、口当たりのいいスープに仕立てる。本来サンドライトマトを加えることはないが、最近のトマトはトマトらしい味が薄れてきていることは確かだ。これはフランスでも同じようだ。それを補って味に深みを加えるためにサンドライトマトを加えると考えていいだろう。

材料（4人分）

オリーブオイル：大さじ1／玉ネギ：1個（スライス）／ニンニク：2粒（みじん切り）／ジャガイモ：小1個（スライス）／トマト：500g（1cmサイコロ切り）／トマトペースト：大さじ1／オイル漬けドライトマト（なければトマトを300gほど増やす）：6個／チキンまたは野菜ブロスあるいは水＋ブイヨン：750cc／バジルの葉：1枚／クレムフレッシュ：60cc／塩・コショウ：適宜／クレムフレッシュ（飾り）：適宜／バジルの葉（飾り）：少々

作り方

❶鍋にオリーブオイルを熱し、玉ネギとニンニクを加えて、玉ネギが透き通るまで炒める。❷ジャガイモ、トマト、トマトペースト、ドライトマトを加えてサッと混ぜ、ブロス、バジルを加えて弱火で20分くらい煮る。❸火を消してブレンダーでピュレにする。鍋に戻し、クレムフレッシュを加えて沸騰直前まで温める。❹スープを器に注ぎ、クレムフレッシュとバジルを飾る。

La Soupe d'Andgulle

ラ・スップ・ダンジュール

大型アナゴのコンガーイールは外見にそぐわず白身で上品な味

　ジャージーはイギリス海峡に浮かぶ島で、周辺のいくつかの島を合わせて正式にはジャージー代官管轄区と呼ばれるイギリス王室属領である。ジャージーといえばジャージー牛、シーフード、そしてジャガイモである。中でも、3メートルにもなるアナゴの仲間コンガーイールを使ったスープは、ジャージーでも特に人気のあるメニューである。

　コンガーイールは骨が多く、見てくれもけっしていいとはいえないが、白身で太刀魚にも似たおいしい魚で、ジャージーだけでなく地中海、カリブ海でも人気があることは十分に頷ける。ハーブが効いたミルク風味のスープというのもこの魚によく合う。

材料（4人分）

コンガーイール（ヨーロッパアナゴ）：500g／玉ネギ：1個（スライス）／ローリエ：1枚／タイム：小さじ1/4／マジョラム：小さじ1/4／水：500cc／キャベツ（お好みで）：1/4個（千切り）／リーキまたは長ネギ：1本（小口切り）／グリーンピース（冷凍でOK）：200g／牛乳：500cc／無塩バター：大さじ2／塩・コショウ：適宜／マリーゴールドの花びら（飾り）：適宜／イタリアンパセリ（飾り）：適宜

作り方

❶鍋に魚、玉ネギ、ハーブ、水を入れて沸騰させ、弱火で1時間くらい煮る。❷魚を取り出して別の器にとっておき、残りはザルで濾して鍋に戻す。魚は骨を取り、食べやすい大きさにほぐしておく。❸鍋にキャベツ（お好みで）を加えて、中火で柔らかくなるまで煮たら、リーキとグリーンピース、ほぐした魚を加えて沸騰させ、さらに牛乳、バターを加えてひと煮立ちさせる。❹スープを器に注ぎ、マリーゴールドとイタリアンパセリを散らす。

The World's Soups

Chapter

2

南ヨーロッパ&地中海エリア

Southern Europe & Mediterranean

アンドラ／ポルトガル／スペイン／イタリア／マルタ／スロベニア
クロアチア／ボスニア・ヘルツェゴビナ／モンテネグロ／アルバニア
北マケドニア／ギリシャ／セルビア／トルコ

アンドラ Andorra

Escudella

 アンドラ Andorra

エスクデイヤ

スペインのカタルーニャ地方でも食される巨大鍋料理

豚骨、豚の耳、豚の鼻、豚足、鶏肉、ブラッドソーセージなどなど、とにかくいろいろな肉や部位が鍋に放り込まれ、なおかつ野菜、巨大ミートボール、パスタまで加わる、どうにも表現しようがないごちゃまぜのスープ。といってもイメージが湧かないかもしれない。でもスープの味はこの上なく複雑というのだけはわかるだろう。

本来は大量に作り、肉、巨大なミートボール、大きく切って煮込んだ野菜を別の皿に盛り、スープはショートパスタとともに食卓に上がるが、ここでは材料すべてをひとつのスープにしたシンプルなバージョンを紹介することにした。

材料（4～6人分）

豚足または牛足：200g／牛肉：100g（一口大に切る）／水：1200cc／ショートパスタ（シェルなど）：100g／ステーキハム：100g（1cmくらいのサイコロ切り）／ポークソーセージ：100g（厚くスライス）／鶏肉：100g（一口大に切る）／キャベツ（できればサボイキャベツ）：1/4個（3cm角くらいに切る）／ジャガイモ：大1個（一口大に切る）／ターニップまたはカブ：1個（カブの場合は2個、一口大に切る）／調理済白いんげん豆：100g／調理済ひよこ豆：100g／サラダ油：大さじ1／ブラッドソーセージ（お好みで）：100g（厚くスライス）／塩・コショウ：適宜／イタリアンパセリ（飾）：適宜（みじん切り）

●本来は大量に作り、肉、巨大なミートボール、大きく切って煮込んだ野菜を別の皿に盛り、スープはショートパスタとともに食卓に上がるが、ここでは材料すべてをひとつのスープにしたシンプルなバージョンを紹介。材料も日本で手に入りやすい材料で簡略化してある。

ミートボール

豚挽き肉：250g／松の実：10g／卵：小1個／パン粉：大さじ2／小麦粉：大さじ1／イタリアンパセリ：1本（みじん切り）／ニンニク：1粒（みじん切り）／塩：一摘／コショウ：一摘み

作り方

❶鍋に豚足、牛肉、水、塩小さじ1、コショウ一摘みを入れて沸騰させ、肉に火が通るまで弱火で煮る。❷ボウルにミートボールの材料をすべて入れてよく混ぜ、3cmくらいのボールにする。❸別の鍋にたっぷりの湯（材料外）を沸かし、パスタを硬めに茹でて水を切っておく。❹①の鍋に②のミートボール、ステーキハム、ポークソーセージ、鶏肉、野菜と豆を加えて、肉と野菜に火が通るまで弱火で煮る。❺③のパスタを加え、ちょうどいい硬さになるまで煮たら、塩とコショウで味を調える。❻フライパンに油を熱し、ブラッドソーセージをソテーしてそれぞれの器に分け、スープを注いでイタリアンパセリを散らす。

Caldo Verde

カルド・ヴェルデ

ポルトガルが誇る深い緑の葉物、ソーセージ、ジャガイモのスープ

　カルド・ヴェルデはグリーンのスープという意味で、緑色野菜がたっぷり入ったスープである。ポルトガルの北、ミーニョ地方のスープだが、今や全国的でナショナルディッシュともいわれるポルトガルを代表するスープだ。

　材料も作り方もシンプルで、ブロスやスープの素すら使わない。にもかかわらず、味は格別、私好みのスープなのだ。このスープで使われる野菜はコラードグリーンという緑色野菜で、日本ではほとんど見ることのない野菜だ。代わりになるのはケールくらいなものだろう。最悪ホウレン草ということになるが、味も食感も違ってしまう。

材料（4人分）

玉ネギ：1個（スライス）／ニンニク：2粒（スライス）／ジャガイモ：大2個（スライス）／水：1400cc／チョリーソ（チョリソ）：200g（5mmスライス）／コラードグリーンまたはケール：200g（芯を取り、細く千切り）／オリーブオイル：大さじ1／塩・コショウ：適宜

作り方

❶玉ネギ、ニンニク、ジャガイモ、水、塩小さじ1、コショウ一摘みを鍋に入れて沸騰させ、チョリーソを加えて、弱火でジャガイモが柔らかくなるまで煮る。
❷チョリーソを取り出し、残りをブレンダーでなめらかにしたら鍋に戻して再び沸騰させ、コラードグリーン、オリーブオイルを加えて、柔らかくなるまで煮る。
❸チョリーソを鍋に戻し、塩とコショウで味を調える。

Sopa de Pedra

ソパ・ディ・ペドラ

ポルトガル / Portugal

悪賢い修道士が作ったという伝説に基づく『石』のスープ

　ソパ・ディ・ペドラとは石のスープという意味だけども、もちろん石が入っているわけではない。この名はリスボンの北にあるアルメイリンの伝説に基づく。
　一人の修道士がある村民の家に石を持ってきて、それを鍋に入れ、次々と材料を村民に尋ねて加えさせ、狡猾な策略ともいえる手段でスープを作った。その伝説がそのままスープの名前になった。
　チョリーソとモルセイラ(ポルトガルのブラッドソーセージ)、豚、キドニービーンズが主な材料だ。カルド・ヴェルデの豆版といえなくもない。ちなみにカルドはブロス、ソパはスープだが、料理としてあまり違いはない。

材料 (4〜6人分)

水:1250cc／キドニービーンズ(赤いんげん豆):300g(たっぷりの水に一晩浸しておく)／豚の耳:1枚／豚足:半分／ソルトポーク(塩漬けの豚肉)または豚バラ塊肉:100g(ソルトポークは一晩水に浸しておく)／チョリーソ:200g／モルセイラ:200g／玉ネギ:1個(1cm角切り)／ニンニク:1粒(みじん切り)／ローリエ:1枚／ジャガイモ:2個(一口大に切る)／パクチー:15本(ざく切り)／塩・コショウ:適宜

作り方

❶ソーセージを丸ごと使う場合は、楊枝などで皮にいくつか穴を開けておく。❷鍋に水、豆、豚の耳、豚足、ソルトポーク、ソーセージ、玉ネギ、ニンニク、ローリエ、塩とコショウ少々を入れて沸騰させ、すべてに火が通るまで中火で煮る。途中で水が少なくなったら適量を足す。豚の耳は煮えるまで少し時間がかかるので、他の肉類、ソーセージは煮えた時点で取り出しておくといい。❸豚の耳も煮えたら取り出し、肉、豚の耳、ソーセージを食べやすい大きさに切っておく。❹カップ1/2程度の豆とスープを取り出して、ブレンダーでピュレにする。❺鍋にジャガイモを加えて、火が通るまで弱火で煮る。❻❹のピュレにした豆、切った肉と豚の耳を鍋に戻して、ひと煮立ちさせる。❼パクチーを加え、塩とコショウで味を調えてひと煮立ちさせる。❽スープを器に盛り、切ったソーセージを上にのせる。

Açorda Alentejana

アソルダ・アレンテジャーナ

スープでひたひたになったパンととろける卵。それだけで十分

　ポルトガルの南、アレンテジョ地方の伝統的な料理で、古くなって硬くなったパンをスープに浸して食べる。パンには地元のハードブレッドが使われるが、バゲットのようなパンで構わない。

　スープで柔らかくなったパンの上にはポーチドエッグがのり、スプーンでポーチドエッグを崩すと、とろりとした黄身が流れ出してスープに広がる。それをパン、ピュレ状になったパクチーとともに口に運ぶ。そして「ああ」とため息を漏らす。

　成功の良し悪しはすべてポーチドエッグにかかっている。新鮮な卵を使い、湯には少し酢を加えるのがポイントだ。

材料（4人分）

ニンニク：4粒（粗みじん切り）／パクチー：10本（ざく切り）／エキストラヴァージンオリーブオイル：60cc／水：適宜／酢：小さじ1／卵：4個／パン（バゲットなど）：4枚（スライスしたもの）／塩・コショウ：適宜

作り方

❶すり鉢などにニンニクを入れてつぶし、パクチー、オリーブオイルを加えてピュレにする。❷鍋に少なくとも深さが10cmくらいになるように水を注ぎ、沸騰させたら弱火にする。❸ボウルに氷水を用意しておく。❹卵をひとつずつ別の器に割り入れる。ザルなどで液状の白身を濾し取ると、よりきれいなポーチドエッグができる。❺沸騰した鍋に酢を加え、スプーンなどで渦ができるようにかき回す。渦の中央に❹の卵を落とし入れてポーチドエッグを作る。3分ほど煮たらスプーンで取り出して、氷水に浸ける。❻ポーチドエッグを作るのに使った湯を1000ccだけ残して沸騰させ、塩とコショウで味付けしてスープを作る。❼それぞれの器に❶のピュレ、パン、ポーチドエッグの順に置き、その上からスープをかけて直ちにサーブする。

Caldeirada de Peixe

ポルトガル

|| カルデイラーダ・ディ・ペイシュ

シーフードを知り尽くしたポルトガル人ならではのスープ

　ブイヤベースがフランスのシーフードスープにおける解答なら、ポルトガルではカルデイラーダ・ディ・ペイシュということになる。カルデイラーダはシチューという意味らしいが、とろりとした感じはなく、むしろさらさらした透明感のあるスープである。
　このスープには、普通2種類の魚が使われる。サバ、イワシといった赤身の魚と、シーバス（スズキ）や日本でいうイシモチのような近海の白身魚をミックスすると、スープの味に深みが増す。黄色や赤のパプリカなど野菜の彩りも美しく、見た目も食欲をそそる。シーフードをよく食べるポルトガル人ならではのスープといえる。

材料（4〜6人分）

オリーブオイル：大さじ3／玉ネギ：1個（輪切り）／ニンニク：3粒（スライス）／トマト：1個（輪切り）／イタリアンパセリ：10本（みじん切り）／パクチー：10本／ピーマン：1個（スライス）／赤パプリカまたは黄パプリカ（ミックス可）：100g（スライス）／ジャガイモ：1個（厚めのスライス）／赤身魚と白身魚のミックス：600g（小さいものは筒切り、大きなものは切り身のまま）／パプリカパウダー：小さじ1／レッドチリペッパー：一摘み／白ワイン：120cc／フィッシュブロスまたは水：1000cc／塩・コショウ：適宜／イタリアンパセリ（飾り）：適宜（みじん切り）

作り方

❶鍋にオリーブオイルを熱し、玉ネギとニンニクを加えて、玉ネギが透き通るまで炒める。❷その上にトマト、イタリアンパセリ、パクチー、ピーマン、赤または黄パプリカ、ジャガイモ、魚を積み重ね、パプリカパウダー、チリペッパー、塩小さじ1、コショウ摘みを加える。❸白ワインとブロスを注いで火を点け、沸騰したら弱火にして材料にすべて火が通るまで煮る。
❹スープを器に盛り、イタリアンパセリを上に散らす。

Ganja de Galinha

カンジャ・ディ・ガリーニャ

ポルトガル

起源をインドとする小さなパスタや米が入ったチキンスープ

　カンジャ・ディ・ガリーニャは単なるポルトガルのチキンスープというだけではない。ポルトガルでは風邪や消化器系のトラブルにこのスープが効果的だと信じられている。誕生日、結婚式、大晦日、クリスマスなど特別なときに食されることが多いのもこのスープの特徴といえる。

　このスープはポルトガルではなくインドに起源を持つ。以前、ポルトガルの植民地だった現在のゴア州で食べられていたご飯入りのチキンスープが起源であるらしい。このレシピではオルゾという小さなパスタが使われているが、米がオルゾの代わりに使われることも多い。

材料（4人分）

チキンブロスまたは水＋チキンブイヨン：1500cc／鶏肉：300g／玉ネギ：1/2個（1cm角切り）／ニンジン：1/2本／ニンニク：2粒（つぶしておく）／ローリエ：1枚／ローズマリー：小さじ1/2／粒コショウ：5粒／米またはオルゾパスタ：50g／レモン汁（お好みで）：1個分／塩・コショウ：適宜／ミントの葉（飾り）：適宜（みじん切り）

作り方

❶ブロス、肉、玉ネギ、ニンジン、ニンニク、ローリエ、ローズマリー、粒コショウ、塩小さじ1を鍋に入れて沸騰させたら、弱火にして肉に火が通るまで煮る。❷肉とニンジンを取り出し、冷めたところで肉は食べやすい大きさに裂き、ニンジンは1cmくらいのサイコロに切っておく。❸鍋のスープを沸騰させ、米またはオルゾパスタを加えて柔らかくなるまで煮たら、肉、ニンジンを加えて、塩とコショウで味を調える。お好みでレモン汁を加える。❹器にスープを注ぎ、ミントの葉を散らす。

Caldillo de Perro

カルディオ・デ・ペロ

ダイダイの果汁がスープに爽やかさと独特の風味を与える

　ポルトガルのカルデイラーダ・ディ・ペイシュ（P59）と違い、このスープには淡白な白身魚、タラ科のメルルーサやホワイティングが使われる。おのずとスープそのものがあっさりとした味になる。スペインの南アンダルシア地方の料理で、エル・プエルト・デ・サンタ・マリアの船上料理のニックネーム、エル・ペロに由来するといわれる。

　興味深いところは、ヨーロッパではあまり使われないダイダイが材料に含まれていることだ。日本では比較的馴染みのある果物で、オレンジとレモンの中間のような味がする。このダイダイのおかげで、このスープはより淡白でさわやかな味わいとなる。

材料（4人分）

水：1500cc／玉ネギ：1個（1cm角切り）／ニンニク：2粒（スライス）／ピーマン：2個（1cm角切り）／トマト：2個（4等分）／イタリアンパセリ：5本／オリーブオイル：大さじ1／ホワイティング、メルルーサまたはタラ科の魚：500g（筒切りあるいは人数分）／ダイダイの果汁：1/2個分／塩：適宜／イタリアンパセリ（飾り）：適宜（みじん切り）

作り方

❶水を鍋に入れて沸騰させ、玉ネギ、ニンニク、ピーマンを加えて数分煮たら、トマト、イタリアンパセリ、塩小さじ1を加え、上からオリーブオイルをかける。❷再び沸騰したら、魚を加えて火を弱め、魚に火が通るまで煮る。❸塩で味を調えたら、ダイダイの果汁を加えて、ひと煮立ちさせる。❹魚を各器に分け入れ、スープを注いでイタリアンパセリを散らす。

Fabada Asturiana

｜｜ ファバダ・アストリアナ

缶入りのスープがスーパーで必ず手に入るという超人気のスープ

　スペイン北部のアストリア地方の伝統的な料理で、かなりヘビーなスープなのでスペインでは夕食には重すぎるということで、スペインの人が1日でもっともしっかり食事をする昼食に出される。簡単にいえば肉と豆のスープで、豆にはアストリア特産のファベズ・デ・ラ・グランハという白豆が使わる。またチョリソとモルシーヤと呼ばれるブラッドソーセージは欠かせない。

　ブラッドソーセージは普通のソーセージと比べるとかなり柔らかい。切って使うと100％崩壊する。なので、少量使うときはスープには加えず、別にソテーして器に盛りつけるときに浮かべるのがいい。

材料（4〜6人分）

サフラン：一摘み／白いんげん豆：300g（たっぷりの水に一晩浸しておく）／ベーコン：150g（塩辛いときは水に浸けて塩抜きしておく）／ハムホック：150g（塩辛いときは水に浸けて塩抜きしておく）／チョリソ（なければ好みのソーセージ）：150g／モルシーヤ（ブラッドソーセージ）：150g／玉ネギ：1個（1cm角切り）／ニンニク：1粒（みじん切り）／水：1500cc／パプリカパウダー（チョリソ以外のソーセージを使う場合のみ）：小さじ1／塩・コショウ：適宜

作り方

❶大さじ2の湯（材料外）にサフランを入れておく。
❷水を切った豆、肉類、玉ネギ、ニンニク、水、塩小さじ1、コショウ少々、パプリカパウダー（チョリソ以外のソーセージを使う場合）を鍋に入れて沸騰させ、弱火ですべてに火が通るまで煮る。塩とコショウで味を調える。❸サフランの入った水を、サフランごと鍋に加えてひと煮立ちさせる。❹肉類を取り出して一口大に切り、それぞれの器に分けた後、スープを注ぐ。

Gazpacho

ガスパッチョ

夏はこのスープに限るとさえ言い切れる、暑さを吹き飛ばすスープ

　おそらくガスパッチョは世界でもっともよく知られ、作られるスペインのスープであるに違いない。日本でも夏にはガスパッチョという家庭が多いはずだ。
　ガスパッチョはスペイン南部アンダルシア地方のスープだが、他にもガスパッチョファミリーともいえる、とてもよく似た冷たいトマトスープがある。ポラ・アンテケラナはパンの割合が多い、どちらかといえばパンのスープ、サルモレホはちょうど中間的な存在で、ガスパッチョよりとろりとしているがクリーミーなのが特徴だ。どれもアンダルシア地方のスープだが、他の地方やポルトガルにも似たトマトのスープがある。

材料（4人分）

トマト：4個（乱切り）／イタリアングリーンペッパー（なければピーマン）：1個（乱切り）／キュウリ：1本（少し飾り用にスライス、残りは乱切り）／ニンニク：2粒／オリーブオイル：50cc／パン（バゲットなど）：40g（大きめにちぎっておく）／水：200cc／シェリーヴィネガー（なければ白ワインヴィネガー）：20cc／塩：適宜／チェリートマト（飾り）：適宜（スライス）

作り方

❶スライスしたキュウリ、チェリートマト、塩以外の材料をすべてブレンダーに入れてピュレにする。❷塩で味を調えたら器に注ぎ、上にチェリートマトとスライスしたキュウリをのせる。

スペイン Spain

Oliaigua amb Figures

オリアイグア・アン・フィグレス

野菜のおいしさを存分に味わえるメノルカ島の伝統的野菜スープ

　オリアイグアは、バルセロナの南に浮かぶメノルカ島のスープだ。オリは油、アイグアは水という意味で、スープのもっともシンプルな形を表す言葉といえる。そこにトマトやピーマンを加えて、少しばかりリッチなスープにする。

　もともとは貧しい家庭の料理だったが、今ではメノルカなどの家庭の食卓にも上る、伝統的な料理として親しまれている。

　肉や野菜から抽出したブロスは使わず、煮込んだ野菜から出てくるうまみがこのスープのすべてといえる。イチジクやメロンを添えて甘みをプラスすることがよくある。熱々はもちろん、冷やしてもおいしい。

材料（4人分）

オリーブオイル：大さじ5／玉ネギ：1個（1cm角切り）／ニンニク：4粒（みじん切り）／ピーマン：2個（1cm角切り）／トマト：5個（1cmサイコロ切り）／イタリアンパセリ：2本（みじん切り）／水：1000cc／塩・コショウ：適宜／バゲット（飾り）：適宜（薄めにスライス）／イチジク（飾り）：4個（2等分）

作り方

❶鍋にオリーブオイルを熱し、弱火にして玉ネギ、ニンニク、ピーマンを加えて、ゆっくり10〜15分炒める。❷トマト、イタリアンパセリを加えて、トマトが崩れ始めるくらい柔らかくなったら、水を加えて中火で沸騰直前まで温め、弱火で15分くらい煮る。絶対に沸騰させないこと。❸塩とコショウで味を調えたら、バゲットをちぎって器に敷き、上からスープを注いでイチジクを置く。

Fabes con Almejas

ファベス・コン・アルメハス

海と山の幸が融合したスペイン北部アストゥリアスのスープ

　このスープの故郷であるアストゥリアス州は、2000メートルを超える山々が連なるカンタブリア山脈や、何百ものビーチがある広大な海岸線で知られる。この大自然の中で育った豆とクラムが、このスープのメインになる食材である。

　豆はファベス・デ・ラ・グランシャという、普通の豆よりも大きく、形がキドニービーンズに似た白豆。クラムはアサリに似た小さな貝だ。もちろん日本産の白いんげん豆、アサリでも勝るとも劣らないスープができる。サフランを加えるとスープがわずかに黄色く染まり、白い豆との色の調和で見た目も美しいスープになる。

材料（4人分）

サフラン（お好みで）：一摘み／乾燥白いんげん豆：300g（たっぷりの水に一晩浸けておく）／玉ネギ：小2個（1個は2等分、1個はみじん切り）／ニンニク：3粒（2粒はそのまま、1粒はみじん切り）／水：1200cc／白ワイン：150＋150cc／パプリカパウダー：小さじ1／オリーブオイル：大さじ2／ピーマン：2個（1cm角切り）／小麦粉：大さじ1／クラム（アサリ、ハマグリなどの貝）：150g（塩水に入れて砂を吐かせておく）／塩・コショウ：適宜／イタリアンパセリ（飾り）：適宜（みじん切り）

作り方

❶調理の前にサフランを少量のお湯（材料外）に浸しておく。❷豆の水を切って鍋に入れ、2等分した玉ネギ、粒のままのニンニク、塩小さじ1、コショウ一摘みを加え、水、白ワイン150ccを注いで沸騰させる。❸湯に浸けたサフランを湯ごと鍋に加え、さらにパプリカパウダーを加えて、弱火で豆が柔らかくなるまで煮る。玉ネギとニンニクは取り出して捨てる。❹フライパンあるいは鍋にオリーブオイルを熱し、みじん切りの玉ネギとニンニクを加えて、玉ネギが透き通るまで炒めたら、ピーマンを加えて2、3分炒める。❺小麦粉を白ワイン150ccで溶き、フライパンに加えてかき混ぜながら沸騰させる。❻貝をザルにあげて水を切ったら、フライパンに加えて蓋をし、すべて開くまで途中で揺すりながら煮る。❼❻を❸の鍋に加え、ひと煮立ちさせたら、塩とコショウで味を調える。❽スープを器に盛って、イタリアンパセリを散らす。

Pisto

スペイン

|| ピスト

スペインのラタトイユともいわれるムルシア州の野菜シチュー

　トマトと卵はスープやシチューにおいてもベストコンビネーションなのだが、それにチーズが加わればもう言うことなし、おいしいシチューができること間違いなしである。スペインのラタトイユともいわれるこのシチューには、普通は卵が加わるわけだが、その調理の仕方はいろいろで、このレシピのようにオーブンで焼く、目玉焼きをのせる、溶いてシチューに混ぜるなど、好みで自由に変えて構わない。

　このレシピではトマトを1個すりおろして加えている。こうすることでシチューにクリーミーな食感が加わる。市販のトマトピュレを使ってももちろんオーケーだ。

材料（4人分）

オリーブオイル：大さじ2／ニンニク：2粒（みじん切り）／玉ネギ：1個（粗みじん切り）／ピーマン：3個（1cm角切り）／赤パプリカ：1個（1cm角切り）／ズッキーニ：1本（1cmサイコロ切り）／トマト：4個（3個は1cmサイコロ切り、1個はおろし金などでおろす）／スモークパプリカパウダー（なければ普通のパプリカパウダー）：小さじ1／卵：4個／塩・コショウ：適宜／イタリアンパセリ（飾り）：適宜（みじん切り）／マンチェゴあるいは他のシープミルクチーズ（飾り）：適宜（すりおろす）

作り方

❶鍋にオリーブオイルを熱し、ニンニク、玉ネギを加えて、玉ネギが透き通るまで中火で炒める。❷鍋にピーマン、赤パプリカ、ズッキーニを加えて2、3分炒めたら、サイコロに切ったトマト、スパニッシュスモークドパプリカ、塩とコショウ少々を加えて混ぜ、蓋をして野菜に火が通るまで弱火で煮る。❸すりおろしたトマトを加えてひと煮立ちさせ、塩とコショウで味を調える。❹卵を割り入れて、好みの硬さになるまで煮る。または一人分ずつ器に小分けして、それぞれに卵を割り入れて200度のオーブンで20分ほど、卵が好みの硬さになるまで焼く。❺シチューを器に注いで、イタリアンパセリとチーズを散らす。

Marmitako

スペイン Spain

マルミタコ

バスク地方の漁師料理が起源のツナとジャガイモのシチュー

ツナを使ったスープでもっとも知られるスープがこのマルミタコだろう。スペインのバスク地方を起源とするこのスープは、スープというよりもシチューに近い。小麦粉こそ入っていないが、ジャガイモを柔らかく茹でることで煮崩れ、スープにとろみを加える。ジャガイモを大きめに切って、煮えたところでわざわざ崩すという方法がとられることも多いようだ。

ツナは煮すぎると硬くなるので、最後の最後に加えるのが、このシチューを成功させる秘訣である。ツナ以外ではカツオが使われるほか、最近ではサーモンを使うことも多くなってきた。

材料（4人分）

生マグロ：500g（1.5cmサイコロ切り）／オリーブオイル：大さじ2／玉ネギ：1個（1cm角切り）／ニンニク：2粒（みじん切り）／ピーマン：3個（1cm角切り）／トマト：2個（1cmサイコロ切り）／ジャガイモ：大2個（一口大に切る）／スモークパプリカパウダー：小さじ1／フィッシュブロスまたは水：1000cc／塩・コショウ：適宜／イタリアンパセリ（飾り）：適宜（みじん切り）

作り方

❶マグロに塩小さじ1程度を振り、軽く混ぜておく。
❷鍋にオリーブオイルを熱し、玉ネギとニンニクを加えて玉ネギが透き通るまで炒めたら、ピーマンを加えて4、5分炒める。❸トマト、ジャガイモ、スモークパプリカ、塩小さじ1、コショウ一摘みを加えてさらに4分ほど炒めたら、ブロスを注いで沸騰させる。❹弱火にして野菜に火が通るまで煮たら、①のマグロを加えて、マグロに火が通るまで弱火で煮る。塩とコショウで味を調える。❺シチューを器に注ぎ、イタリアンパセリを散らす。

Minestrone di Verdure

ミネストローネ・ディ・ヴェルデューレ

何種類もの野菜をたっぷり入れて煮込んだ日本でも人気のスープ

　日本でもミネストローネは大変人気のあるスープだが、地元イタリアのミネストローネとは大きな違いがある。日本では豆が省かれることが多いが、イタリアでは必須の材料で、ファジョリ・ボルロッティ、日本ではうずら豆と呼ばれる豆が加わる。

　ミネストローネは豆のブロス、つまり豆のうまみが溶け込んだスープであるともいわれる。またイタリアでは単にミネストローネではなく、ミネストローネ・ディ・ヴェルデューレと、わざわざ野菜（ヴェルデューレ）のミネストローネと呼ぶことが多い。理由はわからないが、肉や肉のブロスが使われることがあるからかもしれない。

材料（4人分）

オリーブオイル：大さじ2／赤玉ネギ：1/2個（1cm角切り）／ニンニク：1粒（みじん切り）／セロリ：1/2本（小口切り）／ニンジン：1/3本（1cmサイコロ切り）／リーキまたは長ネギ：2/3本（小口切り）／イタリアンパセリ：2本（みじん切り）／ローズマリー：1本（生）または小さじ1/2（ドライ）／ローリエ：1枚／バジルの葉：2枚／水：1200cc／調理済クランベリービーンズまたはうずら豆：100g／カボチャ：小1/8個（1cmサイコロ切り）／ジャガイモ：1個（1cmサイコロ切り）／カリフラワー：1/4個（房に分ける）／トマト：1個（1cmサイコロ切り）／ホワイトズッキーニまたは普通のズッキーニ：1/2本（1cmサイコロ切り）／グリーンピース（冷凍可）：100g／塩・コショウ：適宜／パルメザンチーズ（飾り、お好みで）：適宜（すりおろす）

作り方

❶鍋にオリーブオイルを熱し、赤玉ネギ、ニンニク、セロリ、ニンジンを加えて、玉ネギが透き通るまで炒めたら、リーキを加えて2、3分炒め、軽く塩コショウしてハーブを加えて水を注ぐ。バジルは手でちぎってから加える。❷沸騰したら豆を加えてひと煮立ちさせ、カボチャ、ジャガイモ、カリフラワーを加えて、弱火で野菜に少し芯が残る程度まで煮る。❸トマトとズッキーニを加えて、塩とコショウで味を調え、ズッキーニが柔らかくなったらグリーンピースを加えてひと煮立ちさせ、ローリエ、ローズマリー（生を使用した場合）を取り出す。❹スープを器に注ぎ、好みでパルメザンチーズをかける。

Minestra Maritata

イタリア

‖ ミネストラ・マリタータ

いろいろな肉や野菜の味が混ざり合った一品料理となる豪華なスープ

　イタリアのナポリ周辺でよく食べられるスープだが、実際はスペインのイベリア地方で18世紀から食されていたスープが持ち込まれて広まったといわれている。このスープを直訳するとウェディングスープという意味になるが、結婚式に出てくるスープではどうもないらしい。むしろ、さまざまな材料が混ざり合ったスープと呼ぶのが正解のようだ。冬の代表的な料理で、特にクリスマスには欠かせない。

　さまざまな肉と部位がベースになり、エンダイブ、ブラックキャベツといった季節の野菜が入る。日本であまり知られていない野菜を使うのが難点だ。

材料（4〜6人分）

骨付き牛肉：100g／鶏肉：100g／ポークリブ：100g／イタリアンソーセージ（サルシッチャ）：1本／玉ネギ：1/2個（2等分）／ニンニク：4粒（2粒はつぶすだけ、残り2粒はみじん切り）／セロリ：1本（2〜4等分）／ニンジン：小1本（2〜4等分）／水：1500cc／オリーブオイル：大さじ3／ブロッコリーニ：200g（ざく切り）／ブラック（トスカーナ）キャベツ：200g（芯を取ってざく切り）／サボイキャベツ：1/2個（ざく切り）／エンダイブ：200g（ざく切り）／塩・コショウ：適宜／オリーブオイル（飾り）：適宜／パルミジャーノレッジャーノまたはペコリーノロマーノチーズ：適宜（すりおろす）

作り方

❶鍋に肉、イタリアンソーセージ、玉ネギ、つぶしたニンニク2粒、セロリ、ニンジンを入れて水を注いで沸騰させ、塩小さじ1、コショウ一摘みを加えたら、弱火にして肉類に火が通るまで煮る。❷肉類は取り出して冷まし、食べやすい大きさにほぐして（切って）おく。残りはザルなどで濾しておき、野菜などは捨てる。❸鍋にオリーブオイルを熱し、みじん切りのニンニク2粒分を加えて、香りが出るまで炒めたら、ブロッコリーニ、ブラックキャベツ、サボイキャベツ、エンダイブを加えて軽く混ぜ、ほぐした肉とソーセージを加えて数分炒める。❹濾したスープを加えて沸騰させ、野菜が柔らかくなるまで弱火で煮たら、塩とコショウで味を調える。❺スープを器に注ぎ、オリーブオイルをかけてチーズを振る。

Garmugia

ガルムージャ

春を告げるそら豆とアーティチョークの味と香りに満ちたスープ

　イタリアの中央部、トスカーナ地方のルッカで誕生したスープで、17世紀にはすでに言及されている伝統的な料理である。肉としてヴィール（仔牛肉）とパンチェッタが入るが、少量なのでスープにフレーバーを与える程度で、基本的には野菜スープだ。

　このスープの主役はアーティチョークとそら豆である。アーティチョークはハートと呼ばれる中心の柔らかい部分が使われる。とてもおいしい野菜だが、スープに使われることは少ない。そら豆はイタリアを含めた地中海料理によく使われる。どちらも春が旬だ。トスカーナの人たちは春の訪れをこのスープで祝うともいえるだろう。

材料（4人分）

レモン汁：1個分／アーティチョーク：2個／オリーブオイル：大さじ3／青ネギ：4本（みじん切り）／パンチェッタ：50g（小サイコロ切り）／ヴィールなければ牛挽き肉：100g／チキンまたはビーフブロスあるいは水＋ブイヨン：1000cc／そら豆（冷凍可）：100g（皮をむいておく）／グリーンピース（冷凍可）：100g／アスパラガス：10～12本（根に近い硬い部分は切り落として斜めにスライス）／塩・コショウ：適宜／ペコリーノロマーノまたはパルミジャーノレッジャーノチーズ（飾り）：適宜（すりおろす）／イタリアンブレッドまたはバゲットのスライス（飾り）：4枚（トーストする）／オリーブオイル（飾り）：適宜

作り方

❶ボウルに水（材料外）を入れて、レモン汁を加えてかき混ぜておく。❷アーティチョークの下準備をする。茎を切り落とし、切り口と外側の硬い緑色の部分を切って①のレモン水に浸ける。上から1/3くらいのところで先端を切り落とし、葉をむしり取って淡い黄緑色の部分のみを残す。いったんボウルのレモン水に浸け、取り出して縦半分に切り、中央の花弁をすべて取り除いたら、大きさに合わせて縦に4～8等分に切ってレモン水に浸けておく。❸鍋にオリーブオイルを熱し、青ネギを加えてしんなりするまで炒めたら、パンチェッタを加えて十分脂が出てくるまで5分ほど弱火で炒める。❹挽き肉を加えてパラパラになるまで炒めたら、②のアーティチョークを水を切って加え、さっと混ぜ合わせる。❺ブロスを加えて沸騰させたら、塩小さじ1、コショウ一摘みを加えて、弱火でアーティチョークに火が通るまで煮る。❻そら豆とグリーンピース、アスパラガスを加えて柔らかくなるまで煮たら、塩とコショウで味を調える。❼スープを器に注ぎ、トーストしたパンを置いて、チーズとオリーブオイルをかける。

Maccu di Fave

イタリア

| マク・ディ・ファヴェ

生のそら豆を茹でた緑色が鮮やかなシシリーのスープ

　温暖な地域では、1月になると少しずつスーパーに並び始めるそら豆は、3月に旬を迎える。茹でて軽く塩を振って食べるそら豆は、日本でも春の訪れを知る季節感のある食べ物である。同じように、イタリアのシシリーでも春になると房に入ったそら豆が店に並ぶ。3月19日の聖ヨセフの祝日には、このそら豆のスープを作り、祝日を祝う。

　主な材料がそら豆、玉ネギ、ブロスというシンプルなこのスープは、そら豆の味を存分に味わうことができる料理といえる。そら豆は茹で上がったところでピュレにされるが、完全にピュレにせず、少し粒を残してもおいしい。フェンネルの枝は入手困難。ディル、タラゴン、タイバジルなどで代用するといい。

材料（4人分）

そら豆：1kg（乾燥豆の場合は約半量、一晩水に浸けておく）／オリーブオイル：大さじ2／玉ネギ：1個（みじん切り）／野菜ブロスまたは水＋野菜ブイヨン：500cc／塩・コショウ：適宜／レッドチリペッパーフレーク（飾り）：適宜／フェンネルの小枝（飾り）：適宜（粗みじん切り）／オリーブオイル（飾り）：適宜

作り方

❶鍋にたっぷりのお湯（材料外）を沸かしてそら豆を入れ、30秒ほどしたら取り出して冷水に浸ける。ザルにあけて、皮を取り除く。❷鍋にオリーブオイルを熱し、玉ネギを加えて透き通るまで炒めたら、そら豆を加えてさっと混ぜる。❸ブロスを注いで沸騰させ、弱火で豆が柔らかくなるまで煮たら、塩とコショウで味を調える。❹鍋の中身をブレンダーでピュレにしてから器に盛り、レッドチリペッパーフレークとフェンネルを上に飾り、オリーブオイルをたらす。

Buridda di Seppie

イタリア

|| ブリダ・ディ・セピエ

コウイカの分厚い身が主役のイタリア北西部のシーフードスープ

　フランスに隣接するジェノヴァを州都とするリグーリアは、豊富な海産物を使った料理で知られる。その代表がブリダと呼ばれるシーフードスープである。本来は、漁師が網に残った売り物にならない海産物で作ったスープで、イカ、ボラ、コンガーイールなどさまざまな魚介類が使われる。中でも特別だとされるのが、コウイカを使ったブリダ・ディ・セピエである。厚みのあるコウイカは格別の味というわけだ。

　普通、ガレテ・デル・マリナイオという硬いフラットブレッドがこのスープと一緒にサーブされる。このパンをスープにどっぷり浸け、柔らかくして食べるわけだ。

材料（4人分）

コウイカ：800g／オリーブオイル：大さじ3／玉ネギ：1個（1cm角切り）／ニンニク：1粒（みじん切り）／アンチョビフィレ：2枚／ドライマッシュルーム（ポルチーニなど）：20g（水で戻し、食べやすい大きさに切る）／トマト：2個（1cmサイコロ切り）／ケッパー：大さじ1（水に浸けて塩抜きしておく）／イタリアンパセリ：10本（ざく切り）／白ワイン：120cc／水：250cc／グリーンピース（冷凍可）：300g／塩・コショウ：適宜

作り方

❶コウイカは内臓を胴から取り出し、内臓とげそを切り離す。わたなどは違う料理に使う。げそは目とくちばしを取る。胴は皮をはがす。胴とげそを1cm弱くらいの幅にスライスする。❷鍋にオリーブオイルを熱し、玉ネギとニンニクを加えて、玉ネギが透き通るまで炒めたら、アンチョビ、マッシュルーム、トマト、ケッパー、イタリアンパセリを加え、白ワイン、水を入れて沸騰させる。❸コウイカを加えて、軽く塩、コショウしたら、弱火にして30分ほど煮る。途中水分が少なくなったら、水を適量加える。材料の1/2から2/3が浸っている程度になるように。❹グリーンピースを加えてひと煮立ちさせ、塩とコショウで味を調える。

Minestra di Ceci

イタリア

|| ミネストラ・ディ・チェチ

シシリアで欠かせないひよこ豆がたっぷり入ったスープ

1282年、シシリアで起きたシシリアの晩禱は、当時支配していたフランス王族への反乱だった。シシリアの言葉でひよこ豆はチチリという。この発音はフランス人には難しい。そこで、シシリアの人はひよこ豆を掲げて「これは何だ」と聞く。正しく発音できればシシリア人と認め、できない場合は殺す。そんな逸話が今でも存在する。事実かどうかは別にして、その頃からひよこ豆が食べられていたことは想像できる。

主な材料はひよこ豆、トマト、そしてショートパスタ。シンプルだが栄養価が高いスープで、トーストしたイタリアンブレッドをプラスすれば満足感も高い。

材料（4人分）

オリーブオイル：大さじ2／玉ネギ：1個（みじん切り）／ニンニク：2粒（みじん切り）／セロリ：1本（みじん切り）／ニンジン：小1本（みじん切り）／白ワイン：大さじ2／トマト：2個（1cmサイコロ切り）／野菜ブロスまたは水＋野菜ブイヨン：1500cc／乾燥ひよこ豆：200g（たっぷりの水に一晩浸けて、ザルにあげて水切りしておく）／ローズマリー：小さじ1/2／ローリエ：2枚／ショートパスタ（オルゾなど）：100g／塩・コショウ：適宜／イタリアンブレッドのトースト（飾り）：適宜／パルミジャーノレッジャーノチーズ：適宜（すりおろす）

作り方

❶鍋にオリーブオイルを熱し、玉ネギ、ニンニク、セロリ、ニンジンを加えて、野菜がしんなりするまで炒める。❷白ワインを加えて、ほとんど蒸発したらトマトを加えて、3分くらい炒める。❸ブロス、豆、ローズマリー、ローリエ、塩小さじ1、コショウ一摘みを加えて沸騰させ、豆に火が通るまで弱火で煮る。❹豆を煮ている間に、パスタを硬めに茹でて水を切っておく。❺豆が煮えたら塩とコショウで味を調え、❹のパスタを加えて好みの硬さになるまで煮る。❻スープを器に盛り、イタリアンブレッドのトーストを添えて、チーズを散らす。

Ribollita

イタリア

|| リボリータ

古くなったパンが極上の料理になって復活するトスカーナのスープ

　イタリアにはクシナ・ディ・レクペロという言葉がある。イタリア語の知識はないが、料理再生レシピとでも言えばいいだろうか。古くなったパンを使って新たにおいしい料理を作るという点で、このスープはこの言葉にぴたりと当てはまる。

　トスカーナ地方を代表するスープで、主な材料は豆と数種の緑の野菜である。肉がなくても、ブロスを使わなくても、豆とこれだけの野菜があればすばらしくおいしいスープになるのだと納得させられるスープだ。スープだけ作って一晩寝かせ、翌日にパンを加えて仕上げる。つまり時間をおいて2度煮ると、さらにおいしくなる。

材料（4～6人分）

乾燥カネリーニビーンズ（なければ白いんげん豆）:200g（たっぷりの水に一晩浸しておく）／水：1000cc／オリーブオイル：大さじ1+2／玉ネギ：1個（1cm角切り）／ジャガイモ：1個（1cmサイコロ切り）／ニンジン：1本（厚めにスライス）／リーキまたは長ネギ：1/2本（小口切り）／セロリ：1本（小口切り）／トマト：小1個（小サイコロ切り）／ブラック（トスカーナ）キャベツ：4、5枚（芯を取ってざく切り）／サボイキャベツまたは普通のキャベツ：150g（ざく切り）／スイスチャード：4、5枚（芯を取ってざく切り）／ズッキーニ：1本（縦4等分し、1.5cm厚に切る）／古くなったパン：80g（サイコロ切り）／塩・コショウ：適宜

作り方

❶豆の水を切って鍋に入れ、水を注いで沸騰させたら、オリーブオイル大さじ1を加えて、弱火で柔らかくなるまで煮る。❷煮えたら3/4の豆は取り出し、残りはスープと一緒にブレンダーでなめらかにして、取り出しておいた豆とともに鍋に戻す。❸フライパンにオリーブオイル大さじ2を熱し、玉ネギを加えて透き通るまで炒めたら、ジャガイモ、ニンジン、リーキ、セロリを加えて2、3分炒める。❹トマトを加えて2分ほど炒め、2種のキャベツ、スイスチャード、塩小さじ1、コショウ一摘みを加えてよく混ぜ、弱火にしてしんなりするまで蒸し煮する。❺❹を❷の鍋に加えて沸騰させ、野菜に完全に火が通るまで弱火で煮たら、ズッキーニ、パンを加えて、ズッキーニに火が通るまで煮る。❻塩とコショウで味を調える。

ミル・ファンティ

ストラッチャテーラ

Stracciatella & Mille Fanti

イタリア Italy

|| ストラッチャテーラ & ミル・ファンティ

ストラッチャテーラとミル・ファンティは似て非なる別のスープ

　ミル・ファンティに出会ったのは30年以上も前のことだ。カヌー好きのフランス料理レストランのシェフから教えてもらった。以来、頻繁に食卓に上るスープとなった。ところが、いろいろ調べているうちに、自分が思っているミル・ファンティがミル・ファンティではないことに気がついた。

　ややこしい話だが、ストラッチャテーラというイタリアのスープが実は日本でいうミル・ファンティであって、ミル・ファンティはイタリアに実際に存在はするものの、まったく別物だったのだ。ミル・ファンティは一般にいうところの卵スープではなく、チーズ、卵、セモリナ粉で作ったショートパスタのスープなのだ。

　実はミル・ファンティに似ているスープがもうひとつある。パッサテッリと呼ばれるスープで、ミル・ファンティと同じように生地を作り、パッサテッリプレスという道具を使ってパスタ状に絞り出してスープに加える。こちらはミル・ファンティよりもパスタっぽいスープになる。

共通材料（4人分）

スープ（2種共通）
チキンブロスまたは水＋チキンブイヨン：1000〜1200cc／塩・コショウ：適宜
●鍋でブロスを熱し、塩とコショウで味を調える。

ミル・ファンティ

材料（4人分）

パルミジャーノレッジャーノチーズ：50g（すりおろす）／卵：3個／イタリアンパセリ：5本（みじん切り）／塩：一摘み／コショウ：一摘み／セモリナ粉：300g

作り方

❶ボウルにチーズ、卵、イタリアンパセリ、塩一摘み程度、コショウ一摘みを入れて、泡立て器でよく混ぜる。泡立たせないこと。❷作業台にセモリナ粉で山を作り、中央に❶の卵ミックスがすべて注げるくらいの穴を作る。❸穴に卵ミックスを注ぎ、山の外側から崩して混ぜていき、完全に粉に浸み込ませる。❹手の平でさらに混ぜながら、小豆大くらいかそれよりも小さな粒のパスティーナ（小さなパスタのこと）にして、1時間放置して乾燥させる。❺粒が大きなものがあったら指で細かくし、ザルで細かいものを振るい落とす。❻沸騰したスープにパスティーナを入れて、パスタに火が通るまで煮る。

ストラッチャテーラ

材料（4人分）

卵：4個／パルミジャーノレッジャーノチーズ：80g（すりおろす）／塩：一摘み／ナツメグ：一摘み

作り方

❶ボウルにすべての材料を入れて、泡立て器でよく混ぜ、沸騰したスープに泡立て器でかき混ぜながら少しずつ落としていく。❷卵ミックスが細かく分離するまで、そのまま泡立て器で数分混ぜる。

Brodu

ブロドゥ

野菜がたくさん入ったトマトとビーフベースのマルタスープ

　地中海に浮かぶ島国マルタは、イタリアのシシリア島の南に位置している。さまざまな隣国による侵略を経験したマルタは、文化面でそうした国々の影響を受けている。食文化も同様で、マルタ独特の食文化を形成しているといえる。

　ブロドゥは英語のブロスに当たる。ブロスは肉や骨、各種の野菜を煮ることで得られる、日本では単純にスープといわれるものだ。もちろんブロスだけでスープとして食されることがあるのでスープと同意語だと思っていいだろう。

　ブロドゥには牛と鶏の2種類がある。肉が違うだけで基本的に材料は同じだ。

材料（4〜6人分）

オリーブオイル：大さじ2／玉ネギ：1個（1cm角切り）／ニンニク：1粒（みじん切り）／シチュー用牛肉：700g／セロリ：1本（小口切り）／トマト：1個（1cmサイコロ切り）／ビーフブロスまたは水＋ビーフブイヨン：2000cc／ジャガイモ：1個（一口大に切る）／ニンジン：1本（1cmサイコロ切り）／ズッキーニ：1本（一口大に切る）／オルゾまたは好みのショートパスタ：50g／塩・コショウ：適宜／イタリアンパセリ（飾り）：適宜（みじん切り）

作り方

❶鍋にオリーブオイルを熱し、玉ネギとニンニクを入れて、玉ネギが透き通るまで炒める。❷肉を加えて、生の表面がなくなるまで炒めたら、セロリ、トマトを加えて、トマトが崩れ始めるまで炒める。❸ブロス、塩小さじ1、コショウ一摘みを加えて肉に火が通るまで弱火で煮たら、ジャガイモ、ニンジンを加えて、ほぼ火が通るまで煮る。❹ズッキーニとパスタを加え、パスタが柔らかくなるまで中火で煮たら、塩とコショウで味を調える。❺スープを器に注いで、イタリアンパセリを散らす。

Kusksu

| クスクス

特大クスクスとそら豆が入った、マルタのマルチカルチャースープ

名前はクスクスだが、モロッコのクスクスとは材料は同じでも、見た目がまったく違う。他の北アフリカの国々で食されるジャイアントクスクスと呼ばれる、タピオカほどの大きさがあるパスタである。このほかにも、このスープはイタリアや中近東の影響を受けていることがうかがえる。

クスクスが印象的だが一般的にこのスープはそら豆のスープという認識があるようだ。実際にジャイアントクスクスの間に浮かぶそら豆の存在は、見た目にも印象が強い。また多くの場合、ジベイニートというゴートミルクで作ったフレッシュチーズが浮かぶ。しかし、入手困難なのでリコッタで代用した。

材料（4人分）

そら豆（冷凍または生）：350g／オリーブオイル：大さじ2／玉ネギ：1個（みじん切り）／ニンニク：2粒（みじん切り）／トマトペースト：大さじ1／チキンブロスまたは水＋チキンブイヨン：1500cc／ジャイアントクスクス：150g／卵（お好みで）：4個／グリーンピース（冷凍可）：100g／塩・コショウ：適宜／ゴートチーズまたはリコッタチーズ（飾り）：適宜

作り方

❶生のそら豆を使う場合は、鍋にたっぷりのお湯（材料外）を沸かし、そら豆を30秒ほど茹で、すぐに取り出して冷水に浸ける。冷めたら皮をむく。冷凍の場合は解凍して皮をむく。❷別の鍋にオリーブオイルを熱し、玉ネギとニンニクを入れて、玉ネギが透き通るまで炒める。❸トマトペーストを加えて1分ほど混ぜたら、塩とコショウ各一摘みを加えて軽く混ぜ、ブロスを注ぎ、クスクスを加えて透き通って柔らかくなるまでさらに弱火で煮る。❹そら豆を加えて柔らかくなるまで煮る。❺卵を割り入れて、適当な硬さになるまで煮る。❻グリーンピースを加えてひと煮立ちさせ、塩とコショウで味を調える。❼スープを器に盛り、上にチーズをのせる。

Soppa tal-Armla

ソパ・タルアルムラ

安く手に入る素材を使って作るマルタ伝統の野菜スープ

　ソパ・タルアルムラは直訳すると未亡人のスープとなる。困窮した未亡人が安価な素材を使って作るスープということであるらしい。ニンジン、カリフラワーといった野菜をトマトペーストで味付けした野菜スープで、決まった素材というものは少なく、季節の違いなどによって素材は変化する。

　このスープは午前中に鍋いっぱいに作られ、昼食後、残ったスープは夕食時に再び温められ、栄養価を高めるためにポーチドエッグやマルタ特産のジベイニートというゴートチーズを加えて出される。マルタ以外の国ではなかなか手に入らないチーズなので、代わりにリコッタやフェタを使う。

材料（6～8人分）

オリーブオイル：大さじ2／玉ネギ：1個（1cm角切り）／ニンニク：2粒（スライス）／セロリ：2本（小口切り）／ニンジン：1本（1cmサイコロ切り）／トマトペースト：大さじ1／チキンまたは野菜ブロスまたは水＋ブイヨン：1500cc／カリフラワー：1/2個（食べやすい大きさに分ける）／そら豆（冷凍可）：150g（皮を取っておく）／ジャガイモ：2個（1cmサイコロ切り）／トマト：1個（1cmサイコロ切り）／コールラビ（なければカブ、またはカリフラワーの芯でもOK）：1個（1cmサイコロ切り）／リコッタチーズ　大さじ1×人数分／卵：人数分／イタリアンパセリ（飾り）：適宜（みじん切り）

作り方

❶鍋にオリーブオイルを熱し、玉ネギとニンニクを加えて、玉ネギが透き通るまで炒める。❷セロリ、ニンジン、トマトペーストを加えて軽く混ぜたらブロスを注ぎ、塩小さじ1、コショウ一摘みを加えて沸騰させ、セロリとニンジンにだいたい火が通るまで弱火で煮る。❸カリフラワー、そら豆、ジャガイモ、トマト、コールラビを加えて、すべての野菜に火が通るまで弱火で煮る。❹リコッタチーズを大さじ1ずつ分けて鍋のスープの上に置き、さらに卵を空いているスペースに1個ずつ落とし、卵が好みの硬さになるまで煮る。❺チーズと卵を取り出して皿などに置いておき、スープを沸騰させる。❻それぞれの器にチーズ、卵を置き、その上にスープを注いでイタリアンパセリを散らす。

Ričet

| リチェット

野菜、穀類、豆、肉とすべての要素が盛り込まれた栄養満点スープ

リチェットはスロベニアの伝統的な料理だが、クロアチア、オーストリア、ドイツでも似たスープがある。このスープに欠かせないのは大麦、豆、そしてソーセージ、ハムなどの加工した肉である。中でも大麦はこのスープの中心的な存在で、スープではなくポーリッジ（日本でいう雑炊）と呼ばれることが多い。といっても、雑炊のようにとろりとしているわけではなく、このスープは意外とさらりとしている。

豆は基本的にどんなものでも構わない。加工肉としてチョリソを使うと、スパイシーなスープに変身する。大麦の代わりにキヌアを使ってもおいしい。

材料（4人分）

大麦：180g／水：1500cc／スモークハムあるいはベーコンブロックまたはスモークソーセージ：200g／調理済キドニービーンズ（赤いんげん豆）：200g／コールラビ（なければカブ）：小1個（1cmサイコロ切り）／ニンジン：小1本（1cmサイコロ切り）／セロリ：1本（1cm角切り）／ニンニク：2粒（みじん切り）／トマト：2個（1cmサイコロ切り）／玉ネギ：小1個（1cm角切り）／ローリエ：1枚／パプリカパウダー：一摘み／タイム：一摘み／塩・コショウ：適宜

作り方

❶ 大麦を水洗いして鍋に入れ、水、スモークハムを加えて沸騰させて、弱火で大麦が柔らかくなるまで煮る。❷ 水分が少なくなってしまった場合は1カップほどの水を足し、豆と野菜、ハーブ、塩小さじ1、コショウ一摘みを加えて再び沸騰させ、弱火で野菜が柔らかくなるまで煮る。❸ 水分が少ない場合はさらさらになるまで足し、塩とコショウで味を調える。

スロベニア Slovenia

Jota

ヨタ

スロベニアだけでなく隣国でも人気のザワークラウトと豆のスープ

ヨタはスロベニアで唯一海に接するプリモルスカ地方でポピュラーなシチューだが、国境を接するクロアチアのイストリア半島、イタリア北東部に位置するトリエステでもよく食される。どの国でも綴りに同じで、クロアチアではヨタ、イタリアではジョータと呼ばれる。

このシチューの特徴のひとつは、キャベツのピクルス・ザワークラウトが使われているところだ。ザワークラウトというとドイツの食べ物という印象があるが、東ヨーロッパでも大変ポピュラーだ。おのずとスープには酸味が加わる。肉はほとんどの場合は豚で、スモークされたものが使われる。

材料（4人分）

オリーブオイル：大さじ2（ベーニンを使う場合は大さじ1）／ハム、ベーコン、ソーセージなどスモークした豚肉：200g（1cmサイコロ切り）／玉ネギ：1個（1cm角切り）／ニンニク：2粒（みじん切り）／水：1200cc／トマトペースト：大さじ1／キドニービーンズ（赤いんげん豆）：150g（たっぷりの水に一晩浸けて、洗ってザルにあげておく）／ローリエ：2枚／ザワークラウト：300g（洗ってザルにあげておく）／ジャガイモ：大1個（一口大に切る）／塩・コショウ：適宜

作り方

❶鍋にオリーブオイルを熱し、肉を加えて脂が出てくるまで炒めたら、玉ネギとニンニクを加えて、玉ネギが透き通るまで炒める。❷水、トマトペースト、豆、塩とコショウ一摘み、ローリエを加えて沸騰させ、豆に火が通るまで弱火で煮る。❸ザワークラウト、ジャガイモを加えて、すべてに火が通るまでさらに弱火で煮る。❹塩とコショウで味を調えて、器に注ぐ。

Bujta Repa

スロベニア Slovenia

ブイタ・レパ

日本の赤カブ漬けのようなサワーターニップを使ったポーリッジ

　スロベニア北東部のプレクムリェ地方が起源のこのポーリッジ（雑炊のようなもの）は、前述のリチェット（P81）とヨタ（前ページ）をミックスしたような料理だ。リチェットで使われている大麦の代わりにミレット（キビ）が入り、ヨタのザワークラウトがサワーターニップ（カブに似たターニップのピクルス）になったといえば、イメージが湧くだろうか。

　ターニップはカブの仲間で、そのままスープの材料にするほか、東ヨーロッパではピクルスにする。日本でいう赤カブ漬けだと思えばいい。実際はビーツが入るので、赤カブ漬けのように赤くなるようだ。でもスープにすると、その赤みは消える。

材料（4人分）

ポークリブ：300g／水：1000cc／粒コショウ：5粒／ローリエ：1枚／サワーターニップ：500g／ミレット（キビ）：80g／サラダ油：大さじ2／玉ネギ：1個（みじん切り）／ニンニク：4粒（みじん切り）／パプリカパウダー：大さじ1／小麦粉：大さじ2／マジョラム：小さじ1/2／塩・コショウ：適宜

作り方

❶ポークリブ、水、粒コショウ、ローリエを鍋に入れて沸騰させ、リブに火が通るまで弱火で煮る。❷リブは取り出して冷まし、食べやすい大きさに裂いておく。スープを1カップほど別にとっておく。❸鍋にサワーターニップ、裂いた肉を加えて、再び沸騰させてから30分ほど弱火で煮る。❹ミレットを加えて火が通るまで煮る。途中水が少なくなったら水を適量加える。❺フライパンに油を熱し、玉ネギ、ニンニクを加えて、玉ネギが透き通るまで炒める。パプリカパウダーを加えてなじませたら、小麦粉を加えて粉っぽさがなくなるまで混ぜる。❻別にとっておいたスープを❺にかき混ぜながら少しずつ加えてルーを作り、鍋に加える。❼5分くらい弱火で煮たら、マジョラムを加え、塩とコショウで味を調えて、器に注ぐ。

Manestra

マネストラ

パプリカが効いた隣国イタリアのミネストローネのクロアチア版

マネストラはアドリア海に面したクロアチアの北部、イストリアでよく食べられているスープである。名前からも察しがつく通り、イタリアのミネストローネの影響を強く受けている。

といっても、ミネストローネとは違う面も多く持っている。ひとつはマネストラには肉が加えられる場合が多いことだ。よく使われるのはハムホックと呼ばれる豚の脛骨の関節で、スモークされていることが多く、スープに肉のうまみを加えるだけでなく、スモーキーなフレーバーもプラスする。また、豆の割合が多く、野菜のスープというよりも豆のスープで、コーンが加わることもある。

材料（4人分）

ロマノビーンズ（なければうずら豆）：150g（たっぷりの水に一晩浸しておく）／スモークハムホックまたはベーコンブロック：300g／パプリカパウダー：小さじ1／ローリエ：1枚／水：1500cc／オリーブオイル：大さじ2／玉ネギ：1個（みじん切り）／ニンジン：小1本（1cmサイコロ切り）／セロリ：2本（1cm角切り）／トマト：1個（1cmサイコロ切り）／缶詰のコーン：150g／塩・コショウ：適宜／イタリアンパセリ（飾り）：適宜（ざく切り）

作り方

❶豆と肉、パプリカパウダー、ローリエ、塩小さじ1、コショウ一摘みと水を鍋に入れて沸騰させ、豆と肉に火が通るまで弱火で煮る。❷肉を取り出して冷まし、骨や皮を取り除き、食べやすい大きさに切って鍋に戻す。❸フライパンにオリーブオイルを熱し、玉ネギを加えて透き通るまで炒めたら、鍋に加える。❹ニンジン、セロリを加えて、野菜が柔らかくなるまで煮る。❺トマトとコーンを加えて、5分くらい煮る。❻塩とコショウで味を調え、器に注いでイタリアンパセリを上に散らす。

Pasticada

パシュティツァダ

酢とプルーンが入ったダルマチアの少し変わったビーフシチュー

　パシュティツァダはクロアチアの南、アドリア海に面したダルマチア地方の名物料理だ。大きめに切った牛肉を煮込んだビーフシチューだが、日本で知られるような一般的なビーフシチューとはちょっと違う。まず、ハーブが効いた酢がベースのマリネ液に牛肉を一晩漬ける。それを赤ワイン、ブロス、トマトペースト、ナツメグ、クローブといったスパイスとともに煮込む。

　もっとも変わっている点は、ドライプルーンを一緒に煮込むところだろう。酢の酸味にプルーンの甘味が加わり、一風変わったビーフシチューが出来上がる。このシチューは普通、自家製ニョッキとともにサーブされる。

材料（4人分）

牛塊肉：1kg／ニンニク：4粒（1粒を4等分）／ベーコンまたはパンチェッタ：50g（小さめのサイコロ切り）／粒コショウ：4粒／ローリエ：1枚／ローズマリー：1本／赤ワインヴィネガー：250cc／玉ネギ：2個（1個を4等分）／オリーブオイル：大さじ2／ニンジン：1本（スライス）／ドライプルーン：4個／赤ワイン：250cc／ビーフブロスまたは水＋ビーフブイヨン：120cc／トマトペースト：大さじ2／ナツメグ：一摘み／クローブ：2粒／塩・コショウ：適宜／ニョッキ：適宜／イタリアンパセリ（飾り）：適宜（みじん切り）

作り方

❶フォークで牛肉全体に穴を開け、その穴にニンニク、ベーコンを刺し入れたらボウルあるいは蓋付きの容器に入れ、粒コショウ、ローリエ、ローズマリー、玉ネギ、赤ワインヴィネガーを加えてラップでカバーする、あるいは蓋をする。肉が完全にヴィネガーに浸からない場合は水を加える。冷蔵庫で一晩寝かせる。❷牛肉を取り出し、残りはザルで濾し、ローリエと玉ネギは肉とともにとっておく。❸鍋にオリーブオイルを熱し、肉を加えて全体に焦げ目が付くまで焼く。❹肉を取り出し、鍋に油を残したまま、ニンジン、ドライプルーン、とっておいた玉ネギを加えて2分くらい炒める。❺肉を鍋に戻し、赤ワイン、ブロス、トマトペースト、ナツメグ、クローブ、塩小さじ1、コショウ一摘みを加えて沸騰させたら、弱火にして肉に火が通るまで煮る。❻肉を取り出して1.5〜2cmの厚さにスライスする。鍋の野菜の入ったスープはブレンダーでピュレにする。❼肉とピュレを鍋に戻し、ひと煮立ちさせる。❽シチューをニョッキとともに器に盛り、イタリアンパセリを散らす。

クロアチア Croatia

Čobanac

クロアチア 　Croatia

| チョバナック

毎年ベストシチューを競う競技会が開かれるほど人気のシチュー

　焚火を起こし、その上に大きな鍋をかける。牛肉、豚肉、ヴィール（仔牛肉）をパプリカを効かせたブロスでゆっくりと煮込む。チョバナックはクロアチアの北東部、スラヴォニアのシチューである。大きな鍋で大量に作るのが、スラヴォニアでのチョバナックの正しいやり方だ。このシチューはパプリカパウダーがたくさん入るので赤い。スイートとホットパプリカ（このレシピでは鷹の爪を使用）の2種類が使われるが、さらに辛さをプラスするためにカイエンペッパーも加えられる。キュウリのピクルスが入るのもおもしろい。野菜も入ってはいるが、あくまでも主役は肉である。肉好きにはたまらないシチューだ。

材料（4人分）

シチュー用牛肉：200g／豚肩ロース肉（できれば塊）：200g（牛肉と同じ大きさに切る）／ヴィール（仔牛肉）：200g（牛肉と同じ大きさに切る）／粉マスタード：小さじ2／ニンニク：5粒（3粒はすりおろし、2粒はみじん切り）／ローリエ：1枚／水：80cc＋80cc／サラダ油：大さじ2／玉ネギ：3個（フードプロセッサーでピュレにする）／スモークパプリカパウダー：小さじ2／カイエンペッパー：小さじ1／チリペッパー（鷹の爪など）：1本／トマトソース：380cc／キュウリのピクルス：40g（みじん切り）／赤ワイン：120cc／小麦粉：120g／卵：1個／塩・コショウ：適宜

作り方

❶3種の肉を別々のボウルに入れ、粉マスタード、すりおろしたニンニク、ローリエ、水80ccをそれぞれ均等に各ボウルに加え、さらに塩とコショウを一摘みずつ加えて混ぜ、2時間寝かせる。❷鍋に油を熱し、玉ネギとみじん切りのニンニクを加えて、玉ネギが透き通るまで炒める。❸弱火にして鍋に牛肉を加えて5分、次に豚肉を加えて5分、最後にヴィールを加えて5分ほど、頻繁に混ぜながら煮る。❹スモークパプリカ、カイエンペッパー、チリペッパー、トマトソース、ピクルス、塩小さじ1、コショウ一摘み、赤ワインを加え、水分が足りない場合は材料がひたひたに浸かるまで水（材料外）を注ぐ。❺沸騰したら弱火にして、肉が柔らかくなるまで煮る。❻煮ている間にボウルに小麦粉、卵、水80ccを入れて混ぜ、ゆるい生地を作っておく。❼肉が煮えたところで、❻の生地をスプーンで大さじ1/3くらいずつすくって鍋に加える。❽中火で10分くらい煮たら、塩とコショウで味を調える。

Pileći Paprikaš

クロアチア

ピレッチ・パプリカッシュ

パプリカをふんだんに使ったクロアチアのチキンシチュー

　一時期ハンガリーに支配されていた経験を持つスラヴォニアは、食文化でもハンガリーの影響を強く受けている。パプリカッシュもその一つで、ハンガリーの淡水魚を使った魚のシチューが起源だと考えられる。しかし、クロアチア全体で考えると魚のパプリカッシュはスラヴォニアのローカルな料理で、鶏肉を使ったピレッチ・パプリカッシュがより一般的な料理となる。

　パプリカをたくさん使うところは魚のパプリカッシュと同じだが、ピレッチ・パプリカッシュは生クリームを加えるので赤みが薄れる。パスタと一緒にサーブされ、さらにサワークリームがシチューの上にのる。

材料（4人分）

オリーブオイル：大さじ2／ベーコン：30g（細切り）／鶏肉（骨付き）：900g／玉ネギ：小1個（1cm角切り）／ニンニク：2粒（みじん切り）／セロリ：1本（小口切り）／ニンジン：小1本（小サイコロ切り）／赤パプリカ：1個（厚めのスライス）／レッドチリ（鷹の爪）：1本（みじん切り）／ハンガリアンパプリカパウダー（なければ普通のパプリカパウダー）：大さじ1／トマト：小2個（1cmサイコロ切り）／小麦粉：大さじ1／白ワイン：150cc／水：400cc／生クリーム：80cc／塩・コショウ：適宜／好みのパスタ（飾り）：適宜／サワークリーム（飾り）：適宜

作り方

❶鍋にオリーブオイルを熱し、ベーコンを加えて脂が出てくるまで炒めたら、肉を加えて全体に焦げ目を付ける。肉はいったん取り出す。❷同じ鍋に玉ネギ、ニンニクを加えて、玉ネギが透き通るまで炒めたら、セロリ、ニンジン、赤パプリカを加えて、2分ほど炒める。❸レッドチリ、パプリカパウダーを加えて全体になじませるように混ぜたら、トマト、塩小さじ1、コショウ一摘みを加えて2、3分炒める。❹小麦粉を加えて粉っぽさがなくなるまで混ぜたら、よく混ぜながら白ワインを加えてルーにする。❺水を少しずつ加えながらルーを伸ばし、沸騰したら肉を鍋に戻す。❻肉に火が通るまで弱火で煮るが、水分が少ないので時々肉をひっくり返して均等に火が通るようにする。❼生クリームを加えて、塩とコショウで味を調える。沸騰させないようにして十分温める。❽器にパスタをよそい、シチューを注いでサワークリームをのせる。

Begova Čorba

ベゴヴァ・チョルバ

オクラと鶏肉で作るクリーミーなボスニアのスープ

ベゴヴァ・チョルバは英語でベイズスープといわれる。ベイとはオスマン帝国の州の長官のことで、ボスニアがトルコの占領下であったころ、長官が好んで食べたスープということであるらしい。

このスープの主役はオクラである。オクラはトルコだけでなく中近東の国々ではかなり昔から食べられ、スープの材料としてもよく使われてきた。そんな中近東で馴染みのオクラと鶏肉を合わせてニンジン、ジャガイモなどの野菜をプラス、クリーム仕立てにしたのがこのスープである。オクラのおかげでかなりとろりとしたスープになるが、レモン汁が加わるので味は意外とさわやかである。

材料（4人分）

オクラ：10本（輪切り）／鶏肉：250g／ニンジン：1本（1cmサイコロ切り）／セロリルート（根セロリ）：1個（1cmサイコロ切り）またはセロリ3本（小口切り）／ローリエ：1枚／水：1500cc／無塩バター：大さじ2／小麦粉：大さじ2／卵黄：1個分／サワークリーム：大さじ2／塩・コショウ：適宜／ヴェゲタ（なければ他のハーブ・スパイスミックスソルト）：適宜／レモン汁：大さじ1／レモンのスライス（飾り）：4枚／サワークリーム（飾り）：適宜／イタリアンパセリ（飾り）：適宜（みじん切り）

作り方

❶鍋にたっぷりのお湯（材料外）を沸かし、オクラを入れて10分ほど茹でたらザルにあけて冷水でざっと洗う。❷鍋に肉、ニンジン、セロリルート、ローリエを入れ、水を注いで沸騰させたら弱火にして、肉が柔らかくなるまで煮る。❸肉を取り出し、ある程度冷ました後で皮を取り、食べやすい大きさに裂いて鍋に戻す。❶のオクラも加える。❹フライパンにバターを熱し、小麦粉を加えて粉っぽさがなくなるまで混ぜたら、鍋のスープをお玉1杯くらい注いで伸ばす。❺❹のルーを鍋に加え、もう一度弱火で10分ほど煮る。❻別の器に、卵黄とサワークリームを入れてよく混ぜる。鍋の火をいったん消し、かき混ぜながら卵黄とサワークリームのミックスを少しずつ加える。❼かき混ぜながら弱火で沸騰させたら、塩とコショウ、ヴェゲタで味を調える。火を止めて、レモン汁を加えて混ぜる。❽スープを器に盛り、レモンのスライスとサワークリームを上にのせ、イタリアンパセリを散らす。

Grah

ボスニア・ヘルツェゴビナ / Bosnia and Herzegovina

|| グラフ

ブロスを使わず、豆の味を存分に味わうためのシチュー

　グラフとは単刀直入に豆という意味だが、ボスニアではグラフというと豆のことではなく、このスープのことだと認識しているのではないかといえるほど、ポピュラーなシチューであるらしい。同じようなシチューはボスニアだけでなく、バルカン半島の国々にも存在する。

　バルカン半島の国々のスープやシチューの例に漏れず、このシチューにもパプリカパウダーが使われている。ブロスを使わずに水だけで煮るので、豆が味の決め手になる。なので、豆のうまみを存分にシチューの中に溶け込ませるならば、缶詰の豆よりも乾燥した豆を使ったほうがいいだろう。

材料（4人分）
乾燥ロマノビーンズまたはピントビーンズ（うずら豆）：150g（たっぷりの水に一晩浸けておく）／水：1000cc／サラダ油：大さじ1／玉ネギ：1個（みじん切り）／ニンニク：1粒（みじん切り）／ニンジン：1本（小サイコロ切り）／鷹の爪：1本（叩いて切れ目を入れておく）／ローリエ：1枚／無塩バター：大さじ1／小麦粉：大さじ1／パプリカパウダー：大さじ2／塩・コショウ：適宜／イタリアンパセリ（飾り）：適宜（みじん切り）

作り方
❶豆をザルにあげて洗い、鍋に入れて水を注ぎ、沸騰させたら弱火にする。❷フライパンに油を熱し、玉ネギ、ニンニクを加えて玉ネギが透き通るまで炒めたら、ニンジン、鷹の爪を加えて2、3分炒めて、鍋に加える。❸鍋に塩小さじ1、コショウ一摘みを加えて、そのまま弱火で豆が柔らかくなるまで煮る。❹豆が煮えたところでフライパンにバターを熱し、小麦粉を加えて粉っぽさがなくなるまで混ぜたら、パプリカパウダーを加えて均等に赤くなるまで混ぜる。❺フライパンに豆を煮ている煮汁を少しずつ加えてルーを作り、流れるくらいまで伸ばしたら鍋に加えて、さらに弱火で30分くらい煮て、塩とコショウで味を調える。❻スープを器に注いで、イタリアンパセリを散らす。

Čobanska Krem od Vrganja

チョバスカ・クレム・オドゥ・ヴルガーニャ

モンテネグロ

豊富な野生のキノコを使ったモンテネグロのマッシュルームスープ

　高くそびえる山、青々としたアドリア海、気候、土壌などあらゆるものが組み合わさり、モンテネグロはヨーロッパでもっとも生物学的多様性を備えた国のひとつだといわれている。食料としてだけでなく、医学的にも重要な資源であるさまざまなキノコが、この豊かな自然で繁茂する。

　モンテネグロの人たちは、自然の恵みであるキノコを使って、極上のキノコスープを創造した。それがこのチョバスカ・クレム・オドゥ・ヴルガーニャである。このスープには本来採りたてのポルチーニやボリート（キノコの一種）が使われるが、乾燥ものでも生に負けないおいしいスープができるので心配無用だ。

材料（4人分）

キノコ（本来はボリート、ポルチーニなどだが、何でもいい）：250g（乾燥の場合は40g程度、スライス）／オリーブオイル：大さじ2／青ネギ：6本（小口切り）／セロリ：1本（小口切り）／ニンジン：2本（スライス）／ジャガイモ：3個（スライス）／水：約500cc／生クリーム：120cc／塩・コショウ：適宜／茹でたキノコ（飾り）：適宜／イタリアンパセリ（飾り）：適宜（みじん切り）

作り方

❶乾燥キノコを使う場合は水に浸して戻し、水分を取ってスライスする。❷鍋にオリーブオイルを熱し、青ネギ、セロリを加えてしんなりするまで炒める。❸キノコを加えて2、3分炒めたら、ニンジン、ジャガイモを加えて、よく混ぜるようにして軽く炒める。❹ひたひたになる程度に水を注ぎ、塩小さじ1、コショウ一摘みを加えて沸騰させ、弱火で材料が柔らかくなるまで煮る。❺鍋の中身をブレンダーでピュレにしたら、生クリームを加え、焦げつかないように頻繁にかき混ぜながら弱火で沸騰する寸前まで温め、塩コショウで味を調える。温めている間に水または生クリームを加えて、好みの濃度に調整する。❻スープを器に注ぎ、飾りを散らす。

Čorba od Koprive

モンテネグロ Montenegro

|| チョルバ・オドゥ・コプリヴェ

野生の植物を摘んで調理したとは思えないとても上品なスープ

　コプリヴェは英語でスティンギングネトルという。触るとちくりとしたかなりシャープな痛みが走るので、こう呼ぶようになったのであろう。日本ではイラクサ（刺草）といい、その語源も似ている。イラクサは西洋のネトルと種は違うが、日本でも山菜として食べられるので、ネトルと同じようにスープにできるのではないだろうか。

　ネトルのスープは野生の植物を採ってきてスープにしたとは思えないほど上品で、高級感すら感じるスープである。刈り取り、水洗い時に手袋をはめるなどの手間はあるが、それだけのことをする価値が十分にあるとてもおいしいスープである。

材料（4人分）

イラクサの葉：400g（枝含む）／無塩バター：大さじ2／玉ネギ：1個（1cm角切り）／野菜またはチキンブロスあるいは水＋ブイヨン：1000cc／ジャガイモ：1個（1cmサイコロ切り）／塩・コショウ：適宜／サワークリームまたはクレムフレッシュ（飾り）：適宜

作り方

❶イラクサを冷水できれいに洗う。かならず手袋をすること。❷鍋にたっぷりの湯（材料外）を沸かし、塩一摘みを入れてイラクサをさっと湯がいたら、水を切って葉だけをむしり取り、ブレンダー、フードプロセッサーなどで細かくする。ブロスを少し加えると楽だ。❸鍋を洗ってバターを熱し、玉ネギを加えて透き通るまで炒めたら、ブロスを加えて沸騰させる。❹ジャガイモ、塩小さじ1、コショウ一摘みを加えて弱火で柔らかくなるまで煮たら❷を加えて5分ほど煮、塩とコショウで味を調える。❺スープを器に注いで、サワークリームをのせる。

93

アルバニア Albania

Supe me Trahana

スップ・メ・トラーナ

アルバニア

小麦粉と牛乳やヨーグルトでできたインスタントスープの原型？

　トラーナは、トルコを含めた地中海沿岸の国々で頻繁に使われる小麦粉とヨーグルトや牛乳、バターミルクなどをミックスして発酵させたパスタみたいなものだ。国によってさまざまな呼び方があるが、普通はトラハナと呼ばれる。

　アルバニアのトラーナは、小麦粉とヨーグルトをミックスしたもので、白いのが特徴だ。残念ながら、アルバニアのものは手に入らなかったので、ここでは牛乳を使ったギリシャ産のものを使った。トラーナとトマトという性格の違う2つの甘味、酸味が融合し、シンプルながら食欲が増す、他のスープでは体験できない独特の味を作り出す。

材料（4人分）

オリーブオイル：大さじ1+1／トラーナ：大さじ6／玉ネギ：小1個（みじん切り）／赤パプリカ：1個（1cm角切り）／イタリアンパセリ：5本（みじん切り）／トマト：小2個（すりおろす）／水：1000cc／塩・コショウ：適宜／フェタチーズ（飾り）：適宜（小さく砕く）／イタリアンパセリ（飾り）：適宜（みじん切り）

作り方

❶鍋にオリーブオイル大さじ1を熱し、トラーナを加えて弱火で2分ほど炒めておく。❷フライパンにオリーブオイル大さじ1を熱し、玉ネギを加えて透き通るまで炒めたら、赤パプリカを加えて2分ほど炒める。❸フライパンの中身を鍋に加え、イタリアンパセリ、トマト、水、塩小さじ1、コショウ一摘みを加えて沸騰させ、弱火で10〜15分煮る。途中水を加えて、同じレベルの水分量を保つ。❹塩とコショウで味を調えたら器に盛り、チーズとイタリアンパセリを散らす。

Mish me Lakra

アルバニア

‖ ミシュ・メ・ラクラ

キャベツと肉がたくさん入ったスパイスが効いたスープ

　ロールキャベツにしてもキャベツの味噌汁にしても、煮込んで柔らかくなった後の甘さはキャベツの魅力である。ミシュ・メ・ラクラもそんなキャベツの甘味を引き出した、アルバニアでもっともポピュラーなスープのひとつである。

　ミシュ・メ・ラクラはキャベツと肉のスープである。もうひとつ欠かせないのがトマトだ。肉は好みのもので構わない。キャベツは煮ると甘くなるが、甘さが強すぎると感じる人も多いのではないだろうか。その甘さを和らげてくれるのがトマトなのだ。チリやパプリカといったスパイスも、このスープにパンチを与える重要な要素である。

材料（4人分）

キャベツ：1個（2cm角切り）／トマト：1個（1cmサイコロ切り）／トマトピュレ：大さじ1／ローストした赤パプリカ：2個（1cm角切り）／玉ネギ：1個（粗みじん切り）／チリペッパーフレーク：一摘み／パプリカパウダー：小さじ2／ローリエ：1枚／オリーブオイル：大さじ1／ラム、牛、または豚肉：500g（大きめのサイコロ切り）／水：1000cc／塩・コショウ：適宜

作り方

❶キャベツからオリーブオイルまでの材料と、塩とコショウ少々をボウルに入れ、よく混ぜる。❷鍋に❶の半量を敷き、その上に肉を並べて、残りの半量を肉の上にのせる。❸水を加えて沸騰させ、弱火で肉に火が通るまで煮る。❹塩とコショウで味を調える。

Teleska Corba

| テレスカ・チョルバ

柔らかいヴィール（仔牛肉）を使った北マケドニアの名物シチュー

　北マケドニアでは肉のシチューをよく食べる。人気なのはヴィール、トライプ、チキンだ。ヴィールは仔牛、トライプは牛の胃である。中でも人気なのはヴィールのシチューで、マケドニアのレストランにはかならずメニューに載っている国民に大変親しまれているシチューだ。日本ではあまり馴染みのないヴィールだが、ヨーロッパではさまざまな料理に使われる。牛肉のように赤くなく、柔らかで淡白なのがヴィールの特徴だ。このシチューにもうひとつ馴染みのない材料パースニップが使われている。この野菜は一見白いニンジンのように見えるがまったく違う野菜で、味はニンジンに少し似ているが、パセリの味と香りがする。

材料（4〜5人分）

サラダ油：大さじ1／ヴィール（仔牛肉）なければ牛肉：300g（一口大に切る）／玉ネギ：1個（みじん切り）／ニンニク：4粒（みじん切り）／水：1200cc／ニンジン：1本（1cmサイコロ切り）／パースニップ（なければニンジン）：1本（1cmサイコロ切り）／ピーマン：3個（1cm角切り）／ジャガイモ：小2個（1cmサイコロ切り）／無塩バター：大さじ1／小麦粉：大さじ1／サワークリーム：120cc／卵黄：1個分／塩・コショウ：適宜／イタリアンパセリ（飾り）：適宜（みじん切り）

作り方

❶鍋に油を熱し、肉を加えて赤い部分がなくなるまで炒めたら、玉ネギ、ニンニクを加えて、玉ネギが透き通るまで炒める。❷水を加えて沸騰させ、塩小さじ1、コショウ一摘みを加えて、弱火で肉に火が通るまで煮る。❸ニンジン、パースニップ、ピーマン、ジャガイモを加えて一度沸騰させ、弱火で野菜に火が通るまで煮る。❹フライパンにバターを熱し、小麦粉を加えて粉っぽさがなくなるまで混ぜたら、鍋のスープを少しずつ加えてルーを作る。❺かき混ぜながらルーを鍋に加え、さらに10分くらい弱火で煮たら、塩とコショウで味を調える。❻鍋を火から下ろし、サワークリームと卵黄をよく混ぜ合わせて、鍋に加えてよく混ぜる。❼スープを器に注ぎ、イタリアンパセリを散らす。

Fasolada

| ファソラダ

白い豆、トマト、良質なオリーブオイルがこのスープの決め手

　豆のスープは肉が入っていなくても栄養価が高く、豆だけでも味わい深いスープができる。同じ栄養価を得るにも豆のほうがはるかに安い。豊潤な歴史を築いてきたギリシャだが、戦争、内戦、飢饉など度重なる苦難を経験してきた。けっして裕福な国ではない。その中で、ギリシャは世界に名高い食文化を築いてきた。安価な豆を使い、香り高く、美しく、味わい深いスープに仕立て上げられたファソラダから、ギリシャの食文化のすばらしさを垣間見ることができる。

　このスープは、真っ白な豆とトマトの鮮やかな赤が印象的な、ギリシャのナショナルディッシュである。

材料（4〜6人分）

オリーブオイル：大さじ2／玉ネギ：2個（1cm角切り）／ニンジン：2本（細いものはそのまま、太いものは縦に2等分して厚めにスライス）／セロリ：3本（厚めに小口切り）／トマトペースト：大さじ1／乾燥白いんげん豆：450g（調理済の場合は1000〜1200g、乾燥豆の場合はたっぷりの水に一晩浸しておく）／水：1500〜2000cc／ローリエ：2枚／オレガノ：小さじ1/2／パプリカパウダー：小さじ1/2／塩・コショウ：適宜／オリーブオイル（飾り）：適宜／イタリアンパセリ（飾り）：適宜（みじん切り）

作り方

❶鍋にオリーブオイルを熱し、野菜を加え、玉ネギが透き通るまで炒める。❷トマトペーストを加えて混ぜ合わせたら、豆をよく洗って加え、さらに水とハーブとスパイス、塩小さじ1、コショウ一摘みを加えて沸騰させる。弱火で材料にすべて火が通るまで煮る。調理済の豆を使う場合は、野菜が柔らかくなった時点で加える。❸塩とコショウで味を調え、器に注いでオリーブオイルをたらしてイタリアンパセリを散らす。オリーブ（できたらカラマタオリーブ）、パンとともにサーブする。

Kotosoupa Avgolemono

コトシュパ・アヴゴレモノ

卵とレモンで作ったソースがキーになるギリシャの鶏卵スープ

コトシュパ・アヴゴレモノは日本でも馴染みのある、いわゆるシンプルな卵入りチキンスープである。でも、シンプル＝簡単というわけにはいかないのがこのスープなのだ。このスープのキーになる材料は、卵レモンソース。このソースはホイップした卵にレモンを加えたもので、味だけでなくとろみをつける役割も演じる。

このソースが手ごわいのである。気をつけないと見事に卵とじになってしまう。ポイントはスープの温度を下げること、ソースにスープを少し加えてスープとの温度差を少なくすること、そして、かき混ぜながらスープに加えることだ。

材料（4人分）

骨付き鶏肉：1kg／玉ネギ：1個（4等分）／ニンジン：1本（長さ半分に切る）／セロリ：1本（長さ半分に切る）／イタリアンパセリ：5本（茎と葉に分け、葉はみじん切り）／ローリエ：1枚／オレガノ：小さじ1／水：1200cc／米：50g／卵：2個（白身と黄身を分ける）／レモン汁：1/2個分／塩・コショウ：適宜／オリーブオイル：大さじ2

作り方

❶肉と野菜、イタリアンパセリの茎、ローリエ、オレガノ、塩小さじ1、コショウ一摘みを入れて水を注ぎ、火にかけて沸騰させる。沸騰したら弱火にして、肉が骨から簡単に外れるまで煮る。❷肉とニンジンを取り出して皿などにとっておき、残りはザルなどで濾してスープだけを鍋に戻す。残りの野菜などは捨てる。❸肉は食べやすい大きさに裂き、ニンジンはスライスしておく。❹スープを沸騰させ、米を加えて柔らかくなるまで弱火で煮たら、肉とニンジンを鍋に戻し、沸騰したら火を消して5〜10分おく。❺ボウルに卵の白身を入れて、泡立て器でメレンゲの状態になるまで泡立てたら、黄身を加えてさらによく混ぜる。レモン汁を加えて、さらに泡立て器でよく混ぜる。❻鍋のスープをお玉1杯分すくって、卵の入ったボウルにかき混ぜながら加える。❼ボウルの中身を鍋に加え、塩とコショウで味を調えたら火にかけ、卵ミックスが固まらないようにかき混ぜながらゆっくり温める。沸騰はさせない。❽オリーブオイルを加えて軽く混ぜたら、スープを器に注いで、イタリアンパセリの葉を散らす。

Tahinosoupa

ギリシャ Greece

|| タヒーノシュパ

ゴマのペースト、タヒニで作る単純明快なギリシャのスープ

　正教徒であるギリシャの人たちは、四旬節が始まる2月4日から復活祭の前日まで断食を行う。肉や魚だけでなく酒、オリーブオイルさえも断つ。その断食の期間によく食べられるのがタヒーノシュパである。

　タヒニは地中海や中近東の料理で、日本でも人気が出始めているフムスの材料、ゴマペーストである。このゴマペーストにブルグルとか米、パスタを合わせてスープにしてしまったのがタヒーノシュパである。ニンジンやセロリを加えることもあるようだ。同じくタヒニの入ったクリトシニアと呼ばれるブレッドスティックでかき混ぜながら食べると、雰囲気も増す。

材料（4人分）

水：1500cc ／ブルグル、大麦、米またはエンジェルヘアパスタ：100g／タヒニ：大さじ6／塩・コショウ：適宜／イタリアンパセリ（飾り）：適宜（みじん切り）／カイエンペッパーまたはチリペッパーパウダー（飾り）：適宜／レモン（飾り）：1個（櫛切り）

作り方

❶鍋に水と塩小さじ1を入れて沸騰させ、穀物あるいはパスタを入れて柔らかくなるまで煮たら、火を止める。
❷タヒニをボウルに入れ、①の鍋の湯をお玉1杯ずつ加えて、泡立て器などでよく混ぜる。❸溶かしたタヒニを鍋に注ぎ、よく混ぜて塩とコショウで味を調える。
❹そのまま器にスープを注ぎ、イタリアンパセリとカイエンペッパーを散らし、好みでレモンを絞る。

Čorba od Karfiola

チョルバ・オドゥ・カルフィオーラ

ニンジンで黄色に染まったセルビア流カリフラワースープ

　ロースト、グリル、スチームなど、カリフラワーはさまざまな方法で調理される。アメリカでは生で食べるし、ヨーロッパではピクルスにする。調理法によっては鶏肉のような味がするという人もいる。

　カリフラワーはスープの材料としても最適である。カリフラワーが煮崩れするとスープがポタージュのようにとろりとする。乳製品との相性が抜群だが、生クリームのようなヘビーなものを使わなくても、牛乳でおいしいスープができる。このスープでは完全にピュレにするが、3分の1から半分をピュレにする前に取り出し、残りをピュレにした後に加えるのもいい。

材料（4人分）

サラダ油：大さじ2／玉ネギ：1個（スライス）／ニンニク：2粒（スライス）／ニンジン：小1本（スライス）／カリフラワー：500g（細かく刻む）／ジャガイモ：1個（スライス）／チキンブロスまたは水＋チキンブイヨン：800cc／ナツメグ：小さじ1/4／ヴェゲタ（なければその他のハーブミックスソルト）：小さじ1＋α／白コショウ：適宜／牛乳：200cc／イタリアンパセリ（飾り）：適宜（みじん切り）

作り方

❶鍋に油を熱し、玉ネギとニンニクを加えて、玉ネギが透き通るまで炒める。❷残りの野菜、ブロス、ナツメグ、ヴェゲタ小さじ1、白コショウ一摘みを加えて沸騰させ、野菜が柔らかくなるまで弱火で煮る。❸牛乳を加えてひと煮立ちさせたら、ヴェゲタと白コショウで味を調え、ブレンダーでピュレにする。❹スープを器に注ぎ、イタリアンパセリを散らす。

Ayran Çorbası

|| アイロン・チョルバス

トルコの高品質なヨーグルトで作るひよこ豆と麦のスープ

アイロン・チョルバスはひよこ豆と麦が入ったトルコのヨーグルトスープだ。ひよこ豆が入らないヨーグルトのポーリッジ（雑炊）のようなスープもあり、それはヤイラ・チョルバスと呼ばれる。トルコの北、ベイブルト地方の高い山が連なり、広大な牧草地が広がるヤイラールにちなんで名前が付けられた。ヤイラールは良質なヨーグルトの産地として知られる。

肉が入っていないものの、たんぱく質を豊富に含んだ栄養価の高いスープで、チキンブロスを使わずに水だけにすれば、理想的なベジタリアンフードになる。寒い冬に欠かせない、心身ともに温まるスープだ。

材料（4人分）

大麦または小麦：90g／チキンブロスまたは水＋チキンブイヨンあるいは水：750cc／調理済ひよこ豆：100g／ヨーグルト：380cc／無塩バター：大さじ2／玉ネギ：1/2個（1cm角切り）／ドライミント：大さじ2／チリペッパーフレーク：小さじ1／塩：適宜／ドライミント（飾り）：適宜

レッドペッパーオイル
オリーブオイル：大さじ2／レッドペッパーパウダー：小さじ1　●オリーブオイルをフライパンで熱し、レッドペッパーパウダーを加えて混ぜたら火から下ろす。

作り方

❶麦をたっぷりの水（材料外）に入れ、沸騰させて柔らかくなるまで煮たら、ザルで水を切っておく。または炊飯器で炊いておく。❷半量のブロスを鍋に入れて沸騰させ、豆を入れて数分煮る。❸残りのブロスとヨーグルトをボウルに入れてよく混ぜ、豆の入った鍋に❶の麦とともに入れて、沸騰させたら弱火にする。❹フライパンにバターを熱し、玉ネギを加えて透き通るまで炒めたら、ミントとチリペッパーを加えて軽く混ぜる。鍋に加えてひと煮立ちさせ、塩で味を調える。❺スープを器に注ぎ、レッドペッパーオイルをかけ、ドライミントを散らす。

Domates Çorbası

| ドマテス・チョルバス

ローストして甘みが増したトマトで作るトルコのスープ

　トマトスープと聞いてまず思い浮かべるのは、スペインのガスパッチョだろう。暑い夏にジュース感覚で飲むガスパッチョの清涼感は格別だ。トルコのトマトスープもガスパッチョにうまさの点で肩を並べる。

　このスープのキーは材料をローストすることだ。野菜や果物は焼くと糖分がキャラメル化して甘さが増す。燻製に似たフレーバーも加わる。玉ネギ、ニンニクも一緒にローストする。ローストした野菜は水で煮込まれピュレにされた後、牛乳で素材すべてを調和させて、まろやかな味に仕上げる。このレシピは現代風で、伝統的なものは牛乳を使用しない。トマトも生のままだ。

材料（4人分）

トマト：4〜5個（2等分）／玉ネギ：1/2個／ニンニク：2粒／オリーブオイル：大さじ1／無塩バター：大さじ2／小麦粉：大さじ3／水：800cc／牛乳：200cc／塩・コショウ：適宜／モッツァレラ、チェダーなどのチーズ（飾り）：適宜（すりおろす）

作り方

❶オーブンを200度にセットする。❷トマト、玉ネギ、ニンニクをトレーにのせ、オリーブオイル、塩とコショウ少々をかけて、20分ほどローストする。❸少し冷めたら、トマトは皮をむいて刻む。玉ネギ、ニンニクも同じように刻む。❹鍋にバターを熱し、小麦粉を加えてよく混ぜたら、水を少しずつ加えてルーを作る。❺トマト、玉ネギ、ニンニクを加えて沸騰させ、弱火で10分ほど煮る。焦げつかないようにこまめにかき混ぜるように。❻ブレンダーでピュレにし、牛乳を加えてひと煮立ちさせたら、塩とコショウで味を調える。❼スープを器に注ぎ、チーズをのせる。

Tarhana Çorbası

トルコ　Turkey

タルハナ・チョルバス

スープに要求される要素すべてが高レベルなトルコの国民的スープ

タルハナは小麦粉、ヨーグルト、トマトなどを混ぜ合わせて発酵させ、天日で乾燥させて作る、もっとも古い最初のインスタントスープの素だといわれている。アルバニアのスープに使わるトラーナ（P94）は、このタルハナが起源だ。タルハナ作りには労力と時間が必要で、現在は市販されているパウダー状のものを使うことが多い。

基本的にはこのパウダーを水で溶いて沸騰させれば立派なスープができる。トマトペーストとバターを加えればさらにおいしくなる。ドライミント、フェタチーズを浮かべると、トルコでもっともポピュラーなスープにふさわしい、極上のスープになる。

材料 (4人分)

タルハナパウダー：大さじ3／水：100cc／無塩バター：大さじ1／トマトペースト：大さじ1／チキンブロスまたは水＋チキンブイヨン：1000cc／ドライミント：小さじ1／パプリカパウダー：小さじ1/2／レッドチリペッパー：小さじ1／塩：適宜／イタリアンパセリ（飾り）：適宜（みじん切り）／フェタチーズ（飾り、お好みで）：適宜／ドライミント（飾り）：適宜／レッドチリペッパーパウダー（飾り）：適宜

作り方

❶タルハナパウダーと水をボウルなどに入れて、だまにならないように混ぜ合わせ、1時間くらいおいておく。
❷鍋にバターを熱して溶かし、トマトペーストを加えて1分ほど混ぜる。ブロスと①のタルハナ液を加えて沸騰させ、ハーブとスパイスを加えて、5分あるいは好みの濃度になるまで弱火で煮る。濃い場合は水を加える。❸スープを器に盛り、好みのトッピングをのせる。

Lahana Çorbası

トルコ

|| ラハナ・チョルバス

黒海周辺でよく使われるケールが主役のヘルシーなスープ

　黒海沿岸ではキャベツをよく使う。日本で売られている硬く締まったキャベツではなく、トルコではブラックキャベツとも呼ばれる、ロメインレタスのように葉が開いた濃い緑色をしたものだ。ケールと呼ばれるが、トルコで実際に使われるケールが、アメリカなどで手に入るものと同じかどうかはわからない。一般にブラックキャベツと呼ばれるものとも違う。

　いずれにしても、ケールは煮て食べることが多い野菜で、スープの素材としてもっとも適した緑葉野菜のひとつである。このスープはトマトベースで、ほかに白いんげん豆や米が加わる。普通はコーンフラワーでとろみがつけられる。とても栄養価の高いスープだ。

材料（4人分）

ケール：3、4枚（芯を取って縦に2、3等分してからスライス）／無塩バター：大さじ1／オリーブオイル：大さじ1／玉ネギ：小2個（1cm角切り）／レッドパプリカペーストまたはトマトペースト：大さじ1／チキンブロスまたは水＋チキンブイヨン：1200cc／米：150g／レッドチリペッパーフレーク：小さじ1／調理済白いんげん豆：200g／塩・コショウ：適宜／コーンフラワー（トウモロコシ粉）：大さじ1

作り方

❶ケールをボウルに入れて軽く塩（材料外）を振ってよくもみ、ザルにあけてよく洗っておく。❷鍋にバターとオリーブオイルを熱し、玉ネギを加えて、玉ネギが透き通るまで炒める。❸レッドパプリカペーストを加えて、焦げつかないように弱火で2分くらい炒める。❹ケールを加えて水分が出てくるまで中火で炒めたら、ブロス、米、チリペッパーフレーク、塩小さじ1、コショウ一摘みを加えて、強火で沸騰させる。❺豆を加え、米が柔らかくなるまで弱火で煮て、塩とコショウで味を調える。❻コーンフラワーを大さじ2程度の水（材料外）で溶き、鍋に加えてひと煮立ちさせる。

Badem Çorbası

トルコ / Turkey

|| バデム・チョルバス

冷やして食べるアーモンドの甘さが堪能できる夏向きのスープ

　巨大で長期の繁栄を誇るオスマン帝国の影響は、現在のトルコ食文化に色濃く残されている。このアーモンドを主な素材としたスープも、もともとは帝国料理だった。モロッコやスペインにもアーモンドを使ったスープがある。スペインはオスマン帝国に支配されることはなかったものの、食文化においては影響があるのかもしれない。

　このスープは、皮をむいたアーモンドの白い実だけを使い、牛乳を加えてピュレにする。クリーム色がかった白いスープは見た目も美しい。塩は必須だが、少なめにするとアーモンドの甘味がより引き立つ。食欲がなくなる暑い夏に最適な栄養豊かなスープである。

材料（4〜6人分）

アーモンド（できればローストしていないもの）：150g／無塩バター：大さじ1+1／小麦粉：大さじ1.5／牛乳：500cc／水：500cc／ナツメグ：一摘み／塩・コショウ：適宜／スライスアーモンド（飾り）：適宜

作り方

❶皮付きのアーモンドの場合は、沸騰した湯で1分煮てすぐに冷やし、手で皮をむく。ブレンダー、フードプロセッサー、グラインダーなどでアーモンドをパウダー状にする。❷鍋にバター大さじ1を熱し、小麦粉を加えて粉っぽさがなくなるまで混ぜたら、①のアーモンドを加えて2分ほど混ぜる。❸かき混ぜながら牛乳を少しずつ加えて混ぜ、水、ナツメグ、塩とコショウ少々を加えて沸騰させ、中火で5分ほど煮たら塩とコショウで味を調える。❹フライパンにバター大さじ1を熱し、スライスアーモンドを加えてきつね色になるまでローストする。❺スープを器に注いで、ローストしたアーモンドをのせる。

Sultan Çorbası

|| スルタン・チョルバス

どんな材料を使うのか、どう作るのかわからない謎の多いスープ

　同名のスープでありながら、使われる材料が地域によって違う。日本の雑煮（P286）はその典型である。インターネットで調べると、このスープのレシピがごまんと出てくる。問題は使われている材料がまったく違うところだ。鶏肉が入るかと思えば肉団子が入る。ホウレン草のスープかと思えばニンジンのスープだったりする。調べれば調べるほど違うバリエーションが登場してくる、まったく得体の知れないスープなのだ。スルタンとはオスマン帝国君主のこと。それだけは共通している。ここで紹介するスープは、いくつものレシピからどうにか共通項を見つけ出して作った苦心の作である。

材料（4人分）

無塩バター：大さじ1／小麦粉：大さじ2／ニンジン：1本（粗くすりおろす）／チキンブロスまたは水＋チキンブイヨン：1000cc／塩・コショウ：適宜／チェダーチーズ（飾り）：適宜（すりおろす）／イタリアンパセリ（飾り）：適宜（みじん切り）

作り方

❶鍋にバターを熱し、小麦粉を加えて粉っぽさがなくなるまで混ぜたら、ニンジンを加えて2、3分炒める。❷ブロスを加えて沸騰させ、塩小さじ1、コショウ一摘みを加えて弱火で10分ほど煮る。塩とコショウで味を調える。❸スープを器に注ぎ、チーズとイタリアンパセリを散らす。

The World's Soups
Chapter 3

北ヨーロッパ
Northern Europe Europe

デンマーク／フィンランド／アイスランド／ノルウェー／スウェーデン

デンマーク Denmark

Gule Ærter

|| グーレ・エルダル

デンマーク

緑ではなく黄色のえんどう豆を使ったデンマーク伝統のスープ

　ピー（えんどう豆）はグリーンピースと呼ばれる通り、緑色と相場が決まっている。でもこのデンマークのスープで使われているものは黄色い。えんどう豆とキャベツはデンマークでもっとも古い野菜だといわれており、1766年にデンマークで出版されたクッキングブックの中にすでに紹介されている。

　ピースープはデンマークだけでなく北欧全域、ヨーロッパ各国で見られ、その特徴は塩漬けの豚肉が使われることだ。肉も魚も塩漬けにすると保存がきくだけでなく、うまみも増す。もし塩漬けを使うなら、塩辛さにもよるが、水に一晩浸けて塩抜きするのがいいだろう。

材料（4人分）

豚の塊肉（肩ロースなど）：500g ／水：1250cc ／タイム：1枝／イタリアンパセリ：3本／ローリエ：1枚／乾燥イエローピー：250g（たっぷりの水に一晩浸しておく）／玉ネギ：1個（1cm角切り）／セロリ：1本（小口切り）／ニンジン：1本／パースニップ（なければニンジン）：1/2本（1cm輪切り）／ジャガイモ：1個（1cm角切り）／リーキまたは長ネギ：1本（小口切り）／塩・コショウ：適宜

作り方

❶肉を鍋に入れ、水を加える。肉が完全にかぶらない場合は肉をカットする。❷ハーブを加えて火にかけ、弱火で肉に火が通るまで煮る。❸肉を取り出して、冷めないようにアルミ箔をかぶせておく。ハーブは取り除いて、スープだけを2つの鍋に分ける。❹ひとつの鍋に豆を加え、柔らかくなるまで煮て、ブレンダーでピュレにする。❺もうひとつの鍋にリーキ以外の野菜を加えて、野菜が柔らかくなるまで煮たら、リーキを加えて、さらに5分くらい煮る。❻2つの鍋の中身をひとつの鍋に一緒にして煮立たせ、塩とコショウで味を調える。❼スープを器に注ぎ、とっておいた肉をスライスして別皿に盛りつける。

Hønsekødssuppe med Kødboller

デンマーク Denmark

|| フンセクースーベ・メル・クーバラル

チキンスープといいながら鶏が入っていない妙なスープ

　フンセクースーベ・メル・クーバラルという、どうしたってうまく発音できそうにないこのスープの名を直訳すると、ミートボール入りチキンスープとなる。チキンスープといっても鶏肉が入っているわけではない、鶏なしのチキンスープなのだ。ミートボールは豚挽き肉で作る。鶏肉はスープを取るときに野菜と一緒に煮込む。煮た後にザルで濾して、ニンジンとセロリは切ってまた鍋に戻すが、鶏は別の料理に使うのである。なので、スープを作るだけなら鶏ガラでも十分といえる。デンマークでは1羽丸ごと煮てスープをとり、残った身は裂いてアスパラガスと小さなタルトにするなど、他の料理に使う。

材料（4人分）

スープ用の鶏または鶏ガラ：1羽分／水：適宜（鶏がかぶる程度）／ニンジン：2本（半分に切る）／セロリ：1本（半分に切る）／リーキまたは長ネギ：2本（1本は10cmくらいに切る、もう1本は小口切り）／イタリアンパセリ：10本／タイム：4本／ローリエ：1枚／粒コショウ：5粒／塩：適宜／エシャロット：2個（縦半分に切って薄くスライス）／イタリアンパセリ（飾り）：適宜（みじん切り）

ミートボール

豚挽き肉：400g／卵：1個／玉ネギ：小1個（みじん切り）／イタリアンパセリ：1本（みじん切り）／小麦粉：40g／牛乳：80cc／塩：小さじ1／コショウ：一摘み

作り方

❶鶏ガラを使う場合は冷水でよく洗い、湯通ししておく。鍋に鶏を入れ、鶏がかぶるまで水を注ぐ。❷ニンジン、セロリ、10cmくらいに切ったリーキ、ハーブ、粒コショウと塩小さじ1を加えて沸騰させ、鶏から十分にエキスが出るまで2時間ほど弱火で煮込む。ニンジンとセロリは火が通った時点で取り出してとっておく。❸鶏を取り出し、スープをザルで濾して鍋に戻し、塩とコショウで味を調えて弱火で温め続ける。❹スープを作っている間にミートボールを作る。別の鍋で水（材料外）を沸騰させる。❺ミートボールの材料をすべてボウルに入れて手でよく混ぜ合わせたら、直径2～5cmくらいのボールにする。❻❹で沸かしたお湯にミートボールを入れて、浮いてきたらすくい取ってボウルなどに移す。❼取り出したニンジンとセロリを食べやすい大きさに切り、ミートボール、小口切りのリーキ、エシャロットとともに器に入れ、その上から熱いスープを注ぐ。飾りのイタリアンパセリを散らす。

Valkosipulikeitto

フィンランド

| ヴォルコシプリケイト

ニンニクがたっぷり入った、食べるのにちょっと覚悟が必要なスープ

　ヴォルコシプリケイトはヘルシンキの名物ガーリックスープである。フィンランドの人はニンニクのスープが好きだというだけでなく、ニンニクそのものが好きであるようだ。何せニンニクのアイスクリームをサーブするニンニク専門のレストランさえあるのだから、そう考えて間違いないと私は思っている。

　このスープでは4人分でニンニクを丸ごと1玉使う。このレシピではバターで玉ネギと一緒にソテーすることになっているが、ソテーする前に玉ネギとニンニクを半分に切ってオーブンでローストすると、より両者の甘味が出ておいしいスープになる。ビールで煮るというのもおもしろい。

材料（4人分）

無塩バター：大さじ1／ニンニク：1玉（粒を取り出して皮をむく）／玉ネギ：2個（スライス）／ビール：250cc／野菜ブロス：750cc／タイム：適宜／生クリーム：250cc／塩・コショウ：適宜／イタリアンパセリ（飾り）：適宜／クルトン（飾り）：適宜／タイム（飾り）：1枝

作り方

❶鍋にバターを熱し、ニンニクと玉ねぎを加えて、中火以下で焦がさないように注意しながら、玉ネギが透き通るまで炒める。❷ビールを加えて一度煮立たせた後、ブロス、タイムを加えて、弱火で1時間くらいじっくり煮込む。❸ブレンダーでピュレにし、生クリームを加えてかき混ぜながら沸騰寸前まで温めて、塩とコショウで味を調える。❹スープを器に注ぎ、イタリアンパセリ、クルトン、タイムで飾る。

Siskonmakkarakeitto

シスコンマッカラケイト

フィンランド Finland

生のソーセージの中身を絞り出した肉で作るミートボールが主役

　このスープの主役であるシスコンマッカラはフィンランドの生のソーセージで、とてもきめが細かくなめらかで柔らかいのが特徴だ。そのまま調理して食べることももちろんあるが、このスープのように皮から出して使うことも多い。フィンランドでは皮から絞り出して団子状にして調理するらしい。他の国では手に入れるのが困難なので、生のソーセージであれば何でも構わない。

　また、このスープには日本では馴染みがないパースニップとかルタバガという根菜が使われる。ルタバガはカブで代用できるが、パースニップは代用品がないので単純に省くか、ニンジンを多くする。

材料（4人分）

チキンブロスまたは野菜ブロスあるいは水＋ブイヨン：1500cc／ローリエ：1枚／パプリカパウダー：小さじ1：玉ネギ：1個（1cm角切り）／セロリ：1/2本（小口切り）／パースニップ（なければニンジン）：1個（1cmサイコロ切り）／ニンジン：1本（1cmサイコロ切り）／ルタバガ：小1個（1cmサイコロ切り）／ジャガイモ：小3個（1cmサイコロ切り）／シスコンマッカラ（なければヴァイスヴルストまたは生のソーセージ）：400g（皮から出して2cmくらいにカットあるいは団子に）／塩・コショウ：適宜／イタリアンパセリ（飾り）：適宜（みじん切り）

作り方

❶ブロスを鍋で煮立て、ローリエ、パプリカパウダー、玉ネギ、セロリ、パースニップ、ニンジン、ルタバガを入れ、弱火で野菜に火が通るまで煮る。❷ジャガイモを加えて、ジャガイモに火が通るまで煮たら、ソーセージを加えてさらに5分くらい煮る。塩とコショウで味を調える。❸器に注ぎ、上からイタリアンパセリを散らす。

Kesäkeitto

フィンランド

|| ケサケイト

夏でも温かいスープが欲しくなる。そんなときにぴったりのスープ

　北欧の夏は短い。ビタミンDの欠乏を防ぐために、そして暖かい日差しを思う存分味わうために、公園に出かける。フィンランドでは、夏の野菜をふんだんに使って温かなスープを作る。短い夏の間でも変化していく旬の野菜を楽しむのに、これほど適した料理は他にない。

　レシピにこだわる必要はない。旬の野菜なら何でも構わない。夏を味わうということがもっとも大切なのだ。ただひとつ、どうしても外せないのがディル。このスープの魅力はディルの独特な酸味と香りだといえる。真っ白なスープと色とりどりの野菜、そして鮮やかなディルの緑が美しい。

材料（4人分）

野菜ブロスまたは水＋野菜ブイヨン：600cc／ジャガイモ：2個（2cmサイコロ切り）／ニンジン：1本（1cmサイコロ切り）／カリフラワー：1/2個（小房に分け、茎は同サイズに切る）／砂糖：小さじ1／サヤインゲン：100g（長さ2cm程度に切る）／牛乳：600cc／小麦粉：大さじ1／グリーンピース（冷凍可）：100g／塩：適宜／白コショウ：適宜／ディル、イタリアンパセリ、またはチャイブあるいはミックス（飾り）：適宜（みじん切り）

作り方

❶ブロスを鍋に入れて沸騰させ、ジャガイモ、ニンジン、カリフラワー、砂糖、塩小さじ1、白コショウ一摘みを入れて、野菜に火が通るまで弱火で煮る。❷サヤインゲンを加えて5分くらい煮たら、小麦粉を牛乳で溶き、鍋に加える。❸よく混ぜながら沸騰させ、グリーンピースを加えてひと煮立ちさせたら、塩と白コショウで味を調える。❹スープを器に注ぎ、ディル、イタリアンパセリなどを散らす。

Fiskisúpa

アイスランド Iceland

| フィスキスパ

海に囲まれた島国にふさわしいクリーム仕立ての魚スープ

　気候はまったく違うものの、アイスランドは日本と同じ島国なので、新鮮な魚介類が豊富である。サケ、ハドック（タラ科の魚）、ハリバットなど、万人好みのおいしい魚ばかりである。アイスランドや日本のように漁業が盛んな国に必ずあるのが、魚介類を使ったスープである。

　頭や骨はスープベースを作るのに使い、そのスープベースにシェリー酒、トマトペースト、クリームを加えてスープを作る。レシピでは食べやすい大きさとあるが、大きめに切るのもいい。クリームのスープはサケや白身魚にとてもよく合う。最後に魚料理に欠かせないディルを散らす。

材料（6人分）

無塩バター：大さじ3／玉ネギ：大1個（スライス）／リーキまたは長ネギ：1/2本（小口切り）／セロリ：2本（小口切り）／シェリー酒：80cc／白ワイン：180cc／フィッシュブロス*：1500cc／トマトペースト：大さじ3／トマト：3個（1cm角切り）／ジャガイモ：小2個（1cmサイコロ切り）／サケまたは白身の魚（ハリバット、タラ、ハドックなど）：450g（食べやすい大きさに切る）／生クリーム：180cc／塩・コショウ：適宜／イタリアンパセリ、ディル、チャイブなど（飾り）：適宜（みじん切り）／チェリートマト（飾り）：4個（スライス）

*フィッシュブロス
使用する魚の頭、骨：1kg／ニンジン：2本（2cm輪切り）／玉ネギ：1個（スライス）／飾りに使うパセリやディルの茎：適宜／塩：小さじ1／水：2000cc
●既成のブロスでも可。チキンブロス、野菜ブロスでも構わない。

作り方

❶フィッシュブロスの材料をすべて鍋に入れ、沸騰したら弱火にして40分ほど煮込む。❷①のブロスをザルなどで濾し、ボウルなどにとっておく。❸鍋にバターを熱し、玉ネギ、リーキ、セロリを加えて、玉ネギが透き通るまで炒める。❹シェリー酒と白ワインを加えて沸騰させ、中火にして5分くらい煮込む。❺ブロス、トマトペーストを加えて沸騰させたら、トマトとジャガイモを加えて、ジャガイモが柔らかくなるまで弱火で煮込む。❻魚を加えて、魚が崩れないようにたまに混ぜながら、魚に火が通るまで煮る。❼生クリームを加えて、塩とコショウで味を調え、魚が崩れないようにゆっくり混ぜながら沸騰させる。❽スープを器に注いで、飾りを上に散らす。

Kakósúpa

アイスランド

|| カコースパ

スープかそれとも飲み物か。それを決定するのは地元の人次第

　カコースパ。スパがスープであることはなんとなく想像できる。では、カコーは何だろうか。常識的なスープのカテゴリーで考えてもまず答えは出てこない。カコーとはココアのことなのだ。ココアのスープ？　その通り。ココアが入ったスープである。率直にいえば、ココアである。アメリカでいう、子供が大好きな飲むホットチョコレートである。

　スープというかぎりは違いがあるはずだ。確かにある。コーンスターチでとろみをつけるところが普通のココアとは違う点だ。それだけである。スープである理由を探すよりも、スープといってしまったアイスランドの人たちに拍手を送りたい。

材料（4人分）
水：500cc／ココアパウダー：大さじ3／砂糖：大さじ2／シナモンパウダー：小さじ1／牛乳：750cc／コーンスターチまたは片栗粉：大さじ1／塩：適宜

作り方
❶水を鍋などで沸かしておく。❷別の鍋にココアパウダー、砂糖、シナモンを入れ、用意してある牛乳から大さじ2を加えて、スプーンなどでよく練る。❸②を泡立て器でかき混ぜながら、沸かしたお湯を少しずつ加え、だまができないようによく混ぜて沸騰させる。❹ボウルなどに牛乳でコーンスターチを溶き、同じようにかき混ぜながら鍋に加えて沸騰する寸前まで温める。❺塩を少し加えて味を調える。❻ビスケットなどと一緒にサーブする。

Lapskaus

ラプスカウス

ノルウェー Norway

ノルウェーの人たちにとってもっとも重要な料理のひとつ

　ニューヨークのブルックリン8番街の一部はかつてラプスカウス・アベニューと呼ばれていた。20世紀の初頭ノルウェーからの移民が多かったこの地区は、リトルノルウェーともいわれていた。ラプスカウスは貧困層から中所得者層の家庭におけるもっとも重要な料理のひとつであることを考えると、ラプスカウスというスープの名で呼んだことは十分納得できる。ラプスカウスは、肉と野菜のシチューで、一般に牛が使われるが豚やラムであることも多い。また、ほとんど水分がないものから、スープのようにさらさらしているものまである。ここではその中でも一般的だと思われるラプスカウスを紹介する。

材料（4人分）

無塩バター：大さじ2／シチュー用牛肉：800g（2cm角切り）／ビーフブロスまたは水＋ビーフブイヨン：1000cc／ニンジン：3本（1cm角切り）／ルタバガまたはターニップ（なければカブ）：1/4個（1cm角切り）／ジャガイモ：800g（1cm角切り）／リーキまたは長ネギ：1/2本（小口切り）／塩・コショウ：適宜／イタリアンパセリ（飾り、お好みで）：適宜（粗みじん切り）

作り方

❶鍋にバターを熱し、肉を加えて肉全体に焦げ目が付くまで焼く。塩小さじ1、コショウ少々、ブロスを加え、弱火にして肉が柔らかくなるまでじっくり煮込む。❷ニンジンとルタバガを加えて10分くらい煮たら、ジャガイモを加えてさらに10分くらい煮る。❸最後にリーキを加えて数分煮る。その間に塩とコショウで味を調える。❹スープを器に注ぎ、イタリアンパセリを散らす。

Fiskesuppe

| フィスクスパ

白身魚のすり身で作ったつみれ入りミルク仕立ての魚スープ

ノルウェー

　北極圏内にあるノルウェーのロフォーテン諸島のほぼすべてのレストランで食べられるといわれる魚のスープ、それがフィスクスパである。街中であろうと山であろうと、どこに行っても、冬でも夏でもこのスープに出会える。フィスクスパはそれだけポピュラーなスープなのだ。このスープに使われる魚はマダラ、ハドック、サケなど北欧の人が食べなれた魚である。魚の切り身をそのまま煮込んでスープにするだけでなく、すり身にして卵、小麦粉、牛乳と一緒にこねてフィッシュボールにする場合も少なくない。このノルウェー版つみれともいえる白いフィッシュボールがまたうまい。

材料（4人分）

無塩バター：大さじ1／リーキまたは長ネギ：1本（小口切り）／セロリ：1本（小口切り）／ニンニク：1粒（みじん切り）／フィッシュブロス（なければチキンブロスまたは水＋チキンブイヨン）：1000cc／白ワイン：60cc／ニンジン：1本（1cmサイコロ切り）／ジャガイモ：小2個（1cmサイコロ切り）／生クリーム：120cc／クレムフレッシュ：120cc／塩・コショウ：適宜／ディル（飾り）：適宜（みじん切り）

フィッシュボール
タラ：500g／卵：2個／牛乳：120cc／小麦粉：大さじ4〜6／ニンニク：2個（みじん切り）／イタリアンパセリ：3本（みじん切り）／塩・コショウ：適宜

作り方

❶フィッシュボールの材料を、フードプロセッサーで柔らかい団子状になるまでよく混ぜたら、ボウルにあけてラップをして冷蔵庫に入れておく。柔らかすぎる場合は、小麦粉（分量外）を少しずつ加えてちょうどいい硬さにする。❷鍋にバターを熱して、リーキ、セロリ、ニンニクを加え、リーキが透き通るまで炒める。❸ブロス、白ワインを注ぎ、軽く塩、コショウしたらニンジン、ジャガイモを加えて、弱火で野菜が柔らかくなるまで煮る。❹別の鍋にたっぷりのお湯（材料外）を沸かす。❺フィッシュボールの生地を2本のスプーンで、または手で丸められる場合は手の平で丸く整形して、熱湯の中に静かに落としていく。❻浮いてきたフィッシュボールからすくい取り、別の器に移しておく。❼スープに生クリームとクレムフレッシュを加え、塩とコショウで味を調えたらフィッシュボールを加えて、ゆっくりかき混ぜながら沸騰させる。❽スープを器に盛り、上にディルを散らす。

Ärtsoppa

スウェーデン

| エトソッパ

パンケーキやマスタードが一緒に出てくるえんどう豆のスープ

　ピースープは北欧全域でよく食べられるスープで、デンマークのピースープは他のページ（P108）で紹介している。どの国のピースープも基本的には同じだが、例えばデンマークでは多くの場合ピュレにされる。スウェーデンの場合はピュレにせず、豆がそのままの形で入っていることが多いような気がする。

　スープ自体は似ていても、スープを囲む周辺の料理が違い、食文化の違いを垣間見ることができるのも興味深い。スウェーデンではパンケーキ、マスタードが一緒にサーブされることが多い。そして、食べる日はほとんどが木曜日であるらしい。デンマークではライブレッドが添えられる。

材料（4人分）

乾燥イエローピー：250g（たっぷりの水に一晩浸しておく）／ソルトポークなければベーコンブロックまたは豚バラ塊肉：250g（ソルトポークは水に一晩浸しておく）／チキンブロスまたは水＋チキンブイヨン：1000cc／玉ネギ：1個（粗みじん切り）／セロリ：1本（小口切り）／タイム：小さじ1/4／オレガノ：小さじ1/4／クローブ：小さじ1/4／塩・コショウ：適宜

作り方

❶豆をザルにあけてざっと水洗いしておく。❷ソルトポークとブロスを鍋に入れて、肉が柔らかくなるまで煮る。❸肉を取り出してアルミ箔などを被せ、冷めないようにしておく。❹野菜、ハーブとスパイス、豆を鍋に入れて、豆が崩れるくらいまで弱火で煮たら、塩とコショウで味を調える。❺スープを器に盛って、スライスした肉を上にのせるか別の皿に盛りつける。

Fruktsoppa

スウェーデン Sweden

|| フルックツォッパ

甘いスープで冷えた体を内側から温める。冷やして食べてもおいしい

　北欧の冬は寒いだけでなく、新鮮な果物が手に入りにくくなる季節でもある。北欧ではそんな季節にドライフルーツを使ってスープを作る。アイスランドにココアのスープがあるように、デザートのスープがあってもいいではないか。

　フルックツォッパはクリスマスのシーズンによく出される。デザートなのでケーキと一緒に出てくることもよくある。全部がドライフルーツというわけでない。冬でも手に入るリンゴなどが加わることも多い。このレシピではジュースが入るが、水だけでもいい。片栗粉でとろみをつけた甘いスープは、寒さをしのぐのに最適なスープだ。

材料（4人分）
リンゴ：1個（一口大に切る）／ドライフルーツ（プルーン、アプリコット、レーズン、カラントなど）：150〜180g／シナモンスティック：2本／水：750cc／ラズベリージュースまたは好みのジュース：250cc／砂糖：大さじ1（なくても可）／水溶き片栗粉：大さじ2（水大さじ1＋片栗粉大さじ1）

作り方
❶リンゴ、ドライフルーツ、シナモンスティック、水、ジュースを鍋に入れて沸騰させ、砂糖を加えたら弱火にして、リンゴが柔らかくなるまで煮る。❷水溶き片栗粉を加えてとろみをつける。

Vårens Nässelsoppa

| ヴォーレンス・ネッスルソッパ

イラクサが伸び始めたらおいしいスープを作るために摘みに行こう

　私の住むアメリカのボストン近郊でも、春になるとスティンギングネトル（イラクサ）が茂り始める。季節になると、紙袋とハサミ、そして手袋を持ってイラクサを摘みに行く。40リットルのゴミ袋より一回り大きな紙袋の半分ほど埋まるまで、若芽だけを茎ごと摘む。この量でもスープにすると4人分程度である。

　スウェーデンの人も私と同じように、ウキウキした気持ちで春になるとイラクサ狩りに出かけるに違いない。自分で摘みに行けば彼らの気持ちがきっとよくわかるはずだ。この野生の雑草が高級レストランのスープにも劣らない、この上なく上品で美味なスープになるのだから、そんな気持ちになって当然なのだ。

材料（4人分）

イラクサ：400g（枝含む）／無塩バター：大さじ3／玉ネギ：小1個（スライス）／チキンブロスまたは水＋チキンブイヨン：1000cc／タイム：小さじ1／小麦粉または片栗粉：小さじ2／水：小さじ2／塩・白コショウ：適宜／チャイブ（飾り）：適宜（長さ1cmに切る）／クレムフレッシュ（飾り）：適宜／茹で卵（飾り）：4個（2等分）

作り方

❶手袋をしてイラクサを水でよく洗う。可能な限りゴミ、土、虫を取り除く。❷鍋にたっぷりの湯（材料外）を沸かしてイラクサを湯がき、水でもう一度よく洗う。水を切ったら葉をむしり取って細かく刻む。❸鍋にバターを熱して玉ネギを加え、玉ネギが透き通るまで炒めたらブロスを注ぎ、タイム、塩小さじ1、白コショウ少々を加えて沸騰させる。❹10分ほど煮たらイラクサを加え、さらに2、3分煮る。❺鍋の中身をブレンダーでピュレ状にし、沸騰したら小麦粉を水で溶いて加える。塩と白コショウで味を調える。❻器に盛って、チャイブとクレムフレッシュで飾り、茹で卵とともにサーブする。茹で卵はスープにのせてもいい。

東ヨーロッパ

Eastern Europe

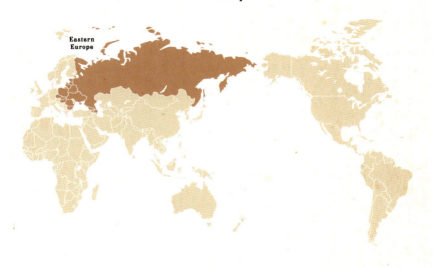

エストニア／ラトビア／リトアニア／ベラルーシ／ブルガリア
チェコ共和国／ハンガリー／ポーランド／ルーマニア／スロバキア
ロシア／ウクライナ／アルメニア／ジョージア／アゼルバイジャン

Värskekapsasupp

| ヴァルスケカブサスップ

キャベツをメインにした野菜のスープに様々な肉を加えて楽しむ

　キャベツを塩漬けにして発酵させたザワークラウトを使ったスープは、エストニアでもっとも伝統的なスープである。フレッシュなキャベツを使ったスープも、同じように人気がある。ベースとなる材料はキャベツと大麦で、そこにニンジンやジャガイモ、玉ネギといった野菜が加わる。このベースになる材料だけでスープが作られることも多いが、何かしらの肉がプラスされるのが一般的だ。肉は何でも構わない。実際に鶏、牛、ハム、ソーセージ、ミートボールなどさまざまな肉、肉の加工品が使われる。食べ残しの肉を使ってもまったく構わないわけで、とても融通がきくありがたいスープだ。

材料（4人分）
肉（何でも可）：400g／水：1000cc／大麦：45g（水に浸しておく）／キャベツ：1/2個（千切り）／玉ネギ：1個（1cm角切り）／ジャガイモ：小2個（1cmサイコロ切り）／ニンジン：1本（1cmサイコロ切り）／塩・コショウ：適宜／ディル（飾り）：適宜（粗みじん切り）

作り方
❶肉をたっぷりの水（材料外）に入れて沸騰させ、数分煮たら肉を取り出す。茹で汁は捨て、鍋は洗う。❷肉を冷水で洗って汚れなどを取って鍋に戻し、水1000cc、塩小さじ1、コショウ少々を加えて沸騰させ、弱火で肉が柔らかくなるまで煮る。❸肉を取り出して皿などに置いておく。❹大麦をザルにあけて、ざっと洗ってから鍋に加える。さらにキャベツと玉ネギを加えて、弱火で30分くらい煮る。❺ジャガイモとニンジンを加えて、野菜がすべて柔らかくなるまで煮る。❻骨付き肉の場合は骨を取り、食べやすい大きさに切るか裂いて鍋に加えてひと煮立ちさせる。❼スープを器に注ぎ、ディルを散りばめる。

Seljanka

|| セリカンカ

肉、ピクルス、サワークリームという奇抜な組み合わせのスープ

　旧ソ連の一部だったエストニアは、食文化においてもおのずとロシアの影響を受けた。セリカンカもロシアが起源のスープで、ロシアではソリアンカと呼ばれる。エストニアの人もこのスープがロシアのスープであったことは否定しない。でも、同じだともいわない。「ロシアのスープよりも肉がずっと少なくて、玉ネギがたくさん入っているんだ」と言う人もいる。

　2017年、エストニアは独立100周年を迎えた。各地イベントが盛大に行われた。そのとき多くのエストニア人が食べたのが、名物料理のスプラットというアンチョビに似た魚のオープンサンドと、このスープである。

材料（4人分）

サラダ油：大さじ1／玉ネギ：1個（薄くスライス）／ニンニク：2粒（みじん切り）／トマトペースト：大さじ3／ビーフブロスまたは水＋ビーフブイヨン：1000cc／ローリエ：1枚／キュウリのピクルス：100g（縦半分に切ってスライス）／牛肉：100g（2cmサイコロ切り）／スモークソーセージ（キルバッサなど）：100g（縦半分に切って厚めにスライス）／フランクフルトソーセージ：100g（厚めにスライス）／ジャガイモ：1個（2cmサイコロ切り）／ディル：10本（ざく切り）／塩・コショウ：適宜／サワークリームまたはヨーグルト（飾り）：適宜／ディル（飾り）：適宜（ざく切り）

作り方

❶鍋に油を熱し、玉ネギを加えて玉ネギが透き通るまで炒めたら、トマトペーストを加え、玉ネギと均一に混ざるまで1分ほど炒める。❷ブロス、ローリエ、ピクルス、牛肉、ソーセージ、ジャガイモ、ディルを加えて沸騰させ、肉に火が通るまで弱火で煮る。❸塩とコショウで味を調え、器に注いでサワークリームとディルをのせる。

Frikadeļu Zupa

ラトビア

|| フリカデイユ・ズッパ

あっさりスープにミートボール。万人好みのラトビアのスープ

　フリカデーラー、フリカデル、肉団子、ミートボールなどなど、挽き肉を丸めた食べ物は世界各地にある。煮たり、揚げたり、ソースをかけたり、スープにしたりと食べ方もさまざまである。ここで紹介するのはラトビアのミートボールスープである。チキンや野菜のブロスのあっさりしたスープに、3センチくらいの丸いミートボールが転がっている。中にはラトビア人のお気に入り、キャラウェイシードが入っているが、他の材料は日本のミートボールと同じだ。東ヨーロッパのスープによく登場するサワークリーム、ディルがこのスープにも欠かせない。子供も大人も楽しめる、万人好みのスープである。

材料（4人分）

チキンブロスまたは野菜ブロスあるいは水＋ブイヨン：1200cc／玉ネギ：小1個（2等分）／ニンジン：1本（1cmサイコロ切り）／ジャガイモ：2個（1cmサイコロ切り）／セロリ：1本（小口切り）／粒コショウ：小さじ1／タイム：小さじ1／ディル：2本（粗みじん切り）／ローリエ：2枚／塩・コショウ：適宜／サワークリーム（飾り）：適宜／ディル（飾り）：適宜（粗みじん切り）

ミートボール
サラダ油：大さじ1＋2／玉ネギ：小1個（粗みじん切り）／牛挽き肉：300g／パン粉：大さじ2／卵：1個／キャラウェイシード：一摘み／塩：小さじ1／コショウ：小さじ1/2／小麦粉：適宜

作り方

❶まずミートボールを作る。フライパンに油大さじ1を熱し、玉ネギを加えて透き通るまで炒めたら、器にあけて冷ます。❷炒めた玉ネギ、他のミートボールの材料（残りのサラダ油大さじ2と小麦粉以外）をボウルに入れてよく混ぜ、3cmくらいのボールに丸める。❸ミートボールに小麦粉を均等にまぶしたら、フライパンに油大さじ2を熱してミートボールを加え、全体に焦げ目が付くまで転がしながら焼く。焦げ目が付いたら皿などにあげておく。❹鍋にブロスと野菜、ハーブ、スパイスと塩小さじ1程度を鍋に入れて沸騰させ、弱火で野菜に火が通るまで煮る。❺ミートボールを加えてミートボールに火が通ったら、塩とコショウで味を調える。❻スープを器に盛り、サワークリーム、ディルで飾る。

Šaltibarščiai

シャルティバルシチャイ

リトアニア

リトアニアが誇る、世界でもっとも美しいスープのひとつ！

　これほど色鮮やかなスープも珍しい。ビーツの赤とケフィールという乳製品の白が混ざり合って美しいピンクになる、リトアニアの冷たいビーツのスープだ。仕上げに茹で卵、サワークリーム、ディルを浮かべることでいっそう華やかになる。
　ケフィールやバターミルクは日本ではなかなか手に入らないかもしれない。そんなときは、牛乳にレモン汁を少し加えると同じような味になる。ビーツの土臭さが苦手という人も多いが、軽く茹でることである程度土臭さを和らげることができる。冷蔵庫でよく冷やして食べたい、暑い夏にぴったりの清涼感あふれるスープである。

材料（4人分）

ビーツ：2個（チーズグレーターで細くスライスするか長さ3cmほどの細切り）／ケフィールまたはバターミルク：500cc／キュウリ：1本（細切り）／茹で卵：4個（2個は細かく刻み、残りは4等分）／ディル：5本（粗みじん切り）／青ネギ：1/2本（小口切り）／塩：適宜／サワークリーム：適宜／ディル：適宜（粗みじん切り）

作り方

❶ビーツをボウルに入れ、ケフィールを加えてよく混ぜる。❷キュウリ、細かく刻んだ茹で卵、ディル、青ネギを加えて混ぜたら塩で味を調え、冷蔵庫で十分冷やす。❸スープを器に注ぎ、4等分した茹で卵を2つ、サワークリームをそれぞれのスープにのせ、ディルを散らす。

Grybienė

リトアニア Lithuania

|| グリビエネイ

日本人以上にキノコ好きなリトアニア人が作ったキノコスープ

　リトアニアの人たちのキノコ好きはただものではない。毎年9月の最終土曜日、ベラルーシとの国境に近いヴァレナでワイルドマッシュルーム（野生のキノコ）狩りの全国大会が開かれ、何百人もの人が籠を抱えて、森の中をキノコを求めて駆け回るのである。2017年の優勝者はなんと60キロ近いキノコを収穫した。

　グリビエネイはそんなキノコ好きが作るスープである。使われるキノコは日本でも知られるポルチーニだが、黄色いシャントレールなども使われる。アメリカでは生のポルチーニの入手が困難なので、今回はシャントレールを使ったが、これでもかなりおいしいスープができた。

材料（6人分）

オリーブオイル：大さじ1／ベーコン：3枚（1cm角切り）／玉ネギ：小1個（粗みじん切り）／ニンジン：1本（粗くすりおろす）／チキンブロス：1250cc／ジャガイモ：小2個（1cm角切り）／ローリエ：1枚／粒コショウ：4個／タイム：適宜／オレガノ：適宜／キノコ（ポルチーニ、シャントレールなど。なければ好みのキノコ）150g（食べやすい大きさに刻む）／生クリーム：100cc／小麦粉：大さじ1／塩・コショウ：適宜／ディル（飾り）：適宜／サワークリーム（飾り）：適宜

作り方

❶鍋にオリーブオイルを熱し、ベーコンを加えてベーコンから脂が十分出るまで炒める。❷玉ネギとニンジンを加えて、玉ネギが透き通るまで炒める。❸ブロスを加え、ジャガイモ、ハーブとスパイスを加えて、ジャガイモが柔らかくなるまで煮る。❹キノコを加えて、さらに5分ほど煮る。❺生クリームと小麦粉をボウルなどでよく混ぜてから鍋に加え、中火でヘラなどでかき混ぜながら沸騰させる。塩とコショウで味を調える。❻スープを器に盛り、ディルとサワークリームを上にのせる。

Sup sa Ščauja

ベラルーシ

スプ・サ・シュチャウーヤ

スイバの酸味が食欲をそそるベラルーシの春を味わうスープ

　このスープの主役であるソレル（スイバ）を最初に食べたのはもう30年以上も前のことだ。雑誌の仕事で山菜狩りに同行したときに教えてもらった。生のまま食べたときの酸っぱい味は今でも忘れられない。

　4人分で300グラムというと、スープがかなり酸っぱくなるのではと思う人もいるだろうが、それがそうでもない。比較になるかわからないが、酢を大さじ1杯入れるよりも酸味は少ない。もし酸味が強すぎると感じるならば、ホウレン草を加えるといいだろう。酸味を含んでいるからだろうか、ソレルは熱を加えるとすぐにくすんだ緑色になってしまう。鮮やかな緑色のスープは期待しないように。

材料（4人分）

スモークリブ（なければスペアリブ）：400g／玉ネギ：小1個（粗みじん切り）／ニンニク：2粒（みじん切り）／水：1000cc／ソレル（スイバ）：300g／ジャガイモ：小2個（1cmサイコロ切り）／ニンジン：小1本（1cmサイコロ切り）／イタリアンパセリ：5本（みじん切り）／無塩バター：大さじ2／小麦粉：大さじ1／塩・コショウ：適宜／茹で卵（飾り）：2個（2等分）／サワークリーム（飾り）：適宜／ディル（飾り）：適宜

作り方

❶鍋にスモークリブ、玉ネギ、ニンニク、塩小さじ2、コショウ一摘みを入れ、水を加えて沸騰させたら弱火にしてリブに完全に火が通るまで煮る。❷スイバはたっぷりのお湯（材料外）でさっと湯がいて、冷水で冷まして水を切ったら細かく刻んでおく。❸リブは煮えたら取り出して、冷めたら骨を取り除いて肉を細かく刻む。❹鍋のスープを沸騰させ、ジャガイモ、ニンジン、イタリアンパセリを加えて、野菜に火が通るまで弱火で煮る。❺フライパンにバターを熱し、小麦粉を加えて粉っぽさがなくなるまで混ぜたら、❹のスープを少しずつ加えてルーにして、よくかき混ぜながら鍋に加える。❻スープが再び沸騰したら、スイバを加えて塩とコショウで味を調える。❼スープを器に盛り、茹で卵、サワークリーム、ディルで飾る。

Shkembe Chorba

ブルガリア

|| シュケンベ・チョルバ

ときには4時間も5時間もかけて煮る牛の胃を使ったスープ

　トライプは反芻動物の胃のことだ。牛、山羊、羊といった家畜にされる動物は草食動物で、4つの胃を持っている。トライプはそのうちの最初の3つを意味する。どれも料理に使われ、人によって好みがあるようだが、2番目のハチの巣のようなハニーコムトライプがもっともよく使われる。普通、市場に出回っているトライプはきれいに洗浄され、漂白されているので白い。

　トライプは十分時間をかけて調理しないと柔らかくならない。トライプ自体には特質した味はないが、他の材料と煮ることで材料のうまみをめいっぱい吸い込む。そこがトライプスープのおいしいところである。

材料（4人分）

トライプ：500g／水：750cc／無塩バター：大さじ2／小麦粉：大さじ1／牛乳：750cc／パプリカパウダー：小さじ1／塩・コショウ：適宜／ニンニク（飾り）：3粒（みじん切り）／赤ワインヴィネガー（飾り）：60cc／レッドチリペッパーパウダー（飾り）：適宜

作り方

❶洗って漂白していないトライプの場合は、トライプを洗い、水（材料外）とともに鍋に入れて沸騰させ、5分ほど煮てザルにあけて冷水で洗う。これをきれいになるまで繰り返し行う。❷トライプと水を鍋に入れて沸騰させ、弱火でトライプが柔らかくなるまでじっくり煮る。❸火を消し、トライプを取り出して冷ました後、食べやすい大きさに切る。煮汁はザルで濾してボウルなどにあけておく。鍋は洗う。❹鍋にバターを熱し、小麦粉を加えて粉っぽさがなくなるまで混ぜる。❺濾した煮汁250cc、牛乳、パプリカパウダー、塩小さじ1、コショウ少々を加えて火にかけ、トライプを加えて沸騰させて、中火で10分ほど煮る。塩とコショウで味を調える。❻煮ている間に飾りのヴィネガーとニンニクを混ぜて小さな器にあけておく。❼スープを器に注ぎ、❻のニンニクソースとチリペーパーをかける。

Bob Chorba

ボブ・チョルバ

ミントとサボリーと呼ばれるハーブが効いた豆のスープ

　ボブ・チョルバはブルガリアのナショナルディッシュともいわれる豆のスープで、3000年も前から使われてきた、日本でいう土鍋で調理される。バリエーションとして材料を制限した質素な修道院スタイルのボブ・チョルバがあり、おもに肉料理を避けなければならないクリスマスイブの食事に出される。このレシピでは単純に白いんげん豆としたが、実際は地方によってさまざまな豆が使われる。ギリシャとの国境に近いロドピ山脈がそびえる山村、シミリアンで栽培される高品質なシミリアンビーンズがベストだとされている。2種のハーブ、ミントとタイムに似た味がするサボリーが、このスープには欠かせない。

材料（4人分）

乾燥白いんげん豆：200g（たっぷりの水に一晩浸けておく）／サラダ油：大さじ2／玉ネギ：1個（1cm角切り）／ニンジン：1/2本（1cmサイコロ切り）／トマト：1個（1cmサイコロ切り）／レッドチリペッパー（鷹の爪）：1本（包丁の背で叩いておく）／ピーマン：3個（1cm角切り）／水：1000cc／ドライミント：小さじ2／サボリー：小さじ2／パプリカパウダー：小さじ1/2／イタリアンパセリ：10本（ざく切り）／塩・コショウ：適宜／イタリアンパセリ（飾り）：適宜（粗みじん）

作り方

❶豆の水を切り、鍋にたっぷりの水（材料外）を入れて弱火で火が通るまで煮る。煮えた豆は水を切っておく。❷鍋にサラダ油を熱し、玉ネギを加えて透き通るまで炒めたら、ニンジン、トマト、チリペッパー、ピーマンを加えて2分ほど炒める。❸水を加えて沸騰させ、豆、ミント、サボリー、パプリカパウダーを加えて、弱火で野菜に火が通るまで煮る。❹イタリアンパセリを加えてひと煮立ちさせたら、塩とコショウで味を調える。❺スープを器に注いで、イタリアンパセリを散らす。

Leshta Chorba

ブルガリア Bulgaria

| レシュタ・チョルバ

シャレナソルと呼ばれるブルガリアのハーブミックスが決め手

レンティルは日本語でレンズ豆と呼ばれる平らな豆で、インドではダルと呼ばれる小さな豆だとも考えられるが、ダルの中にはひよこ豆、緑豆などを2つに割ったものも含まれるので、実際は少し違うようだ。レンティルにはイエロー、レッド、ブラウン、グリーン、ブラックなどがある。このスープに使われているのはブラウンかグリーンのレンティルで、もっとも一般的な手に入りやすいレンズ豆といえる。ブルガリアのレンティルスープには、シャレナソルというハーブとスパイス、塩をミックスしたものが使われるが、このレシピではミックスしたものではなく個別のハーブ、スパイスでリストアップしてある。

材料（4～6人分）

オリーブオイル：大さじ3／ニンジン：1本（小サイコロ切り）／玉ネギ：1個（粗みじん切り）／赤パプリカ：1個（小角切り）／セロリ：1本（粗みじん切り）／ニンニク：2粒（みじん切り）／トマト：2個（小角切り）／水：1500cc／ブラウンまたはグリーンレンティル（レンズ豆）：500g（きれいに洗っておく）／サボリー：小さじ2／パプリカパウダー：小さじ1／クミンパウダー：小さじ1／フェヌグリークの葉（乾燥ハーブ）：小さじ1/2／塩・コショウ：適宜／サワークリームまたはヨーグルト（飾り）：適宜／イタリアンパセリ（飾り）：適宜（みじん切り）

作り方

❶鍋にオリーブオイルを熱し、ニンジン、玉ネギ、赤パプリカ、セロリ、ニンニクを加えて、玉ネギが透き通るまで炒めたら、トマトを加えて2分ほど炒める。❷半量の水を加えて沸騰させたら、豆、サボリー、パプリカパウダー、クミン、フェヌグリークの葉、塩小さじ1、コショウ一摘みを加え、残りの水を加えて再び沸騰させ、弱火で豆が柔らかくなるまで煮る。❸水が少なくなったらひたひたになるくらいまで水（材料外）を加えて、塩とコショウで味を調えてひと煮立ちさせる。❹スープを器に注ぎ、サワークリームを上にのせ、イタリアンパセリを散らす。

Čensnečka

チェコ共和国

| チェスネチュカ

アニスの香りがするキャラウェイシードが効いたニンニクスープ

　ニンニクはスープを作る上でもっとも重要な素材のひとつだ。肉、魚、豆、野菜など材料を問わず、また、ヨーロッパ、アメリカ、アフリカ、アジアなど地域も問わず、かなり高い確率でニンニクが使われる。中にはニンニクがメインのスープも多い。先に紹介しているフィンランドのヴァルコシプリケイト（P110）もそのひとつである。

　チェコのガーリックスープの特徴は、ジャガイモでとろみがつけられること、アニスに似た味や香りを備えたキャラウェイシード、ヴィネガーが加わることだ。スープを注いだ後にソテーしたライ麦パン、チーズも加わり、さらにうまさがプラスされる。

材料（4人分）

無塩バター：大さじ1／ニンニク：6粒（みじん切り）／チキンブロスまたは水＋チキンブイヨン：1000cc／ジャガイモ：2個（1cmサイコロ切り）／マジョラム：小さじ1／キャラウェイシード：小さじ1/2／卵：1個／塩・コショウ：適宜／卵：1個／オリーブオイル（クルトン用）：大さじ1／パン（クルトン用、できればライ麦または全粒粉パン）：2枚（1cmサイコロ切り）／チーズ（飾り、溶けるものなら何でも）：適宜（すりおろす）

作り方

① 鍋にバターを熱し、ニンニクを加えて十分香りが出てくるまで炒めたら、ブロスを加えて沸騰させる。
② ジャガイモ、マジョラム、キャラウェイシード、塩小さじ1、コショウ一摘みを加えて、弱火でジャガイモが柔らかくなるまで煮る。③ フライパンにオリーブオイルを熱し、パンを加えてこんがり焼いて、クルトンを作って器にあけておく。④ スープを塩とコショウで味を調えて、強火にし、溶き卵を加えて卵スープのようにする。⑤ スープを器に注ぎ、クルトンとチーズをのせる。

Bramboračka

チェコ共和国 Czech Republic

| ブランボラチュカ

乾燥キノコと根菜のおいしさを融合させたチェコのスープ

　チェコの西半分を占めるボヘミア、といっても自由なライフスタイルを信条とするボヘミアンとはまったく関係ないのだが、この自然あふれる土地では、遠い昔から森の中を自由に駆け巡って収穫したキノコが重要な食料として使用されてきた。保存のために乾燥させたキノコを使ってスープを作ったのが、このスープの起源ではないかという人も少なくない。

　このスープは、乾燥キノコをジャガイモなど数種類の根菜と一緒に煮込んだスープだ。干しシイタケを使う日本人は、それからうまみが出ることをよく知っている。このスープも干したキノコのうまみが存分に味わえる。

材料（4人分）

ワイルドドライマッシュルーム：35g（なければ好みのキノコ100g）／無塩バター：大さじ2／玉ネギ：1個（1cm角切り）／ニンニク：2粒（みじん切り）／ニンジン：1本（1/3は短めの千切り、残りは1cmサイコロ切り）／小麦粉：大さじ1／チキンブロスまたは水＋チキンブイヨン：1500cc／ジャガイモ：2個（1cmサイコロ切り）／セロリルート（なければセロリ）：100g（1cmサイコロ切り）／マジョラム：大さじ1／オールスパイス：少々／キャラウェイシード：少々／塩・コショウ：適宜／ディル（飾り）：適宜（ざく切り）

作り方

❶ドライマッシュルームを水に浸けて戻し、食べやすい大きさに切る。❷鍋にバターを熱し、玉ネギ、ニンニク、千切りにしたニンジンを入れて、玉ネギが透き通るまで中火で炒める。❸弱火にして小麦粉を加え、粉っぽさがなくなるまで混ぜる。❹ブロスを半カップほど注いでよく混ぜ、なめらかになったら残りのブロスを加えて沸騰させる。❺残りの野菜、マッシュルーム、ハーブとスパイス、塩小さじ1、コショウ少々を加えて、弱火で野菜が柔らかくなるまで煮る。❻塩とコショウで味を調えたら器に注ぎ、ディルを散らす。

Gulyásleves

ハンガリー / Hungary

グーヤシュラベシュ

普通のパプリカとホットパプリカを大量投入した赤い牛肉スープ

馬を駆って大草原を巡るハンガリーのカウボーイが、大きなキャストアイアンの鍋で作っていたシチューが、グーヤシュラベシュの起源である。中世のころから作られていた伝統料理で、ハンガリーのシンボルとさえいわれる、ハンガリーの人たちにとって誇り高きスープなのである。

一般的にはグーラッシュと呼ばれる牛肉と野菜を煮込んだ料理で、東欧のさまざまな国の名物料理になっている。ビーフシチューよりさらさらしているので、スープというのが正解だろう。一番の違いは、世界的に知られるハンガリーのパプリカパウダーがしこたま入っていて真っ赤になっていることだ。

材料（4人分）

ラードまたはサラダ油：大さじ2／玉ネギ：2個（みじん切り）／ニンニク：4個（みじん切り）／黄パプリカ：1個（1cm角切り）／トマト：小2個（1cmサイコロ切り）／ハンガリアンスイートパプリカパウダー（なければ普通のパプリカパウダー）：大さじ2／ハンガリアンホットパプリカパウダー（なければチリペッパーパウダー、お好みで）：小さじ1＋α／ヴェゲタ（なければビーフブイヨン）：大さじ1／キャラウェイシード：小さじ1/4／ローリエ：2枚／水：200＋800cc／牛肉または豚肉：400g（一口大に切る）／ニンジン：大1本（縦に4等分して5mmにスライス）／パースニップ（なければニンジンを増やす）：1本（縦に4等分して5mmにスライス）／ジャガイモ：2個（一口大に切る）／イタリアンパセリ：20本（みじん切り）／塩・コショウ：適宜／イタリアンパセリ（飾り）：適宜（みじん切り）

チペット
小麦粉：約40g／塩：一摘み／溶き卵：約1/3個分

作り方

❶鍋にラードを熱し、玉ネギ、ニンニクを加えて、玉ネギが透き通るまで炒める。❷弱火にして黄パプリカ、トマトを加えて1分ほど炒めたら、たまに混ぜながらトマトから十分水分が出てくるまでゆっくり煮る。❸スイートパプリカ、ホットパプリカ、ヴェゲタ、キャラウェイシード、ローリエ、塩小さじ1、コショウ一摘みを加えて2分ほど煮る。❹水200cc、肉を加えてよく混ぜ、肉にほぼ火が通るまで弱火で煮る。❺煮ている間に、チペットの生地を作る。ボウルに小麦粉、塩を入れてよく混ぜ、卵を加えて手の平で強く押さないとつぶれないくらいの硬い生地を作る。柔らかいときは小麦粉、硬すぎるときは卵を少し加える。ラップをかけて30分ほど寝かせる。❻鍋に水800ccを加え、強火にして沸騰させたら、ニンジン、パースニップ、ジャガイモを加えて、弱火で肉と野菜に火が通るまで煮る。❼牛肉と野菜が煮えたら、チペットの生地をつまんでちぎるようにして鍋に落としていく。大きさは小豆くらい。すべて加えたら10分くらい煮る。イタリアンパセリを加え、塩とコショウで味を調え、ひと煮立ちさせる。❽スープを器に注ぎ、イタリアンパセリを散らす。

Halászlé

ハンガリー

| ホラースリー

コイ、ナマズなどを使ったスパイシーなハンガリーの名物スープ

グーヤシュラベシュ（前ページ）がカウボーイの料理なら、ホラースリーはハンガリーのカルパチア盆地周辺の漁師料理である。ハンガリーには海がない。漁師がいるはずがない。それがいるのだ。カルパチア盆地はドナウ川の中流域に当たる。つまり、漁の対象になるのは淡水魚なのである。ヨーロッパの人はコイを含め、淡水魚をよく食べる。

このスープに使われるのはコイ、ナマズ、パーチ、パイクなどで、1種だけよりも数種、そして大小ミックスにするとよりおいしいスープになる。コイもナマズも大変おいしい魚である。日本人ももっと淡水魚に目を向けてもいいのではなかろうか。

材料（4人分）

淡水魚（コイ、ナマズ、トラウトなど）：800g（鱗と内臓を取り、頭と尾を落として、大きなものは筒切り）／水：1500cc／玉ネギ：1個（みじん切り）／ハンガリアンスイートパプリカパウダー（なければ普通のパプリカパウダー）：大さじ2／ハンガリアンホットパプリカパウダー（なければホットチリペッパー、お好みで）：適宜／トマト：1個（1cmサイコロ切り）／塩・コショウ：適宜／サワークリーム（飾り）：適宜／イタリアンパセリ（飾り）：適宜（粗みじん切り）

作り方

❶鍋に魚の頭と尾、水、玉ネギ、半量のパプリカパウダー、塩小さじ1、コショウ摘みを入れて沸騰させ、弱火で1時間くらい煮込む。❷魚の頭と尾を取り出し、残りは木ベラなどで骨だけが残るくらいまでザルで濾す。魚の頭と尾は冷めたところで身だけをほぐし取る。❸鍋に濾したスープと魚の身を戻して沸騰させ、残りのパプリカパウダー、トマト、魚の身を加えて、弱火で15分くらい煮る。❹スープを器に盛り、サワークリームをのせ、イタリアンパセリを散らす。

Borleves

ハンガリー Hungary

|| ボルラベシュ

温かいのはもちろん、冷やしてもおいしい白ワインの甘いスープ

　パプリカをたっぷり使った、スパイシーでごった煮的スープが多いハンガリーだが、ボルラベシュは見た目も味もそれらとはまったく違う、甘いワインのスープである。ワインスープと聞いて、どういうわけか理由もなく赤ワインのスープだと思っていたが、白ワインのスープだった。

　シナモンとクローブで少しパンチを加え、砂糖を加えて煮込む。そして、ホイップした卵黄を火から下ろしたスープに少しずつ加えていく。仕上げに小麦粉でとろみをつける。トッピングのレモンとミントがさらに爽やかな香りを添える。メレンゲを浮かべることも少なくない。

材料(4人分)

白ワイン：600＋100cc＋小さじ2／シナモンスティック：2本／クローブ：4粒／レモン汁：1/2個分／卵黄：4個分／砂糖：100g／小麦粉：小さじ2／レモンの皮（飾り）：適宜（千切り）／レーズン（飾り）：適宜／ミントの葉（飾り）：適宜

作り方

❶鍋に白ワイン600cc、シナモンスティック、クローブを入れて沸騰させ、弱火にして5分くらい煮たら、シナモンスティックとクローブは取り出してレモン汁を加える。❷ボウルに卵黄と砂糖を入れて、白くなるまで十分ホイップしたら、白ワイン100ccを加えてさらにホイップする。❸鍋を火から降ろし、ホイップした卵黄をかき混ぜながら少しずつ加える。❹鍋を弱火にかけ、小さじ2の白ワインで溶いた小麦粉を注いで、かき混ぜながらとろみがつくまで温める。沸騰させないように十分注意する。❺スープを器に注ぎ、レモンの皮、レーズン、ミントで飾る。冷蔵庫で冷やしてもいい。

Bialy Barszcz

ポーランド Poland

ビヤウエ・バルシュト

パンを発酵させるのに使うサワー生地が決め手の変わったスープ

ビヤウエ・バルシュトは、ホワイトボルシチとも呼ばれるポーランドのスープだが、ビーツを使った赤いボルシチとは似ているところがまったくない。実は、ほかにグリーンボルシチというのもある。その名の通り緑のボルシチである。

この白いボルシチの一番の…おそらく他のスープにはない特徴は、サワー生地で独特の酸味、甘み、とろみをスープに加えることだ。サワー生地はパンを発酵させるときに使うサワー生地とまったく同じだが、ニンニクが入っているのでかなり臭い。もうひとつの特徴は、ホワイトソーセージと呼ばれる生のソーセージを使うところだ。

材料（4人分）

野菜ブロスまたは水＋野菜ブイヨン：1000cc／ホワイトソーセージ：250g／ローリエ：1枚／サワー生地*：250g前後／無塩バター：大さじ1／ベーコン：2枚（スライス）／玉ネギ：1個（1cm角切り）／ニンニク：1粒（みじん切り）／ニンジン：1/2本（1cmサイコロ切り）／ジャガイモ：小2個（1cmサイコロ切り）／マジョラム：小さじ1／ホースラディッシュ（すりおろす）：大さじ1／オールスパイス：少々／サワークリーム：120cc／塩・コショウ：適宜／ディル（飾り）：適宜（粗みじん切り）／イタリアンパセリ（飾り）：適宜（粗みじん切り）／茹で卵（飾り）：2個（縦に4等分）

*サワー生地
小麦粉：60g／ニンニク：2粒（つぶす）／水：200cc
●瓶やプラスチックの蓋付き容器に小麦粉と水を入れてよく混ぜ、ニンニクを加えて軽く混ぜる。ゆるく蓋をするか、ラップをかけて穴を開けて暖かい場所に5日くらい、発酵臭が出てくるまで放置する。使用する前にニンニクは取り除いておく。

作り方

❶ブロスを鍋に入れ、ソーセージ、ローリエ、塩少々を加えて沸騰させ、弱火で30分くらい煮る。❷サワー生地を好みの酸味になるよう味を確認しながら少しずつ加える。すべてを使う必要はない。❸ソーセージを煮ている間に、フライパンにバターを熱しベーコンを加えて脂が十分に出たら、玉ネギ、ニンニクを加えて、玉ネギが透き通るまで炒める。❹鍋に❸とニンジン、ジャガイモを加えて、野菜が柔らかくなるまで弱火で煮る。❺残りの材料を鍋に加えて、塩とコショウで味を調え、ひと煮立ちさせる。❻ソーセージを取り出して、食べやすい大きさにスライスする。❼スープを器に注ぎ、ソーセージ、ディル、イタリアンパセリ、茹で卵で飾る。

Rosół

ロスール

ポーランド

透明感のあるブロスの中のよく煮込んだ鶏とニンジンが印象的

　ロスールはポーランドの食文化の中でもっとも重要な料理のひとつだといわれる。長い間、ロスールは気高いスープと位置付けられてきた。もともとは塩漬けにした肉を使っていたが、今では生の肉を使うことがほとんどだ。バリエーションがいろいろあるが、一般的なのは鶏肉のロスールである。

　鶏や野菜でとったブロスは、コンソメのように透明感がある。ブロスを作った後、鶏肉とニンジンは取り出し、食べやすい大きさに切って器に並べて、その上にブロスが注がれる。このスープに欠かせないのがパスタだ。普通、バーミセリやエンジェルヘアのような細いパスタが使われる。

材料（4〜6人分）

玉ネギ：1個（皮はむかない、半分に切る）／鶏肉（骨付き）：800g〜1kg／牛骨（お好みで）：100g／ターキーネック（お好みで）：1本／水：2000cc／ニンジン：1本（半分に切る）／セロリ：1本（半分に切る）／パースニップ（なければニンジンを増やす）：1本（半分に切る）／リーキまたは長ネギ：1/2本（半分に切る）／キャベツ：小1/8個（半分に切る）／ローリエ：2枚／オールスパイス：3粒／粒コショウ：5粒／塩：適宜／パスタ（バーミセリ、エンジェルヘアなど）：適宜／イタリアンパセリ（飾り）：適宜（ざく切り）

作り方

❶玉ネギは切り口に、フライパンで油をひかずに焦げ目を付けておく。❷鍋に鶏肉、牛骨、ターキーネック、水を入れて沸騰させたら、野菜、ハーブとスパイス、塩小さじ2を加えて、弱火で少なくとも2時間、できれば3時間ほど煮る。❸パスタを茹でて水を切っておく。❹鶏肉とニンジンを取り出し、鶏肉を大きめに切り分け、ニンジンは1cm厚くらいにスライスする。❺器に❸のパスタ、鶏肉、ニンジンを並べて、鍋からスープだけをすくって器に注ぎ、イタリアンパセリを散らす。

139

ポーランド Poland

Krupnik

クルプニック

大麦の独特の香りと食感が楽しめるポーランドのヘルシーなスープ

　日本で穀物というと圧倒的に米だが、他の国では大麦、小麦、ヒエ、アワ、キビなど、バラエティに富んだ穀物が米と同様に頻繁に使われる。スープにこうした穀物を加えれば、スープだけで十分な栄養が得られるだけでなく、穀物に含まれるスターチがスープに溶け出し、とろみがついて冷めにくくなる。

　クルプニックはチキンブロスで大麦と野菜を煮込んだスープで、独特の香りと食感を持つ大麦がこのスープの主役である。乾燥キノコが加わるので、味は想像以上に複雑だ。チキンブロスの代わりに野菜ブロスを使ってもおいしいスープができる。

材料（4人分）

ドライマッシュルーム（ポルチーニなど）：10g／大麦：180g／無塩バター：大さじ2／玉ネギ：小1個（1cm角切り）／ニンニク：1粒（みじん切り）／チキンブロスまたは水＋チキンブイヨン：1000cc／ニンジン：1/2本（1cmサイコロ切り、細い場合は1cm輪切り）／ジャガイモ：小2個（1cmサイコロ切り）／ローリエ：1枚／オールスパイス：2粒／塩：小さじ1／コショウ：適宜／ヴェゲタ（なければその他のハーブミックスソルト：適宜／リーキまたは長ネギ：1/2本（小口切り）／イタリアンパセリ（飾り）：適宜

作り方

❶ドライマッシュルームと大麦を別々のボウルに入れて、それぞれ30分〜1時間、水に浸しておく。❷鍋にバターを熱し、玉ネギとニンニクを加えて、玉ネギが透き通るまで中火で炒める。❸ブロスを鍋に加えて沸騰させ、食べやすい大きさに切ったマッシュルーム、大麦を加えて、柔らかくなるまで弱火で煮る。❹ニンジン、ジャガイモ、ハーブとスパイス、塩、コショウを加え、野菜に火が通るまで弱火で煮る。❺ヴェゲタで味を調え、リーキを加えてひと煮立ちさせる。❻スープを器に注ぎ、イタリアンパセリで飾る。

Ciorbă de Fasole cu Afumătură

ルーマニア Romania

| チオルバ・デ・ファソレ・ク・アフマトゥーラ

とろみがあるものの軽い感じがするサヤインゲンのスープ

チオルバ・デ・ファソレはルーマニアでとても人気のあるスープで、チキンや野菜のブロスを使わず水だけで煮るシンプルなスープである。よく使われる豆は白いんげん豆とサヤインゲンである。ここで紹介するのはサヤインゲンのスープで、普通、ベーコンなどスモークした肉が加わり、名前がチオルバ・デ・ファソレ・ク・アフマトゥーラとなる。アフマトゥーラはスモークという意味である。

生のサヤインゲンは他の乾燥豆とは違って、スープの味にはあまり反映されない。なので、スモークした肉はスープの味を決める上での役割は大きい。サヤインゲンにシャリっとした食感が残っているくらいがうまい。

材料（4人分）

ベーコンブロック：200g（小サイコロ切り）／ニンニク：2粒（みじん切り）／青ネギ：2本（厚めの小口切り）／ニンジン：1/2本（1cmサイコロ切りまたは1cm輪切り）／サヤインゲン：40本ほど（長さ3cmに切る）／水：500cc／サワークリーム：120cc／小麦粉：小さじ1／塩・コショウ：適宜／ディルまたはイタリアンパセリ（飾り）：適宜（みじん切り）

作り方

❶鍋を熱し、ベーコンを加えて十分に脂が出るまで炒める。ニンニク、青ネギ、ニンジンを加えて、さらに2、3分炒める。❷サヤインゲン、塩とコショウ少々を加えて、1、2分炒める。❸水を加えて沸騰させ、弱火で野菜に火が通るまで煮る。❹サワークリームに小麦粉を加えてよく混ぜ、鍋に加えてひと煮立ちさせたら、塩とコショウで味を調える。❺スープを器に盛り、ディルまたはイタリアンパセリを散らす。

Giorbă de Peşte

チオルバ・デ・ペーシュテ

広大なドナウデルタが生んだ、ルーマニアが誇る魚のスープ

ドナウ川はドイツのシュヴァルツヴァルト（黒い森）を水源に、10ヵ国を流れ下って黒海に注ぐ、ヴォルガ川に次ぐヨーロッパで2番目に長い川である。黒海に注ぎ込む最下流域には、広大なドナウデルタが広がっている。ドナウデルタは、その大部分がルーマニア西部に位置している。世界遺産にも指定されているこの水域は、ルーマニアの食文化において重要な役割を演じてきた。

そんなドナウデルタで獲った魚で作るチオルバ・デ・ペーシュテは、ルーマニアの人たちにとってもっとも大切な料理で、季節ごとに違うさまざまな魚を使って作られる。

材料（4人分）

淡水魚（コイ、ナマズなど。頭、骨と身が半々くらい。魚の種類が違っても可）：1kg／水：1000cc／米：大さじ2／玉ネギ：1個（1cm角切り）／ニンジン：1本（1cmサイコロ切り）／パースニップ（なければニンジンを増やす）：1本（1cmサイコロ切り）／赤パプリカ：1個（1cm角切り）／セロリルートまたはセロリ：小1個（セロリなら1本、1cmサイコロ切り）／缶詰のトマト：400g（1cmサイコロ切り）／ザワークラウトの汁：500cc／レモン汁：大さじ2／塩・コショウ：適宜／イタリアンパセリ（飾り）：適宜（粗みじん切り）／レモン（飾り）：1個（櫛切り）

作り方

❶鍋に魚の頭、骨、水、塩小さじ1、コショウ一摘みを加えて沸騰させ、弱火にして魚の身が骨から離れるまで煮る。❷魚の頭と骨を取り出し、残りをザルで濾したら、濾したスープだけを鍋に戻して沸騰させる。❸沸騰したら、米と野菜、缶詰のトマト、ザワークラウトの汁、魚の身を入れて、沸騰したら弱火にしてすべてに火が通るまで煮る。❹レモン汁を加えて5分くらい煮たら、塩とコショウで味を調える。❺スープを器に盛り、イタリアンパセリを散らす。好みでレモンを絞る。

Fazuľová Polievka

スロバキア Slovak Republic

パズロヴァ・ポリヨーカ

豚骨ベースのスープでじっくり煮込んだスロバキアの豆スープ

　食材を無駄にしないという点では、古今東西共通している。牛テール、豚骨、豚足、腸、胃など、思いつくあらゆる部分が料理に使われてきた。もともとは肉には手が出ない貧しい家庭の食材だったが、次第にそのおいしさが認識されて、今では貧富に関係なく利用されるようになった。このスープに使われるポークナックルも、そんな以前は捨ててしまったような食材である。ハムホックとも呼ばれる豚の足の関節部周辺の部位で、世界各地のスープに登場するポピュラーな素材だ。ポークナックルはスープ自体をおいしくするだけでなく、ゼラチン質を含んだ肉は食べてもうまい。

材料（4人分）

ポークナックル（豚の膝）または手に入る骨付き肉：500g／水：1000cc／ローリエ：1枚／無塩バター：大さじ1／玉ネギ：1個（1cm角切り）／セロリ：1本（小口切り）／ニンニク：1粒（みじん切り）／ニンジン：1/2本（1cmサイコロ切りまたは1cm輪切り）／パセリルートまたはパースニップ（お好みで。なければニンジンを増やす）：1/2本（1cmサイコロ切りまたは1cm輪切り）／ジャガイモ：小2個（1cm角切り）／パプリカパウダー：小さじ1/2／調理済キドニービーンズ（赤いんげん豆）：400g／マジョラム：小さじ1／塩・コショウ：適宜／サワークリーム（飾り）：適宜／イタリアンパセリ（飾り）：適宜

作り方

❶肉、水、ローリエ、塩とコショウ少々を鍋に入れて沸騰させ、弱火で肉が柔らかくなるまで煮る。❷肉を取り出して皿などにとっておき、冷めたら骨を取って肉を食べやすい大きさに切るか裂いておく。❸フライパンにバターを熱し、玉ネギ、セロリ、ニンニクを加えて玉ネギが透き通るまで炒めたら、鍋に加える。❹残りの野菜、パプリカパウダー、豆、肉を加えて、弱火で野菜に火が通るまで煮る。❺塩とコショウで味を調え、マジョラムを加えてひと煮立ちさせる。❻器にスープを盛り、サワークリーム、イタリアンパセリで飾る。

Okroshka

ロシア

|| オクロシュカ

ロシアでコーラより人気があるというソフトドリンクがスープになる

　このスープの材料には2種類のソフトドリンクが登場する。ケフィールという飲み物はもしかしたら聞いたことがあり、実際に飲んだことがある人もいるかもしれないが、クヴァスはほとんどの人が知らないのではないだろうか。クヴァスはロシアのソフトドリンクで、ライ麦パンを水に浸けて発酵させ、さまざまなフレーバーをプラスしたものだ。発酵食品なので炭酸飲料のように泡立つ。オクロシュカはこのどちらかを使う、サラダ感覚の冷製スープである。調理といえるのはジャガイモを茹でることくらいだ。見た目は変わりがないが、ケフィールを使ったほうが酸味が少し強い。

材料（4人分）

ジャガイモ：1個（1cmサイコロ切り）／キュウリ：1本（1cmサイコロ切り）／レッドラディッシュ：5個（薄くスライス）／ディル：20本（葉のみをざく切り）／青ネギ：2本（小口切り）／ドクトルスカヤコルバッサ（ドクターソーセージ。なければボローニャソーセージ）：200g（1cmサイコロ切り）／サワークリーム：60cc／クヴァスまたはケフィール：500cc／塩・コショウ：適宜／ディル（飾り）：適宜

作り方

❶鍋に湯（材料外）を沸かし、ジャガイモを柔らかくなるまで茹でたら、ザルにあげて水を切って冷ましておく。❷大きなボウルまたは鍋に、茹でたジャガイモと野菜、ハーブ、ソーセージを入れてよく混ぜ、サワークリームとクヴァスまたはケフィールを加えてよく混ぜる。❸塩とコショウで味を調えたら、冷蔵庫で十分冷やす。❹スープを器に注ぎ、ディルを散らす。

Svekolnik

スヴェコルニック

コールドボルシチとも呼ばれるビーツを使った赤くて冷たいスープ

リトアニアのシャルティバルシチャイ（P126）もビーツを使った冷たいボルシチである。スヴェコルニックも冷たいボルシチと呼ばれるが、ロシア版のほうが見た目は温かいボルシチと似ている。その差はケフィールの有無にある。しかし、両者には見た目だけではわからない大きな違いがある。

シャルティバルシチャイはまったく火を使わず、基本的には素材を切ってケフィールと混ぜるだけだ。スヴェコルニックの場合はすりおろしたビーツを炒め、ビーツ自体に含まれる水分で煮てスープのベースを作る。その過程でシャルティバルシチャイには入らないジャガイモも煮込まれる。

材料（4人分）

サラダ油：大さじ1／ビーツ：2個（すりおろすまたはフードプロセッサーで細かくする）／レモン汁または酢：大さじ1／水：800cc／ジャガイモ：1個（1cmサイコロ切り）／キュウリ：1本（縦半分に切ってスライス）／レッドラディッシュ：4個（半分に切ってスライス）／塩：適宜／茹で卵（飾り）：2個（細かく切る）／サワークリーム（飾り、お好みで）：適宜／ディル（飾り）：適宜（粗みじん切り）

作り方

❶鍋に油を熱し、すりおろしたビーツ、レモン汁を加えて1分くらい炒めたら、水とジャガイモを加えて沸騰させ、ジャガイモに火が通るまで弱火で煮て、塩で味を調える。❷鍋を火から下ろして冷ましたら、冷蔵庫に入れて冷やす。❸器にキュウリ、レッドラディッシュを並べ、冷やしたスープを注ぎ、茹で卵、ディル、サワークリーム（お好みで）で飾る。

Shchi

| シー

1000年も前から食べられてきたらしい伝統のロシア料理

すでに9世紀にはシーとカシャ（そばの実で作った雑煮のようなもの）はもっとも重要な食べ物だといわれていた。老若男女、貧富に関わらず、日常の食べ物として親しまれてきた。単純にいえばシーはキャベツスープである。富裕層はこのベーシックなスープに肉やいろいろな野菜を加えて豪華なスープに仕立て、貧困層はベーシックなまま食す。キャベツだけであろうと、具が盛りだくさんになろうと、シーはシーなのである。当時は新鮮なキャベツが食べられる季節は限られていたので、ない季節はザワークラウトがこのスープの材料に使われてきた。今でも加えられることが多い。

材料（4人分）

鶏肉または好みの肉：400g／チキンブロスまたは水＋チキンブイヨン：1000cc／ローリエ：1枚／無塩バター：大さじ2／玉ネギ：1個（スライス）／ニンジン：1本（粗くすりおろす）／セロリ：1本（小口切り）／キャベツ：1/2個（細かく刻む）／トマト（お好みで）：2個（1cmサイコロ切り）／ジャガイモ：2個（一口大に切る）／塩・コショウ：適宜／サワークリーム（飾り）：適宜／ディル（飾り）：適宜（ざく切り）

作り方

❶鍋に肉、ブロス、ローリエ、塩小さじ1、コショウ一摘みを入れて沸騰させ、肉に火が通るまで弱火で煮る。肉は取り出し、冷めてから食べやすい大きさに裂く。❷フライパンにバターを熱し、玉ネギを加えて透き通るまで炒めたら、ニンジン、セロリ、キャベツを加えて4、5分炒める。❸❷と肉、トマト、ジャガイモを鍋に加えて、沸騰したら弱火にして、ジャガイモに火が通るまで煮る。❹塩とコショウで味を調えたら器に盛り、サワークリーム、ディルで飾る。

Borscht

ボルシチ

ビーツで染まった真っ赤なスープは日本でもお馴染みのボルシチ

　真っ赤な色が印象的でインパクトが強いボルシチは、日本でもよく知られ人気があるが、ロシアではなくウクライナが起源であることはあまり知られていない。5〜6世紀頃のウクライナで、ビーツとはまったく違うハナウド属の植物で作られたのが最初だとされている。今ではウクライナ、ロシアは言うに及ばず、ポーランド、リトアニア、ベラルーシ、ルーマニアといった東欧の国々で国民的な料理として親しまれている。

　ウクライナとロシアのボルシチは少しばかり違う。ウクライナは豚肉、ロシアは牛肉。ウクライナはサワークリームだが、ロシアではマヨネーズが使われることがある。

材料（4〜6人分）

豚肉：300g／ローリエ：2枚／チキンまたは野菜ブロスあるいは水＋ブイヨン：1500cc／サラダ油：大さじ2／玉ネギ：小1個（みじん切り）／ニンニク：2粒（みじん切り）／ビーツ：大1個（粗めにすりおろす）／ニンジン：1本（粗めにすりおろす）／トマト：2個（皮をむいて1cmサイコロ切り）／キャベツ：小1/2個（千切り）／ジャガイモ：大1個（一口大に切る）／サワークリーム：大さじ2／ディル：10本（粗みじん切り）／塩・コショウ：適宜／サワークリーム（飾り）：適宜／ディル（飾り）：適宜（粗みじん切り）

作り方

❶鍋に肉、ローリエ、塩小さじ1、コショウ一摘みを入れ、ブロスを注いで沸騰させたら、弱火にする。❷フライパンに油を熱し、玉ネギ、ニンニクを加えて、玉ネギが透き通るまで炒めたら、ビーツ、ニンジンを加えて、さらに2、3分炒める。❸トマトを加えて、トマトが崩れるくらいまで炒めたら、❶の鍋に加えて、肉に火が通るまで弱火で煮る。❹キャベツとジャガイモを加えて、両者に火が通ったら、サワークリーム、ディルを加えてひと煮立ちさせ、塩とコショウで味を調える。❺スープを器に盛り、サワークリームとディルで飾る

Horokhivka

ウクライナ

ホロキスカ

乾燥させたグリーンピースを使ったウクライナのさらさらスープ

　グリーンピースを使ったスープはいろいろあるが、材料のひとつとして使う場合は粒のまま使うことが多い。とくに生の場合はそうだ。グリーンピースを乾燥させて2つに割ったスプリットピーは、スープの場合そのまま形を残すことは少なく、ブレンダーなどでピュレにしてしまうことが多い。

　ウクライナのホロキスカはそうしたピュレ状のこってりしたものとは異なり、豆の形がそのまま残っている珍しいスープである。生のグリーンピースの鮮やかさはないものの、ニンジンの赤、ジャガイモの白、ディルの緑と調和した、見るからに食欲をそそるスープである。

材料（4人分）

グリーンスプリットピー（または緑レンズ豆）：250g（たっぷりの水に1時間ほど浸して水切りしておく）／水：1000cc／無塩バター：大さじ2／玉ネギ：1個（みじん切り）／ニンニク：4粒（みじん切り）／スモークソーセージまたはスモークハム：250g（小サイコロ切り）／ニンジン：小1本（1cmサイコロ切り）／ジャガイモ：2個（1cmサイコロ切り）／ローリエ：2枚／塩・コショウ：適宜／ディルまたはイタリアンパセリ（飾り）：適宜（みじん切り）

作り方

❶鍋に豆と水を入れて沸騰させ、弱火で煮る。❷煮ている間に、フライパンにバターを熱し、玉ネギとニンニクを加えて、玉ネギが透き通るまで炒める。ソーセージを加えてさらに1分ほど炒める。❸鍋に❷とニンジン、ジャガイモ、ローリエ、塩小さじ1、コショウ一摘みを加えて、弱火のまますべてに火が通るまで煮る。❹塩とコショウで味を調えたら器に盛り、ディルまたはイタリアンパセリを散らす。

Kulish

ウクライナ Ukraine

|| クリシュ

キビをドロッとなるまで煮込んだ、ウクライナの雑炊のような料理

　クリシュはウクライナの中西部、ドニプロ川の中流域に位置するザポロージャ地方のコサックによって広められたといわれている。その通り、日本でも知られるあのコサックダンスで知られるコサックである。今でも自分はコサックだという人が、ウクライナやロシアに多数いるらしい。彼らは今でも親類や友人を招待し、野外で大きな鍋を使ってこのスープを作り、振るまう。

　クリシュは、スープというよりもキビを使ったポーリッジ（雑炊）といったほうがいいだろう。肉や野菜と一緒に煮込まれるが、形がなくなるくらいどろりとするまで煮るのがポイントである。

材料（4人分）

サロ（豚の脂身の塩漬け）なければベーコンブロック：100g（1cmサイコロ切り）／豚の塊肉：200g（食べやすい大きさに切る）／玉ネギ：1個（1cm角切り）／ニンジン：1/2本（1cmサイコロ切り）／ジャガイモ：1個（1cmサイコロ切り）／水：1000cc／キビ：200g／塩・コショウ：適宜／イタリアンパセリ（飾り）：適宜（みじん切り）

作り方

❶鍋を火にかけてサロを入れ、脂が出てきたところで豚肉、玉ネギ、ニンジン、ジャガイモ、水を加えて沸騰させる。❷さらにキビを加え、軽く塩、コショウして、キビがお粥状にどろりとするまで弱火で煮る。❸塩とコショウで味を調えて器に盛り、イタリアンパセリを散らす。

アルメニア Armenia

Bozbash

アルメニア

ボズバーシュ

マルメロ、リンゴ、プルーンの自然の甘味が魅力のミートシチュー

ボズバーシュはアゼルバイジャンが起源だとされているが、アルメニアの人々にとっても国民的な料理で、起源に関してはいまだに論争がある。同じようなシチューがイランにもあるようだ。現在は牛肉も一般的だが、もとはマトンのシチューで、さまざまな野菜、スパイスとともに煮込まれる。

両国のボズバーシュには大きな違いがある。アルメニアのボズバーシュには他のスープやシチューでは見かけない材料が使われる。そのひとつがマルメロである。この果物をリンゴ、プルーンと合わせて加えることで、シチューに自然な甘みが生まれる。唐辛子の辛さとのミスマッチが魅力だ。

材料（4人分）

牛またはラム肉：500g（3cmくらいにざっくり切る）／水：1500cc／澄ましバター：大さじ2／玉ネギ：小1個（粗みじん切り）／ニンニク：1粒（みじん切り）／サヤインゲン：6本（長さ3cmに切る）／マルメロ：1個（櫛切り8等分して半分に切る、芯は取る、皮はそのまま）／リンゴ：1/2個（櫛切り4等分して半分に切る、芯は取る、皮はそのまま）／トマト：1個（1cmサイコロ切り）／調理済ひよこ豆：300g／チリペッパーペースト：大さじ1〜2（または生の赤トウガラシ1〜2本（ヘタを取って軽く叩く））／クミンパウダー、コリアンダーパウダー、コショウ：各小さじ1/2／ドライプルーン：4個（ざっくり4スライス）／塩：適宜／フレッシュまたはドライミント（飾り）：適宜

作り方

❶鍋に肉と水を入れ、沸騰させたら弱火にし、肉が柔らかくなるまで煮る。❷肉を取り出して器にあけておく。❸別の鍋に澄ましバターを熱し、玉ネギ、ニンニクを加えて、玉ネギが透き通るまで炒める。❹サヤインゲン、マルメロ、リンゴ、トマトを加えてさっと炒め、❶のブロスをザルで濾しながら注ぐ。❺肉と豆、スパイス、塩小さじ1程度を加え、リンゴなどに火が通るまで弱火で煮る。❻ドライプルーンを加えてひと煮立ちさせたら、塩で味を調える。❼器に盛り、ミントを散らす。

Kololak Apur

コロラック・アプール

ブルグルが入ったミートボールが珍しいアルメニアのスープ

　コロラックはアルメニアスタイルのミートボールで、煮る、串に刺して焼く、パン粉をつけて揚げるなど、さまざまな料理となって食卓に上る。スパイスの効いたトマトソースで食べるコロラックは、パスタで食べたくなるような料理だ。おもしろいのは、麦を挽き割りしたブルグルが入っていることだ。日本でミートボールにパン粉を加えるのと同じ感覚なのだと思う。

　ここで紹介するのは、トマト味のパプリカが効いたスープである。レモン汁でほのかな酸味が加えられるのがまた興味深い。仕上げはドライミントだ。ミントの爽やかな香りが、スープに加えた瞬間に広がる。

材料（4人分）

サラダ油：大さじ2／玉ネギ：小1個（みじん切り）／トマトソース：300cc／チキンブロスまたは水＋チキンブイヨン：500cc／パプリカパウダー：小さじ1/2／ローリエ：1枚／レモン汁：大さじ1／ドライミント：大さじ1／塩・コショウ：適宜／ミントの葉（飾り、ドライでも生でも可）：適宜（生の場合はみじん切り）

ミートボール

ブルグル：200g／牛挽き肉：450g／玉ネギ：小1個（みじん切り）／ニンニク：1粒（みじん切り）／イタリアンパセリ：2本（みじん切り）／塩：小さじ1／コショウ：小さじ1/2／パプリカパウダー：小さじ1／卵：1個

作り方

❶ミートボールの材料をすべてボウルに入れてよく混ぜ合わせ、手の平で2、3cmのボールを作る。❷鍋にサラダ油を熱し、玉ネギを加えて玉ネギが透き通るまで炒めたら、トマトソース、ブロス、パプリカパウダー、ローリエ、塩とコショウ少々を加えて沸騰させ、レモン汁を加える。❸ミートボールを1個ずつスープに加えていき、再び沸騰したところで弱火にして、ミートボールに火が通るまで煮る。❹塩とコショウで味を調え、サーブする直前にミントを加えて混ぜ合わせる。❺器にスープを盛って、ミントを散らす。

Chikhirtma

|| チヒルトゥマ

これほど美しく、風味があるチキンスープは他にない

　焦らず、丁寧に調理することが報われる料理というものがある。チヒルトゥマはまさにそれで、鶏肉をじっくり煮込んでスープをとり、サフランで色を加え、卵でクリーミーに仕上げる。仕上げで焦っては駄目だ。卵とじになってしまったらすべて台無しになる。卵を加えるときがもっとも神経を使うステップである。

　濃いクリーム色のスープを器に注ぎ、ハーブを散らして鮮やかな緑を加える。立ちのぼるハーブの香りを吸い込んだ瞬間、うまくいったことの満足感が湧いてくる。単なるチキンスープだが、調理する、サーブする、食べるというすべての過程で満足感が味わえるスープは珍しい。

ジョージア Georgia

材料（4〜6人分）

骨付き鶏肉：600g／水：1500cc／サフラン：一摘み／無塩バター：大さじ2／玉ネギ：1個（粗みじん切り）／ニンニク：4粒（粗みじん切り）／小麦粉：大さじ2／パクチー：10本（みじん切り）／ディル：5本（みじん切り）／レモン汁：大さじ1／卵黄：4個分／塩・コショウ：適宜／パクチー、ミント、ディル、イタリアンパセリ（飾り）：各適宜（みじん切り）

作り方

❶肉、水、塩小さじ1を鍋に入れて沸騰させ、弱火で肉が柔らかくなるまで煮る。その間にサフランを小さな器に入れ、1/4カップほどのスープを鍋から取って浸しておく。❷肉を取り出し、スープはザルで濾す。鍋はきれいに洗っておく。肉は冷めた後、骨と皮を取って指で食べやすい大きさに裂く。❸洗った鍋にバターを熱し、玉ネギとニンニクを加えて玉ネギが透き通るまで炒めたら、小麦粉を加えて粉っぽさがなくなるまで混ぜる。❹濾したスープをかき混ぜながら少しずつ加えて、小麦粉を伸ばしてルーを作る。スープは半カップほどとっておき、残りはすべて鍋に戻す。❺裂いた肉、サフランの入った液、パクチー、ディルを加えて、弱火で煮る。❻ボウルにとっておいたスープ、レモン汁、卵黄を入れてよくかき混ぜたら、鍋に少しずつ、かき混ぜながら加える。❼沸騰しないように注意しながら温め、塩とコショウで味を調える。❽器に飾りのハーブを適量入れ、その上にスープを注ぐ。

Küftə-Bozbaş

キョフテボズバーシュ

どでかいミートボールがごろんと転がるアゼルバイジャンのスープ

　キョフテ、コフタ、コフテなど呼び方はいろいろだが、挽き肉で作ったミートボールとかハンバーグみたいな食べ物であることには変わりがない。中近東から東ヨーロッパではとてもポピュラーな料理である。ボズバーシュ自体は同名のアルメニア料理と起源は同じだと考えられる。大きな違いはミートボールだ。とにかくでかいのである。直径4、5センチはある。でかいだけではない。材料がまた変わっている。ドライミントがたくさん入るというのは、珍しいけれどもわからないでもない。驚くのはドライプルーン（アプリコットの場合もあるらしい）がどでかいミートボールの中に忍ばせてあるのだ。

材料（4人分）

乾燥ひよこ豆：60g（たっぷりの水に一晩浸しておく）／水：1000cc／澄ましバターまたは無塩バター：大さじ2／ジャガイモ：2個（皮をむくだけ）／ターメリックパウダー：小さじ1/4／塩コショウ：適宜／パクチーまたはイタリアンパセリ（飾り）：適宜（みじん切り）

ミートボール

ラムまたは牛挽き肉：450g／玉ネギ：1個（おろして水分を絞る）／卵：1個／ご飯：100g／ドライミント：大さじ1／サボリー（お好みで）：小さじ1／コショウ：小さじ1/2／塩：小さじ1／ドライプルーン：4〜8個

作り方

❶豆をザルにあげて洗ったら、水、澄ましバターとともに鍋に入れて、豆にほぼ火が通るまで弱火で煮る。
❷豆を煮ている間、ドライプルーン以外のミートボールの材料をボウルに入れよく混ぜ、4等分または8等分にして、中央にプルーンを入れて大きなボールを作る。
❸①の鍋にミートボールとジャガイモ、ターメリックを加えて、沸騰させたら弱火にして、材料に火が通るまで煮る。❹塩とコショウで味を調える。ジャガイモは取り出して2等分する。❺それぞれの器にミートボールとジャガイモを置いて、上からスープを注いで、パクチーまたはイタリアンパセリを散らす。

Dovga

ドヴガ

アゼルバイジャン

ヨーグルトのスープにハーブがたくさん入ったベジタリアンスープ

　ドヴガはパクチーやミント、ディルといったハーブがたくさん入ったヨーグルトベースのスープである。本場アゼルバイジャンでは、ヨーグルトによく似たマツォーニと呼ばれる発酵乳製品が使わる。しかし、東ヨーロッパや中央アジアならともかく、他の地域ではなかなか手に入らない。そのような理由があり、他の国ではヨーグルトやケフィール（別の発酵乳製品）が代わりに使われる。

　ベーシックなドヴガはヨーグルトのスープにハーブと米を加えたシンプルなものだが、ここで紹介するドヴガはホウレン草とひよこ豆を加えた豪華版だ。作りたての熱々もうまいが、冷やしてもいい。

材料（4〜6人分）

乾燥ひよこ豆：50g（または調理済150g、乾燥豆を使う場合はたっぷりの水に一晩浸しておく）／卵：1個／ご飯：150g／ヨーグルト：500cc／水：500cc／パクチー：20本（粗みじん切り）／ディル：10本（粗みじん切り）／ホウレン草：葉を5枚（粗みじん切り）／イタリアンパセリ：10本（粗みじん切り）／ミント：10本（粗みじん切り）／塩・コショウ：適宜／ミントまたはパクチー（飾り）：適宜（みじん切り）

作り方

❶乾燥豆を使う場合は、ザルにあげた後、鍋にたっぷりの水（材料外）とともに入れて沸騰させ、弱火で柔らかくなるまで煮ておく。❷鍋に卵、ご飯、豆を入れてよく混ぜたら、ヨーグルト、水を加えてさらによく混ぜる。❸鍋の中身を中火で常にかき混ぜながら、ゆっくりと沸騰させる。卵が分離して固まらないように、焦らずにじっくりゆっくり常にかき混ぜながら温めていくのがコツ。この時点では塩を加えないように。❹沸騰したら直ちに弱火にして野菜とハーブを加え、常にかき混ぜながら10分ほど煮る。❺塩とコショウで味を調えたら、器に注ぎ、ミントかパクチーを散らす。

Dushbere

アゼルバイジャン

ドゥシュバラ

黄色に染まったスープに沈む小さなダンプリングがかわいらしい

中央アジアや中近東ではダンプリングをよく食べる。大きさも中身もさまざまで、アメリカで東欧専門のマーケットに行くと冷凍のダンプリングが何種類も置いてある。アゼルバイジャンのドゥシュバラに入っているダンプリングは、2センチほどしかない小さなものだ。極小のミートボールを作って正方形に切った生地の中央に置き、包んで形にするという単純なものだが、極小なのでこれが大変な作業なのだ。しかも生地はどんどん乾いていく。でも作ってしまえばあとは簡単だ。ラムなどでとったスープに放り込んで浮いてくるのを待つだけだ。仕上げは酢、ターメリック、そしてミント。

材料（4人分）

骨付きラムまたは牛肉：450g／玉ネギ：小1個（1cm角切り）／水：2200cc／ターメリックパウダー：小さじ1/2／酢（飾り）:適宜／ターメリックパウダー（飾り）:適宜／ドライミント（飾り）:適宜
●肉＋玉ネギ＋水は、水2200cc＋ビーフブイヨン2個でも可

ダンプリングの皮
小麦粉：240g／卵：1個／塩：小さじ1/2／水：80cc

ダンプリングの具
ラムまたは牛挽き肉：200g／玉ネギ：小1個（すりおろして絞る）／塩：小さじ1/2／コショウ：少々

作り方

❶スープの材料（肉、玉ネギ、水、ターメリック）をすべて鍋に入れて、肉が柔らかくなるまで弱火で煮たら、ザルで濾す。❷スープを鍋に戻して、沸騰したら弱火にする。❸ダンプリングの皮を作る。ボウルに小麦粉、卵、塩、水の順番に加えてよくこねたら、丸くまとめてラップをかぶせ、冷蔵庫で30分寝かせる。❹ダンプリングの具の材料を別のボウルに入れ、手でよく混ぜる。❺ダンプリングの皮生地を、小麦粉（材料外）を振った作業台で薄く伸ばし、2cm角くらいに格子状に切る。❻切った各生地の上にダンプリングの具を少しずつのせていく。❼具ののった生地を1枚ずつ取り、半分に折って具を包んで端を指でつぶして閉じ、閉じた両端を引っ張って合わせて帽子のような形にする。❽スープを再び強火で沸騰させてダンプリングを加え、ダンプリングに火が通るまで弱火で煮る。❾スープを器に盛り、好みの量の酢とターメリックを加えて、ミントを散らす。

カリブ海諸島

Caribbean

アンティグア・バーブーダ／アルバ／バハマ／バルバドス／ケイマン諸島
キューバ／ドミニカ共和国／ハイチ／ジャマイカ／プエルトリコ／トリニダード・トバゴ

Fungee & Pepperpot

アンティグア・バーブーダ

|| フンギー & ペッパーポット

コーンミールのダンプリングがごろっと転がる野菜たくさんスープ

　カリブ海と大西洋に挟まれたアンティグアとバーブーダという2つの島と周辺の小さな島で成り立つ小さな国、それがアンティグア・バーブーダである。小さな国にも独特の食文化は当然存在する。フンギー＆ペッパーポットはこの小さな島国が誇るナショナルディッシュだ。コーンミールでできた大きな団子状のダンプリングと野菜でできたこのスープは、単にフンギーと呼ばれることも多い。

　主な野菜はナス、カボチャ、ズッキーニだが、パパイヤが入るあたりが南国の島らしいところだ。オクラが加えられることも多く、オクラがこのスープの主役に躍り出ることも珍しくない。

材料(4人分)

ペッパーポット
サラダ油：大さじ2／シチュー用牛肉：200g／ニンニク：2粒（みじん切り）／玉ネギ：小1個（1cm角切り）／ナス：大1本（皮をむいて一口大に切る）／カボチャまたはバターナッツスクウォッシュ：小1/5個（皮をむいて一口大に切る）／ズッキーニ：1本（一口大に切る）／パパイヤ：1/2個（皮をむいて一口大に切る）／チャイブ：10本（小口切り）／タイム：小さじ1／ケチャップ：大さじ1／水：750cc／ホウレン草：2～3株（湯がいて2、3cm程度に切る）／調理済グリーンピース（冷凍可）：100g／塩・コショウ：適宜

フンギー
コーンミール：100g／水：400cc／塩：小さじ1/4／コショウ：一摘み／バター：小さじ2

作り方

❶ ペッパーポットを作る。鍋に油を熱して肉を加え、全体に焦げ目を付けたら、ニンニクと玉ネギを加えて、玉ネギが透き通るまで炒める。残りの野菜（ホウレン草以外）とパパイヤ、ハーブ、ケチャップ、塩小さじ1、コショウ一摘みを加えてざっと混ぜたら、水を注いで沸騰させ、弱火で肉と野菜が柔らかくなるまで煮る。❷ 煮ている間にフンギーを作る。別の鍋にコーンミールを入れ、水を少しずつ加えてだまが残らないように完全にコーンミールが溶けたら火にかけ、塩とコショウを加えてコーンミールが固まってくるまで木ベラなどでかき混ぜ続ける。鍋からコーンミールがはがれるくらいまで固まったら火を止めて、バターを加えてよく混ぜる。手の平にサラダ油（材料外）を塗って直径4cmくらいに丸めて、皿などにとっておく。❸ 鍋の野菜が煮えたら、ホウレン草とグリーンピースを加えてひと煮立ちさせ、塩とコショウで味を調える。❹ 器にフンギーをのせ、スープを注ぐ。

Sopi di Pampuna

ソピ・ディ・パンプーナ

アルバ

ホットソースでピリッとした辛さを加えたパンプキンスープ

　現在もオランダの統治下にあるものの、1986年に単独自治領となったアルバは、カリブ海に浮かぶ島国でありながらオランダ語が公用語というおもしろい国。食文化においてもオランダの影響が色濃く残っている。このパンプキンスープにしても、オランダ料理に影響されていると思っていいだろう。しかし、生クリームやクレムフレッシュでクリーミーなスープに仕上げることもあるが、より南国の雰囲気を味わうのであれば、代わりにココナッツミルクを使いたい。スープのベースは塩漬けの牛肉か豚肉だ。カボチャが煮えたところでブレンダーでピュレにされるが、当然肉はその前に鍋から取り出して小さく切る。

材料（4人分）

ソルトビーフまたはソルトポーク：250g（前夜にたっぷりの水に浸けて塩抜きしておく）／水：1000cc／玉ネギ：1個（みじん切り）／ニンニク：2粒（みじん切り）／セロリ：1本（小口切り）／リーキまたは長ネギ：1本（小口切り）／野菜ブイヨンまたはチキンブイヨン：1個／タイム：小さじ1/4／オールスパイス：小さじ1/4／ホットソース（タバスコなど）：小さじ1/2／カボチャ：小1個（サイコロ状切り）／ジャガイモ：2個（サイコロ切り）／ココナッツミルクまたは生クリームあるいはクレムフレッシュ：250cc／無塩バター：大さじ2／塩・コショウ：適宜

作り方

❶ソルトビーフを水から取り出し、鍋に置く。水を注ぎ、玉ネギ、ニンニク、セロリ、リーキ、ブイヨン、ハーブとスパイス、ホットソースを入れて火にかける。❷沸騰したら弱火にして、肉が柔らかくなるまで煮たら、肉を取り出して小さなサイコロ状に切って別の器にとっておく。スープはザルで濾して再び鍋に戻す。野菜カスは捨てる。❸カボチャとジャガイモを鍋に加え、柔らかくなるまで煮る。❹スープをブレンダーでなめらかにしたら、ココナッツミルク、バター、肉を加えて、塩とコショウで味を調えて沸騰させる。

The Bahamas

Bahamian Pea & Dumpling Soup

バハミアン・ピー & ダンプリング・スープ

樹豆、根菜、ダンプリングが入ったボリューム満点スープ

　長い間イギリスに統治されていたバハマは、食文化でもイギリスの影響を強く受けている。このピースープもイギリスとアフリカ食文化の融合だといわれている。このスープに使われている豆は、ピー（えんどう豆）といってもピジョンピーズ（樹豆）が使われている。樹豆はアジアからアフリカに持ち込まれ、奴隷売買と並行して新大陸に持ち込まれた。この樹豆がイギリスでよく使われるスプリットピーの代わりに使われた。でも、他の豆を使っても一向に構わない。スモークした肉とトマトがこのスープのベースで、小麦粉のダンプリングが入るのでスープにとろみがつく。

材料（4～6人分）

サラダ油：大さじ2／ソルトビーフなければスモークハム：450g（1cmサイコロ切り、ソルトビーフを使う場合は一晩水に浸してから切る）／玉ネギ：1個（1cm角切り）／ニンニク：2粒（みじん切り）／ピーマン：2個（1cm角切り）／トマト：1個（1cmサイコロ切り）／トマトペースト：大さじ1／タイム：小さじ1／調理済ピジョンピーズ（樹豆）なければうずら豆、キドニービーンズなど：400g／水：750cc／ジャガイモ：2個（一口大に切る、サツマイモでも可）／塩・コショウ：適宜

ダンプリング
小麦粉：60g／ベーキングパウダー：小さじ1／塩：少々／水：60cc／溶かしバター：大さじ1

作り方

❶鍋に油を熱し、ソルトビーフ、玉ネギ、ニンニクを加えて、玉ネギが透き通るまで炒める。❷ピーマン、トマト、トマトペースト、タイム、豆、塩小さじ1、コショウ摘みを加えてよく混ぜたら水を加えて沸騰させ、弱火で肉に火が通るまで煮る。❸煮ている間にダンプリングを作る。ボウルに小麦粉、ベーキングパウダー、塩を入れてよく混ぜ、水と溶かしバターを混ぜて加える。手でよくこねたら長さ3、4cm、太さ1cmくらいの両端が少し細い筒状に成形して、皿などにとっておく。❹ジャガイモを鍋に加えて柔らかくなるまで煮たら、強火にしてダンプリングをひとつずつ加え、ダンプリングが浮いてきたら、塩とコショウで味を調える。

Sopa de Caracol

バハマ

|| ソパ・デ・カラコル

どでかいほら貝のようなコンク貝の身を使ったチャウダー

　カラコルは、日本ではコンク貝と呼ばれる巻貝の一種のことで、大きなものなら十分4人分の身が取れる。バハマに限らずカリブ海、ラテンアメリカ、アメリカのフロリダなどで人気で、1990年代にはこのスープと同名の曲がヒットしたほどだ。私が住むアメリカ北部ボストン周辺でも、季節は限られるが生きたコンク貝が手にはいる。コンク貝は比較的身が柔らかく、煮てもあまり硬くならない。

　このスープはよくコンクチャウダーと呼ばれるが、クラムチャウダーのようなクリーミーなスープではなく、トマトベースである。ホンジュラスにはココナッツミルクを使ったコンクスープもある。

材料（4人分）

オリーブオイル：大さじ2／玉ネギ：1個（1cm角切り）／ニンニク：2粒（みじん切り）／セロリ：1本（1cm角切り）／トマト：小2個（1cmサイコロ切り）／トマトペースト（お好みで）：大さじ1／小麦粉：大さじ2／コンク貝の身：500g（食べやすい大きさに刻む）／フィッシュブロスまたは水：1500cc／タイム：小さじ1／オレガノ：小さじ1/2／ニンジン：1本（縦に2、4等分して厚くスライス）／ジャガイモ：大1個（一口大に切る）／塩・コショウ：適宜

作り方

❶鍋にオリーブオイルを熱し、玉ネギ、ニンニク、セロリを加えて、玉ネギが透き通るまで炒めたら、トマト、トマトペーストを加えて2分ほど炒める。❷小麦粉を加えて1分ほど炒めたら貝を加え、他の材料となじむまで混ぜる。❸ブロス、タイム、オレガノ、塩小さじ1、コショウ一摘みを加えて沸騰させたら、ニンジンとジャガイモを加えて、貝、ニンジン、ジャガイモに火が通るまで弱火で煮る。❹塩とコショウで味を調える。とろみが足りない場合は、水溶き片栗粉（材料外）を加えて好みのとろみをつける。

Bajan Soup

バルバドス

バハン・スープ

ごった煮だとさえいえる具だくさんのバルバドス版だご汁

　これなくしてバルバドスの料理は語れない。それほど重要視されているのがバハン・スープである。バハンとは「バルバドスの」とか「バルバドスの人」を意味するバーバディアンの別の言い方で、ずばりバルバドスのスープということになる。

　何がすごいかといえば、これほど具だくさんのスープは他にないとはいえないものの、具だくさんという点では疑いなくトップクラスなのである。肉はもちろん、カボチャに似たスクワッシュを筆頭に、スイートポテト、ジャガイモ、ニンジン、そしてサトイモといった根菜がごそっと入っている。さらにオクラが加わることもある。しかも小麦粉団子入りなのだ。

材料（4～6人分）

サラダ油：大さじ1／玉ネギ：小1個（1cm角切り）／骨付き鶏肉（モモ、ドラムスティック、手羽など）：450g／バターナッツスクワッシュまたはカボチャ：1/4個（カボチャの場合は小1/4個）（2cmサイコロ切り）／ニンジン：1/2本（1cmサイコロ切り）／スイートポテトまたはサツマイモ：小1本（2cmサイコロ切り）／ジャガイモ：小2個（2cmサイコロ切り）／サトイモ：2個（2cmサイコロ切り）／カレー粉：小さじ1／タイム：小さじ1／チキンブロスまたは水＋チキンブイヨン：1500cc／塩・コショウ：適宜

ダンプリング

小麦粉：180g／砂糖：小さじ3／ナツメグ：小さじ1/2／塩：少々／水：適宜

作り方

❶鍋に油を熱し、玉ネギを加えて透き通るまで炒めたら、肉を加えて全体に焦げ目が付くまで炒める。❷残りの野菜を加えて軽く炒めたら、カレー粉、タイム、塩とコショウ少々を加えてさらに炒める。ブロスを加え、肉が柔らかくなるまで弱火で煮る。❸煮ている間にダンプリングを作る。水以外の材料をすべてボウルに入れて混ぜ、少しずつ水を加えながら手にくっつかない程度の生地を作る。ペーパータオルをかぶせて30分ほど寝かせる。3cmくらいのボールを作って、タオルをかぶせておく。❹肉が煮えたら塩とコショウで味を調え、ダンプリングを加えて、浮いてくるまで煮る。

Cayman Fish Tea

ケイマン諸島

|| ケイマン・フィッシュ・ティー

自慢のスープを競うコンテストがあるほど人気の魚スープ

　フィッシュティー？魚のお茶？何とも妙な言葉の組み合わせである。ティーとは実はスープのことなのだ。どうしてスープをティーと呼ぶのか、正直言ってわからない。でも、ティーとはときにスープのことを示す言葉として使われるということだけは知っておきたい。ケイマンではコンテストが開かれるほど人気があり、大勢の参加者が自慢のフィッシュティーを披露する。

　魚は基本的に何でも構わない。頭だけでも構わない。野菜は腹持ちがいい根菜、カボチャなどがしこたま入る。スープ自体はさらりとしているものの、かなり食べがいのあるスープなのだ。

材料（4人分）

魚（何でも可。頭だけでもよい）：500g／水：1000cc／ニンニク：1粒（みじん切り）／玉ネギ：小1個（1cm角切り）／チリペッパー（できればスコッチボネット）：1個／ココナッツミルク：120cc／グリーンバナナ：1本（一口大に切る）／キャッサバ、カボチャ、スイートポテトなどのミックス：合計400g（一口大に切る）／パプリカパウダー：一摘み／タイム：2本／オールスパイス：一摘み／青ネギ：1本（小口切り）／塩・コショウ：適宜／タイム（飾り、生の葉のみ）：適宜／青ネギ（飾り）：適宜（小口切り）

作り方

❶魚に軽く塩、コショウをして鍋に入れ、水を加えて沸騰させ、弱火で魚に火が通るまで煮る。❷魚を取り出し、冷めたら骨を取って身をほぐしておく。スープは濾して鍋に戻す。❸ニンニク、玉ネギ、チリペッパーをフードプロセッサーに入れて細かくしたら鍋に加え、ココナッツミルクを注いで沸騰させる。❹グリーンバナナ、根菜のミックス、パプリカパウダー、タイム、オールスパイス、塩小さじ1、コショウ一摘みを加えて、弱火で野菜が柔らかくなるまで煮る。❺魚の身、青ネギを加えてひと煮立ちさせたら、塩とコショウで味を調える。❻スープを器に注ぎ、タイム、青ネギを散らす。

Fricasé de Pollo

キューバ

フリカセ・デ・ポイヨ

ダイダイの果汁とクミンでマリネした鶏肉入りのスープ

　フリカセ・デ・ポイヨはフランスのフリカセ・ドゥ・プレが起源であることはおそらく確かだ。意味はどちらも鶏のフリカセ、鶏のシチューあるいはソースがけみたいなものだ。なぜスペイン語圏のキューバでフランス起源の料理があるのか。18世紀後半に始まったハイチ革命から逃れるために、キューバにやってきたフランス人移民がもたらしたというのが定説のようだ。

　しかし、両者には大きな違いがある。フランスのフリカセがホワイトソースなのに対して、キューバはトマトベースである点だ。フランスだけでなくさまざまな国の食文化が混ざり合った結果だと考えられる。

材料（4〜6人分）

鶏肉（できれば骨付き）：800g（人数分または倍の数に切り分ける）／クミンパウダー：小さじ1/2／ダイダイの果汁：2個分／オリーブオイル：大さじ2／ニンニク：2粒（みじん切り）／玉ネギ：1個（1cm角切り）／ピーマン：2個（1cm角切り）／赤パプリカ：1個（1cm角切り）／トマトペースト：大さじ2／白ワイン：120cc／チキンブロスまたは水＋チキンブイヨン：500cc／ピメントスタッフドオリーブ（ピーマン詰めのオリーブ）：8〜12個／ケッパー：小さじ2／パクチー：5本（みじん切り）／オレガノ：小さじ1/2／ローリエ：1枚／ジャガイモ：1個（一口大に切る）／ニンジン：1本（小さめの一口大に切る）／塩・コショウ：適宜／イタリアンパセリ（飾り）：適宜（みじん切り）

作り方

❶肉にクミン、軽く塩とコショウをし、ダイダイの果汁をかけて2時間、できれば一晩マリネする。❷鍋にオリーブオイルを熱し、ニンニク、玉ネギ、ピーマン、赤パプリカを加えて、玉ネギが透き通るまで炒める。❸❶の肉とトマトペーストを加え、ペーストが肉全体をカバーするまで混ぜ、白ワイン、ブロスを加えて沸騰させる。❹オリーブ、残りの野菜とハーブを加えて再び沸騰させ、弱火にして肉と野菜に火が通るまで煮たら、塩とコショウで味を調える。❺スープを器に注ぎ、イタリアンパセリを散らす。ライスとともにサーブする。

Guiso de Maiz

キューバ

|| ギーソ・デ・マイス

コーンシチューといえど、野菜がたくさん入った煮込み料理である

　トウモロコシのスープというとクリーミーなポタージュを思い浮かべるが、トウモロコシが主食ともいえるカリブ海やラテンアメリカの国ではそのようなスープはほとんど見かけない。生の新鮮なトウモロコシがいくらでもあるわけで、そのままぼんぼんと切ってスープにぶち込む。そんな感じのスープがほとんどだ。ギーソ・デ・マイスはスープではなくシチューである。肉じゃがや野菜の煮物に近い。実際、トウモロコシだけでなく、カラバサと呼ばれるカボチャに似たスクワッシュ、ジャガイモなどが入るごった煮である。ライスと一緒に盛りつけるのが定番。フォーク、スプーン、ナイフ、そして手を駆使して食べる。

材料（4人分）

オリーブオイル：大さじ1／玉ネギ：1/2個（1cm角切り）／ピーマン：2個（1cm角切り）／ニンニク：2粒（みじん切り）／ハム：200g（1cm角切り）／チョリソ：200g（1cm角切り）／トマトソース：80cc／白ワイン：大さじ2／酢：少々／チキンブイヨン：1個／缶詰のコーン：400g／水：1000cc／アチオーテオイル（お好みで）：小さじ1／ローリエ：1枚／ジャガイモ：小1個（1cm角切り）／カラバサ（キューバンスクワッシュ）またはバターナッツスクワッシュ：小1/2個（一口大に切る）／トウモロコシ：2本（8または16個に輪切り）／塩・コショウ：適宜

作り方

❶鍋にオリーブオイルを熱し、玉ネギ、ピーマン、ニンニクを加えて、玉ネギが透き通るまで炒める。❷ハムとチョリソを加えて1分くらい炒めたら、トマトソース、白ワイン、酢、ブイヨン、缶詰のコーン（汁ごと）、水、お好みでアチオーテオイル、ローリエを加えて沸騰させる。❸ジャガイモ、スクワッシュ、トウモロコシを加えて弱火にし、野菜が柔らかくなるまで煮る。塩とコショウで味を調えたら、ライスとともにサーブする。

Sancocho

ドミニカ共和国 Dominican Republic

|| サンコーチョ

肉、肉、そして肉。それがサンコーチョの魅力なのである

　サンコーチョはラテンアメリカ各地で見られる、肉と野菜のスープともシチューともいえる料理である。ドミニカ共和国ではナショナルディッシュの地位を獲得している。

　野菜が何種類も入るものの、サンコーチョの主役は何といっても肉である。肉は1種類だけ使われることは珍しく、少なくとも3種類、ときには7種類の肉が入る。使われる主な肉は、牛肉、牛テール、豚ロース、鶏、ヤギ、ロンガニッサ（ソーセージ）など、言ってみれば何でも構わないのであって、好きなもの、あるものを使えばいいのだ。でも、キャッサバ、プランテインといった脇役も忘れないように。

材料（4〜6人分）

シチュー用牛肉、牛テール、ヤギ肉、ロンガニッサ（ソーセージ）、豚肩ロース、スペアリブ、鶏肉などのミックス：合計1.5〜1.8kg（すべて一口大に切る）／ライム果汁：1個分／パクチー：5本（粗みじん切り）／オレガノ：小さじ1/2／ニンニク：2粒（みじん切り）／サラダ油：大さじ2／水：1200cc／カボチャ：小1/6個（乱切り）／プランテインまたはグリーンバナナ：1本半（1本は3cm筒切り、残りはすりおろす）／キャッサバ（なければサツマイモ）：150g（乱切り）／トウモロコシ：1本（人数分に切る）／塩・コショウ：適宜／アボカド（飾り）：1個（スライス）／パクチー（飾り）：適宜（粗みじん切り）／ホットソース（飾り）：適宜

作り方

❶ソーセージ以外の肉をボウルに入れ、ライム果汁を加えてよく混ぜたら、パクチー、オレガノ、ニンニク、塩少々を加えて混ぜ、最低1時間マリネする。❷フライパンに油を熱し、鶏肉を加えて全体に焦げ目を付けたら、取り出してとっておく。❸同じフライパンに残りの肉を加えて10分くらい炒める。焦げつきそうなときはその都度、大さじ1程度の水（材料外）を加える。❹鶏肉以外の肉は鍋に移して塩小さじ1を加え、水を注いで沸騰させて、弱火で肉が柔らかくなるまで煮る。肉に半ば火が通ったところで鶏肉を加える。❺すりおろしたプランテインと飾り以外の野菜を加え、すべてに火が通るまで煮たら、すりおろしたプランテインを加えてさらに10分ほど煮る。水分が少なくなってきたら、水（材料外）を加えてスープの濃度をもとのレベルに戻す。❻塩とコショウで味を調えて器に盛り、アボカドとパクチーで飾って、好みでホットソースをかける。ライスと一緒にサーブする。

Habichuelas Guisadas

ハビチュエラス・ギサダス

ドミニカ共和国

ラテンアメリカのシチューでは珍しい肉なしの豆シチュー

　ハビチュエラス・ギサダスは豆のシチューである。スープというには水分が少ない。シチューよりも少ないこともあり、ソースと呼ばれることさえある。ドミニカ共和国ではクランベリービーンズ、うずら豆、キドニービーンズ、ブラックビーンズなどさまざまな豆が料理に使われる。このシチューに使われるのは、主にクランベリービーンズ、うずら豆だ。

　材料に出てくるクラントロはパクチー（シラントロ）と同じようなフレーバーを持っているがまったく別物で、日本ではまず手に入らない。ラテンアメリカでよく登場する。ない場合はパクチーの量を増やせばいい。

材料（4人分）

サラダ油：大さじ1／赤玉ネギ：小1個（1cm角切り）／ニンニク：2粒（みじん切り）／ピーマン：2個（1個を8等分）／水：500cc／調理済クランベリービーンズまたはうずら豆：350g／カボチャまたはバターナッツスクワッシュ：小1/5個（バターナッツスクワッシュの場合は1/4個）（乱切り）／クラントロなければパクチー：クラントロ5枚あるいはパクチー5本（ざく切り）／タイム：小さじ1/2／オレガノ：小さじ1/2／トマトペースト：大さじ1／塩・コショウ：適宜

作り方

❶鍋に油を熱し、赤玉ネギとニンニクを加えて、玉ネギが透き通るまで炒める。❷ピーマンを加えて1分くらい炒めたら水を注ぎ、豆、カボチャ、クラントロ、タイム、オレガノ、トマトペースト、塩小さじ1、コショウ摘みを入れて沸騰させ、弱火でカボチャが柔らかくなるまで煮る。

Asopao

ドミニカ共和国 Dominican Republic

アソパオ

緑、黄色、赤と彩りも美しいスパイスが効いたエビシチュー

アソパオはプエルトリコが起源のシチューだが、カリブ海の国々でも人気で、ドミニカ共和国でもプエルトリコに負けず劣らずポピュラーだ。このシチューには米が入っているので雑炊に似たところがあるけれども、雑炊に比べると水分が多い。

アソパオには鶏肉、豚肉、牛肉などいろいろな肉が使われるが、ここで紹介するのはエビのアソパオだ。ピーマンや赤、黄色のパプリカが入る色鮮やかなシチューで、ピンク色のエビがさらに彩りを加える。サソンと呼ばれるスパイスミックスが使われるが、手に入らない場合は他の好みのシーズニングミックスを使う。

材料（4人分）

オリーブオイル：大さじ2／玉ネギ：1個（1cm角切り）／セロリ：1本（小口切り）／ニンニク：2粒（みじん切り）／ピーマン、赤パプリカ、黄パプリカのミックス：150g（1cm角切り）／トマト：2個（1cmサイコロ切り）／イタリアンパセリ：1本（みじん切り）／パクチー：1本（みじん切り）／サソン（ドミニカンスパイスミックス）なければ好みのシーズニングミックス：小さじ1／野菜ブロスまたは水＋野菜ブイヨン：1000cc／ご飯：200g／エビ：450g（殻と背ワタは取る、尾は残す）／塩・コショウ：適宜／イタリアンパセリ（飾り）：適宜（みじん切り）

作り方

❶鍋にオリーブオイルを熱し、玉ネギ、セロリ、ニンニクを加えて、玉ネギが透き通るまで炒める。残りの野菜、ハーブとスパイスを加えて、さらに3分くらい中火で混ぜる。❷ブロス、塩小さじ1、コショウ一摘みを加えて沸騰させる。❸ご飯をザルに入れて水（材料外）でばらばらにした後、鍋に加えて5分ほど中火で煮たら、エビを加えてエビに火が通るまで煮る。塩とコショウで味を調える。❹スープを器に注ぎ、イタリアンパセリを散らす。

Soup Joumou

スープ・ジュームー

単なるスープという以上にハイチの人々にとって大切な料理

1月1日、ハイチの人々は奴隷制からの解放、独立、世界初の黒人共和制国家を築いたことを祝う。そのときに食べられるのがスープ・ジュームーである。国としてもっとも重要な日に、なぜこのスープを食べるのか。そこには理由がある。スープ・ジュームーはカボチャによく似たカラバサ・スクワッシュのスープで、カラバサ・スクワッシュは独立前は奴隷だった黒人には絶対に食べることができない、統治するフランス人のためだけの食べ物だった。それが独立とともにハイチの人々の食べ物になった。スープ・ジュームーは単なるスープではなく、ハイチの人々にとって解放を意味するかけがえのない料理なのだ。

材料(8人分)

ステーキ用牛肉:450g(2cm角切り)／マリネ液*:160〜180cc／オリーブオイル:大さじ2／ビーフブロスまたは水+ビーフブイヨン:2000cc／リーキまたは長ネギ:1/2本(一口大に切る)／キャベツ:1/2個(2cm角切り)／ジャガイモ:2個(2〜3cm角切り)／ターニップまたはカブ:1個(2〜3cm角切り)／セロリ:1本(2cm幅に切る)／ニンジン:2本(2cm幅に切る)／スコッチボネットまたはハバネロペッパー:1個／カラバサ・スクワッシュまたはカボチャ:1/2個(2〜3cm角切り)／塩・コショウ:適宜／リーキまたは長ネギ(飾り):適宜(小口切り)／ライム:櫛切り人数分

*マリネ液(すべてミックスする)
エシャロット:1個(みじん切り)／リーキまたは長ネギ:1/2本(小口切り)／ニンニク:1粒(みじん切り)／ピーマン:1個(粗みじん切り)／タイム:小さじ1／ライム果汁:1個分／塩:小さじ1／コショウ:小さじ1

作り方

❶肉をマリネ液に最低4時間、できれば一晩漬けておく。❷マリネ液から肉を取り出して、ペーパータオルで余分な水分をふき取る。鍋にオリーブオイルを熱し、牛肉全体に焦げ目を付ける。❸鍋にブロスを注ぎ、沸騰したら弱火にして、肉が柔らかくなるまで煮る。❹リーキ、キャベツ、ジャガイモ、ターニップ、セロリ、ニンジン、スコッチボネットを鍋に加え、野菜に火が通るまで煮る。❺スープを煮ている間に、スクワッシュを煮るか電子レンジで柔らかくする。煮た場合は水を切る。鍋から半カップほどのスープをすくって一緒にブレンダーにかけて、なめらかなピュレにする。❻ピュレをスープの鍋にあけ、具を崩さないようにゆっくりかき混ぜながら、沸騰する寸前まで煮る。❼スープを器に盛り、リーキ、ライムとともに出す。

Jamaican Red Pea Soup

|| ジャマイカン・レッド・ピー・スープ

土曜日はみんなでレッド・ピー・スープとまでいわれる人気料理

　グリーンピースに代表されるピーに黄色はあるが赤はない。ここでいうレッドピーとはキドニービーンズのことである。ジャマイカにはキドニービーンズを使った代表的な料理が3つある。もっとも人気があるのはライス＆ピーズ（豆入り炊き込みご飯）、もうひとつがシチュード・ピーズ（煮豆）、そしてこのレッド・ピー・スープだ。土曜日がスープの日でもあるかのように、土曜日になると多くの家庭がこのスープを食べるのだ。ココナッツミルクベースにホットなスコッチボネットを加えた、自然の甘味と辛さを備えたスープに小麦粉のダンプリングまで入る、オール・イン・ワンのスープだ。

材料（4人分）

ベーコン：2枚（1cm角切り）／牛肉または鶏肉：450g（一口大に切る）／水：1000cc／玉ネギ：1個（1cm角切り）／青ネギ：2本（小口切り）／ニンジン：1本（1cmサイコロ切り）／調理済キドニービーンズ（赤いんげん豆）：800g／イエローヤムなければサツマイモ：1本（一口大に切る）／ジャガイモ：小2個（一口大に切る）／タイム：小さじ2／オールスパイス：小さじ1／チリペッパー（スコッチボネットなど）：1個（包丁で切れ目を入れる）／ココナッツミルク：120cc／塩・コショウ：適宜

ダンプリング
小麦粉：120g／水：40cc／塩：一摘み

作り方

❶ボウルにダンプリングの材料を入れてよくこね、手で先細の棒状（直径1cm、長さ4、5cm）に成形したら、ラップしておく。❷鍋を熱してベーコンを加え、脂が十分出るまで炒めたら、肉と水、塩小さじ1、コショウ一摘みを加えて沸騰させ、弱火にして肉が柔らかくなるまで煮る。❸野菜、ハーブとスパイスを加えて、野菜に火が通るまで煮る。❹ダンプリングを加え、浮いてきたらココナッツミルクを加えて沸騰させ、塩とコショウで味を調える。

Caldo Santo

プエルトリコ / Puerto Rico

|| カルド・サント

ラテンアメリカで使わる根菜が勢揃いの塩ダラのスープ

　プエルトリコに限らず、ラテンアメリカでは根菜をよく食べる。このスープにもキャッサバ、タロイモ、スイートポテト、サトイモ、ヤムイモ、マランガなどが使われる。さらに、プランテインが加わる。この中で日本で簡単に手に入るのはサトイモ、そしてたぶんマランガだけだ。

　サトイモはいかにも日本的な野菜だが、実はアメリカでもよく食べる。キャッサバやタロイモはおそらく山芋で代用できる。スイートポテトとヤムイモはサツマイモで、プランテインは熟していないバナナで代用できる。ここで紹介するレシピでは、日本で簡単に手に入るものだけにしてある。

材料（4人分）

タラ（できれば塩ダラ）：200g／グリーンバナナ：1本／白身の魚：250g（一口大に切る）／ココナッツミルク：1000cc／水：500cc／オリーブオイル：大さじ1／ニンニク：2粒（みじん切り）／ピーマン：2個（1cm角切り）／グリーンチリペッパー：1本（小口切り）／パクチー：3本（ざく切り）／アチオーテオイル：大さじ1（なければパプリカパウダー小さじ1）／スイートポテトまたはサツマイモ：1本（一口大に切る）／カボチャ：1/8個（一口大に切る）／サトイモ：3個（一口大に切る）／塩・コショウ：適宜

作り方

❶生のタラを使う場合はそのまま一口大に切る。塩ダラを使う場合は塩を洗い落とし、冷水に浸けて24時間冷蔵庫に入れて塩抜きし（8時間おきに水を取り替える）、一口大に切る。❷グリーンバナナは皮をむいてすりおろし、手で2、3cmのボールにする。❸鍋にタラと白身魚を入れ、ココナッツミルクと水を注ぎ、塩小さじ1、コショウ一摘みを加えて沸騰させ、弱火で魚に火が通るまで煮る。❹鍋の中身をザルで濾し、魚は皿などにとっておく。鍋は洗う。❺鍋にオリーブオイルを熱し、ニンニク、ピーマン、チリペッパー、パクチーを加えて2、3分炒める。❻濾したスープを加えて沸騰させ、アチオーテオイル、スイートポテト、カボチャ、サトイモ、❷のバナナのボールを加えて、中火で野菜が柔らかくなるまで煮る。❼魚を鍋に加え、さらに10分ほど煮て、塩とコショウで味を調える。

Trinidadian Corn Soup

トリニダード・トバゴ

トリニダディアン・コーン・スープ

コーンミールの団子が入ったトリニダード・トバゴの日常食

　新大陸が起源の野菜は多い。その中でも重要なのはトマト、トウモロコシ、ペッパーではないだろうか。とくにトウモロコシとペッパーは、原産地アメリカの人々にとってなくてはならない食材で、このスープはその典型だ。芯ごとぶつ切りにしたトウモロコシがごろごろしていて、食べるとチリペッパーの辛味が舌を刺激する。

　金曜の夜、トリニダード・トバゴの街にはストリートフードを求めて人々が繰り出す。彼らは熱々のコーンスープをすすりながら夜の街を歩き、会話に花を咲かせる。トリニダード・トバゴの人たちの日常に密着した料理が、このコーンスープなのだ。

材料(4人分)

無塩バター:大さじ1／玉ネギ:1/2個(スライス)／リーキまたは長ネギ:10cm(小口切り)／セロリ:10cm(小口切り)／ニンニク:1個(みじん切り)／イエロースプリットピー:60g(たっぷりの水に30分浸けておく)／パクチー:4本(みじん切り)／カボチャ:小1/10個(スライス)／チキンブイヨン:1個／水:750＋500cc／ココナッツミルク:250cc／トウモロコシ:3本(2cm輪切り)／ニンジン:1/2本(1cm輪切り)／ピーマン:1/2個(1cm角切り)／赤パプリカ:1/2個(1cm角切り)／サツマイモ:1/2本(1cm角切り)／ホットチリペッパー(スコッチボネットなど):1個／タイム:小さじ1

ダンプリング

小麦粉・コーンミール:各45g(または小麦粉90g)／塩:少々／水:適宜

作り方

❶鍋にバターを熱し、玉ネギ、リーキ、セロリ、ニンニクを加えて、玉ネギが透き通るまで炒める。❷豆、パクチー、カボチャ、もみ崩したブイヨンを加えて混ぜたら、水750ccを加えて沸騰させる。❸弱火で豆が柔らかくなるまで煮たら火を止めて、ブレンダーでペースト状にする。柔らかくなる前に水が少なくなったら水を足す。❹水500cc、ココナッツミルクを加え、残りの野菜も加えて沸騰させる。沸騰したら弱火にする。❺煮ている間にダンプリングを作る。小麦粉、コーンミールと塩を混ぜ、水を少しずつ加えながら硬めの生地を作る。❻小麦粉(材料外)を振った台に生地を置き、生地の上にも小麦粉(材料外)を振って4等分し、それぞれを太さ2cmくらいの帯状にしてから2cm幅くらいにカットする。❼スープにダンプリングを加え、すべてに火が通るまで煮る。

174

ラテンアメリカ
Latin America

ベリーズ／コスタリカ／エルサルバドル／グアテマラ／ホンジュラス／メキシコ
ニカラグア／アルゼンチン／ボリビア／ブラジル／チリ／コロンビア
エクアドル／パラグアイ／ペルー／スリナム／ウルグアイ／ベネズエラ

Escabeche

ベリーズ Belize

エスカベーシュ

ハーブやスパイスが効いたスープにダイダイが甘みと酸味を加える

　2007年、ベリーズでは玉ネギが不足し、急きょメキシコから輸入するという事態が発生する。そして価格が跳ね上がった。困ったのはレストランだ。ある料理をやむなくメニューから外さなければならなくなってしまった。理由は明白、採算が合わない。そのある料理というのが、このエスカベーシュである。エスカベーシュはチキンスープだが、玉ネギを大量に使わなければならないからだ。

　このスープは玉ネギの甘味がスパイスやハーブ、ハラペーニョと調和して独特の味を作り出す。もうひとつ欠かせないのがダイダイだ。ダイダイのほどよい甘みと酸味は、このスープの影の主役である。

材料（4〜6人分）

骨付き鶏肉：1kg／水：1500cc／オールスパイス：5粒／オレガノ：小さじ1／クローブ：4粒／クミンシード：小さじ1／粒コショウ：小さじ1／シナモンスティック：1本／ニンニク：4粒／ハラペーニョ：1〜4本（好みの辛さに。切れ目を入れる）／玉ネギ：5個（薄く輪切りにしてばらばらにしておく）／無塩バター：大さじ2／ダイダイの果汁：1個分／塩・コショウ：適宜

作り方

❶肉を鍋に置き、水、スパイスとハーブ、ニンニク、ハラペーニョ、塩小さじ2を入れて沸騰させ、弱火で肉が柔らかくなるまで煮る。❷❹でオーブンを使う場合は、ブロイル（直火）あるいはできるだけ高温にセットしておく。❸肉を煮ている間に、やかんにたっぷり湯（材料外）を沸かし、玉ネギを大きなボウルまたは鍋に入れて熱湯を注ぐ。3、4分経ったらザルにあけておく。❹肉が柔らかくなったら取り出し、ペーパータオルで軽く水分を取り、バターを全体に塗って、グリルあるいは熱しておいたオーブンに入れる。肉に焦げ目が付くまで焼く。スープはザルなどで濾しておく。❺鍋にスープを戻して玉ネギ、ダイダイの果汁を加え、塩とコショウで味を調えて、玉ネギが好みの硬さになるまで煮る。❻器に焼いた肉を置き、スープを注ぐ。トルティーヤとともにサーブする。

Chimole

ベリーズ Belize

|| チモリ

光沢のある黒いスープは他では絶対に味わえない個性的な味

　チモリはベリーズでもっとも有名な料理である。黒いディナーという別称を持つ漆黒のスープは衝撃的とさえいえる。

　この色はレカドネグロと呼ばれる黒いペーストによって作られる。チリペッパーの一種であるアンチョペッパー、あるいはアルボルペッパーを黒くなるまで焼き、他のスパイス、ハーブとともにペーストにしたのがレカドネグロだ。レカドネグロによって作り出させる燻製臭、苦み、辛さ、甘みは他の素材では絶対に成しえない独特のものだ。

　このスープにはエパゾテというハーブが使われるが、入れない場合もあるので、ない場合は単純に省く。

材料（6人分）

サラダ油：大さじ1／骨付き鶏モモ肉：小6枚／水：2000cc／ニンニク：4粒（つぶしておく）／玉ネギ：1個（1cm角切り）／ローリエ：1枚／レカドネグロ*：大さじ6／エパゾテの葉：6枚（ドライの場合は小さじ1）／トマト：2個（1cm角切り）／ピーマン：2個（1cm角切り）／塩・コショウ：適宜／茹で卵（飾り）：6個（縦半分に切る）

レカドネグロ
乾燥アンチョペッパーかアルボルペッパーまたはミックス：5本／ニンニク：2粒／粒のオールスパイス：1個／アチオーテシード：大さじ1/2／オレガノ：小さじ1/2／クミンパウダー：小さじ1/4／クローブ：1粒／白ワインヴィネガー：大さじ1/2／コショウ：小さじ1／塩：一摘み　●ペッパーを直火で黒くなるまで焼く（焦がさないように注意）。焼けたら直ちに水に浸けて冷やし、芯と種を取り除く。すべての材料をブレンダーに入れてペーストにする。使用する分以外は冷蔵庫で保存。

作り方

❶鍋にサラダ油を熱し、肉を加えて全体に焦げ目が付くまで焼く。❷水、ニンニク、玉ネギ、ローリエを加え、弱火で肉に火が通るまで煮る。❸レカドネグロを加え、完全に溶け込むまで煮ながら混ぜる。❹エパゾテの葉、トマト、ピーマンを加えて、ピーマンに火が通るまで弱火で煮込む。❺塩とコショウで味を調えたら、器に肉1枚を盛りつけてスープを注ぎ、茹で卵を添える。

Sopa de Mondongo

| ソパ・デ・モンドンゴ

一緒に煮込んだ野菜の味を吸い込んだトライプの食感が魅力

　モンドンゴはトライプ（牛の胃）のことで、コスタリカに限らずラテンアメリカの国々でスープなどによく使われる素材である。トライプに関してはブルガリアのトライプスープの中で説明している（P129）。

　トライプは臭みが強いと嫌う人が多いが、きれいに洗い、コスタリカの人が行うようにレモンなど柑橘系の果物を加えると、気にならなくなる。洗浄し漂白した白いものを購入することも重要。コスタリカのソパ・デ・モンドンゴはトマトベースのスープで、一緒に煮るキャッサバ、ハヤトウリなどの味を吸い込んで柔らかくなったトライプが、煮込んだ野菜とは異なる食感を楽しませてくれる。

材料（8人分）

トライプ：1kg／レモン：2個（半分に切る）／水：2000cc／無塩バター：大さじ2／玉ネギ：2個（1cm角切り）／ニンニク：2粒（みじん切り）／オレガノ：小さじ2／トマト：2個（1cm角切り）／チャイヨーテ（ハヤトウリ）：2個（皮をむいて2cm角切り）／キャッサバ（なければサツマイモ）：小1本（皮をむいて2cm角切り）／プランテイン：2本（2cm輪切り）／パクチー：4本（ざく切り）／塩・コショウ：適宜

作り方

❶トライプを鍋に入れ、塩小さじ2、レモン、水を加えて沸騰させる。弱火にしてトライプが柔らかくなるまで2時間くらい煮る。❷トライプを煮ている間、フライパンにバターを熱し、玉ネギとニンニクを加えて玉ネギが透き通るまで炒める。オレガノとトマトを加えて、さらに5分くらい炒めたら火を止めて、トライプが煮えるまで置いておく。❸柔らかくなったトライプを取り出し、一口大に切る。鍋の中のレモンは取り出して捨てる。❹トライプを煮汁の入った鍋に戻し、フライパンで炒めた❷を含めすべての材料を鍋に加える。❺野菜が柔らかくなるまで弱火で煮る。塩とコショウで味を調える。

Sopa Negra

ソパ・ネグラ

栄養満点。ラテンアメリカで人気のブラックビーンズのスープ

コスタリカでもっとも重要な食物は米とブラックビーンズである。ブラックビーンズはコスタリカだけでなく、他のラテンアメリカの国でも重要で、ラテンアメリカからの移民が多いアメリカでは、どこのスーパーに行っても必ず置いてある。ブラックビーンズ、つまり黒豆だが、大豆の仲間である日本の黒豆とは別の種だ。

ソパ・ネグラは黒いスープ、ブラックビーンズスープだ。煮た豆はマッシュ、あるいはブレンダーでピュレにするが、半量はそのまま残しておくというのがおもしろい。このレシピではトッピングはパクチーだけだが、サワークリームをのせてもおいしい。

材料（4人分）

調理済ブラックビーンズ（黒いんげん豆）：600g ／チキンまたは野菜ブロスあるいは水＋ブイヨン：1000cc ／サラダ油：大さじ2 ／玉ネギ：1個（1cm角切り）／ニンニク：2粒（みじん切り）／セロリ：1本（小口切り）／赤パプリカ：1個（1cm角切り）／オレガノ：小さじ1 ／パクチー：10本（粗みじん切り）／卵：4個／塩・コショウ：適宜／パクチー（飾り）：適宜（みじん切り）

作り方

❶鍋に豆とブロスを加えて沸騰させ、弱火で10分くらい煮る。❷鍋の中身をザルで濾し、スープだけを鍋に戻して沸騰させる。豆はそのままとっておく。❸フライパンにサラダ油を熱し、玉ネギとニンニクを加えて、玉ネギが透き通るまで炒めたら、セロリ、赤パプリカ、オレガノ、パクチー、塩小さじ1、コショウ摘みを加えて、2、3分炒めたら鍋に加える。❹卵をきれいに洗い、鍋に加えて弱火にして10分ほど煮る。卵は好みの硬さになったところで取り出しておく。❺残しておいた豆の半量をマッシュにするか、ブレンダーに半カップほどのスープと一緒に入れてピュレにし、鍋に加える。残りの豆をこの時点で加えてもいいし、器にスープを注いだ後にトッピングしてもいい。ライスと混ぜてスープを一緒にサーブするという方法もある。❻スープを沸騰させ、塩とコショウで味を調えたら器に盛り、パクチー、殻をむいて半分または四等分に切った卵を飾る。

Sopa de Pollo

エルサルバドル

ソパ・デ・ポイヨ

鶏肉がスープの隅に追いやられてもチキンスープはチキンスープ

　おそらくチキンスープは世界でもっともポピュラーなスープではないだろうか。チキンスープだけで1冊の本ができてしまうほど種類が多い。味のベースも千差万別、ほとんどチキンだけのものから、チキンスープなのか野菜スープなのかわからないくらい具だくさんのスープまである。

　エルサルバドルのソパ・デ・ポイヨは、ラテンアメリカお得意の具だくさんタイプのチキンスープである。セロリ、リーキ、玉ネギ、トマト、キャベツ、ニンジン、ジャガイモと、材料に野菜が延々と続く。しかも、そこにご飯まで入ってくる。鶏が見えないチキンスープなのである。

材料（4人分）

サラダ油：大さじ2／鶏モモ肉：500g（皮を取り、1人2切れくらいになるように切る）／ニンニク：2粒（みじん切り）／セロリ：1本（1cm角切り）／リーキまたは長ネギ：1〜1本半（小口切り）／玉ネギ：1個（スライス）／水：1000cc／トマト：大1個（1cmサイコロ切り）／パクチー：10本（ざく切り）／イタリアンパセリ：10本（ざく切り）／ロングライス：1/4カップ／キャベツ：1/8個（2cm角くらいに切る）／ニンジン：1本（8本のスティックに切る）／ジャガイモ：大1個（8等分）／トウモロコシ：2本（半分に切る）／ピーマン：2個（ざく切り）／ターメリックパウダー：小さじ1/2／クミンパウダー：小さじ1/2／アチオーテパウダー（なければパプリカパウダー）：小さじ1/2／塩・コショウ：適宜／パクチーあるいはイタリアンパセリ（飾り）：適宜（みじん切り）

作り方

❶鍋にサラダ油を熱し、肉を加えて焦げ目を付けたら、皿などにあけておく。❷同じ鍋にニンニク、セロリ、リーキ、玉ネギを加え、玉ネギが透き通るまで炒める。❸水、とっておいた肉、パクチー以外の残りの材料、塩小さじ2、コショウ一摘みを加えて沸騰させ、弱火ですべてに火が通るまで煮たら、塩とコショウで味を調える。❹各器に均等に肉、野菜を配分しながら注ぎ、パクチーかイタリアンパセリを散らす。

Sopa de Frijoles

エルサルバドル / El Salvador

|| ソパ・デ・フリホレス

サルサのようなチリモルをのせてスープに爽やかさをプラス

　ラテンアメリカの例に漏れず、エルサルバドルの人たちも豆をよく食べる。カサミエント（豆入りご飯）、プラタノス・コン・フリホレス・イ・クレマ（揚げプランテイン、豆ペースト、クレマのワンプレートディッシュ）は彼らのお気に入りである。そして忘れてはならないのがこのソパ・デ・フリホレス、豆のスープである。使用される豆はフリホレス・デ・サダ、英語でレッドシルクビーンズと呼ばれるエルサルバドル特産の赤い豆が使われる。もちろん日本では手に入るわけがないので、キドニービーンズなどで代用する。仕上げにサルサのようなチリモルをのせる。

材料 (4人分)

サラダ油：大さじ2／スペアリブ（できたら3cmくらいに切ったもの）：450g／玉ネギ：1/2個（1cm角切り）／ニンニク：3粒（みじん切り）／チキンブロスまたは水＋チキンブイヨン：1000cc／パクチー：10本（粗みじん切り）／調理済キドニービーンズ（赤いんげん豆）（なければ金時豆など）：600g／チャイヨーテ（ハヤトウリ）：1個（一口大に切る）／ズッキーニ：1本（一口大に切る）／塩・コショウ：適宜

チリモル
トマト：1個（1cmサイコロ切り）／玉ネギ：1/6個（みじん切り）／パクチー：2本（みじん切り）／グリーンチリ：適宜（みじん切り）／オレガノ：一摘み／塩・コショウ：適宜

作り方

❶チリモルの材料をボウルに入れてよく混ぜておく。❷鍋にサラダ油を熱し、スペアリブを加えて全体に焦げ目を付けたら、玉ネギ、ニンニクを加えて、玉ネギが透き通るまで炒める。❸ブロス、パクチー、塩小さじ1、コショウ一摘みを加え、弱火でスペアリブに火が通るまで煮る。❹豆、チャイヨーテ、ズッキーニを加え、野菜に火が通るまで煮たら、塩とコショウで味を調える。❺スープを器に盛り、チリモルを上にのせる。

Kak'ik

グアテマラ

カキーク

ラテンアメリカでは珍しいグアテマラ山奥のターキーのスープ

カキークはグアテマラのターキースープなのだが、なぜラテンアメリカで北アメリカ産のターキーなのかと疑問に思うところだ。実はマヤ人がかなり昔から家畜として飼っていたらしい。このスープはグアテマラのほぼ中央に位置するカボンが起源である。この地域の人は今でもマヤ語系の言語として知られるケクチ語を日常的に使っている。カボンの人たちはこのスープを新年に食べるらしい。

このスープには聞きなれないチリペッパーが使われる。ラテンアメリカでよく使われている乾燥させたチリペッパーなら、どれでも代用になると考えていいだろう。いずれにしても日本では手に入りにくいのが残念。

材料（6人分）

ターキーレッグ：2本（モモとドラムスティックに切り分ける）／チキンブロスまたは水＋チキンブイヨン：1000cc／ニンニク：1粒／リーキまたは長ネギ：1/2本／パクチー：10本／ローリエ：1枚／トマト：4個（芯を取る）／トマティーヨ（なければ熟してないグリーントマト）：10個／玉ネギ：1個（6等分）／赤パプリカ：1個（6等分）／ドライファケチリペッパー：1個（開いて種を取る）／ドライパサチリペッパー：1個（開いて種を取る）／ドライレッドチリペッパー：2本（開いて種を取る）／アチオーテオイル：大さじ1／塩・コショウ：適宜／ミントの葉（飾り）：適宜

作り方

❶オーブンを250度にセットしておく。❷鍋にターキーを置いてブロスを注ぐ。ニンニク、リーキ、パクチーを切らずにそのまま鍋に入れてローリエを加えて沸騰させ、弱火でターキーに火が通るまで煮る。❸ターキーを煮ている間に、トマト、トマティーヨ、玉ネギ、赤パプリカ、チリペッパーをプレートに並べてオーブンに入れ、焦げ目を付ける。焼き具合に注意しながら、軽く焦げ目が付いたものから順に取り出していく。❹オーブンで焼いた材料をすべてブレンダーに入れてピュレにする。❺ターキーが煮えたらニンニク、リーキ、パクチー、ローリエを取り出して捨てる。❻❹のピュレを鍋に注ぎ、アチオーテオイルを加えて中火で30分くらい煮た後、塩とコショウで味を調える。❼適当な大きさに切り取ったターキーとともにスープを器に盛り、ミントを散らす。

Caldo de Res

カルド・デ・レス

グアテマラのポトフともいえなくもない野菜たっぷりのスープ

　カルド・デ・レスはグアテマラを代表するスープで、とくにグアテマラシティと周辺の地域ではもっともよく食されるスープである。このスープがメニューにないレストランなどあり得ないのだ。

　材料を小さく切るなどもってのほかというばかりに、肉も野菜も小さな器でははみ出してしまうほどに大きい。見た目は日本でこぢんまりと作られるフランスのポトフに似ている。大きな違いは、ライスまたはトルティーヤ、ライム、アボカドが一緒にサーブされることだ。肉は牛肉だが、ステーキで使うような高価な部位が使われることはまずない。安い骨付きのものがよく似合う。

材料（4人分）

サラダ油：大さじ1／牛肉：450g（4等分）／トマト：1個（ヘタを取って4等分）／玉ネギ：1個（8等分）／セロリ：2本（5cmに切る）／キャッサバ：1本（縦半分に切って3cm厚に切る）／ニンジン：2本（4、5cmに切る）／チャイヨーテ（ハヤトウリ）：1個（芯を取り4等分）／キャベツ：1/2個（4等分）／トウモロコシ：2本（2～4等分）／ジャガイモ：2個（4等分）／水：適宜／塩・コショウ：適宜／パクチー（飾り）：適宜（みじん切り）／ライム（飾り）：櫛切りを人数分／アボカド（飾り）：適宜（スライス）

作り方

❶鍋に油を熱し、肉全体に焦げ目を付ける。❷飾り用以外の野菜をすべて鍋に加えて、材料がかぶるくらいまで水を注ぐ。小さじ1の塩とコショウを加えて、野菜が柔らかくなるまで弱火で煮る。❸塩とコショウで味を調える。❹器にスープを盛り、パクチーを散らす。飾り用のライム、アボカドを別の器にのせて一緒にサーブする。器にご飯を盛り、その上にスープをかけてもいい。

Atol de Elote

アトル・デ・エローテ

スープかそれともドリンクか。マヤ族起源の甘いトウモロコシスープ

マヤ族の人たちにとってトウモロコシは神聖な食物であり、日常の食物でもあった。トルティーヤからスープに至るまで、トウモロコシがなければ成り立たない料理がたくさんある。アトル・デ・エローテはホンジュラスだけでなく、現在多くのマヤ人が生活するメキシコやグアテマラでもポピュラーだ。

アトル・デ・エローテをスープというには反論もあるかもしれない。しかし、アイスランドにはカコースパ（P114）と呼ばれるココアのスープがある。ガスパッチョ（P63）はスペインの人たちは飲み物感覚でグラスに入れて飲むことも多い。そう考えると、アトル・デ・エローテも立派なスープではないだろうか。

材料（4〜6人分）

トウモロコシの実（缶詰でもOK）：400g／水：250＋750cc／砂糖：60g（好みで調節）／塩：一摘み／シナモンパウダー（飾り）：適宜

作り方

❶トウモロコシの実を、トッピング用に少し残してあとはブレンダーに入れ、水250ccを加えてピュレにする。缶詰の場合はザルで濾した漬け汁に水を加えて250ccにし、実と漬け汁をブレンダーに入れてピュレにする。❷①をザルで濾しながら鍋に入れる。木ベラなどでできるだけトウモロコシの汁を絞り出し、残りかすは捨てる。❸水750ccを加えて沸騰させ、砂糖を加えて好みの甘さにした後、塩を一摘み加えて弱火にし、5分くらい煮る。缶詰の場合は塩は入れず、砂糖は控えめに。❹とろみが欲しい場合は、大さじ1のコーンスターチか片栗粉（材料外）を、大さじ2（材料外）の水で溶いて加える。❺スープを器に注ぎ、残しておいたトウモロコシの実、シナモンパウダーで飾る。

Caldo de Camaron

カルド・デ・カマロン

マイルドなチリペッパーを使ったトマトベースのエビスープ

メキシコ / Mexico

　メキシコ料理には必ずといっていいほどチリペッパーが入る。生のペッパーと乾燥させたペッパー、甘いものからとてつもなく辛いものまで、バラエティーに富んだペッパーを料理に合わせてうまく使い分ける。素材がシーフードであろうと変わりがない。

　このカルド・デ・カマロン、エビスープに使われているフアヒーヨペッパーは、ミラソルチリを乾燥させたもので、かなりマイルドなチリペッパーである。なので、繊細なエビの味を損なうことなく、優しい辛さで引き立てる。エビの殻と乾燥したエビをスープのベース作りに使うので、ブロスではなく水のみが使われる。

材料（4人分）

フアヒーヨペッパー：3個（ヘタと種を取っておく）／水：200＋1000cc／オリーブオイル：大さじ2／玉ネギ：1個（1cm角切り）／ニンニク：2粒（みじん切り）／セロリ：1本（厚めの小口切り）／ニンジン：小1本（一口大に切る）／ジャガイモ：1個（一口大に切る）／トマト：1個（1cmサイコロ切り）／乾燥エビ：40g／パクチー：10本（ざく切り）／生エビ：160g（殻と背ワタを取っておく）／塩・コショウ：適宜／パクチー（飾り）：適宜（みじん切り）／ライムまたはレモン（飾り）：適宜（スライス）

作り方

❶フアヒーヨペッパーと水200cc、塩一摘みを鍋に入れて沸騰させて5分ほど煮たら、ブレンダーなどでペースト状にする。❷別の鍋にオリーブオイルを熱し、玉ネギとニンニクを加えて、玉ネギが透き通るまで炒めたら、他の野菜を加えて軽く混ぜ合わせる。❸乾燥エビ、生エビの殻、水1000cc、塩小さじ1、コショウ一摘みを加えて沸騰させ、❶のペッパーペーストをザルで濾しながら加える。❹再び沸騰したらパクチーを加え、弱火で野菜に火が通るまで煮たら、生エビを加えてさらに5分くらい煮る。❺塩とコショウで味を調えて器に盛り、パクチーを散らし、ライムのスライスを置く。

Pozole

┃ ポソレ

乾燥トウモロコシでできた豆のようなホミニーが入ったスープ

ポソレは英語でホミニーと呼ばれる聞きなれない食べ物のことで、乾燥したトウモロコシから作る見た感じが白い豆のような変わった食べ物で、メキシコでよく使う。

ポソレは実は3種類ある。ポソレ・ブランコ（白）はシンプルな透き通ったスープ、ポソレ・ヴェルデ（緑）はトマティーヨ（緑の小さなトマトのような野菜）とハラペーニョ、ポソレ・ロホ（赤）はフアヒーヨチリとトマトのスープだ。ここで紹介するポソレはトマトベースのチキンスープで、正確にはポソレ・ロホ・デ・ポイヨとなる。トッピングにアボカドやレッドラディッシュがのる、見た目も鮮やかな美しいスープだ。

材料（4人分）

豚肉：350g／水：1000＋500cc／玉ネギ：1個（半分は2等分、残りの半分は1cm角切り）／ニンニク：2＋2粒／オレガノ（できればメキシカンオレガノ）：大さじ1／ローリエ：2枚／フアヒーヨペッパー：2個（芯と種を取る）／缶詰のポソレ（ホミニー）または好みの豆：350g／塩・コショウ：適宜

トッピング

レタスまたはキャベツ：適宜（千切り）／玉ネギ：適宜（粗みじん切り）／レッドラディッシュ：適宜（スライス）／ライム：1、2個（櫛型に切る）／オレガノ：適宜／グリーンチリペッパー：適宜（粗みじん切り）

作り方

❶鍋に肉、水1000cc、2等分した玉ネギ、ニンニク2粒、オレガノ、ローリエ、塩小さじ1、コショウ一摘みを入れて沸騰させ、弱火で肉が柔らかくなるまで煮る。❷別の鍋に1cm角に切った玉ネギ、ニンニク2粒、水500cc、フアヒーヨペッパーを入れて沸騰させ、ペッパーが十分柔らかくなるまで弱火で煮る。❸❷の鍋の中身をブレンダーに入れてピュレにしたら、濾した肉の煮汁とともに鍋に入れて混ぜ、ホミニーを加えて弱火で10分ほど煮る。❹塩とコショウで味を調えたら器に盛り、トッピングの材料を別の容器に盛りつけてサーブし、好みのトッピングをのせていただく。

メキシコ Mexico

Sopa Azteca

メキシコ

ソパ・アステカ

トルティーヤチップスの上にかけて食べるメキシコ版チキンスープ

　名前から察するとメソアメリカ文明のアステカが起源のようだが、実際はメキシコ中西部ミチョアカン州のタラスカの人々によるものではないかという人もいる。

　トルティーヤスープともいわれるこのスープは、パシーヤペッパーとトマトがベースのチキンスープである。パシーヤペッパーは比較的マイルドなチリペッパーで、乾燥させたものをソースなどに使う。他のメキシカンスープと同様、さまざまなものがスープの上にのる。おもしろいのは、油で揚げたトルティーヤチップスを器に置き、その上にスープを注ぐところだ。古くなって硬くなったパンにスープをかける感覚と同じだ。

材料（4〜6人分）

パシーヤペッパー（乾燥チリペッパー）：大1個／サラダ油：大さじ2／ニンニク：3粒（みじん切り）／玉ネギ：1個（1cm角切り）／缶詰のトマト：400g（1cmサイコロ切り）／チキンブロスあるいは水＋チキンブイヨン：2000cc／パクチー：2本（粗みじん切り）／鶏肉：600g（一口大に切る）／塩・コショウ：適宜／トルティーヤチップス：適宜（手で砕く）／モントレージャックまたはチェダーチーズ（飾り）：適宜（すりおろす）／アボカド（飾り）：1個（1.5cmサイコロ切り）／メキシカンクレマ、サワークリーム、またはクレムフレッシュ（飾り）：適宜／ライム（飾り）：1個（スライス）

作り方

❶フライパンを熱し、油なしでパシーヤペッパーの両面をローストしたらヘタを取って開き、種を取ってざっくり切ってブレンダーに入れる。❷同じフライパンにサラダ油を熱し、ニンニクと玉ねぎを加えて、玉ネギが透き通るまで炒めたら、同じようにブレンダーに入れる。❸ブレンダーに缶詰のトマトを加えたら、なめらかになるまで撹拌する。❹ブレンダーの中身を鍋にあけて沸騰させ、中火で10分くらい煮詰める。ブロス、パクチー、肉、塩小さじ1、コショウ一摘みを入れて沸騰させ、肉が柔らかくなるまで煮たら、塩とコショウで味を調える。❺器にトルティーヤチップスを適量砕いて入れ、その上にスープを注ぐ。❻スープの上に飾りを散らす。

Carne en Su Jugo

カルネ・エン・ス・フゴ

メキシコ

トマティーヨの酸味が心地よいテキーラの産地ハリスコのスープ

　メキシコ中央部のハリスコ州はテキーラの特産地として知られるだけでなく、メキシコで特筆すべき食文化を築いてきた。カルネ・エン・ス・フゴは小さなサイコロに刻んだ牛肉のスープだが、主役はスープのベースになっているトマティーヨではないだろうか。トマティーヨはトマトに似ているが、トマトではなくホオズキのような果実である。実際、売られているものはホオズキのように薄い殻に包まれている。

　トマティーヨはトマトよりも酸味があり、きれいな緑色をしている。サルサ・ヴェルデ（緑色のサルサ）などに使われるほか、このようにスープのベースにも使われる。

材料（6人分）

ステーキ用の牛肉：650g（一口大に切る）／ライム果汁：大さじ1／ニンニク：2粒（みじん切り）／リーキまたは長ネギ：1/2本（小口切り）／パクチー：4本（ざく切り）／セラノチリペッパー：2本／トマティーヨ：4個（大きめのサイコロ切り）／チキンブロスまたは水＋チキンブイヨン：500＋500cc／ベーコン（飾り）：2枚（1cm角切り）／調理済ピントビーンズ（うずら豆）：400g／塩・コショウ：適宜／パクチー（飾り）：適宜（ざく切り）／レッドラディッシュ（飾り）：適宜（スライス）／トルティーヤチップス（飾り）：適宜／アボカドスライス（飾り）：12枚（1人2枚）

作り方

❶牛肉にライム果汁、塩とコショウ少々を振り、よく混ぜておく。❷ブレンダーにニンニク、リーキ、パクチー、チリペッパー、トマティーヨ、ブロス500ccを入れて、なめらかになるまで混ぜる。❸鍋を熱し、ベーコンをカリッとするまで焼いたらベーコンだけ取り出して、飾りとして器にとっておく。❹ペーパータオルで牛肉の余分な水分を拭き取り、❸の鍋に入れて全体に焦げ目が付くまでソテーする。❺❷のブレンダーの中身、ブロス500ccを加えて沸騰させ、弱火で肉が柔らかくなるまで約1時間煮る。❻豆を加えて、さらに20分くらい煮る。❼器にスープと肉を盛り、飾りを上に散らす。

Sopa de Aguacate

ソパ・デ・アフアカテ

メキシコ

グリーンも鮮やかな、夏バテ防止に最適アボカドスープ

アボカドの原産地はメキシコだが、アメリカ大陸はもちろんのこと、今や世界五大陸すべてで栽培されている。アボカドは生で食べるほか、スープの具にしたり、衣を付けて揚げたりして食べることもある。

ソパ・デ・アフアカテは、原産地メキシコが誇るアボカドのスープである。透き通ったブロスとミックスしてピュレ状にし、冷蔵庫で冷やして食べる、食欲が落ちた夏に最適な栄養満点のスープである。さらに暑い夏を吹き飛ばす爽やかさを与えるために、このスープには普通、ライムの果汁が加えられる。仕上げはクレマと呼ばれるメキシコのクリームと刻んだハラペーニョで決まりだ。

材料（4人分）

サラダ油：小さじ1／玉ネギ：1/2個（みじん切り）／ニンニク：1粒（みじん切り）／ハラペーニョまたは他のグリーンチリ：1/2本（みじん切り）／チキンまたは野菜ブロスあるいは水＋ブイヨン：1200cc／パクチー：20本（ざく切り）／ライム果汁：1個分／アボカド：2個（スライス）／塩・コショウ：適宜／クレマまたはサワークリーム（飾り）：適宜

作り方

❶フライパンに油を熱し、玉ネギ、ニンニクを加えて、玉ネギが透き通るまで炒めたら、半量のハラペーニョ（残りは飾り用にとっておく）を加えて2分ほど炒める。❷①のフライパンの中身、ブロス、パクチー、ライム果汁、塩少々、コショウ一摘みをブレンダーに入れて、なめらかになるまで攪拌したら、アボカドを加えてピュレにする。❸塩とコショウで味を調えたらスープを器に注いで、クレマ、残しておいたハラペーニョをのせる。

Sopa de lima

ソパ・デ・リマ

メキシコ Mexico

ほのかな酸味と独特なシトラスの香りがする芳香豊かなスープ

ソパ・デ・リマは直訳するとライムのスープである。ライムはレモンと並ぶ酸味が強い柑橘系の果物だ。しかし、それがどうも違うらしい。メキシコ南西部にあるユカタン半島にはユカタン・リマという果物がある。この果物はスペイン人がこの地に持ち込んだといわれている。リマスイートレモンとかスイートライムとも呼ばれることが多い、酸味が少なくとも香り高い果物だ。実は、このリマを使ったスープが、ソパ・デ・リマなのだ。

ライムをたくさん加えるとかなり酸っぱいスープになってしまうが、このリマならそういうことはなく、すばらしいシトラスの香りがスープに加わる。

材料（4人分）

鶏肉：200g（大きめの一口大に切る）／チキンブロスまたは水＋チキンブイヨン：1000cc／玉ネギ：1個（半分はそのまま、残りは1cm角切り）／ニンニク：1+1粒（みじん切り）／ローリエ：1枚／サラダ油：大さじ2／ハラペーニョペッパー：1本（みじん切り）／シナモンパウダー：小さじ1/4／クローブ：一摘み／トマト：小2個（1cmサイコロ切り）／オレガノ：小さじ1／リマ（スイートライム）またはライムの果汁：2個分／塩・コショウ：適宜／コーントルティーヤ（飾り）：6枚（1×3cmの長方形に切る）／アボカド（飾り）：1個（1〜2cmのサイコロ切り）／リマまたはライム（飾り）：1個分（スライス）／パクチー（飾り）：適宜（みじん切り）

作り方

❶鍋に鶏肉、ブロス、半分のままの玉ネギ、ニンニク1粒分、ローリエを入れて沸騰させ、弱火で肉が柔らかくなるまで煮る。❷肉は煮えたら取り出して冷まし、食べやすい大きさに裂いておく。スープはザルで濾しておく。❸鍋をきれいにしてサラダ油を熱し、1cm角切りの玉ネギ、ニンニク1粒分を加えて、玉ネギが透き通るまで炒める。❹ハラペーニョ、シナモンパウダー、クローブ、トマトを加えて2分ほど炒め、ザルで濾したスープ、裂いた肉、オレガノを鍋に加えて沸騰させる。❺弱火で10分くらい煮たらリマを加え、塩とコショウで味を調える。❻飾りのトルティーヤを油（材料外）でこんがりと揚げておく。油は少ない量でよい。❼スープを器に盛り、飾りを上にのせる。

Indio Viejo

インディオ・ヴィエホ

トウモロコシの粉やトルティーヤでとろみをつけた牛肉のシチュー

　ニカラグア食文化の基盤は、先住民であるミスキート族、スペイン、そしてハイチのクレオールにあるといわれ、他のラテンアメリカの国々とは多少違う食文化の背景を持ち、周辺の国々以上にトウモロコシに依存しているといわれている。

　インディオ・ヴィエホもトウモロコシが重要な役割を演じる。マサと呼ばれるコーンフラワーをたっぷり加えてとろみをつける。コーントルティーヤを水でふやかした生地でとろみをつけるのが本来の方法だ。なので、この料理はスープというよりもシチューに近い。ビターオレンジ、日本でいうダイダイが爽やかな味と香りをプラスする。

材料（4～6人分）

ステーキ用牛肉：400g／玉ネギ：2個（1/2個はそのまま、残りを1cm角切り）／ニンニク：4粒／ビーフブロスまたは水＋ビーフブイヨン：500cc／サラダ油：大さじ2／ピーマン：4個（千切り）／トマト：3個（粗みじん切り）／ミントまたはパクチー：10本（ざく切り）／マサ（コーンフラワー）：120g／水：250cc／アチオーテオイル：大さじ1（またはパプリカパウダー小さじ1）／ダイダイの果汁：1個分／塩・コショウ：適宜／茹でたあるいは揚げたプランテインのスライス（飾り）：適宜／ミントまたはパクチー（飾り）：適宜（みじん切り）

作り方

❶鍋に肉、玉ネギ1/2個、ニンニク、ブロスを入れて火にかけ、沸騰したら弱火にして肉に火が通るまで煮る。❷肉を取り出し、鍋の中身をザルで濾す。肉は冷めたら細く裂いておく。❸洗った鍋にサラダ油を熱し、1cm角切りの玉ネギを加えて、透き通るまで炒める。❹ピーマンを加えて2分ほど炒めたら、トマト、ミントを加えて軽く混ぜ、ザルで濾したスープ、牛肉を加えて沸騰させる。❺ボウルなどでコーンフラワーを水で溶き、アチオーテオイルを加えたものを、混ぜながら鍋に少しずつ加え、沸騰したら弱火にして15分くらい煮る。❻ダイダイの果汁を加えて混ぜたら火を消す。❼器にシチューを盛り、上にプランテインを置き、ミントを散らす。

Sopa de Albondigas

ニカラグア Nicaragua

|| ソパ・デ・アルボンディガス

独特の方法で作られたダンプリングが興味深い具だくさんスープ

　世の中にはいろいろなダンプリングがあるが、このニカラグアのチキンダンプリングほどユニークなものは他にないのではないだろうか。ミートボールであろうと、ワンタンタイプであろうと、ただ粉の生地を丸めたものであろうと、スープとはまったく別に作って、途中あるいは最後に両者が一緒になるというパターンがほとんどだ。でもこのスープでは最初から同時進行していく。どういうことかといえば、スープをとるために加えた鶏肉を取り出して細かく裂き、それをコーンフラワーで作った生地に混ぜ込んでダンプリングを作るのである。この方法はまず他では見られないと、私はほぼ確信している。

材料（4人分）

鶏肉：800g／玉ネギ：1個（8等分）／ニンニク：2粒（みじん切り）／ピーマン：3個（一口大にスライス）／チキンブロスまたは水＋チキンブイヨン：1200cc／根菜、トウモロコシ、スクワッシュなどのミックス：600〜800g（一口大に切る）／コーンフラワー（なければ小麦粉）：200g／水：約60cc／サラダ油：大さじ1／アチオーテペーストまたはアナトパウダー（なければパプリカパウダー）：小さじ1／ダイダイの果汁：1個分（なければオレンジ果汁大さじ2＋ライム果汁大さじ1）／パクチー：5＋5本（みじん切り）／ミントの葉：10＋10枚（みじん切り）／塩・コショウ：適宜／パクチー（飾り）：適宜（みじん切り）／ミントの葉（飾り）：適宜（みじん切り）

作り方

❶肉、玉ネギ、ニンニク、ピーマン、ブロス、塩小さじ1、コショウ一摘みを鍋に入れて沸騰させ、弱火にして肉に火が通るまで煮る。❷肉は煮えたら取り出して冷まし、細かく裂いておく。鍋に残りの野菜を加えて再び沸騰させ、野菜が柔らかくなるまで煮る。❸ボウルにコーンフラワー、水、サラダ油、アチオーテペースト、ダイダイの果汁、塩少々、パクチー5本分、ミント10枚分のみじん切りを加えてよくこね、手にこびりつかない程度の硬さの生地を作る。ゆるい場合は粉を、硬い場合は水を少量ずつ加えて硬さを調整する。残っているパクチー5本分、ミント10枚分のみじん切り、残りの鶏肉は鍋に加える。❹生地と半量の鶏肉をよく混ぜ合わせた後、ゴルフボール大に丸めてダンプリングを作る。❺鍋の中身が煮えたら強火にして沸騰させ、ダンプリングをひとつずつ落として全部浮いてきたら、塩とコショウで味を調える。❻スープを器に盛り、パクチーとミントの葉を散らす。

Locro

アルゼンチン

ロクロ

ラテンアメリカの古代文明に起源を持つアンデスの名物シチュー

　ロクロの起源はインカ時代にまで遡る。その頃すでにアンデスで暮らす先住民がロクロの起源と思われる似通った食べ物を食していたといわれている。今ではアルゼンチンだけでなく、エクアドル、ペルー、ボリビアなどのナショナルディッシュとなっている。

　このシチューにはパパチョラというローカルなジャガイモが使われるが、ラテンアメリカの一部以外では入手不可能だ。しかし、レシピの材料にこだわらず自由な発想で身近な材料から適当な素材を選んで作る。ロクロとは元来そういう料理なのだ。このレシピではカボチャが煮崩れるまで煮るとあるが、面倒なら野菜をマッシュしてしまってもいい。

材料（4〜6人分）

パンチェッタ：200g（1cmサイコロ切り）／玉ネギ：2個（1cm角切り）／牛スカートステーキなければ他部のステーキ肉：200g（一口大に切る）／豚肩ロース塊肉：200g（一口大に切る）／パプリカパウダー：小さじ1／クミンパウダー：小さじ1／野菜ブロスまたは水＋野菜ブイヨン：750cc／ポークソーセージ：100g（1cm幅に切る）／チョリソ：100g（1cm幅に切る）／赤パプリカ：1個（1cm角切り）／カボチャ：1/4個（1cmサイコロ切り）／スイートポテトまたはサツマイモ：1本（1cmサイコロ切り）／缶詰のホミニーまたは好みの豆：300g／塩・コショウ：適宜／青ネギ（飾り）：1本（小口切り）／パプリカパウダー（飾り）：適宜／レッドペッパーフレーク（飾り）：適宜

作り方

❶鍋を熱し、パンチェッタを加えて十分脂が出るまで炒めたら、玉ネギを加えて玉ネギが透き通るまで炒める。❷牛と豚肉を加えて全体に焦げ目が付くまでソテーしたら、パプリカパウダー、クミン、塩小さじ1、コショウ摘みを加えてさっと炒め、ブロスを注いで沸騰させる。❸弱火で肉に火が通るまで煮たら、ソーセージ、チョリソを加えてさらに煮る。❹赤パプリカ、カボチャ、スイートポテト、ホミニー、塩とコショウ少々を加えて再び沸騰させたら、カボチャが崩れてピュレ状になるまで弱火で煮る。❺塩とコショウで味を調えて器に盛り、青ネギ、パプリカパウダー、ペッパーフレークで飾る。

Carbonada Criolla

アルゼンチン

カルボナーダ・クリオイア

カボチャを器にしてサーブされることもある変わり種ビーフシチュー

　日本でシチューといえば、ビーフシチューか鶏のクリームシチューだ。でも、世界にはシチューといわれる料理がたくさんある。ビーフシチューも一様ではなく、それぞれが個性的だ。カルボナーダ・クリオイアは個性的という点では圧倒している。

　まずは煮込む材料。カボチャやスイートポテトが入るのは、ラテンアメリカの料理なので理解できる。でも、ドライフルーツと聞くとびっくりする人が多いのではないだろうか。驚く必要はない。スープに果物を加えることは珍しくないのだ。とくにビーフシチューにはよく合う。ドライフルーツではなく生のピーチを使うことも多い。

材料（4人分）

オリーブオイル：大さじ2／シチュー用牛肉：600g／玉ネギ：1個（2cm角程度に切る）／ニンニク：3粒（粗みじん切り）／赤ワイン：250cc／ビーフまたは野菜ブロスあるいは水＋ブイヨン：750cc／缶詰のトマト：300g（1cmサイコロ切り）／ローリエ：1枚／オレガノ：小さじ1/2／パプリカパウダー：小さじ1/2／カボチャまたはバターナッツスクワッシュ：1/3個（大きめの乱切り）／スイートポテトまたはサツマイモ：大1本（大きめの乱切り）／ジャガイモ：2個（1個を2等分か4等分に切る）／ドライアプリコットまたはプルーン：100g／塩・コショウ：適宜

作り方

❶鍋にオリーブオイルを熱し、牛肉を加えて全体に焦げ目を付ける。❷肉をいったん取り出し、玉ネギとニンニクを加えて玉ネギが透き通るまで炒める。❸肉を鍋に戻して赤ワイン、ブロス、缶詰のトマト、ローリエ、オレガノ、パプリカパウダー、塩小さじ1、コショウ一摘みを加えて沸騰させ、弱火にして肉が柔らかくなるまで煮る。❹カボチャ、スイートポテト、ジャガイモ、ドライアプリコットを加えて、野菜が柔らかくなるまで弱火で煮る。❺塩とコショウで味を調え、器に盛る。

Guiso de Lentejas

アルゼンチン

∥ ギソ・デ・レンテハス

パンチェッタとチョリソが入る
ボリューム感あるレンティルスープ

　どの国にも、体も心も温めてくれる料理がある。零下までは滅多に下がらないブエノスアイレスでも変わりはない。多くのレストランが寒い冬に提供する、心身ともに温まるスープ、それがこのギソ・デ・レンテハスである。レンティルのスープは普通ペースト状にするが、このスープではレンティルの形をそのまま残す。使用されるレンティルは主にブラウンレンティルだ。チョリソが入るあたりはスペイン語圏のアルゼンチンらしい。おもしろいのはチョリソから出る脂で脂っこくならないように一度茹でて、脂を多少抜いてから使うところだ。レンティルのスープは焦げつきやすいので、常に適度な水分量を保つことが大切だ。

材料（4人分）

チョリソ：450g（皮を取って1cmサイコロ切り）／パンチェッタまたはベーコン：300g／玉ネギ：1個（1cm角切り）／ニンニク：3粒（みじん切り）／赤パプリカ：1個（1cm角切り）／トマト：小2個（1cmサイコロ切り）／トマトペースト：大さじ1／野菜ブロスまたは水＋野菜ブイヨン：1000cc／ローリエ：1枚／オレガノ：小さじ1／パプリカパウダー：小さじ1／ガーリックパウダー：小さじ1/2／ブラウンレンティル（レンズ豆）：350g（たっぷりの水に1時間ほど浸けておく）／ニンジン：1/2本（1cmサイコロ切り）／ジャガイモ：1個（ニンジンより少し大きめのサイコロ切り）／塩・コショウ：適宜／オリーブオイル（飾り）：適宜／イタリアンパセリ（飾り）：適宜（みじん切り）

作り方

❶鍋に湯（材料外）を沸かし、チョリソを加えて15分ほど煮る（余分な脂を取るため）。❷別の鍋を熱してパンチェッタを加え、十分脂が出てきたところで茹でたチョリソを加えて、チョリソに少し焦げ目が付くまでソテーする。❸玉ネギとニンニクを加えて、玉ネギが透き通るまで炒めたら、赤パプリカ、トマト、トマトペースト、塩小さじ1、コショウ一摘みを加えて、2分ほど炒める。❹ブロスを注ぎ、ハーブとスパイスを加えて沸騰させる。❺豆を水からあげて軽く水洗いして鍋に加え、さらにニンジン、ジャガイモを加えて、弱火で豆が柔らかくなるまで煮る。水分が少なくなったら焦げつかないように水を適量加える。❻塩とコショウで味を調えたら器に盛り、オリーブオイルをかけてイタリアンパセリを散らす。

Sopa de Mani

ソパ・デ・マニ

生のピーナッツでコクを出したアンデスの肉と野菜のスープ

　マニはピーナッツの意味。つまりピーナッツのスープである。ボリビアのほぼ中央、コチャバンバ発祥のスープだが、今では全国的に食されている。

　ピーナッツを使ったスープはラテンアメリカ、アフリカに結構ある。ローストしたピーナッツを使うこともあるが、このスープのように生のものを使うことも少なくない。細かく挽いたピーナッツをスープに加えるのが本来の方法だが、ブレンダーを使えば簡単にできる。どんな野菜を使うか決まっているわけではない。あるものを使うというのがこのスープの正しいあり方だろう。ただし、フライドポテトは欠かせない。

材料（4人分）

サラダ油：大さじ2／牛肉（できればショートリブなどの骨付き）または鶏肉：400g（一口大に切る）／玉ネギ：1個（1cm角切り）／ニンニク：2粒（みじん切り）／セロリ：1本（小口切り）／クミンパウダー：小さじ1/4／オレガノ：小さじ1/2／ビーフブロス（牛肉の場合）かチキンブロス（鶏肉の場合）または水＋ブイヨン：1200cc／ピーナッツ（皮なし、本来は生）：100g／赤パプリカ：1/2個（1cm角切り）／ニンジン：1本（1cmサイコロ切り）／フライドポテト（飾り）：ジャガイモ2個分（スティックに切ってサラダ油で揚げる）／グリーンピース（冷凍でも可）：80g／塩・コショウ：適宜／パクチー（飾り）：適宜（みじん切り）／イタリアンパセリ（飾り）：適宜（みじん切り）／ホットペッパーソース（飾り）：適宜

作り方

❶鍋に油を熱し、肉を加えて全体に焦げ目を付けたら取り出す。玉ネギ、ニンニク、セロリを加えて、玉ネギが透き通るまで炒める。❷肉を鍋に戻し、クミン、オレガノ、塩小さじ1、コショウ一摘みを加えて軽く炒めたら、ブロスを加えて肉が柔らかくなるまで弱火で煮る。❸ブレンダーにピーナッツを入れ、沸騰した❷のスープを200ccくらい加えてなめらかになるまで攪拌する。❹ブレンダーの中身を鍋に加えて赤パプリカ、ニンジンを加えて、ニンジンが柔らかくなるまで弱火で煮る。❺煮ている間に、飾りのフライドポテトを揚げる。別の鍋にサラダ油（材料外）を適量熱してジャガイモを揚げ、ペーパータオルなどの上にのせて油を切っておく。❻グリーンピースを加えて5分ほど煮たら、塩とコショウで味を調える。❼スープを器に注ぎ、フライドポテト、パクチー、イタリアンパセリをのせ、好みでホットペッパーソースをかける。

Fricasé

フリカセ

北海道のポッチェイモみたいなジャガイモが入った豚肉シチュー

　ボリビアのフリカセはキューバのフリカセ デ・ポ・イヨ（P165）、フランスのフリカセとは別の料理だと考えたほうがいいだろう。そもそもキューバとフランスのフリカセは鶏肉だが、ボリビアのフリカセは豚肉で、かなりスパイスが効いたシチューである。

　このシチューのもっとも特徴的なところは、チュニョと呼ばれるフリーズドライのジャガイモが使われていることだ。これは北海道のアイヌ料理に使わるポッチェイモによく似ている。ただ、ボリビアのチュニョは原形のままスープなどに使われる。手に入らない場合は普通のジャガイモを使えばいい。できたら小粒のものを使いたい。

材料（4人分）

サラダ油：大さじ2／豚肉（骨付き、スペアリブ、ポークチョップなど）：800g（可能なら一口大くらいに切る）／玉ネギ：1個（1cm角切り）／ニンニク：4粒（みじん切り）／青ネギ：1本（小口切り）／クミンパウダー：小さじ1／カイエンペッパーなければ他のチリペースト。できれば黄色のもの：好みの量／アヒアマリヨペースト：120cc／水またはビーフブロスまたは水＋ビーフブイヨン：1000cc／ジャガイモ：2個（1個を4〜6等分）／缶詰のホミニーまたは好みの豆：400g／オレガノ：大さじ1／パン粉：大さじ4／塩・コショウ：適宜／調理済コーン（飾り）：適宜

作り方

❶鍋に油を熱し、肉を加えて全体に焦げ目が付くまでソテーしたら、玉ネギ、ニンニクを加えて、玉ネギが透き通るまで炒める。❷青ネギ、クミン、カイエンペッパー、アヒアマリヨペースト、塩小さじ1、コショウ一摘みを加えて1、2分炒めたら、水またはブロスを注いで沸騰させ、弱火で肉が柔らかくなるまで煮る。❸煮ている間に、別の鍋にたっぷりの湯（材料外）を沸かし、ジャガイモを茹でておく。❹ホミニー、オレガノ、パン粉を加えて5分ほど煮たら、塩とコショウで味を調える。❺茹でたジャガイモを均等に器に分け、スープを注いでコーンをのせる。

Feijoada Brasileira

フェイジュアーダ・ブラジレイラ

肉と豆を煮込んだシチュー、フェイジュアーダのブラジル版

　フェイジュアーダはポルトガルの料理だが、かつてポルトガル領だった国でも、いくつかの材料がそれぞれの地域の素材に置き換わったにしても、庶民の間で日常の食べ物として受け入れられている。フェイジュアーダ・ブラジレイラは、その名の通りブラジル版のフェイジュアーダで、ポルトガルのものとはかなり違う。いろいろなソーセージが入るのはポルトガルと同じだが、ブラジルの特産品、カルニジュソウと呼ばれる塩漬けにして天日干しした牛肉が使われているのは、おそらくブラジルだけだ。もうひとつの大きな違いは豆だ。ポルトガルはキドニービーンズ、ブラジルはブラックビーンズである。

材料（4〜6人分）

オリーブオイル：大さじ1+1／玉ネギ：1個（1cm角切り）／ニンニク：4粒（みじん切り）／カルニジュソウ（塩漬け牛肉）なければ牛肉：150g（カルニジュソウの場合は水に浸して塩抜きをする。一口大に切る）／スペアリブ：150g（できれば一口大に切る）／豚肩ロース：150g（一口大に切る）／リングイッサまたはチョリソ：150g（厚さ1cm輪切り）／豚の耳または豚足：耳1枚または足半分（できれば人数分に切る）／水：1200cc／ローリエ：2枚／塩・コショウ：適宜／コラードグリーンまたはケール：葉を10枚（芯を取っておく）／乾燥ブラックビーンズ（黒いんげん豆）：200g（軽く洗い、たっぷりの水に一晩浸しておく）／ロングライス：適宜／オレンジ（飾り）：1個（櫛型に8等分）

作り方

❶鍋にオリーブオイル大さじ1を熱し、玉ネギとニンニクを加えて、玉ネギが透き通るまで炒める。❷肉類を加えて軽く混ぜ合わせたら、水、ローリエ、塩小さじ1、コショウ一摘みを加えて沸騰させ、弱火で肉が柔らかくなるまで煮る。❸煮ている間に、別の鍋に湯（材料外）を沸かし、塩少々を加えてコラードグリーンを湯がいて余分な水分を絞って、ざっくりとスライスし、オリーブオイル大さじ1を熱したフライパンで炒めて、塩とコショウを施しておく。❹肉類は煮えたらすべて取り出して、別の器にとっておく。❺豆をザルにあげてから鍋に加え、柔らかくなるまで弱火で煮る。肉を戻して、塩とコショウで味を調える。❻シチューをコラードグリーン、ロングライスとともに器に盛り、オレンジを添える。

Moqueca de Camarão

ブラジル / Brazil

| モケカ・ジュ・カマロウン

トマトとココナッツミルクがベースになったエビのスープ

　ブラジル東南のエスピリトサントが起源のモケカ・ジュ・カマロウンは、奴隷として渡ってきたアフリカの人たちの食文化とポルトガルの食文化がミックスされた料理だといわれている。このレシピでは使っていないが、本来油はパームオイルが使われる。パームオイルはアフリカから持ち込まれたことはまず間違いない。

　モケカ・ジュ・カマロウンの特徴のひとつは、トマトとココナッツミルクがスープのベースになっているところだろうか。トマトとミルクは合いそうにないが、ココナッツミルクも含め、この2つを組み合わせることは意外に多い。ミルクを加えると味がマイルドになる。

材料（4人分）

ココナッツオイル（なければオリーブオイル）：大さじ1+1／生エビ：500g（殻、背ワタを取っておく）／玉ネギ：小1個（粗みじん切り）／ニンニク：3粒（みじん切り）／カイエンペッパー：小さじ1/2／赤パプリカ：1個（5mmくらいにスライス）／ピーマン：2個（5mmくらいにスライス）／パクチー：10本（みじん切り）／缶詰のトマト：500g（1cmサイコロ切り）／ココナッツミルク：400cc／ライム果汁：1個分／塩・コショウ：適宜／ライム（飾り）：1個（スライス）／パクチー（飾り）：適宜（みじん切り）

作り方

❶鍋に大さじ1のココナッツオイルを熱し、エビを加えて全体がほんのりピンク色になるまで炒めたら、取り出して皿などにとっておく。❷同じ鍋に、大さじ1のココナッツオイルを加え、玉ネギ、ニンニクを加えて、玉ネギが透き通るまで炒める。カイエンペッパー、赤パプリカ、ピーマン、パクチー、缶詰のトマト、塩小さじ1、コショウ一摘みを加えて、パプリカとピーマンに火が通るまで炒める。❸ココナッツミルクを加えて沸騰させ、エビを鍋に戻して塩とコショウで味を調え、エビに火が通るまで弱火で煮る。火を止めてライム果汁を加えて混ぜる。❹スープを器に盛り、飾りを散らす。

Sopa de Mariscos

チリ

| ソパ・デ・マリスコス

シーフードの味が存分に味わえるあっさりしたスープが魅力

　ソパ・デ・マリスコスはまさしくシーフードスープという意味で、魚、貝、イカなどさまざまなシーフードが入ったとてもマイルドなスープである。パイラ・マリーナと呼ぶこともある。パイラはチリでスープを作るときなどに使われる土鍋のことで、マリーナは海という意味だ。

　トマトが入る場合もあるが、このレシピのように入らないものも多く、とってもあっさりしたスープといえる。材料の中にサケが出てくることにびっくりする人もいるかもしれない。サケは北半球の魚だが、南半球の国々にも移入され繁殖している。南米でも釣りの対象魚として人気がある。

材料（4人分）

ムール貝、アサリ、貝柱、イカなどのシーフードミックス（冷凍でも可）：400g／オリーブオイル：大さじ2／玉ネギ：小1個（1cm角切り）／ニンニク：2粒（みじん切り）／セロリ：1本（小口切り）／ピーマン：2個（1cm角切り）／白身魚またはサーモン：200g（一口大に切る）／白ワイン：100cc／水またはフィッシュブロス：800〜1000cc／オレガノ：小さじ1／パプリカパウダー：小さじ1/2／エビ：80g（殻と背ワタを取る）／パクチー：20〜30本（粗みじん切り）／塩・コショウ：適宜／パクチーまたはイタリアンパセリ（飾り）：適宜（みじん切り）／ライム（飾り）：1、2個（櫛切り）

作り方

❶生の殻付きのムール貝やアサリを使うときは貝殻をよく洗い、塩水（材料外）に浸けて砂を吐かせる。冷凍の場合は解凍しておく。❷鍋にオリーブオイルを熱し、玉ネギとニンニク、セロリ、ピーマンを入れて、玉ネギが透き通るまで炒める。❸魚、白ワイン、水またはブロス、オレガノ、パプリカパウダー、塩小さじ1、コショウ一摘みを加えて沸騰させ、5分ほど弱火で煮る。❹シーフードミックス、エビを加えて、弱火ですべてに火が通るまで煮たら塩とコショウで味を調え、パクチーを加えてひと煮立ちさせる。❺スープを器に盛り、パクチーまたはイタリアンパセリを散らし、好みでライムを絞る。

Changua

コロンビア Colombia

| チャングア

パンを牛乳に浸たす。卵があれば大満足。そんなスープがこれ

　ご飯に味噌汁、納豆、アジの開き。ベーコンエッグにパン、牛乳。国によってさまざまな朝食のスタイルがある。ヨーロッパやアメリカの朝食で欠かせないのは牛乳とパン、そして、おそらく卵だろう。この3つの食べ物を一緒にしてしまえという発想が生まれてもまったくおかしくない。それがこのチャングアである。

　基本形はまさしくパン、牛乳、卵、水だが、水の代わりにブロスが使われることもある。チーズやトマト、パクチーを上にのせる贅沢バージョンもある。コロンビアのボゴタで人気の朝食だが、病気のときなど食欲が減退しているときにもいい。

材料（4人分）

チキンブロスまたは水＋チキンブイヨン（水だけでもOK）：500cc／牛乳：500cc／青ネギ：1/2本／パクチー：6本／ニンニク：1粒（つぶしておく）／卵：4個／バゲット（スライスしたもの）：4枚／塩：適宜／青ネギ（飾り）：適宜（みじん切り）／パクチー（飾り）：適宜（みじん切り）

作り方

❶鍋にブロスと牛乳、切っていない青ネギとパクチー、ニンニク、塩小さじを入れて沸騰させ、弱火にして5分ほど煮る。青ネギ、パクチー、ニンニクを取り除き、塩で味を調える。❷卵を割り入れて、好みの硬さになるまで1～6分茹でる。❸それぞれの器に卵を崩れないようにすくって置き、その上からスープを注ぐ。❹青ネギとパクチーを散らし、バゲットを一口大にちぎって加える。

Ajiaco

アヒアコ

フアスカスというハーブが決め手となるコロンビアのチキンスープ

アヒアコは世界でもっともおいしいチキンスープだといわれることがある。材料を見るかぎりは特別なものはほとんどない。ジャガイモはコロンビア特産のものが使われることはいうまでもない。でもそれがキーだとは思えない。では何がキーなのか。それはフアスカスというハーブにある。

フアスカスはラテンアメリカでよく使われるハーブで、コロンビアの人にとって、フアスカスが入っていないアヒアコはアヒアコではないのだ。フアスカスは深いグラッシーな（芝のような）フレーバー、香りを持っているといわれる。手に入らない場合はオレガノで代用することが多いようだ。

材料（4人分）

鶏胸肉：450g／トウモロコシ：1本（4等分）／青ネギ：2本／ニンニク：2粒（スライス）／パクチー：6本（みじん切り）／チキンブロスまたは水＋チキンブイヨン：1000cc／ジャガイモ3種（レッド、イエロー、ホワイトなど）：500g（一口大に切る、小さいものはそのまま皮付きでもOK）／フアスカス（乾燥）：大さじ3（オレガノで代用するなら小さじ2）／塩・コショウ：適宜／アボカド（飾り）：1個（1cmサイコロ切り）／サワークリームまたは生クリーム（飾り）：適宜／ケッパー（飾り）：適宜／パクチー（飾り）：適宜

作り方

❶鍋に肉、トウモロコシ、青ネギ、ニンニク、パクチー、塩小さじ1、コショウ一摘みを入れ、ブロスを注いで沸騰させ、弱火で肉に火が通るまで煮る。❷肉を取り出し、冷めたら食べやすい大きさに裂いておく。青ネギは取り除く。❸ジャガイモとフアスカスを加えて、ジャガイモに火が通るまで弱火で煮たら、肉を戻し、塩とコショウで味を調える。❹スープを器に盛り、飾りをのせる。

Cuchuco

| クチュコ

様々な穀物で作られる先住民が起源の歴史あるスープ

　クチュコは先住民であるムイスカの人たちの料理が起源だといわれている、コロンビアのスープだ。主な材料はスペアリブ、そら豆、そして穀物である。使う穀物の違いによって、クチュコ・デ・トリゴ（小麦）、クチュコ・デ・セバダ（大麦）、クチュコ・デ・メイズ（トウモロコシ）と呼ばれる。

　スペアリブから出たエキスがスープのベースになっているが、脂っこいところはなく、あっさりとしたスープで、日本人でも抵抗なく食べることができる。そら豆は皮をむかないのが習慣のようだが、食べやすくするなら皮はむいたほうがいいだろう。

材料（4人分）

スペアリブ（できれば3、4cmに切ったもの）：600g／水：1200cc／大麦：80g（たっぷりの水に1時間くらい浸しておく）／青ネギ：2本（小口切り）／パクチー：10本（ざく切り）／ニンジン：1/2本（1cmサイコロ切り）／ジャガイモ：小2個（一口大に切る）／グリーンピース（冷凍可）：60g／そら豆（冷凍可）：120g（冷凍の場合は解凍しておく。皮はむかない）／塩・コショウ：適宜／パクチー（飾り）：適宜（みじん切り）／ライム（飾り）：適宜（櫛切り）

作り方

❶スペアリブと水を鍋に入れて沸騰させ、弱火にしてスペアリブに火が通るまで煮る。❷大麦をザルにあげてよく洗った後、鍋に入れ、青ネギ、パクチー、ニンジン、ジャガイモ、塩小さじ1、コショウ一摘みを加えて、大麦と野菜に火が通るまで弱火で煮る。❸塩とコショウで味を調え、グリーンピースとそら豆を加えて、豆に火が通るまで煮る。❹スープを器に盛り、パクチーを散らしてライムを添える。

エクアドル Ecuador

Biche de Pescado

エクアドル Ecuador

‖ ビッチェ・デ・ペスカード

ピーナッツの味がちょっと不思議なエクアドルの魚と野菜のスープ

　エクアドルのスープは、たくさんの素材を用意し、スープ、具などいくつかのパートに分けて調理を進め、最終的にひとつのスープにするというパターンが結構ある。決して難しい料理ではないが、それなりに手間をかける必要がある。このスープのいちばんの特徴は、ピーナッツがベースになっていることである。魚をさばいた後の頭や骨でスープをとり、ローストしたピーナッツと一緒にブレンダーにかけて、スープのベースを作る。ピーナッツの甘さと魚の出汁がミックスされて独特の味を作り出している。魚は手に入るもので構わない。野菜も日本では手に入りにくいものがほとんどだが、日本の野菜と置き換えて作ってみたい。

材料（4人分）

スープベース
魚の頭と骨：300g／水：1000cc／サラダ油：大さじ1／玉ネギ：1/2個（みじん切り）／ニンニク：2粒（みじん切り）／牛乳：120cc／ローストピーナッツ：100g／クミンパウダー：小さじ1/2

スープ
無塩バター：大さじ1／玉ネギ：1/2個（1cm角切り）／ニンニク：1粒（みじん切り）／オレガノ：小さじ1／クミンパウダー：小さじ1／アチオーテパウダー（なければパプリカパウダー）：小さじ1/2／ピーナッツバター（できれば無塩）：大さじ1／トウモロコシ：1本（4または8個に輪切り）／キャッサバ（なければサツマイモ）：300g（一口大に切る）／ピーマン：1個（1cm角切り）／プランテインまたはグリーンバナナ：1本（一口大にスライス）／サヤインゲン：5本（長さ3cmに切る）／パクチー：4本／白身魚：400g（一口大に切る）／塩・コショウ：適宜／パクチー（飾り）：適宜（ざく切り）／ホットソース（飾り）：適宜／ライムまたはレモンのスライス（飾り）：4枚

作り方

❶まずスープベースを作る。魚の頭と骨、水を鍋に入れて火にかけ、30分くらい煮込む。濾してボウルにあけておく。❷フライパンにサラダ油を熱し、玉ネギとニンニクを加えて、玉ネギが透き通るまで炒める。❸❷と牛乳、ピーナッツ、クミン、そして❶の半量をブレンダーに入れて、なめらかなペースト状にする。❹❸をボウルに移し、❶の残りを入れてよく混ぜる。スープベースの完成。❺バターを鍋に熱し、玉ネギ、ニンニクを加えて玉ネギが透き通るまで炒める。ハーブとスパイス（パクチー以外）を加えて、さらに1分くらい炒める。❻スープベース、ピーナッツバター、塩とコショウ少々を鍋に加え、沸騰したらトウモロコシとキャッサバを加えて、キャッサバが柔らかくなるまで弱火で煮る。❼さらにピーマン、プランテイン、サヤインゲン、パクチーを加えて、火が通るまで煮る。❽魚を加えて火が通るまで煮て、塩とコショウで味を調える。❾スープを器に盛り、パクチーとホットソースを振り、ライムのスライスを添える。

Caldo de Bolas de Verde

カルド・デ・ボラス・デ・ヴェルデ

エクアドルの人はプランテインをダンプリングにしてしまった

　前ページのビッチェ・デ・ペスカードやこのスープのように、プランテインとピーナッツを組み合わせるのは、エクアドルの海岸線の地域の典型であるらしい。それ自体が珍しいのだが、このスープの特異性はそれ以上のものだ。スープの中で煮たプランテインを取り出して、すりおろした生のプランテインとブレンダーにかけて生地を作る。そしてそれを使ってダンプリングを作るのである。ダンプリングの中身はピーナッツバターが入る以外に奇抜なところはない。奇抜なのは、その中身を丸めて、つぶしたプランテインで包んでしまうところだ。そうやってできたダンプリングはビリヤード玉くらいになる。

材料（6人分）

無塩バター：大さじ1／玉ネギ：1/2個（1cm角切り）／ニンニク：2粒（みじん切り）／トマト：小2個（1cm角切り）／ピーマン：1個（1cm角切り）／クミンパウダー：小さじ1／アチオーテオイル：小さじ1／パクチー：大さじ1（みじん切り）／オレガノ：小さじ1（なければパプリカパウダー小さじ1/2）／チリペッパー：小さじ1／ピーナッツバター：大さじ1／チキンブロスまたは水：1250cc／牛骨付き肉：400g／グリーンプランテインなければグリーンバナナ：2本（グリーンバナナなら3本、3cmのスライス）／ニンジン：1本（1cm厚輪切り）／キャッサバ（なければサツマイモ）：400g（一口大に切る）／トウモロコシ：1本（6か12等分）／キャベツ：4枚（乱切り）／パクチー（飾り）：適宜（みじん切り）／ライム（飾り）：4個（櫛切り）

ダンプリングの具

無塩バター：大さじ1／玉ネギ：1/4個（みじん切り）／トマト：小1個（1cm角切り）／ニンニク：1粒（みじん切り）／ピーマン：1/4個（粗みじん切り）／クミンパウダー：小さじ1/2／アチオーテオイル：小さじ1（なければパプリカパウダー小さじ1/2）／ピーナッツバター：大さじ1／水：大さじ2／グリーンピース：30g／パクチー：1本（みじん切り）／茹で卵：1個（粗みじん切り）／塩・コショウ：適宜

ダンプリングの皮

すりおろしたプランテインまたはグリーンバナナ：1本分／卵：1個／塩・コショウ：一摘み

作り方

❶鍋にバターを熱し、玉ネギ、ニンニク、トマト、ピーマンを加えて、玉ネギが透き通るまで炒める。❷スパイスとハーブ、ピーナッツバター、ブロスを加え、さらに肉を加えて沸騰させ、肉に火が通るまで弱火で煮る。❸飾り以外の残りの野菜を加えて、キャッサバに火が通るまで煮る。❹スープを煮ている間に、ダンプリングを作る。フライパンにバターを熱し、玉ネギ、トマト、ニンニク、ピーマン、スパイスを加えて、野菜が柔らかくなるまで炒める。アチオーテオイル、ピーナッツバター、水を加えてよく混ぜ、グリーンピースとパクチーを加えてさっと炒める。❺火を消して茹で卵を加えて混ぜ、塩とコショウで味つけする。❻スープの火をいったん消し、スープからプランテインを取り出し、スープ大さじ2、すりおろしたプランテイン、卵、塩とコショウ一摘みとともにブレンダーに入れて、ダンプリングの皮生地を作る。❼皮生地を12等分し、手の平の上で丸く薄くのばす。中央に小さじ2程度の❺を置いて生地で包み、丸く形を整える。具が余ったらスープに加える。❽スープを再び弱火で温め始め、包んだダンプリングを加えて10～15分煮る。❾器にスープを盛り、パクチーを散らして、ライムとともに出す。

Fanesca

ファネスカ

復活祭に欠かせない20以上の食材を駆使して作られる豪華スープ

　エクアドルに住んでいる友人に、国内でもっとも知られているスープはと聞いたら、最初に出てきたのがこのスープだった。復活祭のときに食べる特別な料理で、12種類の豆が入ることで知られる。豆だけでなく他にもいろいろな材料が必要で、地元の人でも作るのが結構大変なようだ。何日も前から準備し始めるのが当たり前らしい。

　20種類に及ぶ食材を駆使して作ったスープの上には、さらに茹で卵、アボカド、プランテインのフライ、パクチー、パイのようなエンパナーダなどがのる。今回購入したエンパナーダは大きかったので、スープの上にのせるスペースがなかった。

材料 (4人分)

塩漬けのタラ：200g ／ズッキーニ：1本（幅1cm輪切り）／カボチャ：1/8個（一口大に切る）／キャベツ：3枚（千切り）／ピーナッツ：60g ／ロングライス（調理済）：45g ／水：120cc ／無塩バター：大さじ2 ／アチオーテオイル：小さじ2（なければパプリカパウダー小さじ1）／玉ネギ：1個（1cm角切り）／ニンニク：2粒（みじん切り）／チリパウダー：小さじ1/3 ／クミンパウダー：小さじ1 ／牛乳：500cc ／調理済イエローレンティル（レンズ豆）：50g ／調理済ひよこ豆：50g ／コーン（冷凍可）：200g ／調理済白いんげん豆：60g ／調理済そら豆：150g（皮をむいておく）／グリーンピース（冷凍可）：100g ／調理済ルピニビーンズ（瓶詰め可。なければそら豆を増やす）：60g（皮をむいておく）／クレムフレッシュまたは生クリーム：大さじ2 ／クリームチーズ：大さじ2 ／パクチー：6本（粗みじん切り）／塩・コショウ：適宜／茹で卵（飾り）：4個（2か4等分）／プランテインのフライ（飾り）：適宜／エンパナーダ（飾り）：4個／好みのホットペッパー（飾り）：適宜（スライス）／ホットソース（飾り）：適宜／アボカド（飾り）：1個（スライス）／パクチー（飾り）：適宜（粗みじん切り）

作り方

1. 塩漬けのタラは洗って塩を落とし、たっぷりの水で24時間塩抜きする。8時間ごとに水を換えること。
2. ズッキーニ、カボチャ、キャベツを別々に、茹でるか蒸すかレンジを使って柔らかくする。
3. ②をブレンダーに入れ、ピーナッツ、ロングライス、水を加えてピュレにする。
4. 鍋にバターを熱し、タラを加えて、両面を軽く焼いたら取り出して皿などに置いておき、冷めたら小さく裂いておく。
5. タラを取り出した鍋にアチオーテオイルを入れ、玉ネギ、ニンニクを加えて、玉ネギが透き通るまで炒める。
6. チリパウダー、クミンを加えてさっと混ぜたら、牛乳、レンティル、ひよこ豆、コーン、白いんげん豆、そら豆、裂いたタラ、③のピュレを加えて、沸騰したら弱火にして15〜20分煮る。
7. グリーンピース、ルピニビーンズを加えてひと煮立ちさせ、さらにクレムフレッシュ、クリームチーズ、パクチーを入れて、クリームチーズが溶けたら塩とコショウで味を調える。
8. スープを器に盛り、飾りをのせる。

Soyo

パラグアイ

‖ ソヨ

挽き肉と細かく刻んだ野菜がするりと入る食べやすいスープ

　パラグアイの公用語はスペイン語だが、先住民のグアラニ語も公用語として使われ、住民の90パーセント近くがこのグアラニ語を話す。ソヨはグアラニ語のソー・ホソピが短くなったもので、押しつぶされた肉という意味のようだ。つまり肉をすり鉢ですりつぶすのが本来のやり方だが、今では挽き肉を使うのが一般的だ。

　ソヨは貧困層の食べ物だったが、今では階層を問わず大変ポピュラーな料理だ。煮ている間に崩れてしまうトマトを除いて、他の野菜は挽き肉、米と同程度のみじん切りにする。同じラテンアメリカの、野菜がごろっとしているスープとは対照的だ。

材料（4人分）

牛挽き肉：400g／水：1000cc／オリーブオイル：大さじ1／玉ネギ：1個（みじん切り）／ニンニク：1粒（みじん切り）／ニンジン：1/4本（粗みじん切り）／ピーマン：2個（粗みじん切り）／トマト：1個（1cmサイコロ切り）／ローリエ：1枚／米：30ｇ／オレガノ：小さじ1/2／塩・コショウ：適宜／イタリアンパセリ（飾り）：適宜（みじん切り）

作り方

❶肉、塩一摘みをボウルに入れ、水を加えてよく混ぜておく。❷鍋にオリーブオイルを熱し、玉ネギとニンニクを加えて、玉ネギが透き通るまで炒める。❸ニンジンとピーマンを加えて1分ほど炒めたら、トマトを加えてトマトが崩れてくるまで炒める。❹ローリエ、水に浸した肉を水ごと、米、オレガノ、塩とコショウ一摘みを加えて中火にし、沸騰したら弱火にして、米が柔らかくなるまで煮る。木ベラなどでこまめに混ぜることを忘れないように。❺塩とコショウで味を調え、ローリエを取り除いたら器に盛り、イタリアンパセリを上に散らす。

213

Vori Vori

|| ヴォリ・ヴォリ

小さなボールがたくさん入っている。ヴォリ・ヴォリはそんな意味

　ヴォリ・ヴォリとはまた楽しい名前だ。どんなスープかはともかく、名前はすぐ覚えた。ヴォリはスペイン語のボリタから派生した言葉で、小さなボールという意味だ。これにパラグアイの先住民の言語グアラニ語の表現が加わった。単語が1つだと単純に1個、2つ続くと2個以上ということらしい。ヴォリ・ヴォリはたくさんのボールみたいな意味になるのでないだろうか。

　ヴォリ・ヴォリはトウモロコシの粉とパラグアイのフレッシュチーズで作った生地を丸めたもので、モッツァレラチーズをすりおろすか、リコッタやカッテージチーズを使えば同じようなものができる。

材料（4〜6人分）

オリーブオイル：大さじ2／鶏肉：800g（一口大に切る）／玉ネギ：1個（みじん切り）／青ネギ：2本（小口切り）／赤パプリカ：1個（1cm角切り）／トマト：1個（1cmサイコロ切り）／オレガノ：小さじ2／水：1000〜1200cc／塩・コショウ：適宜／オレガノ（飾り）：適宜

ヴォリ・ヴォリ
コーンフラワー：200g／フレッシュチーズ（モッツァレラ、ケソ・フレスコなど。リコッタでもOK）：100g（すりおろす、リコッタの場合はそのまま）／卵：1個／調理中のスープ：適宜

作り方

❶鍋にオリーブオイルを熱し、肉を加えて全体に焦げ目が付くまでソテーしたら玉ネギを加えて、玉ネギが透き通るまで炒める。❷青ネギ、赤パプリカ、トマト、オレガノを加えて2分くらい炒めたら、水を加えて沸騰させ、肉に火が通るまで弱火で煮る。❸スープを煮ている間、ヴォリ・ヴォリを作る。ボウルにコーンフラワー、チーズ、卵を入れ、調理中のスープを少しずつ加え手にこびりつかない程度の生地を作り、直径2cmくらいのボールにする。❹肉が煮えたら強火にして、ヴォリ・ヴォリを1個ずつ加えて、ヴォリ・ヴォリがすべて浮いてきたら塩とコショウで味を調える。❺スープを器に盛り、オレガノを散らす。

Sancochado

|| サンコチャード

具とスープを分けると2つの違う料理が楽しめて得したような気分

　スペインとインカのフュージョンといわれるサンコチャードだけれど、とにかく何でも鍋に加えて煮るというのはスープ作りというか料理の基本であって、どこでも誰でもやることだ。ラテンアメリカの食材を使ってポトフを作るとこうなるという見本のような料理が、サンコチャードである。

　煮た肉や野菜は別の皿に盛りつけてサーブするというのは、珍しいことではない。何か2つの料理が一度にできる感じで、とても理にかなっている。ポトフではマスタードを付けて食べるのが普通だが、そこはラテンアメリカのこと、マスタードは当然のごとくサルサに変わるのである。

材料（4人分）

牛肉：800g／水：1000cc＋α／オレガノ：大さじ1／玉ネギ：大1個／セロリ：2本／トウモロコシ：2本／ニンジン：大1本／ターニップ（なければカブ）：2個／キャッサバ（なければマランガ、サトイモ、サツマイモでも可）：小1本／スウィートポテトまたはサツマイモ：大1本／ジャガイモ：2個／キャベツ：1/2個／リーキまたは長ネギ：1本／塩・コショウ：適宜
●牛肉と野菜はすべて人数に合わせて4か8等分する。

作り方

❶肉、水1000cc、塩小さじ2、コショウ一摘み、オレガノを鍋に入れて沸騰させ、肉に火が通るまで弱火で煮る。❷キャベツとリーキ以外の野菜を鍋に加えて再び沸騰させたら、野菜が柔らかくなるまで弱火で煮る。野菜によって火が通るまでの時間が違うので、火が通った順に取り出しておくといい。❸すべての野菜が煮えたら、取り出していた野菜を戻す。キャベツ、リーキを加えて、柔らかくなるまで煮る。❹鍋の中の肉と野菜を、野菜ごとに分けて人数分の皿に均等に盛る。❺スープを塩とコショウで味を調えて、別の器に注ぐ。肉と野菜を盛りつけた皿と一緒にサーブする。

Chupe de Camarones

|| チュペ・デ・カマロネス

クリーミーでスパイシーなペルー特産チリを使ったエビチャウダー

　ペルーのチュペ・デ・カマロネスはスパイシーなエビのチャウダー。日本と同じようにペルーの人もエビの頭や殻を捨てるなどという無駄なことはしない。頭と殻で最初にスープを取り、それで野菜などを煮ていく。このスープの要である辛さは、ペルー特産のアヒパンカというチリペッパーが使われるが、レッドペッパーフレークや鷹の爪で十分だ。とろみをつける役目もするケソ・フレスコは、ラテンアメリカでもっともよく使われるフレッシュチーズだ。このチーズはスープに入れても溶けにくい。よりとろみをつけたいのであれば、リコッタ、カッテージ、モッツァレラチーズがいい。

材料（4人分）

エビ（できれば頭付き）：450g／野菜ブロスまたは水＋野菜ブイヨン：1000cc／オリーブオイル：大さじ1／玉ネギ：小1個（1cm角切り）／ニンニク：1粒（みじん切り）／レッドペッパーフレーク：小さじ1/2／トマト：1個（1cmサイコロ切り）／トマトペースト：大さじ1／ジャガイモ：大1個（一口大に切る）／トウモロコシ：1本（4か8等分）／米：大さじ2／オレガノ：小さじ1／グリーンピース（冷凍可）100g／卵：4個／エバミルク（無糖）：120cc／ケソ・フレスコ（なければリコッタ、カッテージチーズなど）：40g／塩・コショウ：適宜／パクチー（飾り）：適宜（粗みじん切り）

作り方

❶頭付きのエビを使う場合は、頭と殻、背ワタを取り、ブロスを沸騰させて頭と殻を入れて10分くらい煮て、頭と殻を取り除く。❷別の鍋にオリーブオイルを熱し、玉ネギ、ニンニクを加えて、玉ネギが透き通るまで炒める。❸レッドペッパーフレーク、トマト、トマトペーストを加え、2分ほど炒めたら、①のブロスを加えて沸騰させる。❹ジャガイモ、トウモロコシ、米、オレガノ、塩とコショウ摘みを加えて、米が柔らかくなるまで弱火で煮る。❺エビとグリーンピースを加えて、ひと煮立ちさせたら卵を割り入れ、好みの硬さになるまで煮る。❻エバミルクとチーズを加えてひと煮立ちさせ、塩とコショウで味を調える。スープを器に盛り、パクチーを上に散らす。

Inchicapi

インチカピ

ピーナッツのソースをかけたような少し濃厚なチャウダー

　インチカピはペルーの山奥アマゾンで誕生した鶏のチャウダーである。チャウダーといっても牛乳やクリームが入っているのではなく、ピーナッツがその代わりに入っているといっていいかもしれない。ピーナッツ、コーンフラワーなどをピュレにしたものを、鶏を煮ているスープに加えてとろみをつける。野菜はユカあるいはキャッサバと呼ばれる根菜が使われるが、日本ではまず手に入らない。でもジャガイモや熟していないバナナでもおいしい。鶏肉はできるだけ大きく切るのが普通だが、煮えたところで取り出して、細かく裂いてしまえば、ナイフやフォークなしで、スプーンだけで食べることができる。

材料（4人分）

骨付き鶏肉：500g ／水：1500cc ／ピーナッツ（できれば生）：40g ／パクチー：6本（ざく切り）／ニンニク：2粒／玉ネギ：1個（乱切り）／コーンフラワー：大さじ3／キャッサバ、プランテイン、ジャガイモなど：400g（人数分に切る）／塩・コショウ：適宜

作り方

❶肉、水、塩小さじ1、コショウ一摘みを鍋に入れて火にかけ、沸騰させ弱火で煮る。❷煮ている間、ブレンダーにピーナッツ、パクチー、ニンニク、玉ネギ、コーンフラワー、鍋のスープを1/2カップくらい入れてピュレにし、鍋に加える。❸鶏肉にだいたい火が通ったら、キャッサバなどの野菜を加え、野菜に火が通るまで弱火で煮る。塩とコショウで味を調える。❹肉を適当な大きさに切り分けて器に盛り、スープを注ぐ。根菜は別の器に盛る。

Saoto

サオト

サオトはラテンアメリカの国で愛されるアジアのスープ

　南アメリカの北東にあるスリナムはおもしろい国だ。南米で唯一オランダ語を公用語とする国というだけでなく、インド、中国、インドネシアからの移民が多く、その文化は世界各地の文化が寄せ集まったできた感がある。このサオトも他のラテンアメリカにはないユニークな起源を持っている。

　ソトとも呼ばれるこのスープは、もとはといえばインドネシアのジャワが起源なのだ。ガランガル、レモングラス、インドネシア産のベイリーフといった材料を見れば、そうかと思うに違いない。トッピングもまた春雨、モヤシなどで、ラテンアメリカというよりもアジアのスープである。

材料（4人分）

鶏肉：600g／チキンブロスまたは水＋チキンブイヨン：2000cc／ニンニク：4粒（みじん切り）／玉ネギ：1個（4等分）／ガランガル：30g（スライス）／レモングラス：2本（中央部分のみ、半分に切る）／インドネシアンベイリーフ（お好みで。なければローリエ）：1枚／オールスパイス：5粒／粒コショウ：小さじ1／醤油：小さじ1／塩：適宜

トッピング

ご飯：大さじ4／茹で卵：4個（縦に半分あるいは4等分）／モヤシ：適宜／春雨フライ：適宜／フライドオニオン：適宜／フライドシューストリングポテト：適宜／スイートソイソース（ケチャップマニスなどの甘い醤油)：適宜／イタリアンパセリまたはパクチー：適宜（みじん切り）

作り方

❶鍋に肉とブロスを入れて沸騰させたら、ニンニク、玉ネギ、ガランガル、ハーブとスパイス、醤油、塩小さじ1を加え、弱火で肉に火が通るまで煮る。❷肉に火が通ったら取り出して冷まし、冷めたら食べやすい大きさに裂いておく。❸鍋の中身は弱火でさらに1時間くらい煮る。この間に茹で卵を含め、トッピングを準備しておく。❹それぞれの器にご飯大さじ1、裂いた鶏肉を置いてスープを注ぐ（スープに入っている野菜などはすくわず、スープのみ）。❺茹で卵を器の隅に置き、中央にモヤシ、春雨フライ、フライドオニオン、フライドシューストリングポテトを積み上げ、スイートソイソースをかけ、イタリアンパセリを散らす。

Puchero

|| プチェロ

ウルグアイだけでなく、ラテンアメリカのさまざまな国で人気のスープ

　プチェロはスペインの料理である。さまざまな肉や野菜を煮込んだ、アンダルシア地方のパプリカをふんだんに使ったスープである。ウルグアイのプチェロもベースはスペインのものと同じだ。ラテンアメリカでサンコチャード（P215）と呼ばれるスープも、おそらく同じ起源をもつ料理であるようだ。

　スペインとウルグアイのプチェロは、料理法は同じだが、材料が全然違う。いちばん違うのは野菜だ。国や地方によって、栽培される、食べられる野菜が違うのだから当然といえる。手に入りにくいのはオッソブッコ（ヴィールの脛）だ。なければ単純に省いてしまうのがいい。

材料（4人分）

水：1000cc／シチュー用牛肉：450g／オッソブッコ（ヴィールシャンク、横にスライスしたもの、お好みで）：4枚（450g）／玉ネギ：1個（大きめの角切り）／調理済ひよこ豆：440g／セロリ：2本（2等分）／カボチャまたはバターナッツスクワッシュ：小1/5～1/4個（バターナッツスクワッシュは1/5～1/4個）（4か8等分）／ニンジン：大1本（4等分）／トウモロコシ：2本（2等分）／キャベツ：小1/2個（4等分）／ズッキーニ：2本（2等分）／チョリソ：200g（4等分）／塩・コショウ：適宜／マスタード、マヨネーズなど（飾り）：適宜

作り方

❶鍋に水、牛肉、オッソブッコ、玉ネギ、塩小さじ2、コショウ一摘みを入れて沸騰させ、牛肉、オッソブッコが柔らかくなるまで弱火で煮る。❷ひよこ豆、セロリ、カボチャ、ニンジンを加えて弱火で5分くらい煮たら、トウモロコシ、キャベツ、ズッキーニ、チョリソを加えて、すべてに火が通るまで弱火で煮る。塩とコショウで味を調える。❸器を1人分につき2つ用意して、ひとつには肉と野菜を盛りつけてスープを少しかけ、もうひとつにはスープを注ぐ。肉や野菜はマスタードなど好みのものを付けて食べる。スープには茹でたパスタ、炊いたご飯を加えてもいい。

Chupe Andino

チュペ・アンディーノ

アンデスの寒い冬を乗り越えるための温かで栄養豊かなスープ

　南アメリカの北端から南端まで延々と続く世界最長のアンデス山脈の冬は寒い。そこに住む人たちにとって体を温め、寒い冬を乗り越えるための栄養を効率よく補給できるスープは、もっとも重要な料理のひとつだ。チュペ・アンディーノはアンデスの人々に食される数あるスープのひとつである。野菜の種類を少し減らし、その代わりにポーチドエッグが入るピスカ・アンディーナも人気だ。

　2つのスープに共通するのは、鶏肉はもちろんクリームあるいは牛乳とチーズが入るところだ。冬を乗り越えるのに必要な脂肪分、たんぱく質をこれでたっぷり摂取する。

材料（4人分）

オリーブオイル：大さじ1／玉ネギ：大1個（1cm角切り）／ニンニク：2粒（みじん切り）／セロリ：1本（小口切り）／ピーマン：1個（1cm角切り）／赤パプリカ：1/2個（1cm角切り）／鶏肉：500g／水：1000cc／トウモロコシ：2本（4等分）／ニンジン：1本（1cmサイコロ切り）／ジャガイモ：2個（2cmサイコロ切り）／クリーミースイートコーン（缶詰）：400g／パクチー：10本（ざく切り）／牛乳または生クリーム：100cc／塩・コショウ：適宜／フレッシュチーズ（ケソ・フレスコ、モッツァレラ、パニールなど、飾り）：200g（1〜1.5cmサイコロ切り）／パクチー（飾り）：適宜（みじん切り）

作り方

❶鍋にオリーブオイルを熱し、玉ネギとニンニクを加えて、玉ネギが透き通るまで炒めたら、セロリ、ピーマン、赤パプリカを加えて、2分ほど炒める。❷塩小さじ1、コショウ一摘み、肉を加えて、肉の表面が白っぽくなるまで炒めたら水を加え、肉に火が通るまで弱火で煮る。❸肉を取り出して、冷めたら食べやすい大きさに裂いておく。❹鍋にトウモロコシ、ニンジン、ジャガイモを加えて再び沸騰させ、弱火にして野菜に火が通るまで煮る。❺裂いた肉を鍋に戻し、クリーミースイートコーン、パクチーを加えて、さらに10分ほど煮たら牛乳を加えて、塩とコショウで味を調える。❻スープを器に盛り、チーズとパクチーで飾る。

The World's Soups
Chapter 7

北アメリカ
North America

バミューダ諸島／カナダ／アメリカ

Bermuda Fish Chowder

バミューダ諸島 🇧🇲

バミューダ・フィッシュ・チャウダー

バミューダ版ブイヤベースともいえるトマトベースの魚チャウダー

　独立した国ではなく、イギリスの海外領土であるバミューダは、食文化においてもイギリスの影響が強い。だからというわけではないが、チャウダーといってもアメリカ北東部ニューイングランドのクラムチャウダーに代表されるクリームシチューのようなチャウダーとは違う。バミューダ・フィッシュ・チャウダーは魚の頭などでとったスープとトマトがベースで、とろみをつける小麦粉、スターチなどが入っていないのでさらさらしている。他の国には見られないこのスープ独自の材料は、ブラックラム酒とシェリーペッパーソースだ。シェリーペッパーソースはバミューダ特産のチリペッパーをシェリー酒に漬けたホットソースである。

材料（4人分）

白身の魚（できれば頭付き）：800g（内臓、鱗、ヒレを取っておく）／水：1250cc／カレー粉：小さじ1／オレガノ：小さじ1／マジョラム：小さじ1／タイム：小さじ1/2／ローリエ：1枚／オリーブオイル：大さじ2／玉ネギ：1個（粗みじん切り）／ニンニク：3粒（みじん切り）／ニンジン：1本（小サイコロ切り）／ピーマン：3個（粗みじん切り）／ウスターソース：大さじ1／ブラックラム酒：120cc／シェリーペッパーソースなければホットソース：大さじ2／缶詰のトマト：200g（小サイコロ切り）／塩・コショウ：適宜／ブラックラム酒（飾り）：適宜／シェリーペッパーソースまたはホットソース（飾り）：適宜

作り方

❶魚と水、ハーブとスパイス、塩小さじ1、コショウ摘みを鍋に入れて沸騰させ、弱火でじっくり魚に火が通るまで煮る。❷魚を取り出し、鍋の中身をザルなどで濾してボウルなどにとっておく。魚は冷めたところで骨を取り除き、身をほぐしておく。❸きれいに洗った鍋にオリーブオイルを熱し、玉ネギ、ニンニクを加えて、玉ネギが透き通るまで炒めたら、ニンジン、ピーマンを加えて2分ほど炒める。❹濾したスープ、魚を鍋に戻し、ウスターソース、ブラックラム酒、シェリーペッパーソース、缶詰のトマトを加えて沸騰させ、弱火で20分くらい煮た後、塩とコショウで味を調える。❺器に注ぎ、好みでブラックラム酒、シェリーペッパーソースを少し垂らす。

Canadian Yellow Pea Soup

カナダ

カナディアン・イエロー・ピー・スープ

まん丸のピーがタピオカのようにも見えるカナダのスープ

　カナダはフランス語圏なので、正確にはスープ・オ・ポアとなる。カナダの東、ケベック地方が起源のスープだが、今ではカナダ全土で食される国民的なスープの地位を確立している。乾燥させたイエローピーには2種類ある。そのままのものと半分に割ったスプリットピーである。世界的にはスプリットピーが一般的だが、このスープでは丸のままのピーを使うのがオリジナルらしい。また、ピュレにせずにそのまま形を残す。ピュレにすることもあるようだが、その場合も完全にピュレにはせずに、ごろごろとした感じを残しておく。スープのベースには塩漬けあるいはスモークした豚肉が使われる。

材料（4人分）

乾燥イエローピーまたはスプリットイエローピー：220g／無塩バター：大さじ2／玉ネギ：1個（みじん切り）／ニンジン：1/2本（ごく小さなサイコロ切り）／セロリ：1本（ごく小さなサイコロ切り）／チキンブロスまたは水＋チキンブイヨン：1000cc／スモークハムホック、ソルトポーク、あるいはブロックベーコン：300g／塩・コショウ：適宜／イタリアンパセリ（飾り）：適宜（みじん切り）

作り方

❶割っていないイエローピーを使う場合は、たっぷりの水に一晩浸けておく。スプリットピーの場合は必要なし。塩分の強いソルトポークを使うときは、別のボウルで水に浸けておく。❷鍋にバターを熱し、玉ネギを加えて、玉ネギが透き通るまで炒めたら、ニンジンとセロリを加えて2、3分炒める。❸ブロス、ハムホックなどの肉、豆を加えて沸騰させ、弱火で肉と豆に火が通るまで煮る。スプリットピーを使う場合は、肉にほぼ火が通ったところで加えた方がいい。❹肉を取り出し、ハムホックの場合は皮と骨を取って小さく刻む。ソルトポークやベーコンの場合は小さなサイコロに切って鍋に戻す。❺塩とコショウで味を調えたら、器に盛り、イタリアンパセリを散らす。

Canadian Cheddar Cheese Soup

|| カナディアン・チェダー・チーズ・スープ

ディズニーランドでも人気のチェダーチーズたっぷりのスープ

　カナダから遠く離れたフロリダ州オーランドにあるディズニーランド。このアミューズメントパークのステーキハウスで人気のメニューがカナディアン・チーズ・スープである。このレストランのシェフがこのスープを考え出したわけではない。カナダが誇るカナダ伝統のスープなのだ。

　炒めたベーコンが食欲をそそるクリームベースのスープに、世界でトップクラスのカナダ産チェダーチーズをたっぷり入れる。ドライマスタードを加えることで、クリーミーなスープに少しばかりピリッとしたアクセントを与える。煮るときにエールやビールを入れることもよくある。

材料（4人分）

無塩バター：大さじ2／カナディアンベーコン：100g（小さなサイコロ切り）／玉ネギ：小1個（1cm角切り）／ニンジン：小1/2本（すりおろす）／小麦粉：30g／チキンブロスまたは水＋チキンブイヨン：250cc／パプリカパウダー：小さじ1/2／ドライマスタード：小さじ1/2／牛乳：1000cc／チェダーチーズ（できればカナダ産）：250g／クルトン（飾り）：適宜／パプリカパウダー：適宜

作り方

❶鍋にバターを熱し、ベーコン、玉ネギ、ニンジンを加えて、焦げないように火加減に注意しながら、野菜が柔らかくなるまで炒める。❷小麦粉を加えて粉っぽさがなくなるまで混ぜたら、ブロスを少しずつ加えてルーを作る。❸かき混ぜながら、パプリカパウダー、ドライマスタード、続いて牛乳を少しずつ加えて沸騰させる。❹火から下ろし、チェダーチーズを加えてよく混ぜて器に盛り、クルトンとパプリカパウダーで飾る。

Chicken Noodle Soup

アメリカ

|| チキン・ヌードル・スープ

アメリカでいちばん人気のスープがこのチキンヌードルスープ

　チキンヌードルスープはアメリカでいちばん売れている缶入りのスープである。それだけではない。アメリカでもっとも食べられているスープでもある。缶を開けてスープボウルに注ぎ、同量の水を加えてレンジで3分。しかし、これで出来上がりというのでは紹介する意味がない。調理済みの鶏かターキーを加える、インスタントラーメンを加える、インスタントラーメンのスープの素を加える、オリーブオイルをかける、バターを溶かす、ガーリックパウダーやハーブをかけるなど、缶のスープをよりおいしくする方法はいくつもある。でもここでは、念のために最初からちゃんと作る方法を紹介しよう。

材料（4人分）

薄いエッグヌードル（なければショートパスタまたはフェットチーネを3〜5cmに折る）：120g／無塩バター：大さじ2／玉ネギ：1個（1cm角切り）／ニンニク：2粒（みじん切り）／鶏肉（できれば骨付きでモモと胸肉のミックス）：450g／チキンブロスまたは水＋チキンブイヨン：2000cc／ニンジン：1本（厚さ3mm程度、太さに合わせて輪切り、半月切り、いちょう切り）／セロリ：2本（厚さ3mmの小口切り）／タイム：小さじ1／塩・コショウ：適宜／イタリアンパセリ（飾り）：適宜（粗みじん切り）

作り方

❶鍋にたっぷりの湯（材料外）を沸かし、ヌードルを少し硬めに茹で、冷水で冷やしてザルにあけておく。❷鍋にバターを熱し、玉ネギとニンニクを加えて、玉ネギが透き通るまで炒める。❸肉、ブロス、塩小さじ1、コショウ一摘みを加えて沸騰させ、弱火にして肉に火が通るまで煮る。❹肉を取り出して冷まし、骨と皮を取り除いて、食べやすい大きさに裂いて鍋に戻す。❺ニンジン、セロリ、タイムを加えて、ニンジンが柔らかくなるまで弱火で煮たら、塩とコショウで味を調える。❻ヌードルを加えてひと煮立ちさせたら器に盛り、上にイタリアンパセリを散らす。

Brunswick Stew

アメリカ

ブランズウィック・シチュー

らい豆、オクラが入ったトマトベースの肉野菜シチュー

　いまだに起源はジョージアだ、ヴァージニアだという論争があることはさておき、両州では教会のイベントなどで大量に作られ、訪問者にもてなされるほどポピュラーなスープである。リス、ウサギ、オポッサムは街中をうろちょろしている、アメリカでは馴染みの動物である。もちろんそれを捕まえてスープにしたわけではないだろうが、その昔、こうした野生動物の肉がこのシチューの主役だった。今でもウサギを使うことがあるが、現在はヴァージニアの場合は鶏肉、ジョージアでは豚肉や牛肉を使うのが一般的だ。材料のひとつ、ライマビーンズは日本でらい豆と呼ばれる緑色の豆のことだ。

材料（4人分）

ベーコン：2枚（細かく刻む）／玉ネギ：2個（薄くスライス）／ニンニク：1粒（みじん切り）／鶏肉：450g／チキンブロスまたは水＋チキンブイヨン：500cc／ウスターソース：大さじ1／ケチャップ（お好みで）：大さじ3／マデイラワイン（なければポルトワイン）100cc／ローズマリー：小さじ1／タイム：小さじ1／ローリエ：1枚／トマト：2個（皮をむいて1cmサイコロ切り）／ジャガイモ：1個（1cmサイコロ切り）／オクラ：8本（厚めにスライス）／らい豆またはそら豆（缶詰、冷凍可）：80g（冷凍は解凍し、皮付きの場合は皮をむく）／コーン（缶詰可）：180g／塩・コショウ：適宜

作り方

❶鍋を熱し、ベーコンを加えて脂が十分出るまで炒めたら、玉ネギ、ニンニクを加えて玉ネギが透き通るまで炒める。❷鶏肉を加えて全体が白っぽくなるまで炒めたら、ブロス、塩小さじ1、コショウ一摘みを加えて沸騰させ、弱火で肉に火が通るまで煮る。❸肉を取り出して冷まし、食べやすい大きさに裂く。❹鍋にウスターソース、ケチャップ、マデイラワイン、ローズマリー、タイム、ローリエを加えて沸騰させ、裂いた鶏肉、トマト、ジャガイモ、オクラ、豆、コーンを加えて弱火で20分ほど煮る。❺塩とコショウで味を調えて、器に盛る。

Pot Likker Soup

アメリカ

|| ポット・リッカー・スープ

緑葉野菜がいっぱい入ったアメリカ南部のヘルシースープ

　ホウレン草でも春菊でもいい。湯がいた後に鍋に残っている茹で汁を見て、これを使って汁でも作ったらうまいんじゃないか、と思ったことはないだろうか。ポット・リッカーはそんな発想から生まれたスープなのだ。ポットは鍋、リッカーは液体、つまり鍋に残った茹で汁という意味だ。

　以前は茹でたコラードグリーン、カラシ菜、ケールといった緑葉野菜をスープとは分けてサーブしていたが、今は他の材料とともにひとつのスープとして食卓に上ることがほとんどだ。煮ておいしい、しかも簡単に手に入る緑葉野菜が日本では少ない。カラシ菜が第一候補、ほかには高菜などが選択肢に入る。

材料（4人分）

スモークハムホック（なければブロックベーコンまたはスモークソーセージ）：450g ／野菜ブロスまたは水＋野菜ブイヨン：1250cc ／サラダ油：大さじ1 ／玉ネギ：1個（1cm角切り）／ニンニク：1粒（みじん切り）／白ワイン：大さじ1 ／レッドペッパーフレーク：小さじ1/2 ／ニンジン：小１本（1cmサイコロ切り）／砂糖：小さじ1/2 ／コラードグリーン、マスタードグリーン、ターニップグリーンなど、なければ好みの緑葉野菜またはミックス：450g（芯を取ってざく切り）／塩・コショウ：適宜

作り方

❶鍋にハムホックとブロス、塩小さじ1、コショウ一摘みを入れて沸騰させ、弱火でハムホックが柔らかくなるまで煮る。❷ハムホックを取り出して、冷めたら骨と皮を取って食べやすい大きさに裂く。ベーコンなら1.5cmほどのサイコロ切り、ソーセージなら1cm厚の輪切り。❸別の鍋に油を熱し、玉ネギとニンニクを加えて玉ネギが透き通るまで炒めたら、白ワインを加えて、ワインが蒸発するまで混ぜる。❹レッドペッパーフレークとニンジンを加えて1分くらい炒めたら、砂糖、肉、❶のスープを加えて沸騰させ、ニンジンに火が通るまで中火で煮る。さらに緑葉野菜を加え、野菜が柔らかくなるまで弱火で煮る。❺塩とコショウで味を調えたら、器に盛る。

Green Chile Stew

グリーン・チリ・シチュー

トマトベースのチリよりもさっぱりした緑色のチリシチュー

チリコンカルネは、メキシコ料理とアメリカ料理のフュージョンであるテックスメックスの代表的な料理である。普通、単純にチリと呼ぶことが多い。チリはトマトベースの赤いシチューだが、ニューメキシコに行くとトマティーヨ（緑色のトマトのような実）を使った緑色のチリになる。これがグリーン・チリ・シチューだ。色だけでなく材料も変わる。チリペッパーはグリーンハッチチリあるいはアナハイムチリ、肉は牛ではなく豚肉、普通のチリには入らないジャガイモが加わる。チリなのでスパイシーだが、ベースのスープはあっさりしている。コロラド州にもグリーンチリがあるが、こちらはトマトベース。

材料（4人分）

豚肩ロース肉：450g（一口大に切る）／サラダ油：大さじ1／玉ネギ：1/2個（粗みじん切り）／ニンニク：1粒（みじん切り）／グリーンチリペッパー＋ピーマン：250g（好みの辛さに合わせて割合を調整、1cm角切り）／チキンブロスまたは水＋チキンブイヨン：750cc／オレガノ：小さじ1/2／ローリエ：1枚／クミンパウダー：一摘み／トマティーヨなければグリーントマトか普通のトマト（缶詰可）：3個（トマトなら1個、1cmサイコロ切り）／ジャガイモ：小2個（1cmサイコロ切り）／水溶き小麦粉（あるいはコンスターチか片栗粉）：粉大さじ1＋水大さじ1／塩・コショウ：適宜／パクチー（飾り）：適宜

作り方

❶肉に軽く塩とコショウを振る。鍋にサラダ油を熱して肉、玉ネギ、ニンニクを加えて肉全体に焦げ目が付くまで炒める。❷チリペッパーとピーマンを加えて2、3分炒めたら、ブロス、ハーブとスパイスを加えて沸騰させ、弱火で肉が柔らかくなるまで煮る。❸トマティーヨとジャガイモを加え、ジャガイモが柔らかくなるまで弱火で煮たら塩とコショウで味を調える。❹水溶き小麦粉を加えてとろみをつける。❺シチューを器に盛り、パクチーを散らす。

Gumbo

|| ガンボ

アメリカを代表するルイジアナ州クレオール料理のシンボル的料理

　ガンボはルイジアナ州のクレオール料理の代表である。フランスやスペイン、アフリカなどの食文化が混ざり合った独特の料理だ。このシチューのベースになる必須要素は日本でもビーフシチューなどで使われるブラウンルーで、これでとろみがつけられる。いろいろバリエーションがあるが、普通は鶏肉、ソーセージ、エビ、オクラがほとんどのガンボに登場すると思って間違いない。クレオールと並ぶルイジアナのケイジャン料理にもガンボがあるが、ケイジャンのガンボにはエビが含まれないことが多いようだ。カナダから移住してきたフランス人によって築かれたケイジャン料理は、クレオール料理よりもシンプルな場合が多い。

材料（4人分）

サラダ油：60cc＋小さじ2／小麦粉：90g／鶏モモまたは胸肉：100g（一口大に切る）／玉ネギ：1個（粗みじん切り）／ニンニク：1粒（みじん切り）／セロリ：1本（小口切り）／ピーマン：2個（1cm角切り）／チリペッパーパウダー：小さじ1/4／タイム：小さじ1/4／レッドペッパーフレーク：小さじ1/4（好みで増減）／チキンブロスまたは水＋チキンブイヨン：750cc／缶詰のトマト：200g（手でつぶしておく）／ローリエ：1枚／アンドゥーイソーセージ（なければスモークソーセージ）：200g（1cmくらいにスライス）／オクラ（冷凍可）：15本（3cmくらいに切る）／イタリアンパセリ：5本（粗みじん切り）／生エビ（中くらいのもの）：200g（殻と尾、背ワタを取る）／ホットソース（飾り）：適宜

作り方

❶フライパンを熱し、サラダ油60ccと小麦粉を入れてだまにならないようによく混ぜ、木ベラなどでかき混ぜながら焦げ茶色のルーを作る。ボウルなどにあけてラップなどをかけておく。❷フライパンを洗って火にかけ、サラダ油小さじ2を熱して肉を加え、肉全体に焦げ目が付くまでソテーする。❸玉ネギ、ニンニク、セロリを加え、玉ネギが透き通るまで炒めたら、ピーマン、チリペッパーパウダー、タイム、レッドペッパーフレーク、塩とコショウ少々を加えて、1分くらい炒める。❹ブロスを注ぎ、缶詰のトマト、ローリエを加えて沸騰させたら、ソーセージを加え、肉に火が通るまで中火で煮る。❺弱火にして❶のルーを加え、沸騰させないようにしながら10分煮る。❻オクラ、イタリアンパセリ、エビを加えて、エビに火が通るまで弱火のまま煮る。❼器に盛り、ライスとホットソースとともにサーブする。スープとライスを同じ器に盛りつけてもいい。

New England Clam Chowder

ニュー・イングランド・クラム・チャウダー

ボストンの海岸線はクラムの宝庫。それを使った名物チャウダー

　ボストンでチャウダーといえばクラムチャウダー、しかもニューイングランドスタイルのクラムチャウダーであって、マンハッタンスタイルでもロードアイランドスタイルでもないクリーミーなチャウダーのことだ。ボストニアン（ボストンの人）、マサチューセッツ州の人、そしてニューイングランド地方の人が誇る貝のスープである。ボストンの国際空港ローガン空港周辺でも獲れる二枚貝が使われる。他に玉ネギ、セロリ、ジャガイモなどが入るが、忘れてはならないのがオイスタークラッカーだ。なぜオイスターなのか未だに謎だが、これがなければクラムチャウダーは完結しないと、我々住民は信じて疑わない。

材料（4人分）

ジャガイモ：2個（小サイコロ切り）／厚切りベーコン：1枚（小角切り）／無塩バター：大さじ2／玉ネギ：小1個（粗みじん切り）／セロリ：1本（粗みじん切り）／タイム：小さじ1/2／ローリエ：1枚／小麦粉：45g／水：250cc／クラムジュース：250cc／クラムなければアサリ、ハマグリなどの貝の身（缶詰、冷凍OK）：400g（食べやすい大きさに刻む）／生クリーム：250cc／塩：適宜／白コショウ：適宜／オイスタークラッカーなければ普通のクラッカー（飾り）：適宜

作り方

❶鍋に湯（材料外）を沸かし、ジャガイモ、塩一摘みを加えて、ジャガイモに火が通るまで煮た後、ザルにあけておく。❷鍋を熱し、ベーコンを加えて脂が十分に出てくるまで炒めたらバターを加え、溶けたら玉ネギ、セロリ、タイム、ローリエを加えて、玉ネギが透き通るまで炒める。❸火を弱めて小麦粉を加え、材料にコーティングするように、粉っぽさがなくなるまで混ぜる。
❹水を少しずつ加えながら混ぜてルー状にしたら、クラムジュースを同じように少しずつ混ぜながら注ぐ。
❺沸騰したら貝、茹でたジャガイモを加えて、貝に火が通るまで弱火で煮る。❻生クリームを加えたら、塩と白コショウで味を調える。❼器に盛り、オイスタークラッカー、なければ砕いたクラッカーを散らす。

Maryland Crab Soup

メリーランド・クラブ・スープ

チェサピークベイで育った特産ブルークラブで作るスープ

　アメリカの東海岸でカニといえばブルークラブ、ブルークラブといえばチェサピークベイということになる。ポトマック川などが海に注ぐ広大な湾は海産物の宝庫、中でもブルークラブはさまざまな料理になってレストランや家庭で登場する。
　このスープでカニの次に重要なのはオールドベイシーズニングだろう。自分でスパイスをブレンドして作ることもできるが、スーパーでも売っているものをわざわざ作る人はあまりいない。オールドベイシーズニングはメリーランドのスパイスミックスで、東海岸ではあらゆるシーフード料理に使われる食卓の必須アイテムだ。

材料（4人分）

無塩バター：大さじ1／玉ネギ：1個（みじん切り）／セロリ：1本（小口切り）／チキンブロスまたは水＋チキンブイヨン：1000cc／レッドペッパーフレーク：小さじ1/4／オールドベイシーズニング：大さじ1／ローリエ：1枚／ウスターソース：大さじ1／キャベツ：100g（1cm角切り）／らい豆またはそら豆（冷凍、缶詰可）：150g（皮をむく）／ジャガイモ：1個（1cmサイコロ切り）／ニンジン：1/2本（1cmサイコロ切り）／コーン（冷凍、缶詰可）：100g／缶詰のトマト：200g（1cmサイコロ切り）／ブルークラブの身（なければ手に入るカニの身）：450g／グリーンピース（冷凍、缶詰可）：50g／塩・コショウ：適宜

作り方

❶鍋にバターを熱して玉ネギとセロリを加え、玉ネギが透き通るまで炒めたらブロス、レッドペッパーフレーク、オールドベイシーズニング、ローリエ、ウスターソースを入れて沸騰させる。❷キャベツ、らい豆、ジャガイモ、ニンジン、コーン、缶詰のトマトを加えて再び沸騰させ、弱火で野菜に火が通るまで煮る。❸カニの身を加えて10分ほど煮たら、塩とコショウで味を調え、グリーンピースを加えてひと煮立ちさせる。

Taco Soup

アメリカ

タコ・スープ

既成のスパイスミックスを使った簡単な豆と挽き肉のスープ

　タコは日本でいうタコスのことだ。といっても、タコスがスープになったというわけでもない。簡単にいえばタコスシーズニングを使ったスープである。タコスシーズニングはトルティーヤにのせる肉や豆を料理するときに使うスパイスミックスで、チリパウダー、ガーリックパウダー、オニオンパウダー、クミンなどが主な材料だ。

　チリビーンズが好きならタコ・スープも絶対に気に入る。タコスープとチリビーンズの材料は同じようなもので、基本的にはいろいろなスパイスを入れるのが面倒なので、市販のスパイスミックスを使ってしまえという発想でたぶん生まれたスープである。

材料（4〜6人分）

オリーブオイル：大さじ1／牛挽き肉（豚、鶏でも可）：400g／玉ネギ：1個（粗みじん切り）／トマトペースト：大さじ1／タコスシーズニング：1パック（約30g）／缶詰のブラックビーンズ（黒いんげん豆）：400g／缶詰のピントビーンズまたはキドニービーンズ：400g／コーン（冷凍あるいは缶詰）：300g／缶詰のトマト：400g（1cmサイコロ切り）／缶詰のグリーンチリ（生でも可、ハラペーニョなど）：100g／野菜ブロスまたは水＋野菜ブイヨン：750cc／塩・コショウ：適宜／アボカド（飾り）：1個（スライス）／ハラペーニョ（飾り）：適宜（輪切り）／トルティーヤチップス（飾り）：適宜／パクチー（飾り）：適宜（みじん切り）／サワークリーム（飾り）：適宜／チェダーチーズ（飾り）：適宜（すりおろすかスライス）

作り方

❶鍋にオリーブオイルを熱し、挽き肉を加えてパラパラになるまで炒めたら、玉ネギを加えて透き通るまで炒める。❷トマトペースト、タコスシーズニングを加えて全体になじませたら、豆、缶詰のトマト、チリ、ブロス、塩小さじ1、コショウ一摘みを入れて、弱火ですべてに火が通るまで煮る。
❸塩とコショウで味を調えたら器に盛り、好みの飾りを上にのせる。飾りはすべてそろえる必要はない。

アフリカ
Africa

ブルンジ／エチオピア／ケニア／マダガスカル／モザンビーク／ルワンダ
ソマリア／タンザニア／ザンビア／アンゴラ／カメルーン／コンゴ民主共和国
ガボン／アルジェリア／エジプト／モロッコ／チュニジア／ボツワナ／南アフリカ
マリ／コートジボワール／ガンビア／シエラレオネ／ガーナ／リベリア／ナイジェリア

Burundian Bean Soup

| ブルンディアン・ビーン・スープ

ベジタリアンでも安心、3種の豆を使ったブルンジのスープ

　東アフリカの内陸に位置するブルンジは、アフリカでもっとも小さな国のひとつである。経済的に困窮するブルンジは、世界でもっとも貧しい国のひとつでもある。経済の基盤は農業で、主な農産物はコーヒー、茶、トウモロコシ、豆である。ブルンジの食文化自体、豆に頼る部分が大きい。

　このスープには普通らい豆、キドニービーンズ、白いんげん豆の3種類が使われる。スライスしたプランテインも欠かせない。スープのベースは豆と炒めた玉ネギで、ブロスではなく水だけだ。ベジタリアンに最適な、シンプルではあるが豆本来の味を楽しむには格好のスープといえる。また、このスープはフフと呼ばれる団子のようなものと一緒にサーブされる。フフは日本でいえば葛餅のようなもので、作り方もまったく同じ。葛粉の代わりにキャッサバ粉やトウモロコシ粉が使われる。

材料（4人分）

サラダ油：大さじ2／玉ネギ：1個（1cm角切り）／調理済キドニービーンズ（赤いんげん豆）または数種類の豆のミックス：800g／プランテイン：1本なければグリーンバナナ：1.5本（1.5cmにスライス）／チリパウダー：小さじ1／水：500cc／塩・コショウ：適宜

作り方

❶鍋に油を熱し、玉ネギを加えて透き通るまで炒める。❷豆とプランテイン、チリパウダーを加えて軽く混ぜ合わせ、水、塩とコショウ少々を加えて沸騰させ、弱火にして水が半量になるまで煮る。塩とコショウで味を調えて、フフと一緒にサーブする。

Misir Wot

エチオピア Ethiopia

ミシル・ワット

レンティルがこんなにおいしいものなのかと思わせる絶品シチュー

　かつて住んでいたアパートの近くにエチオピア料理のレストランがあった。ザルのようなものの上にインジェラと呼ばれる褐色のフラットブレッドを敷き、その上に色とりどりの料理が置かれる。その美しさにいつもため息をついた。

　エチオピア料理は世界でもトップクラスの料理だと私は思っている。その代表がこのレンティル豆のシチュー、ミシル・ワットである。使用する水を極力少なくして、焦げつかないように常に混ぜながら、レンティルが柔らかくなるまで煮る。手間はかかるが、こうすることで凝縮されたレンティルのおいしさが味わえるというわけだ。

材料（4〜6人分）

オレンジレンティル（レンズ豆）：200g／玉ネギ：小2個（粗みじん切り）／サラダ油：大さじ4／ニンニク：4粒（みじん切り）／トマト：1個（粗みじん切り）／バルバレ（エチオピアンスパイスミックス）＊：大さじ3／水：250cc×4／塩・コショウ：適宜

＊バルバレ
パプリカパウダー：大さじ3／カイエンペッパー：小さじ2／ジンジャーパウダー、ガーリックパウダー：各小さじ1／シナモンパウダー、オールスパイス、カルダモンパウダー、クミンパウダー、コリアンダーパウダー：各小さじ1/2／ナツメグ、フェヌグリークシード：各小さじ1/4

作り方

❶豆を水で洗って、ザルにあけておく。❷鍋を中火で熱し、玉ネギを加えて、玉ネギが焦げつかないように常にかき混ぜながら、玉ネギが透き通るまで油なしで炒める。❸油を加えて数分炒めたら、ニンニクを加えてさらに数分炒める。❹トマトを加えて、トマトが崩れ始めるまでかき混ぜながら炒め、バルバレを加えてさらに5分くらい炒める。鍋底にこびりついた材料は木ベラなどで丁寧にはがす。焦がさないように注意。❺豆と水250ccを加えて、頻繁にかき混ぜながら材料が鍋底にこびりつくくらいまで煮て、こびりついた材料をはがしてまた水を250cc加え、同じことをあと2回繰り返す（計1000ccの水を加える）。それでも豆が柔らかくならない場合は、柔らかくなるまで同じことを繰り返す。❻塩とコショウで味を調え、インジェラ（エチオピアのフラットブレッド）とともにサーブする。

Shiro Wat

シロ・ワット

スパイスの効いたシチューはご飯の上にのせて食べてもおいしい

シロ・ワットはひよこ豆粉を使ったシチューである。ミシル・ワットは豆から調理するので手間がかかるが、シロ・ワットは粉なので調理が幾分楽である。

シロ・ワットに限らずエチオピア料理のキーはスパイスだ。頻繁に使われるのはバルバレというフェヌグリーク、カルダモン、コリアンダーなどが入ったスパイスミックスだ。このスパイスがエチオピア料理独特の複雑な味を作り出す。シロ・ワットに関してはもうひとつ大切な材料がある。スパイスを加えたニテルケベという澄ましバターで、材料さえあれば簡単に作れて、いろいろな料理に使えるので、作り方をのせてある。

材料（4～6人分）

玉ネギ：1個（できるだけ細かくみじん切り）／サラダ油：大さじ2／ニンニク：2粒（みじん切り）／トマトピュレ：大さじ1／バルバレ：小さじ1／ひよこ豆粉：90g／水：500cc／ニテルケベ（エチオピアンスパイス澄ましバター）＊：大さじ1／塩・コショウ：適宜

＊ニテルケベ
無塩バター：450g／ニンニク：2粒（粗みじん切り）／ショウガ：15g（粗みじん切り）／シナモンスティック：1本／ブラックカルダモンポッド：4粒／フェヌグリークシード：小さじ1／コリアンダーシード：小さじ1／粒コショウ：小さじ1／オレガノ：小さじ1／クミンシード：小さじ1/2／ナツメグ：小さじ1/2／ターメリックパウダー：小さじ1/2　●材料をすべて鍋に入れて火力を超弱火にセットし、1時間煮る。目の細かい布で漉す。

作り方

❶鍋を中火で熱し、玉ネギを加えて、油なしで透き通るまで炒める。❷サラダ油、ニンニクを加えて数分炒めたら、トマトピュレ、バルバレを加えてさらに数分炒める。❸ボウルにひよこ豆粉と水を入れてよく混ぜ、混ぜた液を鍋に少しずつ混ぜながら加えていく。❹沸騰したら弱火にして、15分から20分、頻繁に木ベラで混ぜながら煮る。❺ニテルケベを加え、塩とコショウで味を調えたら、インジェラ（エチオピアのフラットブレッド）とともにサーブする。

Kenyan Mushroom Soup

ケニアン・マッシュルーム・スープ

キャビアとともにサーブされる高級感満点のクリーミーキノコスープ

　ケニアの首都ナイロビはアフリカで10番目に大きな都市で、市内には高層ビルが建ち、世界的な企業が支部を置く大都市である。このマッシュルーム・スープはそんな大都会ナイロビにあるノフォークホテルでサーブされたのが始まりだ。今ではナイロビを代表するスープとして親しまれている。

　マッシュルームを油なしで白ワイン、ポルトワインとともにじっくり炒め、生クリームでクリーミーなスープに仕立てる。スープ自体がおしゃれだが、さらにホイップクリームとキャビアとともにサーブされるという豪華なスープなのだ。塩辛いキャビアと甘いスープの相性が抜群といえる。

材料（4人分）
マッシュルーム：1kg（薄くスライス）／エシャロット：1個（みじん切り）／白ワイン：大さじ2／ポルトワイン：60cc／牛乳：60cc／生クリーム：60cc／塩・コショウ：適宜／ホイップクリーム（飾り）：適宜／ランプフィッシュのキャビア（飾り）：適宜

作り方
❶鍋にマッシュルーム、エシャロット、白ワイン、ポルトワイン、塩小さじ1、コショウ一摘みを入れて沸騰させ、こまめにかき混ぜながら20分ほど煮る。❷マッシュルームのスライスを飾り用に12〜16枚とっておき、残りをブレンダーでピュレにする。❸牛乳、生クリームを加えて、弱火で沸騰させないように注意しながら煮る。塩とコショウで味を調える。❹スープを器に注ぎ、とっておいたマッシュルームのスライスを上にのせて、ホイップクリームとキャビアを添える。

Kenyan Tilapia Fish Stew

ケニアン・ティラピア・フィッシュ・シチュー

日本でもおなじみのティラピアを丸ごと使ったトマト味のシチュー

　ティラピアはアフリカ原産の淡水魚で、食用としてもっとも重要な魚のひとつに掲げられる。今やアフリカに限らず世界的にも重要な食用魚で、アメリカではもっとも食べられている魚のトップ5に入る。白身で淡白なティラピアは刺身、ソテー、フライなどさまざまな料理に使われる。でも、スープやシチューの材料にも最適であることはあまり知られていない。

　ケニアのこのシチューはトマトベースで、水の量を少なくしてトマトの水分で調理する。ティラピアは丸ごと調理するので、魚のエキスたっぷりのスープになる。3色のピーマン、パプリカが彩りを添える。

材料（2～4人分）

ティラピア：大1尾または小2尾／小麦粉：適宜／サラダ油：大さじ6+1／玉ネギ：1/2個（スライス）／ニンニク：1粒（みじん切り）／ショウガ：10g（みじん切り）／トマトペースト：大さじ1／カレー粉またはガラムマサラ：小さじ2／グリーンチリペッパー：1本（縦に切れ目を入れておく）／トマト：2個（1cmサイコロ切り）／水：500cc／ピーマン：1個（1cm角切り）／黄パプリカ：1/2個（1cm角切り）／赤パプリカ：1/2個（1cm角切り）／塩・コショウ：適宜／青ネギ（飾り）：適宜（小口切り）／パクチー（飾り）：適宜（ざく切り）／レモン（飾り）：1個（櫛切り）

作り方

❶ティラピアを洗ってペーパータオルで水気を取ったら、火が通りやすいように両側に3本ずつ切れ目を入れる。❷ティラピア全体に小麦粉をまぶしたら、フライパンに大さじ6のサラダ油を熱し、ティラピア全体に焦げ目が付くまで焼く。❸ティラピアを皿にとって、油は捨てる。新たにフライパンに油大さじ1を加えて玉ネギ、ニンニク、ショウガを加えて、玉ネギが透き通るまで炒める。❹トマトペーストを加えて2分くらい炒めたら、カレー粉、チリペッパーを加えてさらに2分くらい炒める。❺トマトを加えて、トマトが崩れてくるまで炒めたら、水を加えて沸騰させる。❻❺の半量をボウルなど他の器にとっておく。ティラピアをフライパンに戻し、とっておいたスープ半量をティラピアの上に注ぐ。❼ティラピアに火が通るまで弱火で煮たら、上にピーマンとパプリカを散りばめて、ピーマンとパプリカが柔らかくなるまで煮る。❽ティラピアが崩れないように器に盛り、上に青ネギとパクチーを散りばめる。レモンを添える。❾スープをティアピアとは別の器に盛り、レモンを絞る。

Romazava

ロマザヴァ

緑豊かなマダガスカルが誇るズブという牛と緑葉野菜のシチュー

　マダガスカルは美しい自然あふれる島国である。しかし、すでに90％の自然が失われたといわれている。世界でもっとも貧しい国のひとつでもある。さらに温暖化の影響で巨大なサイクロンが島を襲う。でも、日本に日本人が大切にしてきた料理があるように、そんな過酷な生活を強いられるマダガスカルにも人々が愛してきた料理がある。どちらもかけがえのない宝である。

　ロマザヴァはそんなマダガスカルの人々が大切にしてきた、肉と緑葉野菜のシチューである。肉はズブという牛の仲間の肉などが使われる。野菜はアナマニーと呼ばれるローカルな野菜で、入手不可能な場合は、ホウレン草を使うことが多い。

材料（4人分）

サラダ油：大さじ2／シチュー用牛肉：200g／豚の塊肉：200g（牛肉と同じ大きさに切る）／鶏肉：200g（牛肉と同じ大きさに切る）／玉ネギ：1個（1cm角切り）／ニンニク：4粒（みじん切り）／ショウガ：10g（みじん切り）／トマト：2個（1cmサイコロ切り）／チキンブロスまたは水＋チキンブイヨン：500cc／マスタードグリーン（カラシ菜）：葉を6枚（芯を取ってざく切り）／ルッコラ：100g（ざく切り）／ホウレン草：葉を10枚（ざく切り）／塩・コショウ：適宜／炊いたロングライス：適宜

作り方

❶鍋に油を熱し、肉を加えて全体に焦げ目が付くまで焼いたら、取り出して皿などにとっておく。❷油の残った鍋に玉ネギ、ニンニクを加えて、玉ネギが透き通るまで炒めたら、ショウガ、トマトを加えて、トマトが崩れ始めるまで中火で炒める。❸肉を鍋に戻し、ブロス、塩小さじ1、コショウ一摘みを加えて、弱火で肉が柔らかくなるまで煮る。❹マスタードグリーン、ルッコラ、ホウレン草を加え、弱火で野菜が柔らかくなるまで煮たら、塩とコショウで味を調える。❺器にロングライスを適量盛り、その上にスープをかける。

Sopa de Feijao Verde

ソパ・ジ・フェイジャオ・ヴェルデ

サヤインゲンのグリーンが美しいトマトベースのポタージュスープ

モザンビーク

アフリカ南東部に位置するモザンビークは、長い間ポルトガルの統治下にあった。そのため、今でも公用語はポルトガル語である。食文化も当然ポルトガルの影響を受けている。ソパ・ジ・フェイジャオ・ヴェルデもポルトガルのスープで、モザンビークのものもそれほど違いがない。

サヤインゲン以外の材料を煮込んだ後、ザルで濾してピュレ状にするのがこのスープの特徴だ。マッシュにしたり、ブレンダーでピュレにしたりしても同じだが、モザンビークではザルを使うのが一般的な方法らしい。サヤインゲンは最後に加えられるので、歯ごたえがあり色も鮮やかだ。

材料（4人分）

サラダ油：大さじ1／青ネギ：1.5本（小口切り）／ジャガイモ：中2個（スライス）／トマト：3個（1cmサイコロ切り）／チキンブロスまたは水＋チキンブイヨン：1000cc／サヤインゲン：40本（長さ2cmに切る）／塩・コショウ：適宜

作り方

❶鍋に油を熱し、青ネギを入れて柔らかくなるまで炒める。❷ジャガイモとトマトを加えて、トマトが崩れ始めるまで炒めたらブロス、塩とコショウ少々を加え、弱火でジャガイモが柔らかくなるまで煮る。❸鍋の中身をザルで濾して鍋に戻し、沸騰したらサヤインゲンを加えて、サヤインゲンが柔らかくなるまで煮る。塩とコショウで味を調える。

Agatogo

アガトゴ

ベースはピーナッツとトマト。お芋に似た食感のプランテイン入り

　ラテンアメリカとアフリカの料理は、料理によっては何となく似ているところがある。それは材料だ。とくにアフリカ料理によく出てくるプランテインとピーナッツの2つだ。調べてみると、どちらもアフリカ原産の食べ物ではないらしい。ピーナッツは南アメリカ原産でポルトガル人がアフリカに持ち込んだ。

　プランテインは東南アジア原産でマレーシアからマダガスカルに持ち込まれたのが最初らしい。それが今やアフリカでもっとも重要な食物に掲げられている。

　アガトゴはこの2つの食材を使ったウガンダのスープだ。芋に似たホクホクしたプランテインの食感が何となく懐かしい。

材料（4人分）

サラダ油：大さじ2／玉ネギ：1個（1cm角切り）／ニンニク：5粒（スライス）／トマトピュレ：200g／プランテインまたはグリーンバナナ：4本（バナナの場合は5本、1cm厚に切る）／コラードグリーンまたはケール：葉を5枚（スライス）／野菜ブロスまたは水＋野菜ブイヨン：1000cc／ローストピーナッツ：60g（すり鉢などですりつぶす）／塩：適宜

作り方

❶鍋に油を熱し、玉ネギとニンニクを加え、玉ネギが透き通るまで炒める。❷トマトピュレを加えてよく混ぜた後、プランテイン、コラードグリーン、ブロス、塩小さじ1程度を加えて、プランテインに完全に火が通るまで弱火で煮る。塩で味を調える。❸スープを器に盛り、ピーナッツをたっぷり振りかける。

Maraq Fahfah

ソマリア

|| マラック・ファーファー

日本でも手に入る材料で作られたソマリアの肉と野菜のスープ

　このスープの意味がいったいどういうものか、正直な話よくわからない。マラックはスープのこと、ファーファーは隣国ジブチのシチューだが、ファーファー自体ソマリア料理の影響を強く受けていて、マラック・ファーファーはソマリアの料理とある。いずれにしても、このスープの起源はソマリアであることは確かなようだ。

　このスープのメインは肉で、マトンかゴートが使われる。鶏肉を使う場合もあるようだが、名前が変わってしまう。グリーンチリが入るのでスパイシーだが、アフリカならではの特殊な素材はなく、どこでも普通に手に入る素材を使うのが興味深い。

材料（4人分）

マトン、ゴート（ヤギ肉）または牛肉：600g（一口大に切る）／ビーフブロスまたは水＋ビーフブイヨン：1500cc／ジャガイモ：2個（一口大に切る）／キャベツ：1/2個（千切り）／ニンジン：1本（一口大に切る）／リーキまたは長ネギ：2本（小口切り）／トマト：2個（1cmサイコロ切り）／ニンニク：2粒（みじん切り）／好みのグリーンチリペッパー：1本（みじん切り）／玉ネギ：2個（スライス）／コリアンダーパウダー：小さじ2／塩・コショウ：適宜／パクチー（飾り、お好みで）：適宜（粗みじん切り）

作り方

❶鍋に肉とブロス、塩小さじ1、コショウ一摘みを入れて沸騰させ、弱火で肉が柔らかくなるまで煮る。❷ジャガイモ、キャベツ、ニンジンを加えて柔らかくなるまで煮たら、残りの野菜、チリペッパー、コリアンダーを加えて、弱火でさらに20分くらい煮る。塩とコショウで味を調える。❸スープを器に盛り、パクチーを散らす。

Supu ya Ndizi

タンザニア Tanzania

| スプ・ヤ・ンディジ

世界でもっともシンプルなスープのひとつ。主な材料はプランテイン

　タンザニアでポピュラーな食べ物は、ピラフ、ビリヤニ、ケバブ、ウグリ（コーンミールでできた柔らかい団子のようなもの）などだ。この中でアフリカ起源の食べ物といえば、ウグリくらいだ。他の料理を見ればわかるように、タンザニアの料理はさまざまな国の影響を受けている。その代表はインドだろう。タンザニアにはインド人の大きなコミュニティがある。

　しかし、少なくともこのスープはタンザニア本来の料理である。このスープの材料はすりつぶしたプランテインで、これをブロスでのばして塩とコショウで味付けしただけという、極めてシンプルなスープである。

材料（3～4人分）
グリーンプランテインまたはグリーンバナナ：1.5～2本（皮をむいて薄くスライス）／チキンブロスまたは水＋チキンブイヨン：500＋500cc／塩・コショウ：適宜

作り方
❶プランテインとブロス500ccをブレンダーに入れてピュレにする。❷ピュレと残りのブロス500ccを鍋に入れ、混ぜたら沸騰させ、頻繁にかき混ぜながら弱火で30分くらい煮る。❸塩とコショウで味を調える。❹スープを器に盛り、チャパティ（ロティ）を添えてサーブする。

Sorghum Soup

ソルガム・スープ

ヘルシーフードを求める人にぴったりの雑穀を使った雑炊

　今、雑穀がヘルシーフードとして注目されている。小麦粉、米にアレルギーがある人たちにとって、同じ栄養価を得るために雑穀は必須である。ヒエ、アワ、モロコシ、キヌアなどは、アメリカではどこのスーパーでも簡単に手に入る。

　アフリカのザンビアではモロコシの生産が盛んだ。気候がモロコシの生産に適しているらしい。というか、アフリカでは何千年も前からモロコシが栽培されてきた。モロコシを主な材料とするこのスープは、スープというよりも雑炊に近い。モロコシの他に、すりつぶしたピーナッツが入るあたりは、いかにもアフリカの料理だ。

材料（4人分）

ソルガム（モロコシ）：300g ／水：1500cc ／ピーナッツ：80g（すり鉢などですりつぶす）／塩：適宜／イタリアンパセリ：適宜（みじん切り）

作り方

❶ソルガムを水洗いして鍋に入れ、水を加えて沸騰させたら、弱火で柔らかくなるまで煮る。❷ピーナッツを加え、塩で味を調えて、かき混ぜながらひと煮立ちさせる。❸器に入れ、イタリアンパセリを散らす。

Calulu

アンゴラ Angola

| カルル

アンゴラ沿岸の豊富な魚を使った重ね焼き風魚と野菜のシチュー

　アンゴラは漁業が盛んで、毎日さまざまな魚が水揚げされて市場に並ぶ。世界のフィッシャーマンにも人気のスポットだ。このスープは、豊富な魚を利用したシチューだが、アンゴラが起源かというとそうではないようだ。そこが複雑で、アンゴラの人々はポルトガル人によって奴隷としてブラジルに渡った。そのとき一緒に渡ったのがオクラとアンゴラの料理テクニックだ。それがブラジル料理とミックスされてこのシチューができた。それを祖国アンゴラに持ち帰ったというのがこのシチューにまつわる話である。材料を層にして順に鍋に敷いて同時に煮るという独特の方法を取る。

材料（4人分）

玉ネギ：2個（1cm角切り）／ニンニク：2粒（みじん切り）／魚（生、干物、燻製など何でも可）：500g／トマト：4個（1cmサイコロ切り）／ナス：1本（5mm厚にスライス）／チリペッパー（なければ鷹の爪）：1、2本（好みで増減、みじん切り）／ローリエ：2枚／オクラ：10本（4mm程度に縦にスライス）／ケール（なければホウレン草など）：葉を8枚（ざく切り）／レモン汁：大さじ1／パームオイル（なければオリーブオイル）：大さじ3／野菜ブロスまたは水＋野菜ブイヨン：500cc／塩・コショウ：適宜

作り方

❶鍋に玉ネギ、ニンニク、魚、トマト、ナスの順に層に重ねてチリペッパーを散らし、ローリエを置く。塩小さじ1、コショウ少々をかける。❷さらにその上にオクラ、ケールを重ねて、レモン汁、続いてパームオイルを全体に注ぎ、最後にブロスを注いで火にかける。❸沸騰したら弱火にして約20分、材料すべてに火が通るまで煮る。❹かき混ぜて、塩とコショウで味を調える。

Elephant Soup

カメルーン

エレファント・スープ

ジャーキー、生クリーム、ピーナッツ。意表を突く組み合わせが魅力

　以前は象の肉を使ったのかどうかはわからない。でも、遠い昔、猟に出て大きな獲物を仕留めても、すべてを食べ尽くすことはできなかった。そこで、彼らは干し肉にして保存することを考えた。その干し肉がこのスープの中心的存在なのである。アフリカの干し肉ビルトンは、粗挽きのコショウが効いたピリッとしたジャーキーで、多くのアメリカのジャーキーのように甘くない。これをブロスで柔らかくなるまで煮ると、おいしいエキスがスープに染み出すという仕掛けである。さらにピーナッツ、レンティル、生クリーム、マッシュルームが加わり、味は極めて複雑といえる。

材料（4人分）

ビルトンなければビーフジャーキー：120g（お湯で少し柔らかくした後、食べやすい大きさに切る）／チキンまたはビーフブロスあるいは水＋ブイヨン：1000cc／玉ネギ：1個（粗みじん切り）／ローストピーナッツまたはピーナッツバター：60g／調理済レンズ豆（何でも可）：100g／リーキまたは長ネギ：1/2本（小口切り）／マッシュルーム：6～8個（厚めにスライス）／無塩バター：大さじ1／生クリーム：60cc／塩・コショウ：適宜

作り方

❶ビルトン、ブロスを鍋に入れて沸騰させ、弱火でビルトンが柔らかくなるまで煮る。❷玉ネギ、ピーナッツ、レンズ豆、リーキ、マッシュルームを加えて、ピーナッツが柔らかくなるまで煮る。❸塩とコショウで味を調えて、バターと生クリームを加えて混ぜた後、器に注ぐ。

Muamba Nsusu

|| ムアンバ・ンスス

ムアンバはオレンジ（パームオイルの色）、ンススは鶏という意味

　パームオイルそのものを見たことのある人は少ないかもしれないが、煎餅、チョコレート、燃料に至るまでさまざまなものに使われる、日本でも重要な油である。森林破壊、人権問題、気候変動といった大きな問題を抱えるパームオイルだが、何千年もパームオイルを使ってきた西アフリカ、中央アフリカでは料理に欠かせない。

　ムアンバ・ンススは鶏のシチューだが、パームオイルとピーナッツのシチューともいえる。それだけパームオイルとピーナッツが重要な役割を演じている。このシチューはフフと呼ばれるキャッサバ粉で作った団子のようなものと一緒に食卓に上る。

材料（4人分）

水：1000cc／骨付き鶏肉：1kg／パームオイル：大さじ2／玉ネギ：1個（1cm角切り）／トマトペースト：大さじ6／砂糖の入っていないピーナッツバター：100g／カイエンペッパー：適宜／塩：適宜／砕いたピーナッツ（飾り）：適宜／青ネギ（飾り）：適宜（小口切り）

作り方

❶鍋に水を入れて沸騰させ、肉を入れて、弱火で肉が柔らかくなるまで煮る。❷肉を取り出し、冷めたら骨と皮を取って食べやすい大きさに裂いておく。❸別の鍋にパームオイルを熱し、玉ネギを加えて透き通るまで炒めたら、❶の鍋からスープ250ccを注ぎ、トマトペースト、ピーナッツバター、そしてカイエンペッパーを好みの量入れてよく混ぜる。❹❸をスープの鍋に加え、裂いた鶏肉も加える。❺かき混ぜながら、とろみが出てくるまで煮詰める。❻スープを器に注いでピーナッツと青ネギを散らし、フフと一緒にサーブする。

Poulet Nyembwe

| プレ・ニエンブエ

パームバターでじっくり煮込んだガボンのナショナルディッシュ

　西アフリカに位置する小さな国ガボンは、石油発掘以来、経済的に裕福にはなったものの、国民のほとんどは今でも貧困に苦しんでいる。フランス領であったことを受け、ガボンの料理はフランスと西アフリカの食文化が混ざり合ったものだ。このシチューの名前も、プレはフランス語で鶏肉、ニエンブエはアフリカの言語のひとつ、バントゥー語でパームオイルのことだ。

　このシチューでもっとも重要な材料はニエンブエソースで、一般的なパームオイルよりも硬く、パームバターと呼ばれるようにバターに近い。このオレンジ色のソースとトマトによって、シチューは鮮やかな色になる。

材料（4人分）

パームオイルまたはサラダ油：大さじ2／玉ネギ：1個（1cm角切り）／ニンニク：2粒（みじん切り）／骨付き鶏肉：1.5kg／鷹の爪：1本（みじん切り）／トマト：1個（1cmサイコロ切り）／パームバター（ソースグレン）：400g／水：250cc／カイエンペッパー：適宜／塩・コショウ：適宜

作り方

❶鍋にパームオイルを熱し、玉ネギとニンニクを入れて、玉ネギが透き通るまで炒めたら、肉を加えて全体に焦げ目が付くまで焼く。❷鷹の爪、トマトを加えて混ぜ合わせ、パームバター、水を加えて沸騰させる。❸塩小さじ1、コショウ摘みを加えて、弱火で肉が柔らかくなるまで煮る。❹カイエンペッパーで辛さを調節し、塩とコショウで味を調える。

Berkoukes

アルジェリア

| ベルクケス

大きなタピオカサイズのクスクスが入ったアルジェリアの名物料理

　ベルクケスはセモリナ粉でできたクスクスみたいなパスタだが、大きさがタピオカくらいあり、ジャイアントクスクスともいわれる。クスクスは小さな穴のザルを通して作るが、ベルクセスは大きな皿の上に、生地を手の平で転がして丸めて作るらしい。ベルクセスはパスタの名前であると同時に、スープの名前でもある。

　アルジェリアの料理はトルコの影響を強く受けた地中海料理といえるもので、トマトやスパイスを巧みに使う。このスープではトマトペーストがベースになっていて、そこにクミン、ハリサ（チリペースト）が入り、スープにアクセントを与える。

材料（4人分）

ギー：大さじ1／玉ネギ：小1個（みじん切り）／ニンニク：1粒（みじん切り）／トマトペースト：大さじ1／ハリサまたは他のチリペースト：小さじ2／：鶏モモ肉（できたら骨付き）またはドラムスティック：300g／コリアンダーパウダー：小さじ2／クミンパウダー：小さじ1／パプリカパウダー：小さじ2／水：1000cc／ニンジン：1本（1cmサイコロ切り）／調理済ひよこ豆：150g／ジャイアントクスクス：160g／サンドライトマト：50g（1cm幅に切る）／ズッキーニ：1本（1cmサイコロ切り）／グリーンピース（冷凍可）：150g／パクチー：5本（みじん切り）／イタリアンパセリ：5本（みじん切り）／塩・コショウ：適宜／ハリサ（飾り）：適宜

作り方

❶鍋にギーを熱し、玉ネギ、ニンニクを加えて、玉ネギが透き通るまで炒める。
❷トマトペーストとハリサを加え、混ぜながら玉ネギによくなじませる。❸肉、スパイス、塩とコショウ少々を加えて、肉全体にスパイスが絡まるように混ぜ合わせる。❹水を注ぎ、肉に火が通るまで弱火で煮たら取り出して、冷めた後に骨を取って食べやすい大きさに裂いておく。❺ニンジン、ひよこ豆、クスクス、サンドライトマトを加え、ニンジン、クスクスが柔らかくなるまで弱火で煮る。水分が少なくなったら水を適量加える。❻ズッキーニ、グリーンピース、パクチー、イタリアンパセリ、裂いた肉を加えて、すべてに十分火が通るまで弱火で煮る。途中で水分が少なくなったら、水を適量足す。塩とコショウで味を調える。❼スープを器に注いだら、好みでハリサをかける。

Bouktouf

アルジェリア

| ブクトゥフ

煮込んだ野菜をピュレにした食べやすくヘルシーなスープ

コンフォートフードとは、ブクトゥフのような料理のことをいうのではないだろうか。母親や祖母が作る味噌汁のように、沈んだ気持ちを癒してくれる、子供のころから慣れ親しんできた料理。ブクトゥフはアルジェリアの人にとってそんな料理であるに違いない。

パクチーがたくさん入っているにもかかわらず、真っ赤なトマトペーストのおかげでスープは鮮やかなオレンジ色をしている。肉はもちろん、肉や骨で取ったブロスも入っていない、いわゆるミートレス（肉なし）のスープなので、ヴィーガンの人でも安心して食べられるだけでなく、食欲がないときでも食べられる、体に優しいスープだ。

材料（4人分）

オリーブオイル：大さじ3／玉ネギ：1個（スライス）／ジャガイモ：大2個（スライス）／ズッキーニ：2本（スライス）／トマトペースト：大さじ5／水：1000cc（材料がすべてかぶる程度）／パクチー：10本（ざく切り）／塩・コショウ：適宜／パクチー（飾り）：適宜／レモン（飾り）：1個（櫛切り）

作り方

❶鍋にオリーブオイルを熱し、玉ネギを加えて透き通るまで炒めたら、ジャガイモ、ズッキーニ、トマトペーストを加えて、トマトベースが野菜に均等にコーティングされるまで混ぜる。❷材料がかぶる程度に水を加え、沸騰したら弱火にして、野菜が柔らかくなるまで煮る。❸パクチーを加えてひと煮立ちさせたら火を止め、ブレンダーでピュレにする。❹鍋に戻してひと煮立ちさせ、塩とコショウで味を調える。器に盛り、パクチーを散らして、レモンを上から絞る。

Kolkas

|| クルカース

エジプトの料理なのに懐かしさを覚えるサトイモのスープ

　味噌汁、鍋、煮物と日本の食卓でも大活躍するサトイモは、いかにも日本的な野菜である。でも、サトイモは日本の専売特許ではないのである。サトイモは世界中いたるところで日常的に食べられる根菜なのだ。アメリカでもタロとかエドーなどの名前で普通のスーパーでも結構簡単に手に入る。

　このエジプトのスープは、まさしくとろとろのサトイモスープなのである。クルカースはタロイモのことで、このスープ自体の名前でもある。チキン味のスープに大きく切ったサトイモがごろごろ転がり、緑葉野菜とパクチーのみじん切りで飾る。サトイモのおいしさが存分に味わえる。

材料（4人分）

無塩バター：大さじ2／ニンニク：4粒（みじん切り）／スイスチャード（なければ他の緑色野菜）：葉を5枚（芯を取って粗みじん切り）／パクチー：10本（みじん切り）／サトイモ：16個（一口大に切る）／チキンブロスまたは水＋チキンブイヨン：750cc／塩・コショウ：適宜／ライム（飾り）：1個（櫛切り）

作り方

❶鍋にバターを熱し、ニンニクを加えて香りが出てくるまで炒めたら、スイスチャード、パクチー、塩小さじ1、コショウ一摘みを加えて、2分くらい炒める。❷サトイモを加えて混ぜ合わせたらブロスを加え、沸騰したら弱火にして、サトイモが柔らかくなるまで煮る。塩とコショウで味を調える。❸スープを器に注ぎ、ライムを添える。

Molokhiya

|| ムルヒヤ

日本でも抵抗なく、定番料理になりそうなモロヘイヤのスープ

　ムルヒヤはエジプトでモロヘイヤのことだ。エジプトではエジプト文明のころからモロヘイヤは食べられていたらしい。ねばねばした食べ物が好きな日本人に、遠い国からやってきたモロヘイヤはすぐに受け入れられた。

　このスープともシチューともいえるエジプトの料理は、カルダモンの香りが心地よいトマトベースで、その中にとろとろのモロヘイヤがめいっぱい入っている。日本人でも抵抗なく食べられ、モロヘイヤの量を増減すればねっとり感を調整できる。日本と同じように、エジプトでもよくご飯にかけて食べるようだ。

材料（4人分）

玉ネギ：2個（1つは4等分、もう1つはみじん切り）／カルダモンポッド：4粒／コショウ：小さじ1／トマトペースト：小さじ1／水：適宜／牛肉、ゴート（ヤギ肉）または鶏肉：300g（一口大に切る）／モロヘイヤ（生または冷凍）：800g／コリアンダーパウダー：小さじ1＋1／ニンニク：2＋2粒（みじん切り）／ギー：大さじ2／サラダ油：大さじ1／塩：適宜

作り方

❶鍋に4等分した玉ネギ、カルダモンポッド、コショウ、トマトペースト、塩小さじ2とひたひたになるくらいの水を入れて沸騰させ、肉を加えて再び沸騰させたら弱火にし、肉が柔らかくなるまで煮る。❷肉は取り出して皿などにあけておく。残りはザルで濾してスープをとっておく。❸モロヘイヤをブレンダーに入れて、ピュレ状になるまで撹拌する。❹❸をボウルにあけ、コリアンダー小さじ1、玉ネギのみじん切り、ニンニクのみじん切り2粒分を加えてよく混ぜた後、❷のスープを少しずつ加えて、好みの濃さにする。鍋に入れて火にかけ、沸騰させる。❺フライパンにギーを熱し、コリアンダー小さじ1、残りのニンニク2粒分を加えて、香りが出てきたら直ちに鍋に加え、5～10分中火で煮る。❻煮ている間に、きれいにしたフライパンに油を熱し、肉を加えて全体に焦げ目を付ける。❼スープを器に盛り、ライスかピタと一緒にサーブする。ソテーした肉はライスまたはピタの上にのせる。

Harira

ハリラ

自然の甘味、辛味、うまみ、酸味が見事に調和したスープ

　北アフリカはおいしい料理の宝庫である。その中核をなすのがモロッコである。さまざまな食文化が絡み合い、独特の食文化を作り出している。

　モロッコでは食べない家庭はないほど、ハリラはモロッコの人々の日常生活に根づいた国民的な料理である。ほぼ100％の人がラマダン中にほとんど毎日食べるとさえいわれる。

　2種類の豆をほどよくスパイスが効いたトマトベースのスープで煮込み、仕上げに卵を加えて材料すべての味をまとめ、一品の料理に仕立て上げる。肉はラムあるいは牛肉が使われるが、肉を使わないベジタリアンバージョンもまたうまい。

材料（4人分）

オリーブオイル：大さじ2／ラムまたは牛肉：150g（細かく切る）／玉ネギ：1個（みじん切り）／セロリ：1本（みじん切り）／ショウガ：5g（みじん切り）／シナモンパウダー：小さじ1/2／ターメリックパウダー：小さじ1/2／トマト：4個（ブレンダーなどでピュレにする）／野菜ブロスまたは水＋野菜ブイヨン：1600cc／グリーンまたはブラウンレンティル（レンズ豆）：60g（洗って1時間ほどたっぷりの水に浸し、水切りしておく）／米：大さじ2／イタリアンパセリ：5本（みじん切り）／パクチー：5本（みじん切り）／調理済ひよこ豆：300g／卵：1個／塩・コショウ：適宜／パクチー（飾り）：適宜（ざく切り）／レモン（飾り）：1個（櫛切り）

作り方

❶鍋にオリーブオイルを熱し、肉を加えて表面が白くなるまで炒めたら、玉ネギ、セロリを加えて、玉ネギが透き通るまで炒める。❷ショウガ、シナモン、ターメリック、ピュレにしたトマトを加えて2分ほど炒めたら、ブロス、レンティル、米、塩小さじ1、コショウ一摘みを加える。❸沸騰させたらイタリアンパセリとパクチーを加え、弱火にして肉、レンティル、米が柔らかくなるまで煮る。❹ひよこ豆を加え、10分ほど煮たら塩とコショウで味を調え、卵を溶いてかき混ぜながら加えて、ひと煮立ちさせる。❺スープを器に注いだらパクチーを散らし、レモンを添える。

Bissara

ビサラ

パンやピタを浸して食べてもおいしいモロッコの豆スープ

ビサラは豆のディップともスープともいえる料理で、ポタージュスープと同じくらいの濃さのものから、フムスに似た濃さのものまでさまざまだ。

ビサラに使われる豆は、そら豆かグリーンピース、または両者のミックスである。共通するのは、どちらも乾燥したものが使われること。なので、グリーンピースの場合はスプリットピーということになる。作り方はシンプルで、基本的には材料を煮てピュレにするだけである。食べる前にクミン、チリパウダーを散らし、オリーブオイルをかけるのがビサラの一般的な食べ方だ。レモンをぎゅっと絞ってもおいしい。

材料（4～6人分）

オリーブオイル：大さじ2／玉ネギ：1個（スライス）／ニンニク：2粒（みじん切り）／グリーンスプリットピーまたは乾燥そら豆：400g（1時間くらい（そら豆の場合は一晩）水に浸けておく）／イタリアンパセリまたはパクチー：8本（ざく切り）／パプリカパウダー：小さじ1／クミンパウダー：小さじ2／チキンブロスまたは水＋チキンブイヨン：1500cc／塩・コショウ：適宜／オリーブオイル（飾り）：適宜／レッドチリペッパーパウダー（飾り）：適宜／クミンパウダー（飾り）：適宜

作り方

❶鍋にオリーブオイルを熱し、玉ネギ、ニンニクを加えて、玉ネギが透き通るまで炒める。❷豆、ハーブとスパイス、ブロス、塩小さじ1を加えて沸騰させ、豆が柔らかくなるまで弱火で煮る。❸❷をブレンダーでピュレにする。少しさらさらにしたい場合は水を加えて好みの濃さにし、塩とコショウで味を調える。❹スープを器に注ぎ、オリーブオイル、チリペッパーパウダー、クミンで飾る。

Kefta Mkaoura

モロッコ Morocco

‖ ケフタ・ムカワラ

スパゲティが食べたくなるようなミートボールのシチュー

　モロッコの土鍋、タジーンを使った料理は様々な素材を駆使する、複雑とも思える料理が多い。しかし、他のタジーン料理と比べると、このケフタ・ムカワラはかなりシンプルだ。ケフタは名前こそ少しずつ違うが、中近東や東ヨーロッパにもあるミートボールである。大きさはビー玉大からビリヤードの玉くらいある大きなものまでさまざまだが、このミートボールは日本でもなじみの大きさである。

　クミン、シナモン、ターメリックが入る少しばかりスパイシーなミートボールを、トマトから出る水分で煮るので、出来上がりがシチューのようになるが、さらに煮込んでソース状にしてもいい。

材料（4人分）

オリーブオイル：大さじ2／玉ネギ：1個（みじん切り）／ニンニク：4粒（みじん切り）／パプリカパウダー：小さじ1／クミンパウダー：小さじ1／トマト：大4個（1cmサイコロ切り）／イタリアンパセリ：5本（粗みじん切り）／卵：4個／塩・コショウ：適宜／クミンパウダー（飾り）：適宜／イタリアンパセリ（飾り）：適宜（粗みじん切り）

ミートボール
ラムまたは牛挽き肉：450g／玉ネギ：小1個（みじん切り）／イタリアンパセリ：5本（みじん切り）／パクチー：5本（みじん切り）／パプリカパウダー：小さじ1／クミンパウダー：小さじ1／塩：小さじ1／コショウ：小さじ1/4／ターメリックパウダー：小さじ1/4／シナモンパウダー：小さじ1/4

作り方

❶ミートボールの材料をすべてボウルに入れてよく混ぜ合わせ、直径4cmくらいのボールを作る。❷タジーン（鍋）にオリーブオイルを熱し、玉ネギとニンニクを加えて、玉ネギが透き通るまで炒めたら、パプリカパウダー、クミンを加えて十分香りが出てくるまで炒める。❸トマト、イタリアンパセリ、塩小さじ1、コショウ摘みを加えてよく混ぜ、弱火で15分くらい煮たら、塩とコショウで味を調える。❹ミートボールを加えて、さらに弱火でミートボールに火が通るまで煮る。❺卵を割り入れて3、4分煮る。❻ミートボールと卵をそれぞれの器に盛り、スープをかけて卵の上にクミンを振って、全体にイタリアンパセリを散らす。

Mrouzia

ムルージア

世界的に知られるモロッコの象徴ともいえるタジーン料理

　ムルージアはモロッコの料理の中でも世界でもっとも知られた料理ではないだろうか。たぶんラム・タジーンという方が一般的かもしれない。タジーンとは三角錐の蓋を持つモロッコの土鍋のことで、熱効率がよく、時間をかけて煮込む料理に向いている。また、タジーンはこの土鍋を使った料理の意味もある。ムルージアの多様な材料がミックスされた複雑な味は、他の料理ではなかなか味わえない。本格的に料理したいのであればタジーンが欲しくなるところだが、タジーンがなくても、鍋（できたら土鍋で浅くて幅のあるもの）ひとつあれば、まったく同じムルージアができる。

モロッコ Morocco

材料（4人分）

ニンニク：2粒（みじん切り）／ショウガ：15g（みじん切り）／ムルージアスパイス*：大さじ2／サフラン：一摘み／シナモンスティック：2本／コリアンダーパウダー：小さじ2／クミンパウダー：小さじ1／ターメリック：小さじ1/2／コショウ：小さじ1／塩：小さじ1／オリーブオイル：大さじ2／骨付きラム肉：500g／エシャロット：2個（繊維に直角にスライス）／水：250cc

飾り
生のアーモンド（できれば皮なし）：60g／オリーブオイル：大さじ2／種なしドライプルーン：12個／ドライアプリコット：6個／オレンジの皮：1/2個分（スライス）／ハチミツ：大さじ2／パクチー：適宜

*ムルージアスパイス
ジンジャーパウダー、カルダモンパウダー、メース：各小さじ2／シナモン、オールスパイス、コリアンダーパウダー、ナツメグ、ターメリックパウダー：各小さじ1／ブラックペッパー、ホワイトペッパー、カイエンペッパー、アニス：各小さじ1/2／クローブ：小さじ1/4

作り方

❶飾りのアーモンドの下処理をする。皮付きのアーモンドの場合は鍋に湯（材料外）を沸かして1分茹でたら直ちに冷水に浸け、水を切った後にペーパータオルで水分を取って、手でひとつずつ皮をむく。フライパンにオリーブオイルを熱し、アーモンドを加えて黄金色になるまで炒っておく。❷タジーンあるいは鍋にニンニク、ショウガ、スパイス、塩を加え、上からオリーブオイルをかけて、スプーンなどでよく混ぜる。❸肉を加えて、❷を肉全体によくまぶし、蓋をして少なくとも2時間なじませる。❹❸を火にかけ、中火で肉表面に焼き目が付くまで混ぜながら炒める。❺エシャロットを肉の上に散らし、水を鍋肌に沿って回し入れ、弱火で肉が柔らかくなるまで煮る。❻飾りのドライフルーツの下処理をする。小さな鍋にプルーンとアプリコットを入れ、被る程度の水（材料外）、オレンジの皮、ハチミツを加えて、弱火で水分がほとんどなくなり、ドライフルーツが柔らかくなるまで煮る。❼肉の上をドライフルーツ、アーモンド、パクチーで飾る。

Marka Jelbana

マルカ・ジェルバナ

さまざまな国の香り漂う食文化のメルティングポット、チュニジアの料理

チュニジアもモロッコ同様、地中海料理と北アフリカの先住民であるベルベル族の食文化が融合したユニークな食文化を持っているが、モロッコの料理よりも幾分スパイスが効いているようだ。北アフリカ、とくにチュニジアでよく使わる食材に、ハリサと呼ばれるものがある。いわゆるチリペーストで、ローストしたチリペッパーとハーブ、ニンニク、クミン、キャラウェイシードなどをミックスして作る。このスープにもハリサが使われている。このスープはグリーンピースと肉のスープで、アーティチョークが入ることから、イタリア南部の島、シシリアの食文化の影響も受けていることがわかる。

材料（4〜6人分）

オリーブオイル：大さじ2／ラム、牛または鶏肉：600g（1人分2,3個になるように切り分ける）／玉ネギ：1/2個（厚めのスライス）／ターメリックパウダー：小さじ1／ハリサ（なければ他のホットペッパーペースト）：120cc／トマトペースト：大さじ1／トマト：2個（みじん切り）／水：120cc／フレッシュグリーンペッパー（辛いのが好みならホットペッパー、マイルドなのがよければピーマン）：2本／グリーンピース（冷凍可）：400g／アーティチョークハート（缶詰可）：5個（半分に切る）

作り方

❶鍋にオリーブオイルを熱し、肉、玉ネギ、塩小さじ2を加えて軽く混ぜ合わせたら、ターメリック、ハリサ、トマトペーストを加え、中火で肉が均等にコーティングされるまで混ぜる。❷トマト、水を加えて沸騰したら弱火にして、肉にだいたい火が通るまで煮る。途中で水分が少なくなったら水を適量加えるが、入れすぎないように。❸グリーンペッパー、グリーンピース、アーティチョークハートを加え、さらに10分くらい煮る。❹器に盛り、バゲットとともにいただく。バゲットを浸して食べてもよし。

Lablabi

ラブラビ

チュニジア庶民の味方。安くてうまいひよこ豆のスープ

　チュニジアといえばクスクスなのだが、それ以上にポピュラーなのがラブラビだ。アメリカでいえばブリトー、日本でいえば立ち食いソバの感覚に近いのではなかろうか。店に入り、ぶっかけうどんの丼ほどの器にちぎったパンをしこたま入れて、その上にラブラビを注いでもらう。そしてオリーブオイル、ハリサ、クミン、ライム果汁など好みのトッピングをのせてもらう。最後に卵（このレシピではポーチドエッグ）を割り入れるのがほぼ必須のようだ。食べる前にスプーンでよく混ぜる。気取りのまったくない庶民の料理、それがラブラビなのだ。スープ自体はひよこ豆、ニンニク、ハリサ、水とシンプルの極みだ。

材料（4人分）

乾燥ひよこ豆：400g（たっぷりの水に一晩浸けておく）／水：2000cc／ハリサ（ない場合は他のチリペッパーペースト）：大さじ2／ニンニク：2粒（みじん切り）／塩：適宜／卵：4個／バゲットのスライス（飾り）：4枚／ハリサ（飾り）：適宜／オリーブオイル（飾り）：適宜／レモンまたはライム（飾り）：1個（櫛切り）／クミンパウダー（飾り）：適宜

作り方

❶鍋に豆、水を入れて火にかけ、ハリサ、ニンニク、塩小さじ1を加えて沸騰させ、弱火にして豆が柔らかくなるまで煮る。塩で味を調える。❷煮ている間にポーチドエッグを作る。別の鍋にたっぷりの湯（材料外）を沸かし、酢（材料外）を小さじ1加える。卵を小さな器に割り入れ、酢の入った湯をかき混ぜて渦を作り、その中央に卵を落とす。好みの硬さになったところで卵を取り出し、別の器にとっておく。❸器にちぎったバゲットを入れ、その上にポーチドエッグを置いてスープを注ぐ。ハリサ、オリーブオイルを垂らしてレモンを絞り、クミンを一摘み散らし、レモンを添える。

Botswana Pumpkin Soup

|| ボツワナ・パンプキン・スープ

有名な探偵小説でも知られるボツワナのカボチャポタージュ

　アレクサンダー・マコール・スミスの探偵小説シリーズに出てくるただ一人の女性探偵、マ・ラモツエは大のパンプキン好きらしい。この人気キャラクターの料理本が2009年に出版された。題して『マ・ラモツエのクックブック』。この中にもカレー味のパンプキンスープが登場する。

　実際にボツワナではパンプキンがとても重要な食材であるようだ。中でもシナモンが効いた煮物はポピュラーだ。このパンプキンスープというかポタージュは、クミン、チリが入る少しばかりスパイシーなスープで、パンプキン、サツマイモ、リンゴの甘さが楽しめる。

材料（4人分）

無塩バター：大さじ2／玉ネギ：1個（1cm角切り）／ニンニク：1個（みじん切り）／チリペッパー：一摘み／クミンパウダー：小さじ1/2／パプリカパウダー：小さじ2／カボチャ：小1個（スライス）／水：1000cc／牛乳：250cc／ジャガイモ：小1個（スライス）／サツマイモ：小1個（スライス）／グリーンアップル：1/2個（スライス）／生クリーム：120cc／野菜またはチキンブイヨン：1個／セージ：少々／タイム：少々／シナモンスティック：1本／塩・コショウ：適宜／チリペッパー（飾り）：適宜

作り方

❶鍋にバターを熱し、玉ネギとニンニクを加えて、玉ネギが透き通るまで炒める。❷チリペッパー、クミン、パプリカパウダーを加えて、さらに1分ほど炒める。❸塩とコショウ以外の残りの材料をすべて鍋に入れ、野菜が柔らかくなるまで煮る。❹シナモンスティックを取り出し、ブレンダーでなめらかになるまでよく混ぜる。❺スープを器に盛り、チリペッパーを振る。

South African Butternut Soup

南アフリカ South Africa

サウス・アフリカン・バターナッツ・スープ

オレンジ色もきれいな甘いバターナッツスクワッシュのスープ

バターナッツスクワッシュは私の地元アメリカ・マサチューセッツ州で、2種類の品種を掛け合わせて栽培したのが最初だ。それを南アフリカの企業が現在のムボンベラに持ち込み大々的に栽培を始め、今ではもっとも食べられているカボチャとなった。

バターナッツスクワッシュは日本のカボチャのようなホクホク感はないが、甘みが強く、ナッツのような味が伴う。色は鮮やかなオレンジで、マッシュやスープ、パイなどによく使われる。南アフリカのこのスープでは、甘いバターナッツスクワッシュの味となめらかな食感が存分に楽しめる。ココナッツミルクとのコンビもなかなか。

材料（4人分）

無塩バター：大さじ2／リーキまたは長ネギ：1本（小口切り）／玉ネギ：1個（1cm角切り）／ニンニク：1粒（みじん切り）／カレー粉：大さじ1／ターメリックパウダー：小さじ1／バターナッツスクワッシュまたはカボチャ：小1個（2cm角切り）／ジャガイモ：1個（2cm角切り）／チキンブロスまたは水＋チキンブイヨン：750cc／ココナッツミルク：250cc／塩・コショウ：適宜／クルトン（飾り）：適宜／ココナッツミルク（飾り）：スープ用から少し残しておく／イタリアンパセリ（飾り）：適宜（みじん切り）／チリペッパーまたはカイエンペッパー（飾り）：適宜

作り方

❶鍋にバターを熱し、リーキ、玉ネギ、ニンニクを加えて、玉ネギが透き通るまで炒めたら、カレー粉、ターメリックを加えて、油が色づくまで炒める。❷スクワッシュ、ジャガイモを加え、ブロスを野菜がちょうどかぶるくらいまで注ぐ。塩とコショウを少し振っておく。❸弱火で野菜が柔らかくなるまで煮たら、火を止めてブレンダーでピュレにする。❹ココナッツクリーム（飾り用に少し残しておく）を加えたら再び火をつけて、混ぜながら沸騰する直前まで煮る。塩とコショウで味を調える。❺器に注ぎ、クルトン、ココナッツクリーム、イタリアンパセリ、チリペッパーで飾る。

Maafe

マーフェ

ピーナッツをすりつぶしてスープにした濃厚な肉と野菜のシチュー

　アフリカではピーナッツのことをグラウンドナッツと呼ぶ。アーモンドやクルミといった地上で実をつける他のナッツとは違い、地下で実を結ぶからだ。

　マーフェはアフリカのピーナッツシチューである。マリのマンディンカ族やバンバラ族の料理に起源を発するといわれている。今ではアフリカ全土、とくに中央アフリカ、西アフリカでは食文化の象徴として位置づけられている。本来は生のピーナッツをローストしてから細かくすりつぶしてベースにするが、ピーナッツバターを使えばはるかに簡単にできる。ただし砂糖の入っていないものを使うことが条件だ。

材料（4人分）

牛または鶏肉：500g（シチュー用の大きさに切る）／サラダ油：大さじ2／玉ネギ：1個（1cm角切り）／ニンニク：3粒（みじん切り）／トマト：2個（1cmサイコロ切り）／パプリカパウダー：小さじ1／チキンブロスまたは水＋チキンブイヨン：1000cc／ピーナッツバター（砂糖の入っていないもの）：120cc／野菜（ジャガイモ、ニンジン、ナス、ピーマン、パプリカ、サヤインゲン、オクラなど）：500g（一口大に切る）／好みのチリペッパーまたは鷹の爪：1本以上（包丁の腹でつぶしておく）／イタリアンパセリ：6本（みじん切り）／塩・コショウ：適宜／イタリアンパセリ：適宜（粗みじん切り）

作り方

❶肉に塩小さじ1、コショウ一摘みをまぶす。鍋に油を熱し、肉を加えて焦げ目が付くまでソテーしたら、取り出して皿などにあけておく。❷同じ鍋に玉ネギとニンニクを加え、玉ネギが透き通るまで炒めたら、トマト、パプリカパウダー、取り出した肉、塩小さじ1、コショウ一摘みを加えて、2、3分炒める。❸ブロスを加え、沸騰したらピーナッツバターを60～120ccのブロスでなめらかになるまで伸ばして鍋に加え、弱火で肉が柔らかくなるまで煮る。❹野菜、チリペッパー、イタリアンパセリを加え、沸騰したら弱火にして野菜が柔らかくなるまで煮る。塩とコショウで味を調える。❺器に盛ってイタリアンパセリを散らし、ライスとともにサーブする。

Kedjenou

ケジュネ

クスクスのようなサイドディッシュと一緒に食べる鶏シチュー

　ケジュネはコートジボワールの鶏あるいはホロホロ鳥を使ったシチューである。水分をほとんど加えずに調理するのが特徴で、肉や野菜から出てくるエキスで調理するため、水で薄められることなく素材本来の味が濃縮される。コートジボワールでは、ケジュネはカナリと呼ばれる口の狭い壺のような土鍋を焚火などの上に置いてじっくり煮込まれる。バナナの皮にくるんで蒸し焼きのようにされることもあるらしい。

　出来上がったシチューは、ご飯または発酵させたキャッサバの粉で作るアティエケと呼ばれるクスクスのような食べ物と一緒にサーブされる。

材料（4人分）

鶏肉：800g（一口大に切る）／ナス：2本（大きめのサイコロ切り）／玉ネギ：小2個（1cm角切り）／ピーマン：2個（1cm角切り）／赤パプリカ：1個（1cm角切り）／ニンジン：小1本（1cmサイコロ切り）／トマト：2〜3個（大きめのサイコロ切り）／チリペッパーなければ鷹の爪：1本（小口切り）／ニンニク：2粒（みじん切り）／ショウガ：10g（みじん切り）／ローリエ：1枚／タイム：小さじ1/2／白ワイン：120cc／塩・コショウ：適宜

作り方

❶塩小さじ2、コショウ小さじ1/2と、白ワイン以外の材料を鍋に入れてよく混ぜ、白ワインを注いで沸騰させる。❷弱火にして材料すべてに火が通るまで煮る。❸塩とコショウで味を調える。

Ebbeh

|| エベ

キャッサバと呼ばれる根菜とシーフードの変わった味わいのスープ

　ガンビアは三方をセネガルに囲まれた、アフリカ西海岸の小さな国だ。ドモダ（ピーナッツバターソース）、スパ・カンジャ（オクラスープ）がよく知られている。ここではガンビアでもっとも食されている根菜、キャッサバのスープを紹介する。キャッサバは日本ではまず見かけないが、似ている根菜としてマランガが考えられる。

　もうひとつ、このスープで重要な素材はバンガと呼ばれるニシンに似た魚の燻製だが、ナマズやティラピアであることもある。水分がほとんどないぱりぱりの燻製で、スープなどに使われる。小さな魚の鰹節みたいなものだと思えばいい。

材料（4人分）

キャッサバ（なければサツマイモ）：500g（一口大に切る）／水：1500cc／パームオイル：120cc／チリペッパーまたは鷹の爪：1～2本（叩いておく）／チキンブイヨン：1個／サバの水煮：100g（骨を取って食べやすい大きさに裂いておく）／バンガ（ナマズの燻製、なければ他の魚の燻製）：100g（硬いものは湯に浸けて柔らかくした後、骨を取って食べやすい大きさに裂いておく）／エビ（お好みで）：200g（殻と背ワタを取り除く）／タマリンドペースト：大さじ1／レモン汁：大さじ2／塩・コショウ：適宜

作り方

❶ キャッサバと水、塩小さじ1を鍋に入れて沸騰させ、弱火でキャッサバに火が通るまで煮る。❷ 茹でたキャッサバを1/3ほど取り出してマッシュにし、鍋に戻してよく混ぜる。❸ パームオイル、チリペッパー、コショウ一摘み、チキンブイヨンを加えてよく混ぜ、再び沸騰したら魚、エビを加えて、弱火で魚介類に火が通るまで煮る。❹ タマリンドペースト、レモン汁を加え、塩とコショウで味を調える。

Plasas

シエラレオネ 🇸🇱

|| プラサス

ご飯にかけて食べてもいい、キャッサバの葉のとろとろシチュー

　アフリカやラテンアメリカの料理によく出てくるキャッサバは日本では馴染みの薄い野菜だが、実は日本でもよく食べられている。それはタピオカである。タピオカはキャッサバ粉を精製してでんぷん質だけを取り出した、片栗粉のようなものなのだ。

　この料理で使うのは根ではなく葉である。

　根にしても葉にしても、キャッサバには青梅と同じ毒性のあるシアン配糖体が含まれている。しかし、シアン配糖体は加熱調理することで除去される。

　キャッサバの葉は冷凍のものもあるが、どちらにしても日本では手に入りにくいので、ホウレン草で代用するのがいいだろう。

材料（4人分）

好みの肉：300g（一口大に切る）／玉ネギ：2個（1cm角切り）／チキンブロスまたは水＋チキンブイヨン：1000cc／パームオイル：120cc／クレイフィッシュパウダー（なければ干しエビを粉状にしたもの）：大さじ1／オクラ：3本（みじん切り）／好みのチリペッパー：適宜／キャッサバの葉（冷凍可。なければホウレン草）：400g／ピーナッツバター：大さじ4／好みの魚：300g（肉より大きめに切る）／塩・コショウ：適宜／ロングライス：適宜

作り方

❶鍋に肉、半量の玉ネギ、半量のブロス、パームオイル、クレイフィッシュパウダー、塩小さじ1、コショウ一摘みを入れて火にかけ、沸騰したら弱火にして肉が柔らかくなるまで煮る。❷ブレンダーに残りの玉ネギ、オクラ、チリペッパー、残りのブロスを入れて攪拌し、ピュレのようになめらかにしておく。❸生のキャッサバの葉はさっと湯がいた後、玉ネギなどとは別にブレンダーかフードプロセッサーで細かくしておく。❹ボウルなどにピーナッツバターを入れ、鍋から半カップほどのスープを取って加えてのばしたら鍋に加え、魚、❷のブレンダーの中身も鍋に加える。❺沸騰したら❸のキャッサバの葉を加え、葉が柔らかくなるまで弱火で煮たら、塩とコショウで味を調える。❻器にロングライスをよそい、その上にシチューをかける。

ガーナ Ghana

Fetri Detsi
フェトゥリ・デッツィ

刻んだオクラでとろりとしているガーナの国民的シチュー

「これ何だかわかる？」と、ガーナ出身の知人に写真を見せると、「これは俺の生まれ故郷の料理だよ」とスマホの写真を指差して言った。そのとき見せた写真がこのフェトゥリ・デッツィである。彼は「何でみんなオクラを食べないのかな？」と、こんなおいしいものをと言わんばかりに私に聞いた。もちろん私は「よく食べるよ。日本人はオクラが好きなんだ」と答えた。

フェトゥリ・デッツィは細かく切ったオクラのシチューだ。スプーンですくうと、とろっと糸を引く。バンクーと呼ばれるキャッサバ粉とコーンミールで作った大きな団子のようなものと一緒にサーブされる。

ガーナ Ghana

材料（4人分）

骨付き鶏肉：800g／ショウガ：小さじ4（すりおろす）／ニンニク：2粒（すりおろす）／塩：小さじ1／鷹の爪：1本（みじん切り）／玉ネギ：1個（1/4はスライス、残りは粗みじん切り）／サラダ油：大さじ2／トマト：2個（皮をむいて1cmサイコロ切り）／トマトペースト：大さじ1／水：500cc／クレイフィッシュパウダー（なければ干しエビを粉状にしたもの）：大さじ1／チキンブイヨン：1個／チリパウダー：小さじ1／オクラ：10〜12本（スライスしたら包丁で叩くようにしてできるだけ細かく切る）／ナス：1本（1cmサイコロ切り）／塩・コショウ：適宜

バンクー
キャッサバ粉：100g／コーンフラワーまたはコーンミール：200g／水：200cc＋α

作り方

❶鍋に肉を置き、ショウガ、ニンニク、塩小さじ1、鷹の爪、コショウ少々を加えて、肉にまんべんなくコーティングする。さらにスライスした玉ネギを加えてよく混ぜる。❷フライパンにサラダ油を熱し、みじん切りの玉ネギ、トマト、トマトペーストを加えて、トマトが崩れてくるまで炒めたら、ブレンダーでピュレにする。❸②のピュレ、水、クレイフィッシュパウダー、ブイヨン、チリパウダーを肉が入っている鍋に加えて沸騰させ、弱火で肉が柔らかくなるまで煮る。❹オクラとナスを加えて、ナスに火が通るまで弱火で煮たら、塩とコショウで味を調える。❺器にスープを盛り、バンクーとともにサーブする。

バンクーの作り方

❶ボウルにキャッサバ粉を入れ、手で混ぜながら温めた水（材料外）を少しずつ注いで粉を完全に湿らせて生地を作る。しかしボールにまとめる必要はない。❷コーンフラワーも同じように別に生地を作る。❸2つの生地を別々の容器に入れて布などで覆い、暖かい場所に2、3日放置して発酵させる。❹鍋に200ccの水、発酵した2つの生地を入れて、生地が完全に水に溶けるまでよく混ぜる。水が足りないときは少しずつ水を加えて混ぜる。❺鍋を中火にかけて、木ベラなどで混ぜ続ける。だんだんと餅状になってくるが、焦げつかないように混ぜ合わせるスピードを速め、少し柔らかめの餅状になるまで混ぜる。❻適量をお椀などに入れ、少し水を加えて丸く形を調える。

Liberian Eggplant Soup

|| ライベリアン・エッグプラント・スープ

アフリカでは異色なアメリカ的ともいえるトマトとナスのスープ

　アフリカ西海岸の小さな国リベリアは、アフリカで2番目に古い独立国、アフリカで最初の共和国である。リベリアはどのアフリカの国ともまるで違う歴史を持っている。アメリカの奴隷解放によって自由になった黒人は、より良い生活を求めて新天地に向かった。その行き先が現在のリベリアだった。食文化もアメリカの食文化に基盤を置いている。

　リベリアの料理にも他のアフリカの国々と同様、キャッサバ、プランテイン、オクラといった食材がよく登場するけれども、このスープの主な材料はトマトとナスで、そういったアフリカ色が強い食材を使わない異色な料理といえる。

材料（4人分）

サラダ油：大さじ2／玉ネギ：1個（みじん切り）／ナス：6本（皮をむいて小さなサイコロ切り）／トマト：2個（1cmサイコロ切り）／トマトペースト：大さじ1／チリペッパーまたは鷹の爪：1、2本（みじん切り）／水：750cc／チキンブイヨン：1個／肉または魚（好みのもの、ミックス可）：500g（肉の場合は一口大、魚は大きめに切る）／塩・コショウ：適宜

作り方

❶鍋にサラダ油を熱し、玉ネギを加えて透き通るまで炒めたら、ナスを加えて十分油を吸い込むまで炒める。❷トマト、トマトペースト、チリペッパーを加えて、トマトが崩れ始めるまで炒めたら水、チキンブイヨン、塩とコショウ少々を加えて沸騰させ、肉または魚を加えて、ナスが完全に崩れるまで弱火で煮る。❸塩とコショウで味を調え、器に盛る。

Egusi Soup

ナイジェリア Nigeria

エグシ・スープ

何とも表現しようがない、いろいろな味が混在した摩訶不思議スープ

　エグシは料理の名前であり、材料の名前でもある。エグシは乾燥したスイカの大きな種で、殻を取ったものが売られている。これを粉にしてスープのベースに使う。脂肪分を多く含んだ栄養価の高い食品だ。カボチャの種なら日本でも手に入ると思うので、それを代わりに使う。

　もうひとつ気になるのがビターリーフだ。その名の通り、かなり苦みのある葉で、かなり煮込まないと苦みが取れない。ここでは乾燥したものを使ったが、ホウレン草で代用するという手があるだろう。いずれにしても、このスープはこの本の中で、もっとも手ごわい料理のひとつである。

材料（4人分）

魚の干物（何でもいいが、タラなど肉厚なもの）：200g／ビターリーフ（乾燥、冷凍可）またはホウレン草：5株／水：500cc＋α／トライプ（牛の胃）：100g（一口大に切る）／牛肉：400g（一口大に切る）／チキンブイヨン：1個／クレイフィッシュパウダー（なければ干しエビを粉状にしたもの）：大さじ2／エグシメロンシード（なければパンプキンシード）：100g（グラインダーなどで粉にする）／パームオイルまたはサラダ油：大さじ2／塩・コショウ：適宜

作り方

❶硬い干物を使う場合は、お湯（材料外）に浸けて戻しておく。塩ダラなど塩分の多いものは、水（材料外）に浸けて十分塩分を抜いておく。❷ビターリーフを使う場合は、まず水でよく洗い、ゴミなどを取り除き、たっぷりの湯（材料外）で30分ほど茹でてザルにあけ、もう一度たっぷりの湯（材料外）で茹でてザルにあけ、冷水で洗って十分水分を絞り取った後、みじん切りにする。ホウレン草の場合は湯がいて、同じようにみじん切りにしておく。❸鍋に水とトライプを入れて火にかけ、沸騰したら弱火にして、トライプが柔らかくなるまで煮る。❹干物と牛肉、チキンブイヨンを加え、どちらも柔らかくなるまで弱火で煮る。煮えたら取り出して、皿などに取っておく。❺鍋のスープを沸騰させ、クレイフィッシュパウダー、コショウ摘みを加えて軽く混ぜ、エグシを加えてよく混ぜる。❻頻繁にかき混ぜながら弱火で煮ていると、エグシが粒状になってくる。さらに煮ると表面にエグシから出てきた油が浮いてくる。焦がさないことが大切。途中水分が少なくなってきたら、水を少しずつ加えて焦げを防ぐ。エグシがひたひたに浸かっているくらいが適量。❼パームオイル、ビターリーフ、とっておいた干物と肉を加えてひと煮立ちさせ、塩とコショウで味を調える。

Afang Soup

|| アファング・スープ

思いもよらない素材の組み合わせが予想できない味を醸し出す

　前ページのエグシ・スープ同様、アファング・スープもアフリカ独特の緑葉野菜を使っているので、日本だけでなくどの国でも再現するのが難しいスープだ。アファングあるいはオカジリーフと呼ばれる葉は、前ページのビターリーフほどではないが苦みがある。乾燥したものでこのスープを作ったが、煮てもなかなか柔らかくならなかった。ウォーターリーフはそれほど抵抗がなかった。どちらもホウレン草などで代用するしかない。ウォーターリーフはクレソンでもいいだろう。魚の干物、ゴート肉、貝まで加わるので、実際食べてみないとわからない複雑な味のスープである。

材料（4人分）

乾燥アファング/オカジリーフ（なければホウレン草半株）：15g／ゴート（ヤギ肉）または牛肉：500g（大きめの一口大に切る）／水：1000cc／魚の干物（何でも可）：100g（硬いものは水で戻し、柔らかいものはそのまま）／パームオイル：60cc／赤玉ネギ：1個（1cm角切り）／チリペッパーまたは鷹の爪：1、2本（つぶしておく）／クレイフィッシュパウダー（なければ干しエビを粉状にしたもの）：大さじ2／チキンブイヨン：1個／シッタカなどの貝の身（お好みで）：100g／ウォーターリーフ（なければホウレン草またはクレソン）：500g（細かく刻んでおく）／塩・コショウ：適宜

作り方

❶乾燥アファングリーフを水に浸けて戻し、ブレンダーでできるだけ細かくしておく。❷鍋に肉、水を加えて沸騰させ、肉が柔らかくなるまで弱火で煮る。❸魚の干物、パームオイル、赤玉ネギ、チリペッパー、クレイフィッシュパウダー、チキンブイヨン、塩小さじ1、コショウ一摘みを入れて、玉ネギが柔らかくなるまで弱火で煮る。シッタカを加える場合はこの時点で加える。❹アファングリーフを加えて柔らかくなるまで煮たら、ウォーターリーフを加えて柔らかくなるまで煮る。塩とコショウで味を調える。

The World's Soups
Chapter 9

東アジア
East Asia

中国／日本／モンゴル／韓国／台湾

芝麻糊

ジーマーフー

墨汁のようで見た目びっくりだが、甘くておいしいゴマスープ

　芝麻糊は中国、とくに南部、台湾などで人気のあるデザートのスープだ。上海からアメリカに来ている留学生に聞いてみると、インスタントの芝麻糊があり、高校生の頃はいつもランチに持って行っていたと言う。彼女が言うには、熱い湯を注いでかき混ぜるが、完全に混ざらず粉が残ることがあるけれどそれがまたいいのだ、と。そんな変なことを言っていた。ちなみに米粉が多いからか、インスタントのものは灰色である。

　シンプルなスープだが、丁寧に作るのがポイントだ。ゴマは体を温める作用があるらしい。栄養満点、のど越しスムース。寒い冬に最適の甘いスープである。

材料（4〜6人分）

黒ゴマ：150g／水：500＋500＋250cc／ロックシュガー（氷砂糖）：100g／米粉：30〜40g

作り方

❶黒ゴマを香りが出てくるまで乾煎りする。❷黒ゴマと水500ccをブレンダーに入れて、なめらかになるまで数分間撹拌する。❸❷をザルで濾し、ザルに残ったゴマをブレンダーに戻して500ccの水を加えて、再びなめらかになるまで撹拌する。❹❸の中身をザルで濾し、ザルに残ったかすは捨てる。❺❹のゴマ液を鍋に入れ、火にかけて沸騰させたら中火にしてロックシュガーを加えて、完全に溶かす。❻250ccの水で米粉を溶き、鍋に少しずつ加えて少しゆるいポタージュ程度にとろみをつける。水で溶いた米粉はすべて使う必要はない。

鲫鱼汤

ジーユータン

今まで見過ごしてきた淡水魚のおいしさを再発見。中国フナスープ

　フナはとてもおいしい魚である。東ヨーロッパではもっともおいしい魚のひとつとされ、人気がある。日本でも昔からフナは食されてきた。今でも滋賀の鮒寿司、岡山の鮒飯は有名だ。中国のこのスープも家庭で頻繁に作られる大人気の料理だ。現在食用として売られているフナはおそらく養殖なので、土臭さもない。

　このスープの材料は、基本的にはフナ、ショウガ、水、豆腐、塩、酒だけである。フナからたっぷりと良質の出汁が出る。このシンプルさがフナの味を引き立てるわけで、余計なものは必要ないのである。ぜひとも試してほしいスープのひとつだ。

材料（4人分）

サラダ油：大さじ2／ショウガ：10g（スライス）／クルーシャンカープ（ヨーロッパブナ）：500g／酒：大さじ2／青ネギ：1本（半分に切る）／水：2000cc／ダイコン（お好みで）：1/4本（千切り）／豆腐（お好みで）：1丁（一口大に切る）／塩：適宜／パクチー（飾り）：適宜（粗みじん切り）

作り方

❶フライパンに油を熱し、ショウガを加えて香りが出てきたところで魚を加え、魚全体に焦げ目を付ける。❷フライパンの中身をすべて鍋に移し、酒、青ネギ、水、塩小さじ1を加えて沸騰させる。❸強火のまま30分くらい煮たら、塩で味を調える。ダイコンや豆腐を入れるときは、火から下ろす5～10分くらい前に加える。❹魚を器に置き、その上にスープをかけてパクチーを散らす。

药膳鸡汤

ヤオシャンジタン

マイルドな生薬の香りとほのかな甘さが食欲をそそる薬膳スープ

中国のハーブを揃えるのは大変だ。必要な生薬がすべて入ったパックが手に入れば経済的だ。ない場合は、レシピを漢方薬局などに持って行って探してみるのがいいだろう。私はそうして手に入れた。

このスープに使う生薬は、P302のヤオドゥンパイグーも薬膳のスープで共通するものがあるものの、素材によるものなのか効果によるものなのかはわからないが、違いがある。ハーブは漢方独特の匂いがするが、料理するとかなり薄れる。味はマイルドで甘ささえ感じる。ここでは普通の鶏肉を使っているが、烏骨鶏（うこっけい）を使うこともあるようだ。烏骨鶏だと見た目の印象もずいぶん違ってくる。

材料（4人分）

乾燥ツルニンジン（党参）：5枚／乾燥長芋（淮山）：3枚／乾燥キバナオウギ（黄耆）：4枚／乾燥アマドコロ（玉竹）：3枚／トウキ（当帰）：4枚／センキュウ（川芎）：4枚／ワイサン（淮山）：3枚／トウジン（黨参）：3本／リュウガン（龍眼）：4個／水：3000cc／鶏肉（できれば骨付き）：1kg（一口大に切る）／ショウガ：20g（スライス）／クコの実：8粒／ナツメ：3個／デーツ（ナツメヤシ）：2個／塩：適宜／パクチー（飾り）：適宜（ざく切り）

作り方

❶生薬を洗って汚れを落としたらボウルに入れ、水を注いで30分ほどおく。❷鍋にたっぷりのお湯（材料外）を沸かし、肉、ショウガのスライス数枚を加えて数分煮たら肉を取り出し、冷水に浸けて肉を洗っておく。❸①のボウルの中身を鍋に加え、残りのショウガ、肉、塩小さじ1を加えて沸騰させたら、30分弱火で煮る。❹クコの実、ナツメ、デーツを加えてさらに30分煮る。❺塩で味を調えたら器に注ぎ、パクチーを散らす。

蟹肉玉米汤

シエロウユミタン

カニ、コーン、卵というベストコンビネーションの中華スープ

　このスープは日本でも知られるユミタン（ユイミータン）にカニの身が入っていると考えればわかりやすい。つまり中華風カニ入りコーンスープである。この手のスープは時間をかけずにサッと作って食べるところに意味がある。中華料理屋でも、作るのにおそらく5分もかからないのではないだろうか。

　そもそも、中華料理で使われるカニはタラバガニや毛ガニのように大きくない。いちいち硬い甲羅を壊して身を取り出すのは大変だ。だからそういうことはしない。コーンもカニも缶詰のものを使う。材料をすべて用意しておいて手際よく、スピーディーに調理する。そのほうがうまいのである。

材料（4人分）

サラダ油：大さじ1／ショウガ：20g（千切り）／鶏ガラスープ：500cc／酒：大さじ2／醤油：大さじ1/2／ゴマ油：小さじ1／砂糖：小さじ1／白コショウ：小さじ1／缶詰のコーン：200g／コーンスターチまたは片栗粉：大さじ2／水：大さじ2／カニの身：200g／卵：1個／塩：適宜／青ネギ：適宜（みじん切り）

作り方

❶鍋にサラダ油を熱し、ショウガを加えて香りが出たら、鶏ガラスープ、酒、醤油、ゴマ油、砂糖、白コショウを加えて沸騰させ、コーンを加えて10〜15分中火で煮る。❷コーンスターチに水を加えてよく混ぜ、かき混ぜながら鍋に少しずつ加えてとろみをつける。❸カニの身を加えてひと煮立ちさせたら、卵を溶いてかき混ぜながら鍋に加える。❹塩で味を調えたら器に注ぎ、青ネギを散らす。

酸菜鱼

サンツァイユー

四川料理でありながら辛さがほどよい、淡水魚と漬け物のスープ

サンツァイユーは四川の淡水魚と青菜を使ったスープだ。青菜といっても日本でいえばカラシ菜の漬物で、出来上がったスープには酸味がある。

野生の淡水魚を使う場合は、生臭さを取るために丁寧に処理される。薄切りにした身を酒と塩でもむようにして臭みを取るのが四川流の方法のようだ。このスープによく使われる魚はソウギョ、ライギョ、ナマズなどで、中でもライギョはとくにおいしいといわれることが多い。実際、今回はライギョを使ったが、淡白な白身のおいしい魚だった。青菜の漬物と魚からできたスープは、ほどよい酸味があり、食が進む。

材料（4人分）

ソウギョ、ライギョまたはナマズ（なければティラピアなど白身の魚）：1kg ／酒：大さじ2+1+2 ／片栗粉：大さじ2+2 ／酸菜（白菜ではなくできればカラシ菜のもの）：200g（2、3cm角に切る）／サラダ油：大さじ1+2 ／ダイコン：4cm（いちょう切り）／ショウガ：50g（スライス）／鷹の爪：1本（小口切り）／水：1500cc ／塩・コショウ：適宜

作り方

❶魚は鱗を取った後、3枚におろす前に塩で皮のぬめりを丁寧に擦り取っておく。頭は半分に、骨その他は4cm幅くらいに切っておく。❷3枚におろした魚の身に斜めに包丁を入れて、薄くすくように切る。❸❷の切り身をボウルに入れ、酒大さじ2、塩小さじ2を加えて手でよくもむように洗ったら、水できれいに洗い流す。頭などは血合い、エラなどをきれいに取り除いておく。❹切り身と他の部分を別々のボウルに入れ、切り身には酒大さじ1、塩とコショウ各小さじ1と片栗粉大さじ2、他の部分には片栗粉大さじ2を加えてよく混ぜておく。❺鍋にたっぷりのお湯（材料外）を沸かし、酸菜を入れてさっと湯がいて酸味を少し取り、ザルで水を切る。❻大きめのフライパンまたは中華鍋に大さじ1の油を熱し、十分熱くなったところでダイコン、ショウガ、鷹の爪、酸菜を加えて2、3分炒め、ボウルなどにあけておく。❼同じフライパンか中華鍋を熱し、十分熱くなったところで大さじ2の油を加え、魚の切り身以外の部分を投入して表面全体に焦げ目が付くまで焼く。❽水と❻の炒めた野菜を加え、さらに酒大さじ2、塩とコショウで味を調えて沸騰させ、強火のまま2、3分煮る。❾具材だけすくい取って器に盛りつけておき、残ったスープに魚の切り身を加えて優しく混ぜながら、魚に火が通るまで煮る。❿魚入りのスープを野菜の入った器に上から注ぐ。

冬瓜丸子汤

中国　China

|| ドングァワンズタン

夏でも冬でもおいしい広東料理。冬瓜入りの肉団子スープ

　夏に収穫される冬瓜は、冷暗所に保管すれば冬まで持つということからこう名付けられた。昔から利尿、便秘解消に効果があるといわれている。炒め物、煮物、和え物などいろいろな料理に使えることから、日本でもよく食べられる。

　このスープは冬瓜と肉団子のスープで、冬瓜のおかげで意外にすっきりとした味わいが楽しめる、万人好みの料理である。癖のない冬瓜は煮込むことで他の材料のエキスを吸収してうまみが増す。冬瓜は煮すぎると崩れるので、あまり煮込まないようにしたい。薄くしないである程度厚さがあるほうが、崩れにくいだけでなく食感もいい。

材料（4人分）

豚挽き肉：150g／ショウガ：10g（みじん切り）／酒：大さじ1／醤油：小さじ2／ゴマ油：数滴／卵白：1個分／片栗粉：小さじ1／鶏ガラスープ：1000cc／冬瓜：500g（厚めの拍子切り）／塩・コショウ：適宜／パクチー（飾り）：適宜

作り方

❶挽き肉、ショウガ、酒、醤油、塩一摘み、ゴマ油、卵白、片栗粉をボウルに入れてよく混ぜておく。❷鍋に鶏ガラスープを注いで沸騰させ、コショウ一摘みを加えたら弱火にして、①をスプーンなどで丸く整形して、ひとつずつ落としていく。❸ミートボールの表面が白くなったら強火にし、冬瓜を加えて、ミートボールと冬瓜に火が通るまで煮る。❹塩とコショウで味を調えたら器に注ぎ、パクチーを散らす。

排骨莲藕汤

パイグーリャンオウタン

スペアリブ、レンコン、ピーナッツ、3種の食感が魅力のスープ

　このスープは湖北省の代表的な料理で、貧血、不眠症などにいいといわれている。冬というよりも春向きのスープで、湖北省のスプリング・フェスティバルや中国の旧正月のときに食べる。

　このスープのおもしろいところは、ピーナッツが入るところだ。ピーナッツは一晩水に浸けるか、熱湯をかけて30分おいてから使う。スペアリブ、レンコン、ピーナッツという3種類の違った食感が楽しめるのも、このスープの魅力のひとつである。とてもボリュームがあるので、このスープとご飯があれば夕食は十分だ。スペアリブは一度熱湯で茹でると、アクが出にくい。

材料（4人分）

クコの実：15g／スペアリブ：500g／水：1500cc／生ピーナッツ：150g（一晩水に浸しておく）／レンコン：350g（5mm輪切り）／ニンジン：1本（乱切り）／ナツメ：10個／酒：大さじ2／塩：適宜

作り方

❶料理を始める前にクコの実を水（材料外）に浸しておく。❷鍋にたっぷりのお湯（材料外）を沸かし、スペアリブを入れて5分ほど煮たら取り出して、冷水で洗っておく。❸鍋に水を入れ、沸騰したら小さじ1の塩と残りの材料をすべて鍋に加えて2〜3時間、肉が柔らかくなるまで弱火で煮る。❹塩で味を調える。

蛋花汤

ダンファタン

中国

日本で中華スープといえばこのスープ。みんな好きな卵とじスープ

　ダンファタンは日本でもっとも知られている、そして食べられている中華スープだろう。中華スープといえばこのスープを指すとさえいえる。家庭でもごく当たり前に献立に上がる。本国中国のダンファタンと少し違うのは、日本の場合はワカメが入ることが多いところだろう。

　日本でもアメリカでも、スープベースはほぼ100％チキンである。しかし、中国では水だけというパターンがよくある。チキンの身が入ることもしばしばだ。また、卵は別の器で溶いた後に鍋に加えるのが一般的だが、白身と黄身を別にして鍋に加え、完全に2色に分けるのを好む人もいる。

材料（4人分）

卵：2個／鶏ガラスープ：1000cc／ショウガ：小さじ1/2（みじん切り）／醤油：少々／塩・白コショウ：適宜／水溶き片栗粉：片栗粉大さじ2＋水大さじ3／青ネギ（飾り）：適宜（小口切り）／ゴマ油（飾り）：適宜

作り方

❶卵を器に割り入れてよく溶いておく。❷鶏ガラスープとショウガを鍋に入れて沸騰させ、醤油、塩と白コショウで味つけしたら、水溶き片栗粉を加える。❸再び沸騰させて、❶の溶き卵を加える。箸などで混ぜて卵を崩す。❹スープを器に注ぎ、青ネギとゴマ油で飾る。

酸辣汤

スアンラータン

辛くて酸っぱいコショウと酢で味を仕上げる日本でも人気のスープ

　日本でも人気のスアンラータン（サンラータン）はスパイシーで酸っぱい中華スープである。しかし、本場中国と日本では少しばかり違う。日本では辛味のために黒コショウ、ラー油、豆板醤を使うことがほとんどだが、中国ではほとんどの場合、白コショウだけである。仕上げも違う。日本でも中国でも酢は最後に加える。コショウは日本の場合は調理の途中で加える。中国も同じ場合もあるが、コショウも仕上げで加えることが多いようだ。中国内のホームページでよく見かける方法は次のようなものだ。器にコショウと酢を入れて混ぜておき、そこに出来上がったスープを注ぐのだ。

材料（4人分）

タケノコ：100g（長さ4cmほどの千切り）／エノキまたはシイタケ：50g（石突を取って半分に切り、裂いておく。シイタケの場合は厚めにスライス）／乾燥キクラゲ：150g（水で戻して千切り）／サラダ油：大さじ1／ニンジン：1/3本（長さ4cmほどの千切り）／水：380cc＋60cc／鶏ガラスープ：250cc／醤油：小さじ1／砂糖：小さじ1/2／片栗粉：30g／木綿豆腐：1/3丁（長さ4cmほどの千切り）／卵：1個／白コショウ：大さじ1／酢：大さじ2／塩：適宜

作り方

❶鍋にたっぷりのお湯（材料外）を沸かし、タケノコ、エノキ、キクラゲを入れて、2、3分煮たらザルにあげておく。❷鍋を拭いてサラダ油を熱し、ニンジンを加えて軽く炒める。❸水380cc、鶏ガラスープ、ザルにあげた❶、醤油、塩小さじ1/2、砂糖を加えて沸騰させ、弱火にして2,3分煮る。味が薄いときは塩で味を調える。❹片栗粉を水60ccで溶き、ゆっくりかき混ぜながら少しずつ加えてとろみをつける。❺豆腐を加えて、崩れないように静かにかき混ぜながら、ひと煮立ちさせる。❻卵を溶いて加え、箸で軽く混ぜたら火から下ろす。❼スープ全量が入る器に白コショウ、酢を入れてよくかき混ぜ、その上にスープを注いで軽く混ぜる。

豚汁

とんじる

主食になりえる具だくさんの豚汁なら、ごはんさえあれば大満足

とん汁かぶた汁か。呼び方ですら論議を呼ぶのだから、豚肉が入らないなどということはないにしても、他にどんな材料を入れるかとなると、とんでもないことになる。反対の意見もあるだろうが、あえてよく使われる材料を挙げるとすれば、ゴボウ、ニンジン、ダイコン、ネギ、サトイモ、こんにゃく、豆腐、油揚げではないか、というのが私の見解である。

材料を煮るときに味噌の半量を加えると、味噌の味が材料に染み込む。肉はバラ肉が選択肢の筆頭だ。豚汁は庶民の料理だ。野菜を湯通ししたり、肉を霜降りにするなど面倒くさいことはしないというのが私の意見だ。

材料（4人分）

ゴマ油：大さじ1／豚バラ肉：200g（薄切り）／ダイコン：6cm（5mm厚いちょう切り）／ニンジン：1/2本（大きさに合わせていちょう切り、半月切り、輪切り5mm厚）／ゴボウ：1/2本（ささがき）／こんにゃく：1/2枚（水洗いして食べやすい大きさにちぎる）／出汁：1000cc／味噌：大さじ4／サトイモ：小3個（一口大に切る）／長ネギ：1/2本（1cm幅輪切り）／青ネギ（飾り）：適宜（小口切り）／七味（飾り）：適宜

作り方

❶鍋にゴマ油をひき、中火で肉を入れて表面が白っぽくなるまで炒めたら、ダイコン、ニンジン、ゴボウ、こんにゃくを加えて、野菜から水分が出てくるまで炒める。❷出汁を加えて沸騰させ、半量の味噌を加えて溶かし、蓋をして野菜に火が通るまで煮る。❸サトイモと長ネギを加え、サトイモに火が通るまで煮たら火を止め、残りの味噌を味をみながら溶かし入れる。❹沸騰する直前で火を止めて器に盛り、飾りを上に散らす。

味噌汁

> みそしる

具が何であれ、味が濃かろうが薄かろうが、味噌汁は味噌汁なのだ

　薄くても味噌汁、濃くても味噌汁。何が言いたいかといえば、薄味でもおいしいし、濃い味でもおいしいのが味噌汁のすばらしいところということだ。どんな材料も迎え入れる包容力の豊かさも魅力である。味噌汁の定番といえば豆腐、ネギ、ワカメだが、中には、こんな材料が、と驚くようなものも味噌汁にするとおいしかったりする。トマト、ビーツ、ベーコン、ヨーグルト、牛乳、アボカドなど、挙げたらきりがない。

　どんな具を入れようとも味噌汁は味噌汁、いろいろな具に挑戦してみてはどうだろうか。味噌汁の世界がさらに広がること間違いなしである。

材料（4人分）

出汁：800cc／好みの具：適宜／味噌：大さじ4（好みで増減）

作り方

❶出汁を沸騰させ、ダイコン、ニンジンなど煮る必要がある材料を入れて、火が通るまで煮る。❷いったん火を消し、お玉で出汁をすくって、その中で味噌を溶く。❸再び火をつけ、豆腐、ワカメなど煮込む必要がない材料を加えて温める。沸騰はさせない。

粕汁

かすじる

寒くなると恋しくなる、心身ともに温まる冬を代表するお汁

　日本には汁物の選択肢がたくさんあるが、冬、寒さが増してくると必ず食べたくなるのが粕汁である。身体を温めるという点では豚汁に勝ると思っている。

　粕汁の起源は関西ではないかといわれているが、詳細は不明なのが現実で解説は避ける。起源、地方色などは無視して、粕汁は石狩鍋の小型版くらいに私は思っている。なので、個人的には粕汁にサケは欠かせない。ブリでも肉でもない。

　酒粕は、出汁に浸けて柔らかくなったところでザルで濾して、ピュレにする。これが結構面倒くさい。でも、ブレンダーを使えば数秒でピュレにできる。

材料（4人分）

出汁：100＋500cc／酒粕：80g／ダイコン：3cm（厚めの短冊またはいちょう切り）／ニンジン：1/3本（厚めの短冊またはいちょう切り）／サトイモ：1個（1cm厚のいちょう切り）／こんにゃく：1/4枚（厚めの短冊に切って湯通し）／甘塩サケ：2切れ（食べやすい大きさに切る）／油揚げ：1/2枚（湯通しして細めの短冊切り）／長ネギ：1/2本（1cm輪切り）／味噌：大さじ1／青ネギ（飾り）：1本（小口切り）

作り方

❶100ccの出汁に、酒粕を崩して加えて柔らかくする。❷残りの出汁500ccを鍋に入れ、ダイコン、ニンジン、サトイモ、こんにゃくを加えて沸騰させ、サケを加えて野菜が柔らかくなるまで弱火で煮る。❸油揚げ、長ネギを加えて、ひと煮立ちさせたら火を消し、出汁に浸した酒粕をザルで濾し、味噌を合わせて溶かし入れ、中火で沸騰手前まで温める。❹器に注ぎ、青ネギを飾る。

雑煮

ぞうに

正月に皆が味わう雑煮でも、個人個人で思い浮かべる雑煮は全然違う

出汁に鶏肉を入れて煮込み、醤油で味をつける。焼いた角餅を器に入れて、その上に鶏肉入りの汁をかける。そしてミツバを浮かべる。これが、私が子供の頃食べていた雑煮だ。東京風よりもさらにシンプルだが、正月に皆が集まり雑煮を食べても、誰も疑問に思わなかった。関西は丸餅であることを知ったのは20代のときだ。仙台の雑煮におひき菜なるものが入ることを知ったのは結婚した後だ。雑煮ほど地方色豊かな料理は他にない。誰にもふるさとに思いを馳せる雑煮がある。中身が何かは関係なく、正月に味わうふるさとの味であることが、皆が認める共通点ではないだろうか。ここで紹介するのは東京風である。

材料（4人分）

鶏モモ肉：100g（一口大に切る）／酒：大さじ2／コマツナ（飾り）：3株／カツオ昆布出汁：750cc／醤油：小さじ1／塩：適宜／角餅：4個／かまぼこまたはなると（飾り）：4枚／ミツバ（飾り）：適宜

作り方

❶肉に酒を振りかけておく。コマツナは湯がいて絞り、3cmくらいに切っておく。❷出汁を沸騰させて肉、醤油を加え、塩で味を調える。その間に餅をトースターなどでこんがり焼いておく。❸肉に火が通ったら火を消し、器に焼餅を入れて汁をかけ、コマツナ、かまぼこ、ミツバを飾る。

けんちん汁

|| けんちんじる

けんちん汁はいろいろな野菜入り昆布、シイタケ出汁のすまし汁

けんちん汁は、出汁を塩や醤油で味つけしたすまし汁の一種である。起源には神奈川県鎌倉説、中国説があるようだが、どちらも詳細に欠ける。ただ、精進料理であったというのは共通の見解らしい。

けんちん汁は野菜を油で炒めてから煮る。これがもし、精進料理、あるいは高貴な人々の料理であったならば納得がいく調理法だ。でも、庶民の料理だったなら油を使うことはあり得ないのではないか。けんちん汁は本来肉を使わないので、その点では精進料理だったというのは正しいかもしれない。しかし現在、けんちん汁には肉を使うことも少なくなく、もっと広い意味でとらえられているようだ。

材料（4人分）

ゴマ油：大さじ1／木綿豆腐：1丁（手でちぎってザルなどで水を切る）／こんにゃく：1/2枚（ちぎったら水で洗って湯通ししておく）／ダイコン：4cm（厚めのイチョウ切りまたは短冊切り）／ニンジン：大1/4本（厚めのイチョウ切り、輪切りまたは短冊切り）／ゴボウ：1/3本（ささがき）／昆布出汁：1200cc／酒：大さじ2／醤油：大さじ1／サトイモ：3個（乱切り）／生シイタケ：3枚（4枚にスライス）／油揚げ：1枚（湯通しして短冊切り）／塩：適宜／青ネギ（飾り）：適宜／七味唐辛子（飾り）：適宜

作り方

❶鍋にゴマ油を熱し、豆腐、こんにゃく、ダイコン、ニンジン、ゴボウを加えて軽く炒める。❷出汁、酒、醤油を加えて沸騰させ、サトイモ、シイタケ、油揚げを加えて、野菜に火が通るまで弱火で煮る。❸塩で味を調えて器に盛りつけ、青ネギと七味唐辛子を散らす。

お汁粉

||　おしるこ

甘味処のメインメニュー。日本伝統の甘いデザートは今も健在

　お汁粉は餡子を使った甘い汁物である。しかし、餡子には漉し餡と粒餡がある。どちらを使ってもお汁粉なのかというと、そうでもない。関西では漉し餡を使ったものをお汁粉、粒餡を使ったものをぜんざいという。関東ではそういった区別はないが、お汁粉といえば普通は漉し餡で、粒餡を使ったものは田舎汁粉と呼ぶこともある。

　普通、お汁粉には白玉や餅が入っている。また口直し、甘みをより感じるために、漬物や塩昆布がつくことが多い。漉し餡を作るのはかなり面倒だ。数杯のお汁粉を作るのに餡子を作る人はまずいない。餡子を買って作るのが得策というものだ。

材料（4人分）

水：400cc／粒餡か漉し餡：400g／砂糖：適宜／塩：適宜／白玉*または餅：8〜12個（餅の場合は4個）

*白玉
白玉粉：120g／水：120cc

作り方

❶白玉を作る。ボウルに白玉粉を入れて、約2/3の水を加えて練り、残りの水を少しずつ加えながら手にくっつかない程度の硬さになるまで水を加えてよく練る。状況に合わせて水の量を調整すること。❷生地を8〜12等分して丸め、真ん中を指で押してへこませたらペーパータオルをかぶせておく。❸汁粉を作る。鍋に水を入れて沸騰させ、餡を加えたら、木ベラなどで餡をほぐしながら再び沸騰するのを待つ。沸騰したら弱火にして、たまにかき混ぜながら10分ほど煮る。❹❸の汁粉に直接、❷の白玉を入れ、浮いてきたら1分ほど待つ。餅の場合はトースターなどで焼くか、汁粉の中に入れて柔らかくなるまで煮る。❺汁粉を白玉または餅とともに器に盛る。

Bantan

| バンタン

モンゴル
Mongolia

モンゴルの子供が初めて口にする固形物の料理。それがバンタン

　ナショナルディッシュとは、その国でもっとも食べられている、その国の人たちが誇りに思う料理のことだ。他の国の人間が見てもおいしそうに見える料理もあれば、そうでない料理もある。モンゴルのバンタンはどちらかというと後者である。マトンを細かく刻んで水で煮込み、小麦粉とスープを混ぜて米粒大のパスタのようにしてスープに加える。味つけは塩のみだ。これを読んでおいしそうだと思う人はまずいないだろう。それがだ。正直言ってこれがおいしいのである。何だかわからないが懐かしいとさえ思える。ナショナルディッシュにふさわしいことに、食べて初めて気が付く。

材料（4人分）

ラム、マトンまたは牛肉：200g（細かく刻む）／水：1500cc／小麦粉：200g／塩：適宜／青ネギ（飾り）：適宜（小口切り）

作り方

❶鍋に肉と水、塩小さじ1を入れて沸騰させ、弱火で肉に火が通るまで煮る。❷煮ている間に、小麦粉と塩一摘みをボウルに入れ、鍋のスープを注いで生地を作る。両手で混ぜて米粒大に固まるくらいがちょうどいい水分の量。❸強火でスープを沸騰させ、米粒大のばらばらな状態の❷の生地を、そのままくっつかないように鍋に加えて5分ほど煮る。❹塩で味を調えたら器に注ぎ、青ネギを散らす。

만둣국

韓国 South Korea

マンドゥクク

ボリューム満点のダンプリング入りあっさり醤油味のスープ

　マンドゥは餃子によく似た食べ物で、モンゴルから伝わったという説と、シルクロードを辿り中央アジアから伝わったという説があるが、いずれにしても高麗の時代より食べられていたようだ。マンドゥククのククはスープ、つまりマンドゥ入りスープということになる。

　スープは煮干しと昆布出汁がベースで、とてもあっさりしている。シンプルなスープに溶き卵を加えたり、錦糸卵をのせたりするのが一般的だ。錦糸卵は白身と黄身を別に焼いて、白と黄色の錦糸卵にすることもよくある。日本の餃子と同様、冷凍もののマンドゥがスーパーなどで売られている。

材料（4〜5人分）

煮干し：20尾（頭と内臓を取り除く）／昆布：12×12cm／水：2500cc／薄焼き卵（飾り）：卵1個分／醤油：大さじ1／ニンニク：1粒（みじん切り）／マンドゥ*（コリアン餃子）：20〜25個／塩：適宜／青ネギ（飾り）：1本（5cm千切り）

*マンドゥ
牛挽き肉、豚挽き肉、またはエビ（細切り）：200g／長ネギ：200g（みじん切り）／木綿豆腐：1/3丁（布巾で包んで水分を絞る）／塩・コショウ：少々／ゴマ油：小さじ2／片栗粉：大さじ1／餃子の皮：25枚

作り方

❶鍋に煮干し、昆布、水を入れて沸騰させ、弱火で10分くらい煮てスープを取る。煮干しと昆布は取り除く。❷マンドゥを作る。餃子の皮以外の材料をボウルに入れて手でよく混ぜ、スプーンで具をすくって餃子の皮にのせる。❸皮に水（材料外）を塗って半分に折って具を包み、端をしっかり閉じる。両端を合わせて丸くする。❹薄焼き卵を作る。卵を黄身と白身に分けて箸で溶き、フライパンに少量のサラダ油（材料外）をひいて、黄身と白身を別々に薄く焼く。❺薄焼き卵を黄身と白身別々に筒状に丸めて、太めの錦糸卵を作る。❻❶のスープを沸騰させて、醤油、ニンニクを入れて軽く混ぜ、マンドゥを加えて、マンドゥに火が通るまで中火で煮る。❼器に盛り、錦糸卵と青ネギで飾る。

갈비탕

カルビタン

じっくり煮込んだカルビと味が浸み込んだダイコンにため息

カルビは一般に牛の骨付きバラ肉を指す。日本でもカルビの焼肉は人気がある。韓国でも牛肉はけっして安い肉ではないようだ。とくにカルビは高級品という認識がある。カルビタンはこのカルビを贅沢に使ったスープで、韓国では誕生日など家族にとって特別な日に作られることが多い。

カルビタンは牛肉入りのすまし汁のようなもので、あっさりした醤油味のスープだ。濁りのないスープを作るために、牛肉の下処理に手間をかける。下処理で十分に血抜きをした肉をじっくり時間をかけて煮込む。最初は中火で肉からエキスを出し、そのあと弱火で柔らかくなるまで煮る。

材料（4人分）

ビーフショートリブ：1kg（骨をつけたまま3cmくらいに切る）／玉ネギ：1個／韓国ダイコンまたは普通のダイコン：小1/2本（皮をむくだけ）／ナツメ：8個／ショウガ：15g／ニンニク：8粒（みじん切り）／コリアンスープ醤油なければ普通の醤油：大さじ2／水：2500cc／錦糸卵（飾り。作り方はP290参照）：卵1個分／青ネギ（飾り）：2本（小口切り）／塩・コショウ（飾り）：適宜

作り方

❶リブを冷水に1時間ほど浸しておく。❷鍋にたっぷりのお湯（材料外）を沸かす。その間にリブを冷水で洗っておく。❸鍋のお湯に洗ったリブを入れ、再び沸騰したら中火にして6分くらい煮た後、リブを取り出して再び冷水で洗う。リブを煮たお湯は捨て、鍋は洗っておく。❹洗った鍋にリブ、玉ネギ、ダイコン、ナツメ、ショウガ、ニンニク半量、醤油、水を入れて沸騰させ、中火で約1時間、弱火でさらに約1時間、肉が柔らかくなるまで煮る。ダイコンが先に煮えてしまった場合は、ダイコンだけ取り出しておく。❺リブとダイコン、ナツメを取り出し、それ以外はペーパータオルで濾してスープをとる。❻スープが冷めたところで冷蔵庫に入れて冷やし、スープの表面に固まった油をスプーンなどで取り除く。❼スープに残りのニンニクを加えて沸騰させる。❽ダイコンを食べやすい大きさに切って鍋に戻し、リブ、ナツメも加えて、ひと煮立ちさせる。❾器にスープを盛りつけ、塩とコショウで味を調えて、青ネギ、錦糸卵を飾る。

삼계탕

韓国
South Korea

| サムゲタン

夏バテ解消に最適。汗をかきエネルギー補給して夏を乗り切る

　暑さで夏バテ気味のとき、熱々のスープでエネルギーを補給したい。そんなとき、韓国でよく食べられるのが薬膳料理でもあるこのサムゲタンである。ミニチュアといいたくなるような小さな鶏が1羽丸ごとトゥペギ（土鍋）に入って1人前とするのが普通だが、ない場合は大きな鶏を1羽使えばいい。鶏の中には高麗人参、銀杏、もち米、栗などが入っている。韓国食材の店に行くと、レトルトや冷凍のサムゲタンが手に入る。レトルト、冷凍といっても本格的なもので、中にはちゃんと高麗人参も入っている。スープの味つけは薄く、数種類のたれを用意して、それをつけて食べるのが一般的な食べ方だ。

材料（4人分）

小さな鶏（400〜500g）：4羽または鶏：1羽（約2kg）／塩：適宜／水：1500cc ／長ネギ（飾り）：適宜（小口切り）／塩（飾り）：適宜／コショウ（飾り）：適宜

スタッフィング
米またはもち米：100g（水に一晩浸しておく）／生あるいは乾燥高麗人参：4本／ニンニク：8粒／乾燥ナツメ：4個／銀杏（お好みで）：8個／栗（お好みで）：8個

ゴマ塩だれ
塩：大さじ1／ゴマ：大さじ1／コショウ：一摘み／ゴマ油：大さじ4
●すべてボウルに入れてよく混ぜる。

甘口醤油だれ
醤油：大さじ3／米酢：大さじ2／ハチミツ：小さじ1／煎りゴマ：小さじ1／長ネギ：小さじ1（小口切り）／青唐辛子：1本（小口切り）
●醤油、酢、ハチミツを器に入れて、レンジで30秒ほど温めてハチミツを溶かす。残りの材料を加えて混ぜる。

作り方

❶スタッフィング用の水に浸けた米を洗って、水を切っておく。❷鶏にたっぷりと塩を振り、手で鶏をよくしごいた後水洗いして、ペーパータオルで水分を拭き取る。腹の空洞も忘れないように。❸鶏の無駄な脂肪や皮、手羽先を切り落とす。❹鶏のお腹にそれぞれ米大さじ2、高麗人参1本、ニンニク2粒、ナツメ1個、銀杏2個、栗2個を入れる（大型1羽の場合はスタッフィング用の材料すべてを入れる）。入りきらなかったら、スープを作る鍋にあける。❺鶏の片方のモモに包丁で切れ目を入れ、そこにもう一方の脚を差し入れて、脚を閉じる。❻鶏を鍋に置き、水を注いで沸騰させ、中火にして鶏に完全に火が通るまで約30分煮る。❼火にかけられる深い器に鶏を1羽ずつ入れ、⑥のスープを注いで再び火にかけて沸騰させ、塩とコショウで味を調えたら、そのまま食卓に置いて長ネギを散らす。1羽の場合は入れ替える必要はない。❽好みのたれと一緒にサーブする。

293

매운탕

メウンタン

魚のうまさがたっぷり溶け込んだスパイシーな魚のシチュー

　メウンタンのメウンは辛い、タンはスープとかシチューという意味だ。つまり、このスープはコリアン流ホット＆スパイシーフィッシュシチューなのである。魚は淡水魚、海水魚どちらも使われる。韓国のレストランでは水槽で泳いでいる魚の中から好みの魚が選べるところもあるようだ。使われる主な魚はレッドスナッパー（赤いフエダイの仲間）、タラ、イシモチ、スズキなど。淡水魚ならコイやマスである。

　メウンタンには緑葉野菜が必ず入る。もっともよく使われるのが春菊だ。鍋に春菊。日本人も韓国人も、考えることは同じというわけだ。豆腐、キノコも欠かせない。

材料（4人分）

コチュカル（コリアンチリフレーク）：大さじ2（好みで増減）／テンジャン：大さじ1／コチュジャン：大さじ1／醤油：大さじ1／魚醤：大さじ1／ニンニク：4粒（みじん切り）／ショウガ：10g（みじん切り）／酒：大さじ2／白身の魚：1kg（鍋に収まる大きさに切る、でも小さくしすぎない）／煮干し出汁：2000cc／ダイコン：1/3本（5mm程度にスライス）／エノキ：200g（根元1/3程度を切り落としてほぐす）／長ネギ：1本（斜め切り）／ズッキーニ：1/2本（厚めに輪切り）／豆腐：1/2丁（食べやすい大きさに切る）／グリーンチリ：1本（スライス）／レッドチリ：1本（スライス）／春菊：5株（葉の根元の茎で切って切り揃える）

作り方

❶ ボウルにコチュカル、テンジャン、コチュジャン、醤油、魚醤、ニンニク、ショウガ、酒を入れてよく混ぜ合わせ、ソースを作る。❷ 鍋にたっぷりのお湯（材料外）を沸かし、魚を加えて表面が白くなったらすぐに取り出して冷水に浸ける。❸ きれいにした鍋に出汁を入れて沸騰させ、ダイコンを加えて、半ば火が通るまで中火で煮る。❹ ❶のソース半量を鍋に加え、魚を加えて、魚に火が通るまで中火で煮る。❺ エノキ、長ネギ、ズッキーニ、豆腐、チリを加えたら残りのソースを加えて、味を調整する。❻ エノキ、ズッキーニに火が通ったら、春菊を加えてひと煮立ちさせる。

된장찌개

韓国 South Korea

テンジャンチゲ

具にこだわらずいろいろなものを入れて楽しみたい韓国鍋

テンジャンは日本でいえば味噌にあたる。実際、韓国味噌などと呼ばれることがあるが、製造法は違う。日本の味噌は麹菌で発酵させるが、韓国の味噌は枯草菌（納豆菌もこの種に入る）で発酵させる。いずれにせよ両者は同じように国民に愛される必須の食材である。韓国では毎日のようにテンジャンが使われ、日本の味噌汁同様無限のバリエーションがある。

テンジャンチゲはまさしく味噌味の鍋料理である。出汁は昆布と煮干しだが、水ではなく米のとぎ汁を使うところがおもしろい。米のとぎ汁はとろみをつけるだけでなく、テンジャンとスープを混ざりやすくする役割があるらしい。

材料（4人分）

米のとぎ汁：1000cc／煮干し：8尾（頭と内臓を取る）／昆布：10×10cmを2枚／ニンニク：2粒（みじん切り）／テンジャン：大さじ2（好みで増減）／玉ネギ：1個（1cm角切り）／ジャガイモ：小1個（1cmサイコロ切り）／コリアンズッキーニまたはズッキーニ：1本（1cmサイコロ切り）／コチュカル：小さじ2／コチュジャン：小さじ1／エビ：4尾（殻と背ワタを取り、食べやすい大きさに切る。アサリ8個、牛または豚肉180gなどでもOK）／キノコ（好みのもの）：200g（食べやすい大きさに切るか裂く）／豆腐：1/2～2/3丁（1cmサイコロ切り）／グリーンチリペッパー：1本（5mmに斜め切り）／レッドチリペッパー：1本（5mmに斜め切り）／青ネギ：1本（小口切り）

作り方

❶米のとぎ汁、煮干し、昆布を鍋に入れて沸騰させ、弱火にして5～10分煮て出汁をとったら、煮干しと昆布を取り除く。❷ニンニクを加え、テンジャンをザルで濾しながら加えて再び沸騰させ、玉ネギ、ジャガイモ、ズッキーニ、コチュカル、コチュジャンを加え、弱火で野菜が柔らかくなるまで煮る。❸エビ、キノコ、豆腐を加えて、キノコと豆腐に火が通るまで煮込む。❹最後にチリペッパー、青ネギを加えて、ひと煮立ちさせる。

김치찌개

| キムチチゲ

熟成したキムチとキムチの漬け汁を加えればうまさ倍増

韓国

　キムチチゲを初めて食べたのは20年以上も前のことだ。アウトドアクッキングの記事を書くためだった。キャンプしながらいくつも鍋を作った。そもそもキムチが好きだった私にとっては、最高の鍋だった。

　おいしいキムチチゲを作るのに、絶対に忘れてはいけない大切なポイントがひとつある。当たり前のようだが、キムチである。キムチチゲ用のキムチは、発酵が進んだ、日本の漬物でいえば古漬けのキムチに限る。熟成したキムチは酸味が強くなるだけでなく、自然の甘味を持っている。さらにおいしくする裏技は、キムチが漬かっている漬け汁を鍋に加えることだ。

材料（2〜3人分）

豚肩ロースまたはバラ肉：250g（厚さ1cmほどの3cm角に切る）／コショウ：小さじ1/2／みりん：大さじ1／ゴマ油：小さじ1／白菜キムチ：200g（一口大に切る、漬け汁は残しておく）／玉ネギ：1/2個（5mmくらいにスライス）／煮干し昆布出汁：250cc／コチュカル：大さじ1＋α／コチュジャン：大さじ1／ニンニク：2粒（みじん切り）／ショウガ：10g（みじん切り）／木綿豆腐：1丁（好みの形に切る）／長ネギ：1/2本（斜めにスライス）／塩・コショウ：適宜／グリーンチリペッパー（飾り）：適宜（小口切り）

作り方

❶ボウルに肉、コショウ、みりんを入れてよく混ぜ、20分ほどおいておく。❷鍋にゴマ油を熱して、❶の肉を入れて、生の部分が見えなくなるまで炒める。❸キムチを加えて4分くらい炒めたら、玉ネギを加えて、混ぜるように軽く炒める。❹出汁を加えて沸騰させる。❺ボウルなどでキムチの漬け汁、コチュカル、コチュジャン、ニンニク、ショウガを入れてよく混ぜ、鍋に加えてよく混ぜる。塩とコチュカルで味を調える。❻20分ほど中火で煮たら豆腐を加え、さらに5分くらい煮たら長ネギを加えて、ひと煮立ちさせる。❼器に盛り、チリペッパーを散らす。

순두부찌개

韓国 South Korea

スンドゥブチゲ

熱々の豆腐をスパイシーなスープと一緒に汗だくで食べる

スンドゥブチゲは韓国のスパイシーな豆腐スープである。唐辛子が効いたスープに豆腐が入っているわけだが、レストランに行くと豚肉、シーフード、牛肉、キノコ、野菜、腸などから好みの具がプラスできるようになっている。

スンドゥブは柔らかい豆腐で、豆乳を固めた後に絞らないので水分が多い。普通チューブに入っている。このチューブの端を切って熱々のスープに絞り出し、スプーンで食べやすい大きさに切る。スンドゥブがない場合は絹ごし豆腐の中でも柔らかいものを選ぶ。その場合もスプーンなどですくってスープに加えると味がよくからむ。

材料（4人分）

サラダ油：大さじ1／長ネギ：1/2本（小口切り）／豚挽き肉：150g／玉ネギ：小1個（みじん切り）／ニンニク：2粒（みじん切り）／醤油：大さじ2／コチュカル：大さじ1／砂糖：小さじ1／煮干し昆布出汁：500cc／スンドゥブ（チューブ入り豆腐）：2本／塩・コショウ：適宜／青ネギまたは長ネギ（飾り）：適宜（小口切り）

作り方

❶鍋かフライパンに油を熱し、長ネギを加えて香りが出てくるまで炒めたら、挽き肉を加えて表面が白くパラパラになるまで炒める。さらに玉ネギ、ニンニクを加えて、玉ネギが透き通るまで炒める。❷醤油、コチュカル、砂糖を加えて具材になじむまで炒め、個別の器に均等に分け入れて、出汁、コショウ一摘みを加えて沸騰させる。❸塩とコショウで味を調整したら、豆腐をそれぞれの器に入れ、スプーンなどで豆腐を食べやすい大きさに崩し、豆腐が熱々になるまで煮る。辛さはコチュカルで調整する。❹上に青ネギを散らす。

소고기무국

| ソゴギムグッ

チェサと呼ばれる法事のときに供え、食されるあっさりしたスープ

　ソゴギムグッは牛肉とダイコンのシンプルなスープだ。在日コリアンの人たちは、日本の法事にあたるチェサのときに親戚が集まり、このソゴギムグッをお供えした後、皆で食べる。コリアンの人たちにとっては、ソゴギムグッは単なるスープ以上の意味を持っているわけだ。

　出汁は昆布出汁のことが多いが、昆布を加えず、煮込む牛肉だけでスープベースを作る場合もある。大根は日本の大根のように細くて長いものではなく、朝鮮大根とも呼ばれる太いものが使われる。日本の大根よりも甘味があるというのが個人的な印象だ。もちろん普通の大根を使って構わない。

材料（4～6人分）

牛肉：400g（小さくスライス）／醤油：大さじ3／ゴマ油：大さじ1／ニンニク：3粒（みじん切り）／酒：大さじ1／ダイコン：小1/2本（厚めの短冊切り）／煮干し昆布出汁：1500cc／豆腐（お好みで）：1/2丁（一口大に切る）／長ネギ：1/2本（斜め切り）／塩：適宜／長ネギ（飾）：適宜（小口切り）／炒りゴマ（飾り）：適宜／コチュカル（飾り）：適宜

作り方

❶牛肉、半量の醤油と半量のゴマ油、ニンニク、酒をボウルに入れてよく混ぜ、30分ほどおいておく。❷鍋に残りのゴマ油を熱し、❶の肉を加えて1、2分炒め、ダイコンを加えて混ぜ合わせるように軽く炒めたら、出汁、残りの醤油を加えて沸騰させ、弱火にしてダイコンが柔らかくなるまで煮る。❸豆腐、長ネギを加えてひと煮立ちさせ、塩で味を調える。❹スープを器に注ぎ、好みのトッピングをのせる。

台湾麻油鸡汤

|| タイワンマーユージタン

醤油も塩も使わないのにおいしいスープができる。その秘密は？

　材料を見ると鶏ガラスープはおろか、醤油も塩も使わないことにびっくりする人も多いのではないだろう。私も最初にこのスープを作ったときは半信半疑だった。本当においしいのかとさえ思った。確かめるためにはレシピ通りに材料を揃えて作ってみるしかない。といっても、入手が難しそうなのは料理酒だけだ。日本の料理酒は使わず、あえて台湾製の料理酒を使うことにした。答えはこの料理酒にあった。日本と同じく、この料理酒にも塩が含まれているのだ。料理酒でじっくり鶏を煮ると、ちょうどいい塩加減になる。このスープを成功させるコツはショウガをたくさん入れること、そして時間をかけて煮ることだ。

材料（4人分）

ゴマ油：大さじ2／ショウガ：80g（皮付きのまま厚くスライス）／骨付き鶏モモ肉またはドラムスティック：900g／料理酒（できれば台湾製）：500cc／水：500cc／パクチー（飾り、お好みで）：適宜

作り方

❶鍋にゴマ油を熱し、ショウガを加えて香りが出てきたら肉を加えて、黄金色になるまでソテーする。❷料理酒と水を加えて沸騰させ、弱火で30〜40分煮る。
❸スープを器に注ぎ、好みでパクチーをのせる。

肉羹

| ロウガン

魚のすり身で包んだふわふわの肉が魅力の台湾で人気のスープ

台湾で人気のロウガンは、他のスープにはない興味深いところがある。それは肉の調理である。肉は醤油ベースのマリネ液に漬けた後、フィッシュペースト（魚のすり身）と混ぜる。今回は白身の魚をフードプロセッサーでペーストにしたものを使ったが、普通は少し味つけされた市販のものを使う。フィッシュペーストが衣のような役目をするわけで、魚の柔らかい食感が加わるというだけでなく、肉の水分、油分をホールドする役目も果たすようだ。さらにおもしろいのは、これを揚げずに熱湯で調理するところだ。余分な油を使わないので、表面もふわふわで、スープ自体もあっさりと仕上がる。

台湾 Taiwan

材料（4人分）

豚肉（肩ロース、ヒレなど。挽き肉でもOK）：300g（長さ3、4cm、厚さ5mmくらいのスライス）／マリネ液*：約80cc／干しシイタケ：5枚／白身魚：300g／水：1500cc／鰹節：一つかみ／エノキ：100g（石突を切り取り、小分け）／タケノコ：100g（千切り）／ニンジン：1/2本（千切り）／ニンニク：2粒（みじん切り）／砂糖：大さじ1／醤油：大さじ1／ウスターソース：大さじ1／ゴマ油：小さじ1／水溶き片栗粉：片栗粉大さじ4+水大さじ4／卵（お好みで）：1個／塩・コショウ：適宜／パクチー（飾り）：適宜（粗みじん切り、手でちぎっても可）

*マリネ液
醤油：大さじ1／塩：小さじ1/2／砂糖：小さじ2／ゴマ油：大さじ1／卵：1個／コショウ：一摘み

作り方

❶ボウルなどに肉、マリネ液の材料を入れてよく混ぜ、少なくとも2時間マリネする。❷別の器に干しシイタケを入れ、熱湯（材料外）をひたひたになるくらい加えて戻す。❸白身魚をフードプロセッサーまたはすり鉢でペースト状にする。❹①の肉とペースト状にした白身魚をよく混ぜ合わせる。その間に鍋にたっぷりの水（材料外）を入れ、小さい泡が鍋底から出てくるくらいまで温める。❺肉と魚のミックスを、一口大になるくらいにつまみ取ってまとめ、静かにお湯に落とし、浮かんできたものからすくい取ってボウルなどにあげておく。❻鍋に水を入れて沸騰させて、鰹節を手の平で崩しながら加え、さらにエノキ、タケノコ、ニンジン、ニンニク、砂糖、醤油、ウスターソース、ゴマ油を加えて、野菜に火が通るまで煮る。❼塩とコショウで味を調え、かき混ぜながら水溶き片栗粉を少しずつ加え、好みのとろみにする。卵を加える場合は、この時点で溶いて加える。❽⑤の肉と魚のミックスを加え、ひと煮立ちさせたら器に盛り、パクチーを散らす。

藥燉排骨

ヤオドゥンパイグー

中国はもちろん台湾でも人気のスペアリブの薬膳スープ

　日本でも医食同源とよく言う。中国の食における考え方に由来する言葉で、平たく言えば、食を通して心身の健康を保つということだ。この考えに基づいているのが薬膳である。このスープも薬膳のひとつで、台湾ではナイトマーケットの名物料理になっている。中国でも人気のメニューだ。

　薬膳と聞くと漢方のような味がするスープのように思われるが、そんなことはない。とてもバランスが取れた味、香りを持つスープである。ポイントはあまり長く煮込みすぎないことにあるようだ。煮る時間は肉が柔らかくなるまで、約1時間。90分を超すと苦みが出てくる。

材料（4人分）

スペアリブ：800g／アンジェリカ（當歸）：1片／センキュウ（川芎）：12g／シャクヤク（白芍）：10g／トウジン（黨参）：10g／ブクリョウ（茯苓）：15g／ビャクジュツ（白朮）：12g／シナモン（肉桂）：5g／ジュクジ（熟地）：半片／ショウガ：30g（スライス）／ナツメ：10粒／クロナツメ（黒棗）：1個／クコの実：大さじ1／水：1500cc／酒：300cc／塩：適宜

作り方

❶鍋にたっぷりの水（材料外）を沸かし、スペアリブを入れて2、3分煮たら取り出して、水できれいに洗う。❷ハーブは水洗いして、煮出し袋などに入れる。❸塩以外の材料をすべて鍋に入れて沸騰させ、弱火で肉に火が通るまでじっくり煮る。❹塩で味を調える。

中央&南アジア

Central Asia & South Asia

トルクメニスタン／ウズベキスタン／アフガニスタン／バングラデシュ／ブータン
インド／モルディブ／ネパール／パキスタン／スリランカ

トルクメニスタン Turkmenistan

Shurpa

シュルパ

トルクメニスタンだけでなく周辺の国でも人気のラム入りスープ

　トルクメニスタンで欠かせない料理は、日本でも知られるピラフだが、スープの種類も多い。中でも人気のあるのがシュルパである。ラムまたはマトンと野菜のスープで、トマトが入っているもののスープ自体は澄んでいるのが特徴だ。トルクメニスタンだけでなく、ウズベキスタン、カザフスタンといった国でもポピュラーなスープだ。シュルパの歴史は古く、紀元前からすでに食されていたらしい。

　ラム、マトン以外に鶏肉を使うこともあるが、ラムを使うのが正式のシュルパで、骨付きのラムチョップを使うと高級感も満点である。シュルパはピラフ、インドのサモサの起源である三角形のサムサとともに食卓に上る。

材料（4人分）

マトンまたはラム肉（できれば骨付き）：500g／水：2000cc／玉ネギ：1個（1cm角切り）／ニンジン：1本（一口大に切る）／ピーマン：4個（1cm角切り）／ジャガイモ：2個（一口大に切る）／トマト：1個（一口大に切る）／コリアンダーパウダー：小さじ2／クミンパウダー：小さじ1／塩・コショウ：適宜／ディルまたはパクチー（飾り）：適宜（粗みじん切り）

作り方

❶鍋に肉と水、塩小さじ1、コショウ一摘みを入れて沸騰させ、弱火で肉に火が通るまで煮る。❷肉を取り出して骨を取り、食べやすい大きさに切って鍋に戻す。❸トマト以外の野菜を加えて、野菜に火が通るまで煮たら、トマトとスパイスを加えて5分くらい煮て、塩とコショウで味を調える。❹スープを器に盛り、ディルかパクチーを上に散らす。

304

Chalop

ウズベキスタン Uzbekistan

|| チャロップ

新鮮な野菜やハーブが入った冬の終わりを告げるヨーグルトスープ

　寒い冬が終わり、3月を迎えると気温が少しずつ上昇し、5月には春真っ盛りとなる。この季節になると、ウズベキスタンでは冷たいスープがもてなされるようになる。それがヨーグルトのスープ、チャロップである。チャロップの季節は夏が終わるまで続く。

　春になると、マーケットには新鮮な野菜やハーブが並び始める。ラディッシュやキュウリといった野菜を小さく切り、細かく刻んだディルやバジルを加えて、水で薄めたヨーグルトと混ぜ合わせる。レモン汁を加えることでさらに爽やかさが加わる。チャロップは寒い冬の終わり、待ち焦がれていた春の訪れを味わうためのスープなのだ。

材料（4人分）

ヨーグルト：500cc ／水：500cc ／キュウリ：1本（皮をむいて小サイコロ切りまたは薄くスライス）／レッドラディッシュ：6個（小サイコロ切りか薄いスライス）／パクチー：4本（みじん切り）／ディル：4本（みじん切り）／バジルの葉：4枚（みじん切り）／青ネギ：1/2本（小口切り）／ニンニク（お好みで）：1粒（みじん切り）／オールスパイス：1粒（包丁の腹で砕く）／レモン汁：大さじ1 ／塩：適宜

作り方

❶ボウルにヨーグルトと水を入れてよく混ぜ、野菜、ハーブとスパイス、レモン汁を加えてさらによく混ぜたら、塩で味を調える。❷そのまま、あるいは冷蔵庫で冷やした後、器に注ぐ。

305

Mastava

|| マスタヴァ

ウズベキスタンを代表する、お米が入ったおじやのようなスープ

　中央アジアでよく食べられている料理の筆頭は、何といってもピラフだろう。一口にピラフといってもさまざまな種類がある。しかし、いくら食べ慣れている料理とはいえ、食欲が減退しているときはなかなか固形物が喉を通らないというのは、地域や国が違っても変わりがないのだ。そんなときに最適なのがマスタヴァである。

　このスープには肉と野菜の他に米が入っている。いってみれば、肉入りトマト味のおじやのようなもので、栄養補給に必要なものがすべてこのスープ一品でまかなえる。材料の割合はあくまでも目安で、好みで増減して構わない。特に米の量は幅を持って増減していいだろう。

材料（4人分）

ギー：大さじ2 ／ラムまたは牛肉：280g（一口大に切る）／玉ネギ：1個（1cm角切り）／ニンニク：3粒（みじん切り）／ニンジン：1本（1cmサイコロ切り）／ピーマン：3個（1cm角切り）／トマト：大1個（1cmサイコロ切り）／ローリエ：1枚／クミンパウダー：小さじ1/2 ／パプリカパウダー（できればスモークパプリカ）：小さじ1/2 ／ジャガイモ：小2個（1cmサイコロ切り）／米：90g／水：1000cc／塩・コショウ：適宜／青ネギ（飾り）：適宜（小口切り）／サワークリーム（飾り）：適宜

作り方

❶鍋にギーを熱し、肉を加えて全体に焦げ目が付くまで炒めたら、玉ネギとニンニクを加えて、玉ネギが透き通るまで炒める。❷ニンジン、ピーマン、トマト、ローリエ、クミン、パプリカパウダー、塩小さじ1、コショウ一摘みを加えてトマトが崩れ始めるまで炒めたら、水を加えて沸騰させて中火で20分ほど煮る。❸ジャガイモを加えて、ジャガイモに火が通るまで煮たら、米を洗って加え、米が柔らかくなるまで煮る。❹塩とコショウで味を調えたら器に盛り、青ネギとサワークリームで飾る。

Mashawa

マシャワ

アフガニスタンのチリビーンズともいわれる豆いっぱいのスープ

マシャワはアフガニスタンの豆のスープである。豆の他に肉が入り、スパイシーなのでアフガニスタン版チリビーンズとも呼ばれる。豆は基本的に何でも構わないが、ひよこ豆は必須のようだ。このレシピでは3種類だけだが、もっといろいろな種類の豆を使ってもおいしい。同じように、肉も牛肉にこだわる必要はない。ラムや牛などの挽き肉を使うとよりチリビーンズっぽくなる。豆のスープというと、常に調理済を使うか乾燥豆にするかという選択に迫られる。個人的にはどちらでもいいという考えだ。ただひとつ言えるのは、調理済の場合は、煮過ぎで崩れることがあるので注意したい。

材料（4人分）

オリーブオイル：大さじ2／玉ネギ：小1個（みじん切り）／シチュー用牛肉：450g（小さめの一口大に切る）／ガーリック・ジンジャーペースト：大さじ1またはニンニク4粒（みじん切り）／トマト：1個（1cmサイコロ切り）／コリアンダーパウダー：小さじ2／鷹の爪：1本（小口切り）／ターメリックパウダー：小さじ1/2／ドライディル：小さじ1/2／乾燥キドニービーンズ（赤いんげん豆）：100g（たっぷりの水に一晩浸しておく）／乾燥ひよこ豆：100g（たっぷりの水に一晩浸しておく）／小麦：100g（洗って1時間ほど水に浸けておく）／チキンまたは野菜ブロスあるいは水＋ブイヨン：800＋400cc／マングビーンズ（緑豆）：100g（洗って1時間ほど水に浸けておく）／ヨーグルト：250cc／塩・コショウ：適宜／ドライミント（飾り）：適宜

作り方

❶鍋にオリーブオイルを熱し、玉ネギを加えて透き通るまで炒めたら肉を加え、生の部分が消えて白くなるまで炒める。❷ガーリンク・ジンジャーペースト、トマト、コリアンダー、鷹の爪、ターメリック、ディルを加えて2、3分炒めたら、水を切ったキドニービーンズ、ひよこ豆、小麦、塩小さじ1、コショウー摘みを鍋に加え、ブロス800ccを注いで沸騰させる。弱火にして豆が柔らかくなるまで煮る。❸その間に、別の鍋に水を切ったマングビーンズとブロス400ccを入れて沸騰させ、弱火で豆が柔らかくなるまで煮る。どちらの鍋も水分が少なくなったら、焦がさないように適量水を足す。❹煮えたマングビーンズを煮汁ごと❷の鍋に加えて沸騰させ、ヨーグルトを加えて再び沸騰させたら、塩とコショウで味を調える。❺スープを器に注ぎ、ドライミントを散らす。

Haleem

バングラデシュ

ハリーン

これがないラマダンはあり得ないといわれるほど人気のスープ

ハリーンは南アジア、中近東でポピュラーなスープで、特にバングラデシュでは大変人気がある。このスープは1年を通して食べられるが、特にラマダンの料理として欠かせない。イフタール（ラマダンの日没後の最初の食事）はこのハリーンがなければ完結しないといわれるほどだ。

ハリーンには小麦、米のほか、マスールダル、ムーングダルをはじめとする何種類もの豆が入る。それをクミン、コリアンダーといったスパイス、そしてマトンと一緒に豆が崩れるまで煮込む。ボリューム満点のスープだが、バングラデシュではナンなどが一緒にサーブされることもある。

材料（4人分）

小麦：60g／米（できればバスマティライス）：60g／レッドレンティル（マスールダル）：60g／ムーングダル：30g／ブラックレンティル（ウラドゥダル）：30g／スプリットチックピー（チャナダル）：30g／ターメリックパウダー：小さじ1/2／水：1200+800cc／サラダ油：大さじ2／玉ネギ：小1個（スライス）／ジンジャーペーストまたはすりおろしショウガ：小さじ2／ガーリックペーストまたはすりおろしニンニク：小さじ2／牛、マトンまたはラム肉：500g（小さめの一口大に切る）／ガラムマサラ：小さじ1/2／クミンパウダー：小さじ1/2／コリアンダーパウダー：小さじ1/2／レッドチリフレーク：小さじ1/2または鷹の爪1本（みじん切り）／ハリーンマサラ：大さじ1／塩：適宜／フライドオニオン（飾り）：適宜／ショウガ（飾り）：適宜（千切り）／ミント（飾り）：適宜

作り方

❶ 麦、米、豆を洗い、たっぷりの水（材料外）に1時間浸した後ザルにあげておく。❷ 鍋に麦、米、豆、ターメリック、塩小さじ2、水1200ccを入れて沸騰させ、すべて崩れるくらい柔らかくなるまで弱火で煮る。途中水が少なくなったら適量加える。❸ 穀物、豆などを煮ている間に、別の鍋に油を熱し、玉ネギを加えて透き通るまで炒めたら、ジンジャーペースト、ガーリックペーストを加えて2分ほど炒める。❹ 肉を加えて2分ほど炒めたら、ガラムマサラ、クミン、コリアンダー、チリ、ハリーンマサラ、塩小さじ1を加えてよく混ぜ合わせる。水800ccを注いで沸騰させ、弱火で肉が柔らかくなるまで煮る。❺ 肉を取り出し、残りのスープを❷の鍋に加える。肉はフォークなどで裂いて、同じく❷の鍋に加える。❻ 鍋の中身を沸騰させ、弱火で10〜15分煮る。こまめに混ぜ、豆がほとんどペースト状になるまで煮る。❼ スープを器に注ぎ、フライドオニオン、ショウガ、ミントを飾る。

Ema Datshi

ブータン Bhutan

|| エマ・ダシ

自家製のバター、チーズで作ったブータン国民に愛されるスープ

牛や山羊のミルクに酸を加えてカード（ミルクから分離した固形物）を作り、脂肪分でバター、残りのカードでチーズを作る。分離した液体（乳清）はスープなどに使われる。ブータンの人たちはミルクを1滴も無駄にしない。このミルクから作った自家製のバター、チーズとエマ（チリペッパー）で作ったスープがエマ・ダシである。エマ・ダシはブータンでもっとも頻繁に食べられている料理で、家庭、レストランによって味、濃度がさまざまで、ひとつとして同じものはないとさえいわれている。スパイシーながらバターやチーズ、野菜の甘味がミックスされるので、味にはとても深みがある。

材料（4人分）

無塩バター：大さじ1+1／赤玉ネギ：小1個・（スライス）／トマト：2個（1cm幅に縦にスライス）／ニンニク：3粒（スライス）／グリーンチリペッパー（長いものがベスト）、ピーマンや赤パプリカなど（好みの辛さに合わせて割合を決める）：200g（1cm幅に縦にスライス）／水：500cc／フェタチーズ：50g／グリュイエール、エメンタール、モッツァレッラチーズなど：200g（スライス）

作り方

❶鍋に大さじ1のバターを熱し、赤玉ネギを加えてさっと炒め、トマト、ニンニク、チリペッパー、ピーマンなどを加えて軽く炒める。❷水を加えて沸騰したら、中火にして野菜に火が通るまで約10分煮る。❸フェタチーズを入れて、5分くらい煮て溶かし、バター大さじ1、もう一種類のチーズを入れて混ぜながら、チーズを完全に溶かす。

Dal Shorba

インド

ダル・ショルバ

インドの典型的なスープともいえるダルを使った豆のピュレスープ

　ダルとはレンティル、ピーなどを二つに割った豆のことで、ベジタリアンが多いインドでは、良質なたんぱく質を摂取する上でとても大切な食材である。種類も多く、チャナダル、ムーングダル、マスールダルなどなど、豆の数だけダルがあるのでないかと思えるほど種類が多い。

　このスープで使われるダルは、ムーングダルである。ムーングは緑豆、つまりもやしを作るのに使われる豆である。春雨もこの緑豆から作る。このスープにはスパイスが数種使われるが、クミンに関してはパウダーではなく、粒のものを使いたい。コショウなどと同じく味が全然違う。

材料（4人分）

ムーングダル：150g（洗ってたっぷりの水に1時間浸し、ザルにあげておく）／玉ネギ：小1個（みじん切り）／ショウガ：5g（みじん切り）／グリーンチリ：小1本（みじん切り）／ガラムマサラ：小さじ1／ターメリックパウダー：小さじ1／水：500＋500cc／ギー：大さじ1／クミンシード：大さじ1／ニンニク：2粒（みじん切り）／塩・コショウ：適宜／ミントまたはパクチー（ミックス可）：適宜（みじん切り）

作り方

❶鍋に豆、玉ネギ、ショウガ、チリ、ガラムマサラ、ターメリック、塩小さじ1を入れてよく混ぜ、500ccの水を加えて沸騰させたら、弱火にして豆が崩れるくらい柔らかくなるまで煮る。❷豆が煮えたら、❶をブレンダーでピュレにしておく。❸違う鍋にギーを熱し、クミンシードを加えてプチプチと跳ね始めるまで炒めたら、ニンニクを加えて、黄金色になるまで炒める。❷のピュレを加え、500ccの水を少しずつ加えて好みのとろみをつけ、塩で味を調える。❹スープを器に注ぎ、ミントまたはパクチーを散らす。

Palak Shorba

インド India

‖ パラック・ショルバ

ホウレン草の味が存分に味わえるスパイスが効いたポタージュ

　ホウレン草は、お浸し、ゴマ和え、味噌汁など、日本ではどの家庭でも大活躍である。普段から見慣れた、食べ慣れたホウレン草だが、インドの人の手にかかると想像もつかないまったく別世界の食べ物になってしまうからおもしろい。

　パラック・ショルバは他の野菜をあまり加えないので、ホウレン草そのものがスープになったような感じだ。クミン、カルダモン、チリペッパーといったスパイスのほか、生のミントが入る。スープに牛乳を加える場合と加えない場合があるが、どちらもうまい。バリエーションとして、トマトを加えたもの、ダルを加えたものがある。

材料（4人分）

ホウレン草：10〜15株／ギー：大さじ2／ローリエ：1枚／ブラックカルダモンポッド：2粒／シナモンスティック：1本（3cm）／クローブ：2粒／粒コショウ：4粒／クミンシード：小さじ1/2／玉ネギ：中1個（みじん切り）／ニンニク：2粒（みじん切り）／ショウガ：10g（みじん切り）／ミントの葉：20〜30枚／水：500＋250cc／牛乳：250cc／ガラムマサラ：小さじ1/4／塩・コショウ：適宜／ギー（飾り）：小さじ1／ニンニク（飾り）：2粒（みじん切り）／レッドチリパウダー（飾り）：一摘み／ショウガ（飾り）：適宜（千切り）／ミントの葉（飾り）：適宜

作り方

❶鍋にたっぷりの湯（材料外）を沸かし、ホウレン草を湯がいて冷水で洗った後、水分をよく絞っておく。❷フライパンにギーを熱し、ローリエ、ブラックカルダモン、シナモンスティック、クローブ、粒コショウを加えて、十分香りが出てくるまで炒める。❸クミンシードを加えて、弾け始めたら玉ネギ、ニンニク、ショウガを加えて、玉ネギが透き通るまで炒める。❹ホウレン草をざっくり切ってブレンダーに入れ、ローリエとカルダモンとシナモンスティックを除いた❸を加え、ミントの葉、水500ccを加えてピュレ状にする。❺❹を鍋にあけ、水250cc、牛乳を加えて混ぜながら沸騰させて、塩とコショウで味を調える。❻フライパンで飾り用のギーを熱し、ニンニク、チリパウダーを加えて、ニンニクが黄金色になるまで炒める。❼器にスープを注ぎ、❻のチリニンニクオイルとショウガ、ミントで飾る。

Ulava Charu

|| ウラヴァ・チャル

他の豆スープとはちょっと違う方法で作られる豆スープ

　ウラヴァ・チャルはインドの南東アーンドラ・プラデーシュ州のスープで、ホースグラムと呼ばれる豆を使う。豆のスープといっても、他の豆のスープとはまったく違う。豆を食べない豆のスープなのだ。一晩水に浸した後、柔らかくなるまで煮る。ここまでは普通の豆スープと同じだ。問題は次のプロセスである。鍋の中身をザルで濾す。ザルには豆が残る。ザルの下には煮汁が落ちる。普通だったら煮汁は捨てるとなるのだが、このスープでは逆、豆を捨てる。そして、煮汁でスープを作るのである。スパイスやタマリンドを加えたこの煮汁、とろりとして結構いけるのである。

材料（4人分）

ホースグラム：1kg／水：3000cc強／サラダ油：大さじ3／マスタードシード：小さじ1/2／クミンシード：小さじ1/2／鷹の爪：2本（包丁の腹でつぶしておく）／玉ネギ：小1個（1cm角切り）／グリーンチリペッパー：2、3本（切り目を入れておく）／カレーの葉：3枚／レッドチリペッパーパウダー：小さじ1／ターメリックパウダー：小さじ1/2／タマリンドジュース：60cc／塩・コショウ：適宜

作り方

❶ホースグラムを水洗いして鍋に入れ、3000cc強の水を加えて一晩浸けておく。❷ホースグラムを浸けていた水と一緒に火にかけて沸騰させ、ホースグラムが柔らかくなるまで弱火で煮る。❸ホースグラムをザルで濾し、煮汁を取っておく。ホースグラムの豆自体は捨てる。❹鍋にサラダ油を熱し、マスタードシード、クミンシード、鷹の爪を加えて、マスタードシードとクミンシードが弾け始めたら、玉ネギ、グリーンチリ、カレーの葉を加えて、玉ネギが透き通るまで炒める。❺ホースグラムの煮汁、チリペッパーパウダー、ターメリック、塩小さじ1を加えて沸騰させ、煮汁が半量になるまで煮る。❻タマリンドジュースを加えてひと煮立ちさせ、塩で味を調える。❼器に盛り、ライスとともにサーブする。

Gobi Masala

ゴビ・マサラ

スパイス、ヨーグルト、ナッツまで入ったカリフラワースープ

インド India

　ゴビ・マサラのゴビはカリフラワーのことだ。マサラはガラムマサラとかチャートマサラとかで知られるように、スパイスのミックスである。しかし、このスープのようにマサラは料理の名前として使われることもある。チキン・ティカ・マサラはいい例だ。そもそもベジタリアンが多いインドの料理なので、他の国のベジタリアンにもこうしたインドの料理は人気である。肉など使わなくとも、野菜、ヨーグルトなどの乳製品、スパイス、ナッツを巧みに使えば、味に深みのあるスープができる。このスープのバリエーションともいえる、ジャガイモを加えたアルー・ゴビ・マサラも人気だ。

材料（4人分）

カリフラワー：小1個（食べやすい大きさに分けておく）／トマト：小2個（小サイコロ切り）／カシューナッツ：8個（細かく砕いておく）／ニンニク：4粒（スライス）／ショウガ：15g（スライス）／サラダ油：大さじ2／ローリエ：1枚／玉ネギ：1個（みじん切り）／コリアンダーパウダー：小さじ1／クミンパウダー：小さじ1/2／レッドチリパウダー：小さじ1/2／ガラムマサラ：小さじ1/2／ターメリックパウダー：小さじ1/4／ヨーグルト：大さじ4／水：370cc／生クリーム：大さじ2／ドライフェヌグリークの葉：小さじ1/2／塩：適宜

作り方

❶鍋にたっぷりの湯（材料外）を沸かし、カリフラワーを入れて硬めに湯がき、冷水に浸けた後、ザルにあげておく。❷ブレンダーにトマト、カシューナッツ、ニンニク、ショウガを入れ、ピュレ状にしておく。❸鍋に油を熱し、ローリエを加えて数秒炒めたら、玉ネギを加えて黄金色になるまで炒める。❹鍋に❷を加えて混ぜ合わせたら、コリアンダー、クミン、レッドチリパウダー、ガラムマサラ、ターメリックを加えて、スパイスが油に溶けだすまで炒める。❺ヨーグルトと水を加えて、沸騰したところでカリフラワー、塩小さじ1を加え、中火でカリフラワーが柔らかくなるまで煮たら、塩で味を調える。❻生クリームとフェヌグリークの葉を加え、混ぜ合わせたら火を消す。❼バスマティライス、ロティなどと一緒にサーブする。

Rasam

ラサム

市販のスパイスミックスがあれば簡単にできる南インドのスープ

　北インドと南インドでは料理が全然違うのだ、とインドの人たちはよく言う。このラサムは南インドでポピュラーなスープである。トマト、タマリンド、スパイスがベースのスープだが、実際は材料の違いなどによってさまざまなラサムがあるわけで、中にはパイナップルやマンゴーを使ったラサムもある。このラサムがどれだけポピュラーかは、インド食材の店に行けばすぐにわかる。箱に入ったラサム用のスパイスミックスが必ずある。このレシピでも少し使っているが、他のスパイスはすべて省いて、代わりに市販のスパイスミックスを使ってしまったほうが正直手っ取り早い。

材料（4人分）

タマリンドの果実：20g／熱湯：60cc／ニンニク：2粒（みじん切り）／トマト：小4個（小サイコロ切り）／サラダ油：大さじ1／ウラドゥダル（ブラックレンティル）：小さじ1/2／マスタードシード：小さじ1／クミンシード：小さじ1／ターメリックパウダー：小さじ1/4／アサフェティダ：小さじ1/4／パクチー：5本（ざく切り）／カレーの葉：10枚／ラサムスパイスミックス：小さじ1／水：400cc／塩：適宜

作り方

❶タマリンドを熱湯に20分ほど浸して、手でほぐしてエキスを出したらザルなどで濾しておく。❷ニンニク、トマトをすり鉢かブレンダーでペースト状にしておく。❸鍋に油を熱し、ウラドゥダル、マスタードシード、クミンシードを加えて、パチパチと音を立て始めたらターメリック、アサフェティダ、パクチー、カレーの葉を加えてサッと混ぜ、②とラサムスパイスミックスを加える。❹さらに水、①のタマリンドのエキスを加え、弱火で10分ほど煮たら、塩で味を調える。

Sambar

サンバル

崩壊した樹豆のダルでとろみをつけたボリューム満点チャウダー

サンバルは前ページのラサムと同様、南インドの料理だ。どちらもベースはトマト、タマリンド、スパイスである。また、どちらにも普通ダル（2つに割った丸い豆やレンティル）が入る。同じじゃないかと思うかもしれないが、これが違うのだ。ラサムはさらさらのスープだが、サンバルはチャウダーのようなドロッとしたスープなのだ。サンバルは、トゥールダルをたくさん入れて崩れるまで煮る。だからどろりとする。ラサムにはダルが入るときと入らないときがある。入ったとしても、量はサンバルに比べ極端に少ない。スパイスも違い、インド食材の店に行くとラサムと同様、サンバルのスパイスミックスもある。

材料（4人分）

タマリンドの果実：10g／熱湯：100cc／トゥールダル（2つに割った樹豆）：150g（洗ってたっぷりの水に1時間浸け、水切りしておく）／水：600＋600cc／ターメリックパウダー：小さじ1/2／サラダ油：小さじ1／ナス：小1個（一口大に切る）／ニンジン：1/2本（厚さ4mm程度の輪切り）／ドラムスティック（肉ではなく野菜。なければズッキーニ、オクラなど）：1本（約60g、長さ3、4cmに切る）／サヤインゲン：5本（長さ3cm程度に切る）／トマト：小1個（1cmサイコロ切り）／サンバルパウダー：大さじ1／ケーンシュガーなければ砂糖：小さじ1／ギー：大さじ1／マスタードシード：小さじ1/2／アサフェティダ：一摘み／カレーの葉：6枚／塩：適宜／パクチー（飾り）：適宜（みじん切り）

作り方

❶ボウルにタマリンドの果実と熱湯を入れて、20分くらいおいておき、果実だけを残して種などは取り除いておく。❷鍋に豆、水600cc、ターメリック、塩小さじ1を入れて沸騰させ、弱火で豆が崩れるまで煮る。❸別の鍋に油を熱し、ナス、ニンジン、ドラムスティック、サヤインゲンを加えて数分炒めたら、水600ccを加えて沸騰させ、トマト、サンバルパウダー、ケーンシュガー、❶のタマリンドのエキスを加えて、弱火で野菜に火が通るまで煮る。❹❷の鍋の中身を、❸の鍋に加えて、弱火でさらに5分ほど煮る。❺スープがドロっとしすぎているときは、水（材料外）を加えて塩で味を調える。❻フライパンにギーを熱し、マスタードシードを加えてパチパチと跳ね始めたら、アサフェティダ、カレーの葉を加えて、数秒炒めて鍋に加える。❼スープを器に注いで、パクチーを散らす。

インド India

Punjabi Kadhi

パンジャビ・カディ

野菜のフリッターがプカプカ浮くヨーグルトでできたスープ

インドの人たちは本当にヨーグルトをよく食べる。食事のときに2kgくらいのヨーグルトが入った器がテーブルの真ん中にデンと置かれたりするのだ。このパンジャビ・カディは、そんなインドの食卓に欠かせないヨーグルトを使った北インドの料理だ。ヨーグルトとひよこ豆粉、水を混ぜた液がこのスープのベースになる。もちろんスパイスが各種入る。

カディには必ずパコラと呼ばれるフリッターが上に乗る。パコラは玉ネギ、ナスといったものを、ひよこ豆粉の生地に絡めて揚げたものだ。パコラはそれだけでもおいしく、ストリートフードとしても人気のあるスナックである。

材料（4人分）

カディ
酸味のあるヨーグルト：250cc／ベサン（ひよこ豆粉）：100g／チリパウダー：小さじ1/2／ターメリックパウダー：小さじ1/2／ガラムマサラ：小さじ1/2／水：500cc／ギー：大さじ1／マスタードシード：小さじ1/2／クミンシード：小さじ1／ショウガ：5g（すりおろす）／フェヌグリークシード：小さじ1／アサフェティダ：一摘み／玉ネギ：1/2個（1cm角切り）／ニンニク：1粒（すりおろす）／生のグリーンチリ：2本（縦にスライス）／カレーの葉：8枚／鷹の爪：1本（みじん切り）／塩：適宜／

オニオンパコラ
玉ネギ：2個（スライス）／ベサン（ひよこ豆粉）：180g／チリパウダー：小さじ1/2／ターメリックパウダー：小さじ1/2／ガラムマサラ：小さじ1/2／アジョワンシード：小さじ1/2／塩：小さじ1弱／水：約60cc／サラダ油（フライ用）：適宜

飾り
ギー：大さじ2／チリパウダー：小さじ2
●ギーを熱しチリパウダーを加える。

作り方

❶オニオンパコラの準備をする。パコラの材料（サラダ油以外）をすべてボウルに入れてよくかき混ぜ、30分くらいそのまま寝かせておく。❷カディを作る。ボウルにヨーグルトを入れて泡立て器でなめらかにしたら、ひよこ豆粉とチリパウダー、ターメリック、ガラムマサラを加えて、だまにならないようによく混ぜる。さらに水を加えて、なめらかになるまでよく混ぜる。❸鍋またはフライパンにギーを熱し、マスタードシードを加えて、弾き始めたらクミンシードを加えて、弾けるのを待つ。❹ショウガ、フェヌグリークシード、アサフェティダを加えて1分くらい炒めたら弱火にして、玉ネギ、ニンニク、グリーンチリを加えて、玉ネギが透き通るまで炒め、カレーの葉、鷹の爪を加えて、さらに1分くらい炒める。❺❷のヨーグルトミックスを加えたら強火にして、沸騰したら弱火にし、とろみがつくまで15分くらい煮る。焦げつかないようにこまめにかき混ぜる。塩で味を調える。❻パコラを揚げる。ボウルに入ったパコラの生地に水（材料外）を少しずつ加えて、スプーンですくったときにポタッポタッと生地が垂れるくらいの固さにする。たっぷりのサラダ油を熱し、生地をスプーンなどですくって落とし、全体が黄金色になるまで揚げる。❼❺の鍋にパコラを加えて、蓋をして蒸らしたら器に盛り、チリパウダー入りのギーをかける。さっくりしたパコラが好みなら、カディを盛りつけた後にパコラを上にのせる。

Garudhiya

モルディブ Maldives

ガルディーヤ

シンプルでありながら、上品な出汁の風味を持つマグロのスープ

インドの南、インド洋に浮かぶ島国モルディブは漁業の国である。周辺はマグロの漁場として知られ、カツオやキハダマグロなどが多く漁獲される。ガルディーヤはモルディブ料理でもっとも知られるマグロのスープである。非常にシンプルなスープで、材料はマグロ、玉ネギ、塩、コショウ、水だけである。

炒めたりすることもなく、ただ煮るだけである。今回のように、カレーの葉を使うこともある。このスープをさらに煮込んで、水分がほとんどなくなってペースト状になるとリハークルと呼ばれ、モルディブでは調味料として使われる。正直、このスープはうまい。ぜひ試してほしいスープのひとつだ。

材料 (4人分)

水：1000cc／玉ネギ（お好みで）：小1個（スライス）／カレーの葉（お好みで）：10枚／粒コショウ（お好みで）：小さじ2／マグロ：500g（大きめの一口大に切る）／塩：適宜

作り方

❶鍋に水、玉ネギ、カレーの葉、粒コショウ、塩小さじ1を入れて沸騰させる。❷マグロを水洗いした後、鍋に加えて弱火で10〜15分煮る。❸塩で味を調える。

ネパール Nepal

Kwati

クワティ

何種類もの豆を発芽させてから調理するという珍しいスープ

　クワティは何種類もの豆が入ったネパールの伝統的な料理で、ネパール暦10月のジャナイ・プルニマに食される。豆の種類は7種、多い場合は12種類以上入る。これだけの種類の豆を揃えるのは大変という理由かどうかはわからないが、クワティ用の豆ミックスが売られている。

　おもしろいのは、豆をただ戻して茹でるのではなく、モヤシのように芽が出てくるまで待ってから調理するところだろう。豆が発芽するまで4日はかかる。豆によって発芽までの時間が異なるのが難点といえば難点だが、発芽を観察するのは結構楽しいし、できたスープはヘルシーでさらによし。

材料（4人分）

クワティビーンミックス（そら豆、キドニービーンズ、緑豆、ひよこ豆、ブラックアイドピーズ（黒目豆）、小豆、モスビーンズ、黒いんげん豆、白いんげん豆、樹豆、大豆など）：300g／水：500cc／サラダ油：小さじ2／マスタードシード：小さじ1／クミンシード：小さじ1／玉ネギ：1個（スライス）／ニンニク：2粒（すりおろす）／ショウガ：約1cm（すりおろす）／クミンパウダー：小さじ2／コリアンダーパウダー：小さじ1／ターメリックパウダー：小さじ1／トマト：2個（1cmサイコロ切り）／ギー：大さじ2／アジュワンシード：小さじ1／塩・コショウ：適宜／パクチー（飾り）：適宜（ざく切り）

作り方

❶豆を水（材料外）に浸し、少なくとも1晩、できたら芽が出てくるまで置いておき、調理を始める前にザルにあげて水を切っておく。❷豆と水を鍋に入れて沸騰させ、弱火で豆が柔らかくなるまで煮る。煮たら火を止めておく。❸フライパンにサラダ油を熱し、マスタードシード、クミンシードを加え、マスタードシードが音を立て始めたら玉ネギ、ニンニク、ショウガを加えて、玉ネギが透き通るまで炒める。❹クミン、コリアンダー、ターメリックを加えて1分ほど炒め、トマト、塩小さじ1、コショウ少々を加えて、トマトが完全に崩れるまで炒める。❺❹を豆の入った鍋に加えて沸騰させ、弱火で10分くらいに煮込む。水分が少なくなったら、水を適量加えて煮続ける。塩とコショウで味を調える。❻フライパンにギーを熱し、アジュワンシードを加えてさっと混ぜたら、すぐに鍋に加えてかき混ぜる。❼スープを器に注いで、パクチーを散らす。

Jhol Momo

ネパール Nepal

ジョル・モモ

見た目は馴染みがあるが、食べてみるとその独特な味にびっくり

　ネパールの料理は中国、チベット、インドといった隣国の影響をかなり受けている。ジョル・モモを見ても明らかに中華とインド料理のミックスであることがわかる。ジョルはスープ、モモはダンプリング、単刀直入にネパール流ダンプリングスープである。ダンプリングは見た目は餃子そのものだが、ターメリック、クミン、コリアンダーなどが入る。スープはクミンやチリが入ったスパイシーなトマトベースだが、すりゴマが入っているあたりは珍しく、味に深みが出てくる。ダンプリングはスープとは別に蒸す。このダンプリングとスープの相性が抜群で、ちょっと他では味わえない。

材料（4人分）

白ゴマ：大さじ3／サラダ油：大さじ1／玉ネギ：1個（スライス）／鷹の爪：2本（ヘタを取り包丁で叩いておく）／ニンニク：1粒（みじん切り）／ショウガ：5g（みじん切り）／ターメリックパウダー：小さじ1／クミンパウダー：小さじ1／トマト：4個（1cmサイコロ切り）／パクチー：10本（ざく切り）／水またはチキンブロス（水＋チキンブイヨンでOK）：120cc／レモン汁（お好みで）：大さじ1／塩・コショウ：適宜／パクチー（飾り）：適宜（ざく切り）

ダンプリング

餃子の皮：20枚／豚または鶏挽き肉：300g／ネギ：1/2本（みじん切り）／ニンニク：1粒（みじん切り）／パクチー：5本（みじん切り）／チリパウダー：小さじ1/4／ターメリックパウダー：小さじ1/4／クミンパウダー：小さじ1/4／コリアンダーパウダー：小さじ1/4／塩・コショウ：少々

作り方

❶ダンプリングを作る。餃子の皮以外のダンプリングの材料をすべてボールに入れてよく混ぜておき、餃子の皮で好きな形に包む。乾かないようにラップなどをかけておく。蒸し器に水を入れて沸騰させておく。❷スープを作る。ゴマを炒って、すり鉢あるいはブレンダーなどで粉にしておく。❸鍋にサラダ油を熱し、玉ネギを加えて透き通るまで炒めたら、鷹の爪、ニンニク、ショウガ、スパイスを加えて、スパイスが油にしみ出してくるまで炒める。トマト、パクチーを加えて、トマトが崩れてくるまで炒める。❹水またはブロスを加えて沸騰させ、トマトに完全に火が通るまで弱火で煮る。❺❷のゴマを加えて軽く混ぜたら、鍋の中身をブレンダーでなめらかにし、塩とコショウで味を調える。好みでレモン汁を加える。❻ダンプリングを蒸し器に入れて、火が通るまで約10分蒸す。❼器にスープを注ぎ、ダンプリングを加え、パクチーを散らす。

Nihari

ニハリ

パキスタン

肉にはこだわりがないが、スパイスには絶対こだわりたい

　ニハリはもともとインド北部のデリー、ボーパール、ラクナウなどに暮らすイスラム教徒の料理だったが、1945年にパキスタンが独立すると、北インドのイスラム教徒がカラチ、ダッカへ移り住み、レストランが開業された。そのメニューにあったのがニハリで、大ヒットとなり、今ではパキスタンのナショナルディッシュといわれるまでになった。

　このニハリの決め手は、何といってもスパイスである。たくさんの種類のスパイスを使うあたりはいかにもインド起源の料理だが、どこでも考えることは同じで、パックになったニハリ用のスパイスミックスが売られている。

材料（4人分）

ギー：大さじ4+2／牛肉、ゴート（ヤギ肉）またはラム肉：300g（3cm程のサイコロ切り）／ターメリックパウダー：小さじ1/2／ガラムマサラ：小さじ1/2／コリアンダーパウダー：小さじ1／レッドチリパウダー：小さじ1／シナモンパウダー：小さじ1／ナツメグ：小さじ1/4／コショウ：小さじ1／ショウガ：小さじ1（すりおろす）／水：1000cc+大さじ2／小麦粉：大さじ2／玉ネギ：1/2個（1cm角切り）／塩・コショウ：適宜／パクチー（飾り）：適宜（ざく切り）／グリーンチリ（飾り）：1本（斜めにスライス）／ショウガ（飾り）：適宜（千切り）

スパイスミックス
フェンネルシード：小さじ2／クミンシード：小さじ1／グリーンカルダモンポッド：2個（種を取ってさやのみ使う）／ブラックカルダモンポッド：2個（種含む）／コリアンダーシード：小さじ2／粒コショウ：小さじ1/2／クローブ：10粒／ローリエ：1枚
●フェンネルシードとクミンシードをフライパンなどで黄金色になるまで乾煎りし、材料すべてをグラインダー、すり鉢などでパウダー状にする。

作り方

❶鍋に大さじ4のギーを熱し、肉を加えて全体に焦げ目を付ける。❷パウダーにしたスパイスミックス、他のスパイス、ショウガを加えて、肉を転がしながらスパイスを全体にからめる。1000ccの水を注ぎ、小さじ1程度の塩を加えて沸騰したら、弱火にして肉が柔らかくなるまで煮る。❸小麦粉を大さじ2の水で溶いて鍋に加え、肉が崩れないように混ぜて弱火で煮る。❹フライパンに大さじ2のギーを熱し、玉ネギを黄金色になるまで炒める。❸の鍋に加えて混ぜ、塩とコショウで味を調える。❺スープを器に注ぎ、飾りを上に散らす。

Khichra

パキスタン Pakistan

キチュラ

3種類のダルと2種類の穀物で作るスパイシーなスープ

キチュラはバングラデシュのハリーン（P308）とよく似ている。キチュラはハリーンのバリエーションともいわれる。インドでは実際、2つの料理に同じ材料が使われる。両者の大きな違いは、ハリーンは肉が煮えた後、レンティルと馴染みやすいように細かくされるが、キチュラの場合はシチューのようにそのまま形を残す。パキスタンではキチュラは人気のストリートフードで、1年中食べることができる。キチュラにはベジタリアンバージョンがあり、インドなどではキチュリと呼ばれている。肉の入ったスープ、レンティル、穀類は別々に調理され、仕上げ段階で一緒にされる。

材料（4人分）

チャナダル（スプリットチックピー）：100g／マスールダル（レッドレンティル）：100g／ウラドゥダル（ブラックレンティル）：100g／小麦：100g／大麦：100g／サラダ油：大さじ2／エシャロット：2個（1cm角切り）／ジンジャーガーリックペースト：大さじ2／ローリエ：2枚／レッドチリパウダー：小さじ1／ターメリックパウダー：小さじ1/2／コリアンダーパウダー：小さじ1／クミンパウダー：小さじ1／ガラムマサラ：小さじ1／ヨーグルト：250cc／マトンまたは牛肉：1kg（一口大に切る）／水：250cc＋500cc／パクチー：10本（粗みじん切り）／ミントの葉：10枚（粗みじん切り）／塩・コショウ：適宜／フライドオニオン（飾り）：適宜／レモン（飾り）：1個（櫛切り）パクチー（飾り）：適宜（粗みじん切り）／ミントの葉（飾り）：適宜（粗みじん切り）

作り方

❶豆と穀類を水で洗い、たっぷりの水（材料外）に浸しておく。❷鍋にサラダ油を熱し、エシャロットを加えて、エシャロットが透き通るまで炒めたら、ジンジャーガーリックペーストを加えて1分くらい炒める。❸ローリエ、スパイス、ヨーグルト、塩小さじ1、コショウ摘み、肉を加えて2分ほど炒めたら、水250ccを加えて沸騰させ、肉が柔らかくなるまで弱火で煮る。❹肉を煮ている間に、豆と穀類をザルにあけ、別の鍋に水500ccとともに加えて沸騰させ、弱火ですべてが崩れるくらいまで煮る。水分が足りなくなったら水を適量加えること。❺2つの鍋の中身をどちらかの鍋に移してミックスし、パクチー、ミントの葉を加えて沸騰させ、弱火で少し少し煮詰めたら、塩とコショウで味を調える。❻スープを器に盛り、飾りを散らす。

Mulligatawny

マリガターニ

レンティル豆が入ったさらさらカレーはバスマティライスにぴったり

マリガターニはイギリスのスープとして紹介されている場合がよくある。実際に、マリガターニはイギリスにもあるわけだけれども、もともとはスリランカや南インドの料理なのだ。イギリスのマリガターニはオリジナルに手を加えたイギリス版で、イギリスでは鶏などの肉が入るが、オリジナルには入らない。

ここで紹介するのはスリランカのマリガターニで、いってみればスパイスの効いたレンティルスープだが、普通のレンティルスープよりさらりとしている。おもしろいのは、レンティルと他の材料は別に調理され、別の材料だけピュレにされるところだ。

材料（4人分）

マスールダル（レッドレンティル）：80g（たっぷりの水に1時間ほど浸けておく）／サラダ油：大さじ2／ニンニク：2粒（スライス）／ショウガ：5g（スライス）／カレーパウダー：大さじ2／クミンパウダー：小さじ2／ターメリックパウダー：小さじ1／レッドチリパウダー：小さじ1／セロリ：1/2本（小口切り）／ニンジン：1/2本（小サイコロ切り）／チキンブロスまたは水＋チキンブイヨン：750cc／塩・コショウ：適宜／レモンまたはライム（飾り）：1個（櫛切り）／パクチー（飾り）：適宜（ざく切り）

作り方

❶豆をザルにあげて水を切ったら鍋に入れ、たっぷりの水（材料外）を加えて沸騰させ、豆が柔らかくなるまで弱火で煮て、ザルにあげておく。❷別の鍋にサラダ油を熱し、ニンニク、ショウガを加えて、香りが出てくるまで炒めたら、カレーパウダー、クミン、ターメリック、レッドチリパウダーを加えて、1分くらい炒める。❸セロリ、ニンジン、塩小さじ1、コショウ一摘みを加えてさっと混ぜ合わせたら、ブロスを注いで沸騰させ、中火で野菜が柔らかくなるまで煮る。❹一度火を消して、ブレンダーでピュレにする。鍋に戻し、❶の豆を加えて頻繁にかき混ぜながら、弱火で5分ほど煮る。❺塩とコショウで味を調えたら、器に盛って飾りを散らす。バスマティライスとともにサーブする。豆を加えた後にもう一度ピュレにして、なめらかなスープにしてもいい。

東南アジア&
オセアニア&ポリネシア

South East Asia & Oceania & Polynesia

カンボジア／ラオス／インドネシア／マレーシア／ミャンマー
シンガポール／タイ／ベトナム／オーストラリア／フィジー
グアム／ハワイ／ニュージーランド／サモア／ソロモン諸島

Samlor Kako

サムロル・カコ

乾煎りした米の粉でナッツに似た風味をプラスしたカレー味スープ

カンボジアのナショナルディッシュのひとつに数えられるサムロル・カコは、ナマズなどの魚が使われることが多いが、豚肉や鶏の場合もある。特に年齢層の上の人たちに人気がある。サムロル・カコとは、かき回すスープという意味らしい。このスープを作るには、常にかき回していなければならないということだろう。

基本的にはカレー味の魚や肉と野菜のスープだが、日本ではあまり馴染みのない乾煎りした米の粉が入るのが興味深い。これはカンボジアだけでなく、周辺の国々でもよく使われる。乾煎りした米を加えると、とろみがつくだけでなくナッツのような風味が加わる。

材料(4人分)

サラダ油：大さじ2／豚バラ肉：200g（薄切り）／グリーンカレーペースト：大さじ3／ナマズ（なければどんな魚でもOK）：400g（一口大に切る）／アンチョビペースト：小さじ1／カボチャ：小1/4個（一口大に切る）／グリーンパパイヤ：1/2個（千切り）／ロングビーンズまたはサヤインゲン：150g（2、3cm幅に切る）／水：1250cc／魚醤（ナンプラーなど）：大さじ2／パームシュガーまたは三温糖：小さじ2／塩：適宜／乾煎りした米*：大さじ4／プランテインまたはグリーンバナナ：1/2本（バナナの場合は1本）（千切り）／ナス：1本（1cm幅に切る）

サイドディッシュ
サラダ油：小さじ1／ビターリーフまたはホウレン草：50g（ざく切り）／ジャスミンライス：適宜／レッドペッパーフレーク：適宜

*乾煎りした米

米を洗って水を切った後、フライパンなどで黄金色になるまで乾煎りする。粗熱を取ったらグラインダー、すり鉢などで粉にする。

作り方

❶鍋にサラダ油を熱し、肉を入れて焦げ目が付くまで炒める。❷中火にしてグリーンカレーペーストを加えて、香りが出てくるまで混ぜ、魚、アンチョビを加えて、ソースを魚全体に絡める。魚を取り出し、器にあけておく。❸カボチャ、グリーンパパイヤ、ロングビーンズを加えて軽く混ぜ、水、魚醤、砂糖、塩少々、乾煎りした米を加える。再び沸騰したら弱火にして、野菜に少し火が通るまで約5分煮る。❹残りの野菜を加え、火が通ったら魚を鍋に戻し、魚が崩れないように混ぜ合わせて、5分ほど煮る。❺サイドディッシュを作る。フライパンにサラダ油を熱し、ビターリーフをソテーする。❻スープを器に、ビターリーフとジャスミンライスを皿に盛り、レッドペッパーフレークを散らす。

Samlor Kari

カンボジア Cambodia

| サムロル・カリ

赤い色が食欲をそそるココナッツミルクベースのカレースープ

カンボジアの食事は普通、3～4品で構成される。メインディッシュの横によく登場するのがスープ、サムロルである。サムロル・カリはセレモニーや結婚式に出されるめでたい料理でもある。ストリートフードとして知られるナム・バン・チョクとは麺を除けばほとんど同じ材料でできている。サムロル・カリはナム・バン・チョクの赤カレー版ともいえる。サムロル・カリの場合は麺ではなく、バゲットを浸して食べることが多いようだ。このスープは野菜がいっぱい入ったココナッツミルク仕立てになっているが、スパイスが効いているので、ココナッツミルクが苦手な人でも大丈夫だ。

材料（4人分）

サラダ油：大さじ2／レッドカレーペースト：大さじ2／鶏肉：800g（大きめの一口大に切る）／玉ネギ：2個（1個を8等分）／ジャガイモ：小2個（一口大に切る）／サツマイモ：小1個（一口大に切る）／ココナッツミルク：250cc／水：500cc／シュリンプペースト：小さじ1／魚醤：大さじ3／パームシュガー：大さじ2／サヤインゲン：20本（長さ2cmに切る）／ナス：1本（2cmサイコロ切り）／塩：適宜

作り方

❶鍋に油を熱し、レッドカレーペーストを加えて中火で1、2分混ぜる。❷肉を加えて全体にカレーペーストをコーティングしたら、玉ネギを加えて、玉ネギが透き通るまで炒める。❸ジャガイモ、サツマイモを加えてざっくり混ぜたら、ココナッツミルク、水、シュリンプペースト、魚醤、パームシュガーを加えて強火で沸騰させ、弱火にして肉と野菜にだいたい火が通るまで煮る。❹サヤインゲンとナスを加えて、肉と野菜が柔らかくなるまで煮たら、塩で味を調える。❺器に盛り、バゲットまたはライスとともにサーブする。

Keng No Mai Sai Yanang

ケン・ノ・マイ・サイ・ヤナン

ヤナンという葉のエキスが入ったグリーンのタケノコスープ

　ケン・ノ・マイ・サイ・ヤナンはラオス、タイ東北部の伝統的なタケノコのスープである。タイチリペッパーがかなり入っているのでスパイシーという印象がまず感じられるが、このスープの最も特徴的なところはヤナンとよばれる葉を使うところだろう。といっても葉をそのまま使うのではなく、葉を冷水に浸けて手で揉むことでできる緑の液を料理に使う。作業に手間がかかるので、普通は缶入りの、いってみればヤナンのジュースを使う。ヤナン自体にはわずかな苦みがある程度であまり味がない。フレーバーを加えるのではなく、とろみをつける役目があるようだ。しかし栄養価は高い。

材料（4人分）

ご飯：大さじ2／タイチリペッパー：1+1～3本／缶入りヤナンの葉エクストラクト（抽出液）：2缶（800cc）／水：500cc／タケノコ水煮：400～500g（薄くスライス）／エシャロット：2個（みじん切り）／レモングラス：1本（両端の硬い部分を切り落とし、軽く叩いてから長さ2cmに切る）／乾燥キクラゲ：10g（水で戻して食べやすい大きさに切っておく）／チキンブイヨン：大さじ1／砂糖：小さじ2／魚醤：大さじ2+α／カボチャ：小1/6個（一口大に切る）／タイバジルまたはライスパディハーブ：1パック（50g）（ざく切り）／塩：適宜／タイバジルまたはライスパディハーブ（飾り）：適宜／青ネギ（飾り）：適宜（小口切り）

作り方

❶ご飯とチリペッパー1本をすり鉢などに入れて、よく練り混ぜておく。❷鍋にヤナンの葉エクストラクトと水を入れて沸騰させ、タケノコ、エシャロット、レモングラスを加えて、15分ほど中火で煮る。❸キクラゲ、チキンブイヨン、砂糖、魚醤、好みでチリペッパー1～3本、カボチャを加えて、強火で沸騰させる。❹①を加えてよく混ぜ、弱火にしてカボチャが柔らかくなるまで煮る。❺タイバジルを加えてひと煮立ちさせ、塩、魚醤で味を調える。❻器に盛り、タイバジル、青ネギを散らす。

Sup Brenebon

インドネシア

スップ・ブレネボン

シンプルだがコクがあるオランダ起源のキドニービーンズのスープ

　スップ・ブレネボンは、インドネシアのスラウェシ島の北に位置するマナドの料理である。インドネシアを植民地として統治していたオランダの影響を強く受けているスープで、名前もオランダ語のブライネ・ボーネン（ブラウンビーンズ、キドニービーンズ）に由来する。起源となったオランダのスープには豚足が入るのが普通だが、スップ・ブレネボンではバラ肉を使うあるいは肉が入っていないことも多い。イスラム教徒が多いため、豚肉ではなく牛を使うハラルバージョンもある。豚肉とバターが入っているので、見た目よりもこってりしているのが特徴で、クローブの香りが食欲をそそる。

材料（4人分）

キドニービーンズ（赤いんげん豆）：250g（たっぷりの水に一晩浸けておく）／豚バラ肉：250g（スライス）／水：2000cc／ナツメグ：小さじ1／クローブ：4粒／無塩バター：大さじ2／青ネギ：3本（小口切り）／セロリ（できればチャイニーズセロリ）：1本（小口切り）／塩・コショウ：適宜／青ネギ（飾り）：適宜（小口切り）／フライドエシャロット（飾り）：適宜

作り方

❶豆をザルにあげて鍋に入れ、肉、水、塩小さじ1、コショウ一摘みを加えて沸騰させ、ナツメグ、クローブを加えて、弱火で豆が柔らかくなるまで煮る。❷フライパンにバターを熱し、青ネギ、セロリを加えて2分ほど炒めた後、鍋に加え5分ほど弱火で煮たら、塩とコショウで味を調える。❸スープを器に注ぎ、飾りを散らす。

Konro

コンロ

おいしいスープで煮込んだトロリとろけるリブに頬が落ちる

コンロは、インドネシアのスラウェシ島の南マカッサルの料理で、インドネシア独特の材料をふんだんに使った、他では味わえないスープである。ガランガル、レモングラス、カフィルライムの葉など東南アジアの国々でよく使われる素材の他、ケルアックあるいはブラックナッツと呼ばれる発酵させたフルーツの実や、ケミリあるいはキャンドルナッツと呼ばれる実をスープの材料として使っている。コンロの複雑な味は、こうしたスパイスやハーブなしでは再現が不可能だ。この深い味わいのスープでじっくり煮込み、骨から簡単に取れるほど柔らかいリブの肉は、何物にも代えがたい。

材料 (4人分)

サラダ油:大さじ2／エシャロット:2個（スライス）／水:1500cc／ビーフリブ:600g／ローリエ（できればインドネシアンベイリーフ）:2枚／レモングラス:2本（両端を切り落とし、包丁の背で叩いておく）／クローブ:4粒／ガランガル:20g（包丁の背で叩いておく）／カフィルライムの葉:10枚／タマリンドジュース:大さじ1／ケチャップマニス（スイートソイソース）:大さじ2／塩:適宜／フライドエシャロット（飾り）:適宜

スパイスペースト

粒コショウ:小さじ1／コリアンダーパウダー:小さじ2／キャンドルナッツ（ケミリ）:4個／ブラックナッツ（ケルアック）:3個（殻付きのものは湯に浸した後、中身を取り出しておく）／ターメリック（生）:20g／エシャロット:2個（みじん切り）／ニンニク:4粒（みじん切り）

作り方

❶スパイスペーストの材料すべてを、フードプロセッサーまたはすり鉢を使ってペースト状にする。❷鍋に油を熱し、エシャロットを加えて、エシャロットが透き通るまで炒めたら、❶のスパイスペーストを加えて、スパイスと油が分離するまで炒める。❸水、ビーフリブ、ローリエ、レモングラス、クローブ、ガランガル、カフィルライムの葉を加えて沸騰させる。❹タマリンドジュース、ケチャップマニス、塩小さじ1を加えたら弱火にして、ビーフリブが柔らかくなるまでじっくり煮る。❺塩で味を調えたら器に盛り、フライドエシャロットを散らす。

Rawon

インドネシア Indonesia

|| ラウォン

黒いトリュフともいわれる黒い実を使った牛肉入りシチュー

このスープがこれだけ黒いのは、前ページにも出てきたケルアック（ブラックナッツ）が入っているからだ。4人分で5個というのはかなりの量だと考えていい。東南アジアのマングローブの林に生えるケルアックの実には、毒性が強いシアン化合物が含まれているので生で食べることはできない。ケルアックの実はまず茹でた後、土に埋められる。50日間ほど埋められていた実はクリーム色から濃い茶色に変わり、発酵によって毒性が失われる。ケルアックはカカオ、キノコ、ブラックオリーブなどを思い起こさせる味と香りを持ち、アジアのブラックトリュフと呼ばれることさえある。

材料（4人分）

サラダ油：大さじ2／シチュー用牛肉：300g／タマリンドジュース：大さじ1／水：1000cc／カフィルライム（タイライム）の葉（なければライムの皮）：4枚（ライムの皮なら小さじ1（薄くスライス））／塩・コショウ：適宜／砂糖：適宜／ソルトエッグ（塩漬けのアヒルの卵。飾り）4個（縦半分に切る）／ネギ（飾り）：適宜（小口切り）／フライドシャロット（飾り）：適宜

スープベース

ブラックナッツ（ケルアック）：5個（一晩水に浸しておく）／ターメリック（生）：小さじ1/2（みじん切り）／ショウガ：大さじ1（みじん切り）／エシャロット：2個（みじん切り）／キャンドルナッツ（なければ生のアーモンド、カシューナッツ）：2個／鷹の爪：1本／レモングラス（白い部分のみ）：1本（小口切り）／ガランガル：大さじ1/2（みじん切り）／コリアンダーパウダー：小さじ1／ローリエ：1枚／クミンパウダー：小さじ1/2／シュリンプペースト／小さじ1

作り方

❶スープベースの材料をブレンダーに入れて、ペーストにする。❷鍋にサラダ油を熱し、スープベースを加えて、香りが出てくるまで混ぜる。❸肉とタマリンドジュースを加えて、肉にスープベースを全体にからめる。❹水を注ぎ、カフィルライムの葉をちぎって加えて軽く塩とコショウを振り、砂糖を加えて弱火で肉が柔らかくなるまで煮る。塩とコショウで味を調える。❺器に注いでソルトエッグを置き、飾りを散らす。

インドネシア Indonesia

Tekwan

インドネシア
Indonesia

|| テクワン

プリプリのフィッシュボールと あっさりしたエビのスープは相性抜群

　生と乾燥したエビから取ったスープは、とてもあっさりしていて日本人好みの味だ。少しばかり味がナシに似ているヒカマは根菜で、煮ても崩れにくく甘みがある。

　しかし、このスープの主役はなんといってもフィッシュボール、つまりつみれである。今回使った魚はライギョである。日本にも中国からの帰化動物であるライギョが生息するが、食べるという話は聞いたことがない。身は白身で大変おいしい。ライギョのすり身をたっぷりのタピオカ粉と混ぜてボールを作る。タピオカ粉の量が多いからだろうか、フィッシュボールはプリプリしていて、エビベースのあっさり仕立てスープととてもよく合う。

材料（4人分）

乾燥キクラゲ：10枚／生エビ：中10尾／サラダ油：大さじ1／ニンニク：2粒（みじん切り）／玉ネギ：1/2個（みじん切り）／乾燥エビ：大さじ1／水：2500cc／塩・コショウ：適宜／乾燥ユリの花：20枚／ヒカマなければ硬いナシ：1個（厚さ1，2mm長さ4、5cmの千切り）／長ネギ：1/2本（千切り）／イタリアンパセリ（飾り）：適宜（ざく切り）／フライドエシャロット（飾り）：適宜

フィッシュボール
ライギョまたはサバ：250g（皮と骨を除き、一口大に切る）／ニンニク：2粒（みじん切り）／長ネギ：10cm（みじん切り）／卵：1個／タピオカ粉：150g／塩・コショウ：各小さじ1/2

作り方

❶キクラゲを水に浸して戻しておく。大きい場合は戻した後に適当な大きさに切る。❷生エビは頭と殻、背ワタを取り、2cmくらいに切っておく。頭と殻はとっておく。❸鍋にサラダ油を熱し、ニンニク、玉ネギを加えて、玉ネギが透き通るまで炒めたら、エビの頭と殻、乾燥エビを加えて、エビが赤くなるまで炒める。❹鍋に水を加えて沸騰させ、中火にして水が1500ccくらいになるまで煮込んだら、ザルなどで濾して、スープを鍋に戻す。❺フィッシュボールを作る。別の鍋に1000ccほどの水（材料外）を入れて沸騰させておく。❻フィッシュボールの材料をブレンダーに入れて、よく混ぜ合わせる。❼❻を2本のスプーンなどで丸めて、沸騰した湯の中に入れる。浮いてきたものから取り出して、スープの入った鍋に移す。❽エビの身、キクラゲ、ユリの花を加えて、エビが赤くなるまで煮る。❾器にヒカマと長ネギを適量置き、その上からスープをかけて飾りを散らす。

331

Tongseng

トンセン

さまざまな味と香りが混ざり合ったマトンと野菜のスープ

インドネシアの中部ジャワが起源といわれるトンセンだが、今ではジャワ全土で人気のスープとなっている。18〜19世紀にかけて、アラブやイスラム系インドの影響を受けて作られるようになったといわれている。インドネシアの他のスープにも出てくるスパイスミックスが味のベースになっているが、インドネシアの甘い醤油、ケチャップマニスの存在も大きい。ケチャップマニスは醤油にパームシュガーを加えたシロップのような醤油で、インドネシアの特産である。この醤油の甘さ、スパイスの辛さ、レモングラスの酸っぱい香り、カフィルライムの爽やかな香りが微妙に混ざり合う。

材料（4人分）

サラダ油：大さじ2／骨付きゴート（ヤギ）肉：450g（食べやすい大きさに切る）／ローリエ：2枚／カフィルライムの葉：4枚／レモングラス：1本（白い部分のみ。叩いておく）／水：750cc／ココナッツミルク：250cc／ケチャップマニス（スイートソイソース）：大さじ3／キャベツ：小1/4個（ざく切り）／トマト：2個（サイコロ切り）／塩：適宜／フライドオニオン（飾り）：適宜

スパイスミックス

エシャロット：4個（粗みじん切り）／ニンニク：4粒（粗みじん切り）／ガランガル：小さじ1（すりおろす）／ターメリック（生）：小さじ2（すりおろす）／キャンドルナッツなければ生のアーモンドまたはカシューナッツ：3粒／コリアンダーパウダー：小さじ1／クミンパウダー：小さじ1/2／ナツメグ：小さじ1/4

作り方

❶スパイスミックスの材料をすべてブレンダーに入れて、ペースト状にしておく。❷鍋に油を熱し、スパイスミックスを香りが出てくるまで炒める。❸肉を加えて、スパイスミックスを肉全体に絡めたら、ローリエ、カフィルライムの葉、レモングラスを加えて、レモングラスなどの香りが出てくるまで炒める。❹水、ココナッツミルク、ケチャップマニスを加え、弱火にして肉が柔らかくなるまで煮る。❺肉が柔らかくなったらキャベツとトマトを加え、キャベツが柔らかくなるまで煮込む。塩で味を調える。❻器に盛り、フライドオニオンを散らす。

Sup Ayam

マレーシア Malaysia

|| スプ・アヤム

スパイシーで香り高いスパイス、ハーブが入ったチキンスープ

　スパイシーであるけれども、比較的あっさりした味わいのチキンスープを東南アジア風にアレンジしたらどうなるか。そんな我々の想像を裏切らないのが、スプ・アヤム、マレーシアのチキンスープである。

　このスープには、クミン、コリアンダー、チリといったスパイスが入っているが、そのほかにスターアニス、グリーンカルダモン、シナモンといった豊かな香りのスパイスやハーブも使われている。コンソメやブロスを使っていなくとも、鶏肉と野菜、バランスよく配合されたハーブとスパイスがあれば、深みのある料理ができるという、お手本のようなスープである。

材料（4人分）

鶏肉：800g（一口大に切る）／クミンパウダー：小さじ1／コリアンダー：大さじ1／エシャロット：2個（みじん切り）／ニンニク：4粒（みじん切り）／ショウガ：10g（みじん切り）／サラダ油：大さじ2／クローブ：2粒／カルダモンポッド：3粒／シナモン：1本／スターアニス：1個／水：600cc／玉ネギ：1個（8等分）／ジャガイモ：2個（一口大に切る）／ニンジン：1本（一口大に切る）／セロリ：1/2本（小口切り）／青ネギ：1本（小口切り）／パクチー：10本（ざく切り）／塩：適宜／白コショウ：適宜／パクチー（飾り）：適宜（みじん切り）／青ネギ（飾り）：適宜（小口切り）／フライドエシャロット（飾り）：適宜

作り方

❶肉、クミン、コリアンダー、塩小さじ1、白コショウ一摘みをボールに入れ、よく混ぜておく。❷エシャロット、ニンニク、ショウガをすり鉢あるいはフードプロセッサーでより細かくする。❸鍋にサラダ油を熱し、クローブ、カルダモンポッド、シナモン、スターアニスを加えて軽く混ぜたら、②を加えて香りが出てくるまで炒める。❹①を加えて肉全体が白くなるまで炒めたら、水を加えて沸騰させる。❺玉ネギ、ジャガイモ、ニンジン、セロリ、塩小さじ1を加えて、弱火で肉と野菜に火が通るまで煮る。スープ量のレベルを常に保つように水を適量加える。❻青ネギ、パクチーを加えてひと煮立ちさせ、塩と白コショウで味を調える。❼器に注ぎ、トッピングを散らす。

Chin Yay Hin

ミャンマー

|| チン・ヘイ・ヒン

辛くて酸っぱい、水感覚で飲んだりもする野菜のスープ

　チン・ヘイ・ヒンは、ライス、そして小さな器に入った数種のカレーと一緒に食卓に上る。チン・ヘイ・ヒンをスプーンですくってライスの上にかけ、カレーとミックスして食べるのが一般的らしい。食事のときに水を飲むのと同じ感覚もあるようだ。もちろん、チン・ヘイ・ヒン単品を味わっても構わない。

　チン・ヘイ・ヒンは、中華でもよくある辛くて酸っぱいスープだが、中華のスープとは素材が違う。酸味はタマリンドとローゼルの葉から、辛さはレッドチリペッパーによるものだ。酸味のあるローゼルの葉が必須だが、ない場合はホウレン草で。

材料（4人分）

サラダ油：大さじ2／玉ネギ：1個（みじん切り）／ニンニク：4粒（みじん切り）／レッドペッパーフレーク：小さじ1/2／ローゼルの葉（なければホウレン草）：150〜200g（ホウレン草の場合は3〜5株。ざく切り）／タケノコ：100g（スライス）／トマト（できればグリーントマト）：3個（大きめのサイコロ切り）／パウダーシュリンプ（お好みで、乾燥エビをすりおろしても可）：小さじ1／シュリンプまたはフィッシュペースト（なければ魚醤）：小さじ1／チキンまたはフィッシュまたは野菜ブロス：1500cc／タマリンドジュース：大さじ1／塩・コショウ：適宜

作り方

❶鍋に油を熱し、玉ネギ、ニンニク、ペッパーフレークを加えて1、2分炒める。❷ローゼルの葉（ホウレン草を使う場合はここでは入れない）、タケノコ、トマト、パウダーシュリンプ、シュリンプペーストを加えて、タケノコがある程度柔らかくなったらブロス、タマリンドジュースを加えて、野菜が柔らかくなるまで弱火で煮る。❸塩とコショウで味を調える。ホウレン草を使う場合はここで加えて、火が通ったらすぐに火を止めて器に盛る。❹好みで鶏肉、魚、エビなどを加えてもいい。その場合はブロスを入れるときに加える。

肉骨茶

バクテー

シンガポール Singapore

中国からの移民によって広められたポークリブのスープ

　バクテーは中国福建省が起源だといわれている。19世紀、シンガポールやマレーシアに移り住んだ福建の人々、そして中国からの出稼ぎ労働者によってバクテーは広められたとされている。

　バクテーにはいくつかのバリエーションがある。多くはポークリブを使うが、シンガポールではマトン、牛、ダチョウなども使われる。また、シンガポールではライスと一緒に出てくることが多いが、マレーシアではユーティアオと呼ばれる中国の揚げパンのようなものと一緒に食べる。バクテー用のスパイスミックスは結構簡単に手に入る。今回はそれを使った。

材料（4人分）

ポークリブ：1kg（4、5cmに切ったもの）／水：1200cc／ニンニク：3粒／干しシイタケ：4枚（水で戻し、軸を切り落とす）／肉骨茶スパイスミックス：1パック／粒白コショウ：70g（1/4は包丁の腹で砕く）／塩：適宜／チリガーリックソース（飾り）：適宜／パクチー（飾り）：適宜（ざく切り）

作り方

❶ポークリブを鍋に入れ、被るくらいの水（材料外）を注いで沸騰させて、5分ほど煮る。❷ポークリブを取り出して、よく水洗いする。水は捨てて鍋をきれいに洗う。❸ポークリブを鍋に戻し、水、ニンニク、水で戻した干しシイタケ、スパイスミックス、白コショウ、塩小さじ1を加えて沸騰させ、弱火で1時間ほど煮込む。塩で味を調える。❹器に盛り、パクチーを散らす。好みでチリガーリックソースをつけて食べる。

咖喱鱼头

カーリーユートウ

魚の頭とカレーという奇妙な組み合わせのシンガポール名物

　インド料理に魚の頭と考えるべきか、中華料理にカレー味と考えるべきか。どちらにしても、起源がインドでも中国でもないことがわかる。インド南部のケーララスタイルのカレーに中国人がデリカシーと考える魚の頭を加えて作ったのが、シンガポールの名物料理カーリーユートウなのだ。ケーララからシンガポールに移住したホテルのシェフの創作料理だったが、今では観光客にも人気の料理になっている。

　魚はタイに似たフエダイの仲間が使われることが多いが、基本的には何でもいいわけで、白身でも赤身でも、サーモンでもおいしいカレーができる。

材料（4人分）

水：1000cc／魚の頭：600g（開いて2等分）／カレーの葉：2枚／レモングラス：2本（両端を切り落として叩く）／トマト：2個（4等分）／ナス：2本（縦に4等分して横半分に切る）／オクラ：6本（ヘタを取り、縦に2等分）／ココナッツミルク：250cc／タマリンドジュース：大さじ3／塩：適宜

カレーペースト

エシャロット：2個／玉ネギ：1/2個／ショウガ：30g／ターメリック（生）：30g／ニンニク：4粒／レッドチリペッパーまたは鷹の爪：2本（ヘタと種を取る）／塩：小さじ2／砂糖：大さじ1／水：60cc／サラダ油：大さじ2／フィッシュカレーパウダー：大さじ4

作り方

❶カレーペーストの材料（サラダ油とフィッシュカレーパウダー以外）をブレンダーでペースト状にする。❷フライパンにサラダ油を熱し、①とフィッシュカレーパウダーを加えて、油分が分離するまで炒める。❸鍋に水、魚、カレーの葉、レモングラス、トマト、ナス、オクラを加えて沸騰させ、中火で材料すべてに火が通るまで煮る。❹ココナッツミルク、タマリンドジュースを加えて、再び沸騰させる。塩で味を調える。❺器に盛り、ライスとともにサーブする。

Khao Tom

|| カオ・トム

たまにはタイ流のおじやでさらっとした朝食を楽しみたい

どこの国でもそうだが、朝食のメニューというのはそれほど多くない。タイの家庭でよく食べられている朝食といえばカオ・トムである。カオはご飯、トムは煮るという意味だ。残り物のご飯や肉などで作るおじやのようなもので、普通はスープができたところでご飯を加えてひと煮立ちさせるが、このレシピのようにお茶漬け感覚でご飯にスープをかけるとさらさらでおいしい。

使う材料によりカオ・トム・クーン（エビ）、カオ・トム・ガイ（鶏肉）、カオ・トム・ムー（豚肉）と呼ばれる。仕上げに何種類かのトッピングが乗るが、フライドガーリックとエシャロットは必須だ。

材料（4人分）

ニンニク：3粒（みじん切り）／白コショウ：小さじ1/4／パクチーの茎（飾りに使うパクチーの葉以外の部分でOK）：6本／むき生エビ：8尾／サラダ油：大さじ1／ポークまたはチキンブロスあるいは水＋ブイヨン：1500cc／ショウガ：5g（スライス）／魚醤：大さじ1＋α／醤油：大さじ1＋α／チンツァイ（中国セロリ）なければ小松菜、チンゲン菜など：4本（小さいものはそのまま、大きなものはざっくり切る）／ご飯（できればジャスミンライス）：2〜4カップ（好みの量で）／青ネギ（飾り）：適宜（小口切り）／パクチー（飾り）：適宜（粗みじん切り）／フライドガーリック（飾り）：適宜／フライドエシャロット（飾り）：適宜

作り方

❶ニンニク、白コショウ、パクチーの茎をすり鉢などでペースト状にする。❷①のペースト半量とエビをボウルに入れてよく混ぜる。❸フライパンにサラダ油を熱し、エビを加えて全体が赤くなるまで炒めたら皿にあけておく。❹鍋にブロスを沸騰させ、①のペーストの残り、ショウガ、魚醤、醤油を加える。❺スープが再び沸騰したら、③のエビ、チンツァイを加えて、チンツァイが好みの硬さになるまで煮る。その間に魚醤、醤油で味を調える。❻器に熱々のご飯を盛り、その上からスープをかけて飾りを散らす。

Tom Kha Gai

トム・カ・ガイ

これぞタイ料理！といえる、辛いが独特で複雑な味と香りを持つスープ

　トム・カ・ガイは鶏とガランガルのスープという意味で、もともとはスープではなく、ガランガルがたくさん入ったココナッツミルクベースの鶏の煮物のようなものだったらしい。ガランガルはショウガに似ているが、ショウガほど辛くなく、良質な物はほのかなレモンの酸味とカルダモンの香りを備えている。

　トム・カ・ガイには、このほかカフィルライムの葉、レモングラス、そしてたっぷりとタイチリペッパーが入る。このハーブやスパイスがタイ料理独特の味と香りを作り出す。タイカレーと同じように、ご飯と一緒に食べると最高においしいスープである。

材料（4人分）

チキンブロスまたは水：500cc／レモングラス：1本（両端は切り落として小口切り）／ガランガル：20g（スライス）／カフィルライムの葉：6枚／パクチー：10本（ざく切りで葉と茎で分けておく）／チリペッパー（できれば生のタイチリペッパー、なければ他のチリペッパー）：3〜6本（好みの辛さで。ヘタを取り叩いておく）／鶏モモ肉または胸肉：400g（一口大に切る）／魚醤（ナンプラーなど）：大さじ1＋1／パームシュガー：小さじ1／ココナッツミルク：250cc／ストローマッシュルーム、ヒラタケまたはシメジ：150g／チリオイル：大さじ1／ライムの果汁：1個分

作り方

❶ブロスを沸騰させ、レモングラス、ガランガル、カフィルライムの葉、パクチーの茎の部分（葉の部分は飾りに取っておく）、チリペッパー、肉を加え、肉に火が通るまで弱火で煮る。❷魚醤大さじ1、パームシュガー、ココナッツミルクを加え、沸騰したらマッシュルームを加えて、マッシュルームに火が通るまで弱火で煮る。❸残りの魚醤大さじ1を少しずつ加えながら味を調えたら火を止めて、チリオイルを加え、ライムの果汁を少しずつ加えて、好みの酸味にする。❹スープを器に盛り、パクチーの葉部分を散らす。

Tom Yum

‖ トム・ヤム

タイのスープといえばトム・ヤム。今や世界的なブームとか

　日本でもなじみのトム・ヤムはタイのスパイシーで酸っぱいスープだ。中でもエビが入ったトム・ヤム・クーンは今や世界的に人気を博している。このスープを作るにはいろいろなハーブやスパイスを揃えなければならないが、今ではおそらく日本でも、必要なハーブやスパイスがすべてミックスされたトム・ヤムペーストが簡単に手に入るのではないだろうか。

　トム・ヤムを作る上でのひとつのキーポイントはライムだ。ライムは煮てしまうと苦みが出るので、調理し終わったら必ず火を消してからライム果汁を加えるようにしたい。これがタイのやり方らしい。

材料（4人分）

水：1000cc／エビ（殻付き中〜大）：8〜12尾／カフィルライムの葉：6枚（手で裂く）／レモングラス：1本（両端を切り落とし、叩いて1cm幅斜め切り）／ガランガル：15g（スライス）／タイチリペッパー（ない場合は手に入る生のトウガラシ）：3〜6本（好みの辛さに、ヘタを取って軽く叩いておく）／パクチー：20本（ざく切り）／ストローマッシュルーム、ヒラタケ、シメジなど：80g（食べやすい大きさに切る）／タイチリペースト：大さじ1〜2／魚醤（ナンプラーなど）：大さじ2＋1〜2／砂糖：小さじ1／ライムの果汁：3〜4個分

作り方

❶水を沸騰させる。その間に、エビの頭、ヒゲを取り、身の上部を縦に切れ目を入れて背ワタを取る。殻は付けたまま。❷水が沸騰したら、エビの頭を加えて30分くらい弱火で煮て、頭を取り出す（飾り用にとっておく）。❸カフィルライムの葉、レモングラス、ガランガル、チリペッパー、パクチーの茎部分を加えてひと煮立ちさせたら、マッシュルームを加え、さらにチリペースト、魚醤大さじ2、砂糖を加えて、マッシュルームに火が通るまで弱火で煮る。❹エビの身を加え、完全に赤くなる直前に火から下ろし、残りの魚醤で塩味を調え、ライム果汁を大さじ1くらいずつ加えて酸味を調える。❺器に注いでエビの頭を飾り、パクチーの葉の部分を上に散らす。

339

Gaeng Keow Wan

ガン・キオウ・ワン

辛いながらも甘みがある色も美しいタイのグリーンカレー

　ガン・キオウ・ワンというと何のことかと思うかもしれないが、日本でもよく知られるタイのグリーンカレーのことである。グリーンカレーはなぜグリーンなのか。昔は私にとって謎だった。たぶんホウレン草か何かがたくさん入っているんだろうなどと思っていた。それは大きな間違いだった。このグリーンはタイのグリーンチリの色で、ココナッツミルクとミックスされて緑がかったクリーム色になるのである。ウァンは甘いという意味で、本当のところは甘いグリーンカレーというべきらしい。確かに辛さの中に甘さを感じるのがこのカレーの特徴なので、「なるほど」と納得したりもするのである。

材料（4人分）

ココナッツミルク：200＋300cc／グリーンカレーペースト：50g／鶏肉：450g（一口大に切る）／水：250cc／パームシュガー（なければ砂糖）：大さじ1／魚醤：大さじ1＋α／カフィルライムの葉：3枚／タイ産ナス（なければナス）：4〜6個（ナスの場合2個）（一口大に切る）／レッドスパーチリ（なければ赤パプリカ）：1個（赤パプリカなら1/2個）（スライス）／タイバジル：10〜20枚

作り方

❶ココナッツミルク200ccを鍋に入れて沸騰させ、水分が蒸発し油分だけが残るくらいまで煮詰めたら、グリーンカレーペーストを加えて、油が分離するまで炒める。❷肉を加えてペーストを全体によく絡め、水、パームシュガー、魚醤を加えて沸騰させる。❸カフィルライムの葉をちぎりながら加えたら弱火にして、肉に火が通るまで煮る。❹ココナッツミルク300ccを加え、強火にして沸騰させたらナスを加えて、ナスに火が通るまで中火で煮る。❺レッドスパーチリを加えてひと煮立ちさせたら、タイバジルを加えて混ぜ、魚醤で味を調える。❻器に注ぎ、バスマティライスとともにサーブする。

Cháo Gà

ベトナム　Vietnam

|| チャウ・ガー

ジャスミンライスの香りがひときわ引き立つベトナムのお粥

　お粥のことを英語でコンジーという。コンジーとはインドを起源とする穀物料理のことで、東アジア、東南アジアでごく一般的に食べられる料理である。ヨーロッパにも同じような料理があるが、こちらは英語でポーリッジと呼ばれる（イタリアのリゾットも似たような料理だ）。ベトナムのお粥はチャウといい、日本と同じように病気をしたときや寒い冬に食べられるほか、朝食としても人気がある。

　ここで紹介するチャウ・ガーは鶏肉のお粥である。お米は日本のお米でも構わないが、ジャスミンライスを使うと香り高いチャウ・ガーが楽しめる。ラウラム（ベトナムミント）をたっぷりトッピングにするとさらに香しい。

材料（4人分）
鶏：小1羽またはモモ肉またはドラムスティック400g／水：2500cc／ショウガ：5g（スライス）／エシャロット：1個（2等分）／青ネギ：2本／ニンニク：3粒（つぶす）／砂糖：小さじ1／米（ジャスミンライス）：120g／塩・コショウ：適宜／青ネギ（飾り）：適宜（小口切り）／ラウラム（ベトナムミント/パクチー）またはパクチー（飾り）：適宜（粗みじん）／フライドエシャロット（飾り）：適宜

作り方
❶肉を鍋に入れて水を注いだら、ショウガ、エシャロット、青ネギ、ニンニク、砂糖、塩小さじ2、コショウ一摘みを加えて火にかけ、沸騰したら弱火にして、肉に火が通るまで煮る。❷肉を取り出し、冷めたら食べやすい大きさに裂く。他の鍋の中身はザルで濾してスープのみ鍋に戻す。野菜などは捨てる。❸スープを沸騰させたら米を加え、底にこびりつかないようにたまにかき混ぜながら、弱火で米が柔らかくなるまで煮る。❹裂いた肉を鍋に戻し、塩とコショウで味を調えたら器に盛り、飾りを上にのせる。

341

Lẩu

ベトナム

| ラウ

発酵した魚がスープのベース。けっこう匂うがスープはうまい

　ラウはベトナム鍋料理である。ベトナムには代表的な鍋が2つある。ひとつはラウ・カン・クアと呼ばれるタマリンド、魚醤、トマトがベースになった魚鍋。もうひとつがここで紹介するラウ・マムといわれる発酵した魚をベースにした鍋である。ベトナムの食材店に行くと何種類もの発酵した魚の瓶詰が売られている。ほとんどはおそらく淡水の小魚だ。この鍋のことを調べているときに見つけた動画投稿サイトのひとつの中で、作っている女性が臭いので窓を開けるようにとコメントしているのを聞いて驚いたが、実際そうだった。でも、煮ると匂いは薄れる。食べればこのうまみが命であることに納得する。

材料（6〜8人分）

鶏ガラ：350g／水：1000＋1000＋500cc／マムカリン：100g／マムカサック：100g／豚バラ肉：150g（スライス）／ココナッツウォーター：380cc／砂糖：小さじ2／レモングラス：3本（両端を切り落として2本は叩いて斜め切り。1本はみじん切り）／ライゾームの根：2本／ニンニク：3粒（みじん切り）／サラダ油：大さじ2／魚（できれば淡水魚大小、ライギョ、コイ、ハゼなど）：300g（大きな魚は切り身で）／殻付きエビ：300g／イカ：300g（3〜4cmの角切り）／好みの野菜（ホウレン草、カラシ菜、クレソン、バナナの花、サヤインゲン、白菜、ニガウリ、ネギ、ナス、各種食用花など）：適宜（食べやすい大きさに切る）

作り方

❶鶏ガラを鍋に入れ、1000ccの水を注いで沸騰させ、30分くらい中火で煮込んでスープを取る。ザルで濾し、スープだけを鍋に戻す。❷別の鍋に1000ccの水を入れ、マムカリンとマムカサックを入れて、身が完全に溶け込むまで煮る。❸❶の鍋の上にザルをのせ、❷のスープを濾して加える。さらに水500ccを加える。❹別の鍋に、豚バラ肉と肉が被る程度の水（材料外）を加えて沸騰させる。火を消してザルで濾し、肉をボウルにあける。❺❸のスープの入った鍋に、ココナッツジュース、砂糖、斜め切りしたレモングラス、ライゾームも加えて沸騰させる。❻ボウルにニンニクとレモングラスのみじん切り、❹の豚バラ肉を入れてよく混ぜたら、フライパンにサラダ油を熱し、肉の表面に少し焦げ目が付くまでソテーする。❼❻を❺のスープの入った鍋に入れ沸騰させ、10分くらい中火で煮込む。これでスープのベースの出来上がり。❽魚、エビ、イカも鍋に投入して、ひと煮立ちしたら野菜も加えて煮る。

Bò Kho

ボー・コー

ニンジンがたっぷり入ったベトナム版のビーフシチュー

　ボー・コーのボーは牛肉、コーはシチュー、つまり、ベトナムバージョンのビーフシチューである。タイやインドネシアの料理と違って、スパイスやハーブの種類が少なくシンプルなスープで、使用するハーブ、スパイスはシナモン、レモングラス、スターアニスだけである。トマトベースだが、とろみをつけないのでさらりとしているのが特徴だ。牛肉はどこの部位でも構わないが、脂のある部位のほうがこのスープには向いている。このスープには普通バゲットが付いてくる。バゲットをちぎってスープに浸して食べる。もちろんライスでもおいしいし、フォーにしてもかなりいける。

材料（4人分）

牛肉：800g（3、4cm角に切る）／サラダ油：大さじ2／玉ネギ：1個（スライス）／ニンニク：2粒（みじん切り）／レモングラス：3本（両端を切り落として2本は叩いておく。1本は小口切り）／シナモンスティック：1本／スターアニス：2個／トマトソース：400cc（トマトペースト大さじ3でもOK）／水：1500cc／ココナッツウォーター：400cc／アチオーテパウダー（お好みで）：小さじ1／ニンジン：4本（大きめの一口大に切る）／塩・コショウ：適宜／パクチー（飾り：粗みじん）：適宜／赤玉ネギ（飾り）：適宜（みじん切り）／フライドエシャロット（飾り）：適宜

マリネ液
ニンニク：2粒（みじん切り）／ショウガ：5g（みじん切り）／魚醤：大さじ2／五香粉：小さじ2／砂糖：小さじ1と1/2／コショウ：小さじ1/2

作り方

❶ボウルに肉を入れ、マリネ液の材料をすべて加えて、少なくとも1時間、できれば一晩マリネする。❷鍋に油を熱し、玉ネギを加えて透き通るまで炒めたら、ニンニク、レモングラス（全て）、シナモンスティック、スターアニスを加えて、香りが出てくるまで炒める。❸肉を加え、表面が白くなるまで炒めたら、トマトソース、塩小さじ1、コショウ摘みを加えて混ぜ合わせ、水、ココナッツウォーターを注いで沸騰させる。❹アチオーテパウダーを加えて軽く混ぜ、弱火で肉に火が通るまで煮る。❺ニンジンを加えて再び沸騰させ、さらにニンジンが柔らかくなるまで弱火で煮たら、塩とコショウで味を調える。❻器に注ぎ、好みのトッピングをのせる。

Australian Pie Floater

　オーストラリア

|| オーストラリアン・パイ・フローター

パイ・フローター。ミートパイが沈むオーストラリアのスープ

　ピースープといえばイギリス。その伝統をひたむきに守り続けているのがオーストラリアである。しかし、この料理なくしてオーストラリアの料理シーンは語れない、というほど生活に密着したミートパイの存在を無視してはならない。

　このふたつをどうにか一緒にしたいと考えたかは知らないが、彼らはスープにパイを浮かべてみたのだ…。でも、オーストラリアのミートパイは大きい。フローター（浮くもの）といいながら、浮かないという問題に突き当たる。なので、スープを薄く盛りつけて浮いているように見せることにした。ちなみに、写真のパイはオーストラリアのパイとは少し違う。

材料（4人分）
グリーンスプリットピー（または緑レンズ豆）:380g ／ジャガイモ：小1個／無塩バター：大さじ1／玉ネギ：1個（みじん切り）／スモークハムホックなければベーコンブロック：1個またはベーコン150g／水：1500cc／グリーンピース（冷凍可）:150g／塩・コショウ：適宜／小さなミートパイ（飾り）:4個／トマトソース（飾り）:適宜

作り方
❶スプリットピーをザルに入れて水でよく洗っておく。
❷鍋にジャガイモとかぶる程度の水（材料外）を入れて火にかけ、火が通るまで茹でたら、マッシュポテトにする。❸別の鍋にバターを熱し、玉ネギを加えて透き通るまで炒めたら、スプリットピー、ハムホック、水を加えて沸騰させ、弱火でハムホックに火が通るまで煮る。ハムホックは取り出して冷まし、食べやすい大きさに裂いて（切って）おく。❹❷のマッシュポテト、グリーンピース、塩小さじ1を加えて、5分くらい弱火で煮たら、ブレンダーでピュレにする。❺❹を鍋に戻し、ハムホックから取った肉を戻してひと煮立ちさせ、塩とコショウで味を調える。❻スープを器に注いでミートパイを置き、パイの上にトマトソースをかける。

Fijian Fish Soup

フィジー Fiji

フィジアン・フィッシュ・スープ

レモンとココナッツミルクを加えた魚の出汁たっぷりのスープ

　ヘルシーなフィジーの料理は、イモ類やココナッツをよく使う。島国なので、新鮮な海の幸が食卓に上ることもしばしばだ。フィジーのこのフィッシュ・スープは、近海で獲れた大小さまざまな魚で作られる。

　料理自体はシンプルだ。野菜を炒めたら魚を加えて煮る。基本的にはこれだけである。魚の頭や骨から出たエキスだけで、極上のスープができる。世界各地に魚のスープがあるが、南国の料理らしくこのスープにはココナッツミルクが入る。ココナッツはフィジーの人たちの大好物であるらしい。さらに、このスープには搾りたてのレモンが入り、爽やかさがプラスされる。

材料（4人分）

サラダ油：大さじ2／玉ネギ：1/2個（スライス）／ショウガ：10g（千切り）／チリペッパー：1本（ヘタと種を取って小口切り）／水：1000cc／白身の魚：500g（一口大に切る）／ココナッツミルク：400cc／レモン汁：大さじ1／塩・コショウ：適宜／パクチーまたはイタリアンパセリ（飾り）：適宜（粗みじん切り）

作り方

❶鍋に油を熱し、玉ネギを加えて透き通るまで炒めたら、ショウガ、チリペッパーを加えて、香りが出てくるまで炒める。❷水、魚、塩小さじ1、コショウ一摘みを加えて沸騰させ、弱火で魚に火が通るまで煮る。❸ココナッツミルクを加えてさらに5分くらい煮たら、塩とコショウで味を調え、レモン汁を加える。❹スープを器に注ぎ、パクチーまたはイタリアンパセリを飾る。

Guamanian／Chamorro Corn Soup

グアミアン／シャモロ・コーン・スープ

ココナッツミルクが入った甘いシャモロスタイルコーンスープ

　グアムは食文化においてさまざまな国の影響を受けている。アメリカの影響は言うまでもなく、フィリピン、スペイン、他のアジアの文化も見え隠れする。それらが先住民のシャモロ文化と混ざり合って、独特の食文化を形成している。コーンスープは、おそらくアメリカの影響が大きいのではと思われる料理である。グアムでトウモロコシを栽培していないわけではない。採りたてのトウモロコシを使った料理も、もちろんある。でも、このスープのおもしろいところは、缶詰のコーンを使うところだ。ただし、牛乳ではなくココナッツミルクであるところは、やはり南国の料理だ。

材料（4人分）

無塩バター：大さじ2／玉ネギ：小1個（粗みじん切り）／皮骨なし鶏肉：300g（1cm角切り）／小麦粉：大さじ2／チキンブロスまたは水＋チキンブイヨン：250cc／コーン（冷凍か缶詰）：400g／ココナッツミルク：500cc／塩・コショウ：適宜

作り方

❶鍋にバターを熱して玉ネギを加え、中火で玉ネギが透き通るまで炒める。❷肉を加えて、肉全体が白くなるまで炒めたら小麦粉を加え、粉っぽさがなくなるまで混ぜる。❸木ベラなどでかき混ぜながらブロスを少しずつ加え、混ぜながらとろみが出るまで温める。❹コーン、ココナッツミルク、塩とコショウ一摘みを加えて強火にし、沸騰する直前で弱火にして10〜15分煮る。❺塩とコショウで味を調える。

Luau Stew

|| ルアウ・シチュー

日本でいえばサトイモの葉を茹でて作った豚肉のシチュー

　日本でサトイモといえば、変な言い方だが芋である。ズイキと呼ばれるサトイモの茎は、茹でた後に皮をむくという下処理をして料理される。でも、サトイモの葉はあまり食べないのではないだろうか。このハワイのシチューは、そのサトイモ、正確にいえばタロイモの葉と豚肉のシチューなのである。料理自体は単純だ。簡単にいえば、肉を炒めて水を加え、タロイモの葉を煮るだけである。タロイモの葉がとろとろになるまでゆっくりと煮込む。そのころには豚肉は簡単に裂けるくらい柔らかくなっている。ショウガや醤油が入るあたりはいかにもハワイらしい。日本人好みのシチューだ。

材料（4人分）

サラダ油：大さじ2／豚肩ロースまたは牛塊肉：800g（シチュー用サイズに切る）／水：650cc／玉ネギ：2個（縦に4〜8等分に切る）／ショウガ：20g（スライス）／鷹の爪（お好みで）：1本（包丁の背で叩いておく）／タロイモ（サトイモ）の葉：800g（芯を取ってざく切り）／醤油：少々／塩・コショウ：適宜

作り方

❶鍋に油を熱し、肉を加えて全体に焦げ目を付けたらいったん肉を取り出し、鍋底の油を大さじ1程度残して捨てる。❷肉を戻し、水を注いで、玉ネギ、ショウガ、鷹の爪、塩小さじ1を入れて沸騰させる。❸タロイモの葉を少しずつ加え、しっとりしたら全部水に浸かるように木ベラなどで沈める。❹醤油少々を加え、火を弱火にして、少なくとも2時間、肉が柔らかくなるまでじっくり煮たら、塩で味を調える。

Kumara Soup

ニュージーランド

クマラ・スープ

カレー、ココナッツなどバリエーションも豊富なサツマイモスープ

　クマラは何千年も昔、マオリの人々（ニュージーランドの先住民）によって伝えられたといわれている。今ではニュージーランドで欠かせない食材である。

　クマラと聞くとなんだかわからないが、スイートポテトの仲間である。日本のサツマイモもスイートポテトの仲間だ。ニュージーランドで栽培されているクマラはレッド、ゴールド、オレンジの3種類だ。どの種もこのスープに使われるが、オレンジを使うと出来上がりが美しい。ここで紹介するクマラ・スープはスタンダードなもので、このほかにカレー味、ココナッツ味、リーキ入り、パースニップ入りのクマラがある。

材料（4人分）

無塩バター：大さじ2／玉ネギ：1個（スライス）／ショウガ：20g（スライス）／セロリ：1/2本（小口切り）／ニンニク：2粒（スライス）／スイートポテトまたはサツマイモ：2本（スライス）／チキンブロスまたは水＋チキンブイヨンまたは水：1000cc／塩・コショウ：適宜／クレムフレッシュあるいはヨーグルトまたはサワークリーム（飾り）：大さじ4／オレンジの皮（飾り）：1/4個分（細く千切り）

作り方

❶鍋にバターを熱し、玉ネギとショウガ、セロリ、ニンニクを入れ、玉ネギが透き通るまで中火で炒める。
❷スイートポテトを加えて軽くかき混ぜたらブロスを加え、スイートポテトが柔らかくなるまで弱火で煮る。
❸ブレンダーでピュレにし、再び火にかけて弱火で沸騰させたら、塩とコショウで味を調える。❹クレムフレッシュとオレンジの皮をボウルなどに入れてよく混ぜる。❺スープを器に盛り、❹を上にのせる。

Suafa'i Banana Soup

サモア
Samoa

スアファイ・バナナ・スープ

タピオカのようなサゴ入りバナナとココナッツミルクのスープ

　サモアでもっとも重要な食物はココナッツ、バナナ、そしてカカオである。このスープはその3つのうちの2つ、バナナとココナッツでできている。マッシュにしたバナナをココナッツミルクで伸ばしたのが、このスープなのだ。でも、もうひとつ忘れてはならない材料がある。それはサゴである。サゴとはサゴヤシのでん粉でできたタピオカのようなものだ。ちなみに、タピオカはキャッサバという芋のでん粉で作る。歴史的にはサゴパール（パールはでん粉と水を混ぜて丸く固めたもの）のほうがタピオカパールよりも古い。完熟したバナナの甘さとココナッツミルクの甘さがよく合う。

材料（4人分）

水：600cc／バナナ：5本／サゴまたはタピオカ：50g／ココナッツミルク：180cc／砂糖：適宜／炒りゴマ（飾り）：適宜／ミントの葉（飾り）：適宜

作り方

① 鍋に水を入れ、バナナを折って加えて沸騰させ、フォークやマッシャーなどでつぶして、マッシュ状にしながら弱火で20分くらい煮る。② サゴまたはタピオカをくっつかないようにばらばらと加え、かき混ぜながらココナッツミルクを注ぐ。沸騰したら弱火にして、タピオカが底にこびりつかないようにたまにかき混ぜながら、タピオカが柔らかくなるまで煮る。好みで砂糖を加える。③ 器に盛り、ゴマ、ミントを散らす。冷たくしてもおいしい。

Curried Coconut and Lime Gourd Soup

ソロモン諸島

| カリード・ココナッツ・アンド・ライム・ゴード・スープ

カレー粉でちょっぴり辛いが、甘みも酸味も備えたカボチャスープ

　ゴードとはウリ科の野菜／果物のことで、カボチャもキュウリもズッキーニもスイカもゴードである。このスープに使われているのは、小さな野球ボール大のカボチャのような野菜である。名前がちょっと長いので整理すると、カレー味のココナッツミルクとライム果汁が入った小さなカボチャのスープということになる。

　ソロモンではとにかくあらゆる料理にカレー粉が使われる。ソロモンのカレー粉は日本のものとはちょっと違うようで、マドラスカレーという赤っぽいカレー粉が使われるようだ。このスープにはさらに、ココナッツミルクの甘味とライムの酸味が加わる。

材料（4人分）

サラダ油：大さじ1／玉ネギ：1/2個（粗みじん切りまたはスライス）／おろしショウガ：大さじ1／おろしニンニク：1粒分／カボチャなどオレンジ色の実のスクワッシュ：800g（数mmにスライス）／野菜ブロス：500cc／水：250cc／カレー粉：大さじ1〜2／ココナッツミルク：120cc／ライム果汁：1個分／塩・コショウ：適宜／ライムのスライス（飾り）：8枚

作り方

❶鍋にサラダ油を熱し、玉ネギを加えて、玉ネギが透き通るまで炒めたら、ショウガとニンニクを加えて、ショウガとニンニクの香りが出てくるまで炒める。❷スクワッシュ、ブロス、水、塩とコショウ少々を加えて、スクワッシュが柔らかくなるまで弱火で煮る。❸ブレンダーでピュレにしたら、カレー粉、ココナッツミルク、ライム果汁を加えて、かき混ぜながら沸騰する寸前まで煮る。❹器に盛り、ライムのスライスをのせる。

Chapter 12
中近東
Middle East

イラク／イラン／イスラエル／ヨルダン
レバノン／サウジアラビア／アラブ首長国連邦／イエメン

Marak Kubbeh Adom

イラク

|| マラック・クーベ・アドム

印象的な赤いなダンプリングが入った真っ赤なスープ

　1940年代、イラクには15万人のユダヤ人が暮らしていたが、現在はごくわずかしか残っていない。しかし、ユダヤ人が残した食文化は今でも受け継がれている。そのひとつがこのマラック・クーベ・アドムで、クルド人の代表的な料理としても知られているらしい。インパクトのある赤いスープは、ビーツをおもな材料として使っている。その中に大きな丸いダンプリングが入っている。ダンプリングはセモリナ粉、あるいはブルグル（一度湯通しした乾燥挽き割り小麦）で作られ、中には玉ネギなどと一緒に調理された挽き肉が詰まっている。ダンプリング自体は赤くないが、スープの中で煮ることで真っ赤に染まる。

材料（4人分）

サラダ油：大さじ2／玉ネギ：小1個（みじん切り）／ビーツ：3個（細切り）／トマトペースト：大さじ2／チキンブロスまたは水＋チキンブイヨン：1000cc／レモン汁：1/2個分

クッベー

サラダ油：大さじ1／バハラットスパイスミックス：小さじ1/2（なければパプリカパウダーとクミンパウダー各小さじ約1/4）／玉ネギ：小1/2個（みじん切り）／ニンニク：1粒（みじん切り）／牛挽き肉：200g／イタリアンパセリ：5本（みじん切り）／コショウ：一摘み／セモリナ粉：160g／塩：小さじ1＋1／水：160cc

作り方

❶まずクッベーを作る。フライパンに油を熱し、バハラットスパイスミックスを加えて油が分離するまで炒めたら、玉ネギとニンニクを加えて、玉ネギが透き通るまで炒める。❷肉を加えてパラパラになるまで炒めたら、イタリアンパセリ、塩小さじ1を加えて、肉に完全に火が通るまで炒めて、冷ましておく。❸ボウルにセモリナ粉と塩小さじ1を入れ、水を加えて粉が水を完全に吸うのを待つ。水分が残っているときはセモリナ粉を少し加えて軽く混ぜる。乾いた粉が残るときは水を少々加える。❹こねずに12等分し、1つずつ取って丸くして薄くつぶし、中央に❷を置いて覆いながら丸く整形する。スープができるまでペーパータオルをかぶせておく。❺スープを作る。鍋に油を熱し、玉ネギを加えて透き通るまで炒めたら、ビーツを加え、2分ほど炒める。❻トマトペーストを加えて、ビーツをまんべんなくカバーするまで炒めたら、ブロス、レモン汁を加えて軽く混ぜ、クッベーを重ならないようにひとつずつ加える。❼沸騰したら弱火にして、30分ほど煮る。❽クッベーをそれぞれの器に置き、スープを注ぐ。

Margat Bamia

マルガート・バーミア

オクラのぬめりが食欲をそそるトマトベースのシチュー

マルガート・バーミアはマトンとオクラのシチューである。中近東、アフリカ、南アジアではオクラをよく使う。原産は西アフリカ、南アジア、エチオピアなどの説があるが、はっきりとはわかっていない。しかし、メソポタミア文明ではすでに食されていたらしい。エジプトでは、12世紀にすでにオクラのことをバーミアと呼んでいたとのことだ。マルガート・バーミアはエジプトが起源の料理だが、イラクでもっともポピュラーな料理のひとつでもある。このシチューはトマトベースで食べやすい。オクラのぬめりを取るため長時間水に浸けておくこともあるようだが、個人的にはそれはしたくない。

材料（4人分）

ギー：大さじ2／シチュー用ラム、マトンまたは牛肉：450g／玉ネギ：1/2個（1cm角切り）／ターメリックパウダー：小さじ1/2／パプリカパウダー：小さじ1／水：1000cc／トマトペースト：大さじ6／レモン汁：大さじ2／ニンニクパウダー：4粒（みじん切り）／ローリエ：1枚／オクラ：30〜40本（ヘタを取る）／レッドチリペッパーフレーク：小さじ1／塩・コショウ：適宜

作り方

❶鍋にギーを熱し、肉を加えて全体に焦げ目が付くまで焼いたら、玉ネギ、ターメリック、パプリカパウダーを加えて、肉によくからませる。❷水を注ぎ、トマトペースト、レモン汁、ニンニク、ローリエを加えて沸騰させ、中火で肉に火が通るまで煮る。❸オクラ、チリペッパーを加えて、弱火でさらに30分くらい煮る。❹塩とコショウで味を調えた後、器に盛り、バスマティライスとともにサーブする。

Shorbat Rumman

ショルバット・ルマン

ザクロとビーツが入った色も鮮やかな濃厚ラム入りスープ

　ショルバット・ルマンはザクロのスープで、イランにも同じようなスープ、アシェ・アナールがある。ザクロは日本を含め、世界のいたるところで食べられる果物だが、起源はイラン、北インドだといわれている。

　このスープにはザクロだけでなくビーツも入っているため、鮮やかな赤色をしている。この真っ赤なスープでラムや牛肉を煮たのがショルバット・ルマンである。この他にも米、ホウレン草、レンティルなど思いがけない素材が組み合わさって、甘味、酸味、塩味が複雑に絡み合い、他のスープにはない不思議な味を作り出す。見た目以上にかなり濃厚なスープである。

材料（4人分）

サラダ油：大さじ1／玉ネギ：1個（みじん切り）／ラムまたは牛挽き肉：300g／水：1000cc／イエローレンティル（レンズ豆）：120g／米：50g／ビーツ：小3個（小サイコロ切り）／砂糖：小さじ2／ザクロジュース：150cc／青ネギ：1本（小口切り）／イタリアンパセリ：2本（みじん切り）／パクチー：4本（みじん切り）／ホウレン草：5株（みじん切り）／ザクロの実（飾り）：適宜／ドライミント（飾り）：適宜／シナモンパウダー（飾り）：適宜／粗挽きコショウ（飾り）：適宜

作り方

❶鍋に油を熱し、玉ネギを加えて透き通るまで炒めたら、肉を加えてパラパラになるまで炒める。❷水と豆を加えて沸騰させ、弱火で10分ほど煮たら米を加え、さらに10分ほど煮る。❸ビーツ、砂糖、ザクロジュースを加えて強火にし、再び沸騰したら弱火にして20分ほど煮る。❹青ネギ、イタリアンパセリ、パクチー、ホウレン草を加えてひと煮立ちさせる。❺スープを器に注ぎ、飾りを上に散らす。

Fesenjān

フェセンジュン

ザクロとクルミという意外な組み合わせのチキンシチュー

　フェセンジュンは、クルミとザクロというかなり珍しい組み合わせのチキンシチューである。イランが起源の料理だが、イラクなどでもポピュラーだ。ザクロといってもフルーツそのものを使うのではなく、ザクロモラセス、あるいはザクロシロップと呼ばれる濃縮したシロップを使う。このシロップと細かく砕いたクルミがシチューのベースになるわけで、味はかなり濃厚である。日本人には濃厚すぎるかもしれないので、シロップの代わりにジュースを使うほうがいいかもしれない。いずれにしても、今までに味わったことがないペルシャの味が存分に楽しめるチキンシチューであることは確かだ。

材料（3～4人分）

オリーブオイル：大さじ2／骨付き鶏肉：500g／玉ネギ：1個（スライス）／クルミ：250g／濃縮ザクロジュース：250cc／水：250cc／シナモンパウダー：小さじ1/4／砂糖：適宜／塩・コショウ：適宜／ザクロの実（飾り）：適宜

作り方

❶オーブンを180度に熱しておく。❷フライパンにオリーブオイルを熱し、軽く塩・コショウを施した肉を加えて全体に焦げ目が付くまで焼いたら、皿などにとっておく。❸同じフライパンで、玉ネギを透き通るまで炒め、肉と一緒に皿に移しておく。❹クルミをベーキングシートの上に重ならないように並べ、オーブンで5分ほどローストする。❺クルミが冷めたら手の平で揉んで皮を取った後、フードプロセッサーでできるだけ細かくする。でもペーストにはしない。❻肉、玉ネギ、クルミを鍋に入れ、濃縮ザクロジュース、水、シナモン、塩小さじ1、コショウ一摘みを加えて火にかけて沸騰させ、弱火にして1時間以上、肉に火が通るまで煮る。濃縮ザクロジュースは焦げつきやすいので注意。こまめに混ぜ、水分が少なくなったら適量補う。❼スープのとろみが少ない場合は、いったん肉を取り出し、中火で好みのとろみがつくまで煮詰めて、砂糖、塩とコショウで味を調え、肉を鍋に戻して温める。❽器に盛り、ザクロの実を散らして、ロングライスとともにサーブする。

Āsh e Doogh

イラン

アシェ・ドゥーグ

熱々でも爽やかなヨーグルトで作るイランのスープ

アシェはとろりとしたスープ、あるいはシチューのこと。ドゥーグはヨーグルトでできた飲み物のことである。アシェ・ドゥーグはイラン北西部のアルダビールの名物料理で、街中、公園、スタジアムなどさまざまところで売られている。ドゥーグ自体ポピュラーな飲み物で、普通のヨーグルトよりも酸味が強い。ヨーグルトを水、あるいは牛乳で薄めれば同じような飲み物ができる。アシェ・ドゥーグはバリエーションが多く、豆や鶏肉などを加えることも少なくない。熱々で食べるが、ドゥーグとハーブが爽やかな、夏でもおいしいスープである。ミントをたくさん加えてもおいしい。

材料（4人分）

牛挽き肉：120g／玉ネギ：1/4個（みじん切り）／卵：1個／米（バスマティライス）：60g／パクチー：10本／ディル：3本／ホウレン草：葉を3枚／イタリアンパセリ：15本／青ネギ：2本／ヨーグルト：500cc／水または牛乳：500cc／調理済ひよこ豆：200g／塩・コショウ：適宜

作り方

❶挽き肉、玉ネギ、塩小さじ1/2、コショウ少々をボウルに入れてよく混ぜておく。❷別のボウルに卵と米を入れてよく混ぜておく。❸パクチー、ディル、ホウレン草、イタリアンパセリ、青ネギをフードプロセッサーで細かく、あるいは包丁でみじん切りにしておく。❹ヨーグルトと水、塩小さじ1/2を別のボウルに入れよく混ぜておく。この時点で塩味を調えてしまうと後が楽。❺鍋に❷と❹を入れてよく混ぜ、強火でかき混ぜながら沸騰させる。❻ひよこ豆を加えたら弱火にして、こまめにかき混ぜながら米と豆が柔らかくなるまで煮る。❼❶を手の平で小さなミートボールにして鍋に入れ、ミートボールがすべて浮いてくるまで煮る。スープにとろみがありすぎると浮いてこないので、その場合は5分を目安に一度火が通っているか確かめる。❽❸をスープを冷めないように少しずつ加える。常に木ベラなどでかき混ぜ続けることを忘れないように。

Abgoosht

イラン

|| アブーシュト

ラムとひよこ豆でできた、少し酸味のあるイラン伝統料理のひとつ

　アブーシュトはイランのシチューで、ディーズィーと呼ばれる陶器に入れてサーブされることから、そのままディーズィーと呼ばれることも多い。このシチューにはラムシャンク（膝から足首にかけての骨）が使われるが、骨付きであればどの部位でも構わない。地方によっては牛肉を使うところもある。アルメニアにも同じ名前の料理があるが、使われる肉は牛である。

　イランには、このシチューを食べる上での特別な習慣がある。まず、器にパンをちぎって入れ、その上にスープ（具を含まない）を注ぎ、残った具をつぶしてマッシュにして別の器に盛るのだ。

材料（4人分）
ラムシャンク（骨付きがベストだが、なければシチュー用）：800g／乾燥白いんげん豆：150g（たっぷりの水に一晩浸しておく）／乾燥ひよこ豆：150g（たっぷりの水に一晩浸しておく）／玉ネギ：1個（皮だけむいておく）／トマト：2個（芯を取っておく）／ターメリックパウダー：小さじ2／水：1250cc／トマトペースト：大さじ1／すりおろしたドライライム：小さじ1（なければレモン汁またはライム果汁大さじ2）／ジャガイモ：小2個（3cm厚に切る）／塩・コショウ：適宜

作り方
❶鍋に肉、水切りした豆、玉ネギ、トマト、ターメリック、水を入れ、火にかけて沸騰させる。弱火にして肉にだいたい火が通った時点で、トマトと玉ネギを取り出して、ブレンダーでピュレにした後、鍋に戻す。❷トマトペースト、ドライライム、ジャガイモ、塩小さじ1、コショウ一摘みを入れて、材料すべてに火が通るまで弱火で煮る。❸水が少なくなったら足し、塩とコショウで味を調える。

Khoresh Bademjan

コレッシュ・ボデムジューン

ナスがたっぷり入ったトマトベースのビーフシチュー

　コレッシュ・ボデムジューンは、トマトベースの牛肉入りナスのシチューである。トマトもナスも中近東の原産ではなく、トマトは新大陸原産、ナスはアジア原産だ。このシチューの主役であるナスは、18世紀にイランに入ってきた。トマトは19世紀である。

　このシチューには、本来まだ熟していない種なしのブドウが使われるが、手に入れるのが難しいので、酸味を補うためにライムで代用するのがいいだろう。ナスはまずソテーしてから煮るので、煮崩れないように注意したい。すでに火が通っているので、味がなじむ程度で十分だ。ライムは煮ると苦みが出るので、必ず最後に加える。

材料（4人分）

サフラン：小さじ1/2／ナス：4本／シチュー用牛肉：400g／玉ネギ：1個（半分はそのまま、残りはスライス）／ターメリックパウダー：小さじ1／水：500cc／サラダ油：大さじ1／ニンニクパウダー：1粒（みじん切り）／トマトペースト：大さじ1／缶詰のトマト：400g（手でつぶしておく）／ライム果汁：大さじ2

作り方

❶サフランを大さじ1のぬるま湯（材料外）に浸しておく。❷ナスを焼きナスにしてヘタと皮を取り、縦4等分に切る。❸鍋に肉、切っていない半分の玉ネギ、ターメリック、塩とコショウ少々、水500ccを入れて沸騰させ、弱火で肉が柔らかくなるまで煮る。煮えたら玉ねぎは取り除く。❹煮ている間に、フライパンに油を熱し、玉ネギのスライス、ニンニクを加えて、玉ネギが柔らかくなるまで炒める。❺④にトマトペースト、缶詰のトマトを加えて数分煮たら、肉の入った鍋に加え、とろみが出てくるまで弱火で煮る。❻ナス、サフランを浸した水をサフランごと加えてひと煮立ちさせ、火を止めてライム果汁を加えて混ぜる。❼シチューを器に注ぎロングライスとともにサーブする。

Gormeh Sabzi

ゴルメ・サブジ

ハーブの豊かな香りと味が決め手の豆とラム肉のシチュー

このシチューもそうだが、イランの料理にはサブジという言葉がよく出てくる。ペルシャ語でハーブを意味する言葉で、イランの料理にはハーブをたくさん使う料理が多い。このシチューにもイタリアンパセリ、パクチーのほか、フェヌグリークの葉が使われている。フェヌグリークは種もスパイスとして使用される。フェヌグリークの葉は、苦みとほのかな甘み、ナッツのような風味を持っている。生のほか、冷凍したもの、乾燥したものなどが売られている。ない場合はセロリの葉、あるいはアルファルファで代用し、さらに料理にメイプルシロップを加えると、フェヌグリークの葉に近い風味が得られる。

材料（4〜6人分）

サラダ油：大さじ2+2／玉ネギ：2個（スライス）／ターメリックパウダー：小さじ1/2／ラムまたは牛肉：600g（小さめの一口大に切る）／ドライライム：4個（穴を開けておく。ない場合はライム果汁1/2〜1個分を調理の最後に加える）／乾燥キドニービーンズ（赤いんげん豆）：180g（たっぷりの水に一晩浸しておく）／水：1000cc／イタリアンパセリ：160g（粗みじん切り）／パクチー：80g（粗みじん切り）／フェヌグリークの葉：80g（冷凍可。ドライの場合は40g。粗みじん切り）／青ネギ：4本（小口切り）／塩・コショウ：適宜

作り方

❶鍋にサラダ油大さじ2を入れ、玉ネギを加えて透き通るまで炒めたらターメリックを加えて、香りが出てくるまで炒める。❷肉を加えて軽く焦げ目が付くまで炒めたら、ドライライム、豆、水、塩小さじ1、コショウ一摘みを加えて沸騰させ、肉と豆にだいたい火が通るまで弱火で煮る。❸煮ている間に、フライパンにサラダ油大さじ2を熱し、イタリアンパセリ、パクチー、フェヌグリークの葉、青ネギ、塩一摘みを加えて、しんなりとして量が半分以下になるまで炒める。❹❸を鍋に加えて、弱火でさらに1時間くらい煮る。❺塩とコショウで味を調えて、器に盛る。

Matzo Ball Soup

イスラエル / Israel

| マツォ・ボール・スープ

ユダヤ教の過越の際に食されるダンプリング入りのチキンスープ

　マツォ・ボール・スープはユダヤ教の記念日「過越」の際に出される料理だが、日常ごく普通に食べられている料理でもある。もちろんイスラエルだけでなく、住む国に関係なくユダヤ教徒の家庭では同じようにこのスープを食べる。

　このスープのいちばんの特徴は、マツォ・ボールと呼ばれるダンプリングが透き通ったチキンスープに入っていることだ。マツォ・ボールは、基本的には穀物の粉と水でできている。スーパーにはマツォ・ミールという粉が売られている。また、マツォ・ボールにはシュマルツと呼ばれる鶏などの脂肪でできた油脂が練り込まれる。

材料（4人分）

鶏肉（骨付き）：800g ／粒コショウ：小さじ1／クローブ：1粒／ローリエ：1枚／水：2000cc／ニンジン：2本（縦横にそれぞれ2等分）／セロリ：1本（縦に2等分、横に4等分）／玉ネギ：1/2個（2等分）／イタリアンパセリ：5本／ディル：5本／塩：適宜／ディル（飾り）：適宜（ざく切り）

マツォ・ボール

卵：2個／ソーダ水：60cc／マツォ・ミール：60g／シュマルツ（なければオリーブオイル）：大さじ2

作り方

❶鍋に肉、粒コショウ、クローブ、ローリエ、塩小さじ2を入れて水を注ぎ、火にかけて沸騰したら、ニンジン、セロリ、玉ネギ、イタリアンパセリ、ディルを加えて、弱火で1時間くらい煮る。❷肉を取り出して冷まし、食べやすい大きさに裂いておく。残りはザルで濾し、ニンジン、セロリだけ残して、残りのハーブ、コショウは捨てる。スープは鍋に戻して冷ます。❸マツォ・ボールの生地を作る。卵をボウルに入れてフォークなどで軽くほぐしたら、ソーダ水、マツォ・ミール、シュマルツを加えて混ぜる。しかし混ぜすぎないように。ラップで覆って30分、冷蔵庫で寝かせる。❹別の鍋にたっぷりのお湯（材料外）を沸かしたら、弱火にする。❺手にサラダ油（材料外）を塗り、マツォ・ボールの生地を手の平で3cmくらいのボールに丸めて、お湯に入れる。すべて入れたらそのまま30〜40分煮る。❻❷のスープを沸騰させ、裂いた鶏肉、残しておいたニンジン、セロリ、マツォ・ボールを加えて、ひと煮立ちさせる。❼マツォ・ボールと野菜を均等に器に分けてスープを注ぎ、ディルを上に飾る。

Israeli Bean Soup

イスラエリ・ビーン・スープ

赤いトマトベースのスープに白い豆が映えるベジタリアン・スープ

イスラエルのホワイト・ビーンズ・スープはとてもシンプルなスープで、肉なしの野菜と豆だけでできている。同じようなスープが地中海の国々に点在し、スペイン・ポルトガル系のユダヤ人がイスラエルに持ち込んだという説がある。しかし、1900年代半ばに大挙してイスラエルに移住してきたイエメン・ユダヤ人の料理にも同じような料理がある。イエメン・ユダヤ人は文化的にスペイン・ポルトガル系ユダヤ人の影響を受けているようなので、この二つの料理には関係があるのかもしれない。ただ、イエメン・ユダヤ人のビーンズスープにはより多くのスパイスが使われているような気がする。

材料（4～5人分）

乾燥白いんげん豆：180g（たっぷりの水に一晩浸しておく）／水：1000cc／オリーブオイル：大さじ1／玉ネギ：小1個（みじん切り）／ニンニク：2粒（みじん切り）／セロリ：1本（1cm角切り）／トマトペースト：大さじ2／トマト：1個（1cmサイコロ切り）／クミンパウダー：小さじ1/2／タイム：小さじ1/2／スイートまたはホットパプリカパウダー：小さじ1と1/2／ニンジン：1本（1cmサイコロ切り）／ジャガイモ：1個（1cmサイコロ切り）／ローリエ：1枚／砂糖：小さじ1/2／塩・コショウ：適宜／イタリアンパセリまたはパクチー（飾り）：適宜（粗みじん切り）

作り方

❶水切りした豆を洗って鍋に入れ、水を注いで沸騰させる。塩小さじ1、コショウ摘みを加え、弱火で豆が柔らかくなるまで煮る。❷フライパンにオリーブオイルを熱し、玉ネギとニンニク、セロリを加えて、玉ネギが透き通るまで炒める。❸トマトペーストを加えてよく混ぜたら、トマト、クミン、タイム、パプリカパウダーを加えて2、3分炒める。❶の鍋にフライパンの中身をすべて加え、ニンジン、ジャガイモ、ローリエを加えて、野菜に火が通るまで煮る。❹塩とコショウで味を調えてから器に注ぎ、イタリアンパセリまたはパクチーを散らす。

Shakshouka

イスラエル / Israel

シャクシューカ

トマト、卵、チーズという 魅力の組み合わせが食欲をそそる

　イスラエルでもっとも人気のある朝食メニューのひとつが、このシャクシューカである。起源にはオスマン帝国、モロッコ、イエメンなどの説があるが、イスラエルにはイスラエルに移住したチュニジア・ユダヤ人によってもたらされた。スペインのピスト（P66）など、地中海沿岸の国々にも同じような料理がある。バリエーションも多い。

　シャクシューカはトマト、卵、チーズという多くの人が認める黄金の組み合わせをそのまま料理にした感がある。水をほとんど使わずにトマトなど野菜から出てくる水分で煮るので、味が濃縮されたシチューのようになる。スパイスのアクセントも魅力。

材料（4人分）

オリーブオイル：大さじ2／玉ネギ：1個（1cm角切り）／ニンニク：4粒（みじん切り）／赤パプリカ：1個（1cm角切り）／パプリカパウダー：小さじ1／クミンパウダー：小さじ1/4／カイエンペッパー：一摘み／トマトペースト：大さじ1／トマト：5個（1cmサイコロ切り）／水：120cc／卵：4個／チーズ（溶けるものなら何でも）：100g（5mmサイコロ切り）／塩・コショウ：適宜／イタリアンパセリ（飾り）：適宜

作り方

❶鍋にオリーブオイルを熱し、玉ネギとニンニクを加えて、玉ネギが柔らかくなるまで炒めたら、赤パプリカ、スパイスを加えて、少し柔らかくなるまで炒める。❷トマトペーストを加えて軽く混ぜたらトマト、水を加えて、トマトが崩れ始めるまで弱火で煮る。❸卵を割り入れ、チーズを全体に散らして、卵が好みの固さになるまで煮る。❹卵を崩さないようにそれぞれの器に盛り、イタリアンパセリを散らす。紅茶、ジューイッシュライ麦パンと一緒にサーブする。

Shorbet Freekeh

ヨルダン

|| ショルベット・フリーカ

まだ熟していない緑のデュラム小麦がこのスープの主役

パスタはデュラム小麦からできている。フリーカもデュラム小麦である。でも、もちろんパスタでも普通の小麦でもない。フリーカは未成熟のまだ緑色で柔らかいデュラム小麦を、乾燥させて砕いたものだ。ヨルダンだけでなく、エジプト、シリア、レバノンなどでも人気がある。近年、キヌアなどに次ぐスーパーフードとして注目され始めている。ショルベット・フリーカは、いってみればフリーカのおじやである。

このレシピでは鶏肉を使ったが、牛肉やラムを使うことも多い。見た目はあまりよくないが、ほのかな甘みとナッツのような風味は、他では味わえない独特なものだ。

材料（4人分）

オリーブオイル：大さじ2／グリーンカルダモンパウダー：小さじ1/2／グリーンカルダモンポッド：2粒／シナモンスティック：1本／オールスパイス：小さじ1/2／玉ネギ：1個（みじん切り）／チキンブロスまたは水＋チキンブイヨン：1200cc／鶏肉：500g／フリーカ：200g（洗ってたっぷりの水に30分ほど浸しておく）／塩・コショウ：適宜／イタリアンパセリ（飾り）：適宜（みじん切り）

作り方

❶鍋にオリーブオイルを熱し、スパイスを加えて香りが出てくるまで炒めたら、玉ネギを加えて透き通るまで炒める。❷ブロス、肉、塩小さじ1、コショウ一摘みを加えて沸騰させ、肉に火が通るまで弱火で煮る。❸肉を取り出し、スープをザルで濾して鍋に戻す。❹フリーカを水からあげ、鍋に加えて沸騰させ、弱火で柔らかくなるまで煮る。❺肉を食べやすい大きさに裂いて、鍋に加える。塩とコショウで味を調え、器に盛り、イタリアンパセリを散らす。

Shorbat Adas

ヨルダン Jordan

| ショルバット・アダス

ヨルダンの寒い日、雨の日はレンティルスープで決まり

　一口にレンティル豆といっても赤、黄色、緑、オレンジなどさまざまで、スープにしても1色だけのときもあれば、ブレンドすることもある。ブレンダーでピュレにすることもあれば、しないこともある。地域、国、極端な話、家庭ごとに違うレンティルスープがある。ヨルダンのものは赤、またはオレンジレンティルのピュレタイプで、クミン、コリアンダーといったスパイス入りだ。寒かったり雨が降ったりすると、どの家庭もただちにレンティルスープを作り始めるといわれるくらいポピュラーで、冬にレストランでもっとも注文が多いのもこのスープらしいから、その人気のほどがうかがえる。

材料（4人分）

オリーブオイル：大さじ2／クミンパウダー：小さじ1／コリアンダーパウダー：小さじ1／ターメリックパウダー：小さじ1/2／白コショウ：小さじ1/2／玉ネギ：1個（みじん切り）／ニンニク：2粒（みじん切り）／ニンジン：小1本（スライス）／セロリ：1本（小口切り）／レッド／オレンジレンティル（レンズ豆）：200g（よく洗ってたっぷりの水に1時間ほど浸けておく）／チキンブロスまたは水＋チキンブイヨン：1200cc／塩：適宜／イタリアンパセリ（飾り）：適宜（粗みじん切り）／レモン（飾り）：1個（櫛切り）／スーマック（酸味のある中東のスパイス。飾り）：適宜

作り方

❶鍋にオリーブオイルを熱し、クミン、コリアンダー、ターメリック、白コショウを加えて香りが出てくるまで炒めたら、玉ネギとニンニクを加えて、玉ネギが透き通るまで炒める。❷ニンジン、セロリを加えて1分ほど炒めたら、豆、ブロス、塩小さじ1を加えて沸騰させ、弱火で豆が柔らかくなるまで煮る。❸ブレンダーでなめらかになるまで混ぜ、塩で味を調える。❹スープを器に注ぎ、イタリアンパセリ、スーマックをかけて、レモンを添える。

Adas Bhamod

アダス・ビハモッド

レモンの絞り汁で酸味を加えた緑葉野菜入りレンティルスープ

　レバノンにも前ページと同様のレンティルスープもあるが、このレンティルスープには少し違うところがある。アダス・ビハモッドはレモン入りレンティルという意味で、その名の通り、最後の仕上げにレモンをぎゅっと絞って入れるのである。サワーレンティルスープともいわれる、ちょっと酸っぱいスープなのだ。もうひとつ、ほかのレンティルスープと違うところは、スイスチャードが入っているところだ。スイスチャードは少しばかり厚めの緑葉野菜で、中近東だけでなくヨーロッパでもスープなどによく使う。また、このスープはピュレにしない少数派のレンティルスープでもある。

材料（4人分）

オリーブオイル：大さじ2／玉ネギ：1個（みじん切り）／ニンニク：4粒（みじん切り）／スイスチャードまたはコラードグリーン（なければ高菜、カラシ菜、小松菜など）：葉を20～25枚（芯を切り落として細かく刻む、芯も刻んでおく）／ブラウン、グリーンまたはイエローレンティル（レンズ豆）：200g（たっぷりの水に1時間ほど浸けておく）／水：1000cc／パクチー：10本（粗みじん）／レモン汁：1個分／塩・コショウ：適宜

作り方

❶鍋にオリーブオイルを熱し、玉ネギ、ニンニクを加えて、玉ネギが透き通るまで炒める。❷スイスチャードの芯を加えて、しんなりするまで炒める。❸豆を洗って水を切ったら、水、塩小さじ1、コショウ一摘みとともに鍋に加えて沸騰させ、弱火で豆にほぼ火が通るまで煮る。❹スイスチャードの葉の部分を加えてさらに10分ほど煮たら、パクチー、レモン汁を加えて、ひと煮立ちさせる。❺塩とコショウで味を調え、器に盛る。

Makhlouta

レバノン Lebanon

ムクフルタ

豆と穀物のオンパレードともいうべきレバノンのごった煮シチュー

ミックスという意味のムクフルタが示すように、このシチューには何種類もの穀物や豆類が入る。ひよこ豆は必須。他にうずら豆、キドニービーンズなどが2、3種類、穀物は米や麦、大麦、ブルグルなどから少なくとも2種類、さらに、レンティルまで入る。出来上がりは見るからに豆と穀物のごった煮状態である。ラムの脂(コンフィ)を加える場合もあるが、ほとんどの場合は純然たるベジタリアンフードである。とはいっても、これだけ豆や穀物が入っているので栄養は満点、しかも、すべての味がミックスされるので、肉など入っていなくとも味とコクはたっぷりなのである。

材料（4〜6人分）

乾燥ひよこ豆：100g（たっぷりの水に一晩浸けておく）／ひよこ豆以外の乾燥豆（うずら豆、キドニービーンズ、白豆など2、3種類）：100g（たっぷりの水に一晩浸けておく）／ブラウンレンティルまたはグリーンレンティル（レンズ豆）：50g／穀類（米、麦、大麦、ブルグルなど、できれば2種類）：50g／野菜ブロスまたは水＋野菜ブイヨン：1500cc／オリーブオイル：大さじ2／玉ネギ：2個／（みじん切り）／ニンニク：4粒（みじん切り）／塩・コショウ：適宜／イタリアンパセリまたはパクチー（飾り）：適宜（みじん切り）

作り方

❶水に浸けておいた豆類、穀類（ブルグル以外）を洗い、鍋にブロス、塩小さじ1、コショウ一摘みとともに入れて、豆が柔らかくなるまで煮る。❷フライパンにオリーブオイルを熱し、玉ネギ、ニンニクを加えて、玉ネギが透き通るまで炒めたら鍋に加える。❸鍋を沸騰させ、ブルグルを使用する場合はこの時点で加え、弱火にして10分程度、ブルグルに火が通るまで煮る。❹塩とコショウで味を調えて器に注ぎ、イタリアンパセリまたはパクチーを散らす。

367

Matazeez

サウジアラビア Saudi Arabia

| マタズィーズ

円盤形のパスタが入った野菜たっぷりの山羊肉入りシチュー

パスタはイタリアの専売特許ではない。他のヨーロッパの国々にもパスタはあるし、中近東の国にもある。このマタズィーズには丸い小さな餃子の皮のようなパスタが入っている。山羊肉入りトマトベース、野菜盛りだくさんのこのシチューは、サウジアラビアの首都リヤドを含むナジャド地方の代表的な料理である。カタールにもマルグーグというそっくりな料理がある。違いは、マタズィーズのほうが水分少なめ、パスタは薄めというくらいである。この料理の決め手はドライライムだ。ドライライムは、生のライムにはない燻製のような味が加わる。ない場合は生のライムをちょっと絞る。

材料（4〜6人分）

骨付きゴート（ヤギ）またはラム肉：400g（大きめの一口大に切る）／サラダ油：大さじ1＋1／ドライライム：2個（穴を開ける。ない場合はライム果汁1/2個分）／水：1500cc／玉ネギ：1個（みじん切り）／ニンニク：2粒（みじん切り）／グリーンチリペッパー：1本（ヘタと種を取ってみじん切り）／クミンパウダー：小さじ1／コリアンダーパウダー：小さじ1／ターメリックパウダー：小さじ1/2／トマト：1個（1cmサイコロ切り）／トマトペースト：大さじ1／ニンジン：小1本（一口大に切る）／サヤインゲン：5本（1cmくらいに切る）／ナス：1本（一口大に切る）／ズッキーニ：1本（一口大に切る）／塩・コショウ：適宜／パクチー（飾り）：適宜（ざく切り）

パスタ
小麦粉（全粒粉）：250g／水：150cc／サラダ油：小さじ1

作り方

❶パスタの材料をボールに入れてよくこね、べとつかない程度の生地にする。状況に応じて水と粉の量は調節する。ラップをして冷蔵庫で寝かせておく。❷肉に軽く塩とコショウを施し、鍋にサラダ油大さじ1を熱したら肉を加えて、肉に軽く焦げ目が付くまで炒める。❸ドライライム、水、塩小さじ1、コショウ一摘みを加えて沸騰させたら弱火にして、肉に火が通るまで煮る。❹肉を煮ている間に、フライパンにサラダ油大さじ1を熱し、玉ネギとニンニクを加えて、玉ネギが透き通るまで炒める。❺チリペッパー、クミン、コリアンダー、ターメリックを加えて香りが出てくるまで炒める。トマトとトマトペーストを加えて、トマトが崩れ始めるまで炒めたら鍋に加える。❻パスタの生地を冷蔵庫から取り出し、作業台に小麦粉（材料外）を振って生地を薄く延ばし、4、5cmの円か正方形に切る。❼肉が柔らかくなったら⑥のパスタ、ニンジン、サヤインゲンを加えて、ニンジンに火が通ったらナス、ズッキーニを加えて野菜に火が通るまで煮る。❽塩とコショウで味を調えて器に盛り、パクチーを散らす。

Harees

| ハリース

スパイスが効いた澄ましバターとともに食べる小麦のおじや

アラブ首長国連邦

ハリースは結婚式など、特別なイベントの際に用意される料理として知られるが、とくにラマダンでは欠かせない。ハリースは小麦のおじやのようなものなので、断食の後の空の胃袋にも優しいからだ。このレシピではブレンダーを使っているが、本来は煮ている間に叩いてペースト状にする。小麦だけでなく、鶏肉も一緒にペースト状にしていくのがおもしろい。

材料も作り方もシンプル、鮮やかな素材もないため、見た目はとても地味な料理である。しかし、スパイスが効いた澄ましバターとともに口に含むと、そのおいしさに多くの人が驚くに違いない。

材料（4人分）

小麦：500g（洗ってたっぷりの水に一晩浸しておく）／鶏、ラムまたは牛肉：500g／シナモンスティック：1＋1本／水：適宜／ギー：50g／カルダモンポッド：2粒／クミンパウダー：小さじ1/4／砂糖：小さじ1／塩・コショウ：適宜／

作り方

❶小麦を水からあげて鍋に入れ、肉、シナモンスティック1本、塩小さじ1、コショウ一摘みを加えて、水を材料の3cmくらい上に来るくらいまで注いで、火にかける。❷沸騰したら弱火にして、少なくとも1時間、小麦が崩れるくらいまでじっくり煮る。途中水分がなくなってきたら足し、小麦が底にくっつかないようにこまめにかき混ぜる。❸小麦が十分柔らかくなったら、シナモンスティックを取り出したあと、ブレンダーでオートミールのようになめらかにする。❹フライパンにギーを熱し、シナモンスティック1本、カルダモンポッド、クミン、砂糖を加えて、十分香りが出たら濾す。❺器に盛り、スプーンなどで平らにしたら中央を凹ませて、そこに香りづけした❹のギーを注ぐ。

Fahsa

ファフサ

泡立てた緑のソースが際立つ、スパイスの効いたラム肉のシチュー

内戦が続く最中、イエメンの街は昼ともなると大勢の人でごった返す。テーブルにはさまざまな料理が置かれ、昼食を楽しみ、会話に花を咲かせる。そんなストリートフードの代表がファフサである。皆ファフサにちぎったパンを浸して、次から次へと口に運ぶ。これがファフサの食べ方だ。

ファフサはラムを煮込んだシチューだが、イエメン独特のソースが上にかかる。フルバと呼ばれる泡状の緑のソースである。フルバはフェヌグリークの粉とチャイブ、チリをミックスしたビスバスというピュレを混ぜて泡立てて作る。この苦みのあるフルバが、ファフサを独特な味に仕立てる。

材料（4人分）

サラダ油：大さじ1＋1／ニンニク：2粒（みじん切り）／玉ネギ：1個（1cm角切り）／シチュー用牛肉またはラム：400g／水：1000cc／ジャガイモ：1個（一口大に切る）／トマト：1個（1cmサイコロ切り）／トマトペースト：大さじ1／グリーンチリペッパー：1本（輪切り）／ピーマン、赤パプリカのミックス：80g（1cm角切り）／クミンパウダー：小さじ1/2／コリアンダーパウダー：小さじ1/2／ターメリックパウダー：小さじ1/2／フルバ*1：適宜／塩：適宜

*1 フルバ
水：60cc／フェヌグリークの粉：小さじ2／ビスバス*2：大さじ2または好みの量

*2 ビスバス
ニラあるいはチャイブ：6本（ざく切り）／グリーンチリペッパー：1本（輪切り）／ニンニク：2粒（粗みじん切り）／コリアンダーパウダー：小さじ1／クミンパウダー：小さじ1／塩：小さじ1　●すべてブレンダーに入れてピュレにする

作り方

❶鍋にサラダ油大さじ1を熱し、ニンニク半量、玉ネギ半量を入れて、中火で玉ネギが透き通るまで炒める。❷肉を加えて、全体が白っぽくなるまで炒めたら、塩小さじ2、水を加えて沸騰させ、弱火で肉が柔らかくなるまで煮る。❸肉を取り出して、冷めたら細かく裂いておく。❹肉を取り出した後のスープにジャガイモを加えて、ジャガイモが柔らかくなるまで中火で煮、ジャガイモを取り出しておく。❺ジャガイモを煮ている間に、別の鍋でサラダ油大さじ1を熱し、残りのニンニク、玉ネギを加えて、玉ネギが透き通るまで炒める。❻トマト、トマトペースト、グリーンチリペッパー、ピーマン類、クミン、コリアンダー、ターメリック、塩小さじ1を加えてよく混ぜ、弱火で10〜15分くらい、トマトが崩れるまで煮る。❼火にかけても大丈夫な個別の小さなポットに、肉、ジャガイモ、❻のトマトミックスを適量入れ、❹のスープを適量加えて火にかけて沸騰させる。❽ポットを一度火から下してフルバを適量上にのせて再び火にかけ、5分ほど煮る。

フルバの作り方

❶フェヌグリークの粉を水250cc（材料外）に入れてかき混ぜ、少なくとも一晩そのまま放置しておく。❷下に沈んだペースト状になったフェヌグリークだけ残し、残りの水は捨てる。❸泡立て器などでホイップして、白いクリーム状になるまで混ぜる。❹ビスバスを加えてよく混ぜる。

参考文献

Andrews, C (1999). *Catalan Cuisine: Vivid Flavors From Spain's Mediterranean Coast* (Harvard Common Press Edition). Boston, MA: Harvard Common Press.
Beeton, I (1987). *Mrs. Beeton's Book of Household Management* (A Specially Enlarged First Edition Facsimile). London, UK: Chancellor Press.
Brown, S (2011). *Mma Ramotswe's Cookbook: Nourishment for the Traditionally Built* (Paperback Edition). Edinburgh, UK: Polygon.
Clarkson, J (2015). *Soup: A Global History* (Kindle Edition). London, UK: Reaktion Books LTD.
Davidis, H (1897). *Henriette Davidis' practical cook book* (Digital Edition by Michigan State University, 2004). milwaukee, WI: Caspar Book Emporium.
Dods, M (1862). *The Cook and Housewife's Manual: A Practical System of Modern Domestic Cookery and Family Management* (Digital Edition by Google from the library of Oxford University). London: Oliver & Boyd.
Fleetwood, J (2001). *The Farmers' Market Guide to Fruit*. Naperville, IL: Sourcebooks.
Frere, C, F (1909). *The Cookery Book of Lady Clark of Tillypronie* (Digital Edition by Jisc and Wellcome Library from the library of University of Leeds). London : Constable & Company LTD.
Helou, A (2006). *Mediterranean Street Food: Stories, Soups, Snacks, Sandwiches, Barbecues, Sweets, and More from Europe, North Africa, and the Middle East* (William Morrow Cookbooks Edition). New York, NY: Harper Collins Publishers.
Jones, B (2001). *The Farmers' Market Guide to Vegetables*. Naperville, IL: Sourcebooks.
Liu, T (1990). *Fairy Tale Soup: Traditional Chinese Recipes with Related Stories*. Ballwin, MO: China Bridge Publisher.
Mayhew, D (2015). *The Soup Bible: All The Soups You Will Ever Need In One Inspirational Collection - Over 200 Recipes From Around The World* (Paperback Edition). London, UK: Hermes House.
Perrosian, I, & Underwood, D (2006). *Armenian Food: Fact, Fiction & Folklore*. Morrisville, NC: Lu Lu Inc.,.
Romagnoli, M & Romagnoli, G. F (1996). *Zuppa!: A Tour of the Many Regions of Italy and Their Soups* (1ᵗ Edition). New York, NY: Henry Holt & Co.
Sheasby, A (2005). *The Ultimate Soup Bible: Over 400 Recipes for Delicious Soups from Around the World with Step-by-step Instructions for Every Recipe*. New York, NY: Barnes & Noble Inc.,.

参考Webサイト

この本を作成するにあたって、数多くのWebサイトを参照させていただいた。Wikipedia.orgに関しては、この本に登場するスープが同サイトに記載されている場合すべてを参照した。個々のスープでは少なくとも6〜15ほどのWebサイトを参考にして原稿を作成したが、スペースの都合上、レシピを書く上で主に参照させていただいたWebサイトを1つのみ記載した。

British Oxtail Soup (P14) https://www.theguardian.com/lifeandstyle/2010/oct/30/traditional-british-soup-recipes ／ Cock-a-Leekie Soup (P15) https://www.bbcgoodfood.com/recipes/2875665/cockaleekie-soup ／ London Particular (P16) https://www.theguardian.com/lifeandstyle/2010/oct/30/traditional-british-soup-recipes ／ British Watercress Soup (P17) http://www.watercress.co.uk/recipe/hot-or-cold-watercress-soup/ ／ Hairst Bree (P18) https://foodanddrink.scotsman.com/recipes/traditional-scottish-recipe-hairst-bree-hotch-potch/ ／ Cawl (P19) https://naturalkitchenadventures.com/welsh-cawl/ ／ Cawl Cennin (P20) http://erinmellor.com/welsh-leek-caerphilly-soup-easy-vegetarian-recipe/ ／ Cullen Skink (P21) https://www.theguardian.com/lifeandstyle/wordofmouth/2012/jan/05/how-to-cook-perfect-cullen-skink ／ Irish Bacon and Cabbage Soup (P22) https://www.allrecipes.com/recipe/100378/irish-bacon-and-cabbage-soup/ ／ Guinness Soup (P23) https://laughingspatula.com/guinness-irish-stew/ ／ Käsesuppe (P25) https://www.chefkoch.de/rezepte/101181040977258/Kaesesuppe.html ／ Sieben Kräutersuppe (P26) https://germanfoods.org/recipe/traditional-seven-herb-soup/ ／ Frankfurter Suppe (P27) https://www.podoroele.de/rezepte/frankfurter-suppe ／ Geröstete Kurbissuppe (P28-29) https://www.youtube.com/watch?v=0RL8z6F92tY ／ Heiße Kohlrabisuppe (P30) https://eatsmarter.de/rezepte/kohlrabisuppe-kaesetoast ／ Frittantensuppe (P31) https://www.kochrezepte.at/a-gschmackige-frittatensuppe-rezept-3344 ／ Grießnockerlsuppe (P32) https://www.ichkoche.at/griessnockerlsuppe-rezept-4527 ／ Wiener Erdäpfelsuppe (P33) https://www.ichkoche.at/wiener-erdaepfelsuppe-rezept-3122 ／ Waterzooi (P34-35) https://njam.tv/recepten/gentse-waterzooi ／ Bouneschlupp (P36) http://globaltableadventure.com/recipe/green-bean-soup-bouneschlupp/ ／ Snert (P37) https://stuffdutchpeoplelike.com/2015/03/15/dutch/ ／ Mosterdsoep (P38) https://www.24kitchen.nl/recepten/overijsselse-mosterdsoep ／ Bündner Gerstensuppe (P39) http://www.littlezurichkitchen.ch/graubunden-barley-broth/ ／ Kartoffelsuppe (P40) https://www.kartoffelsuppe-emmentaler-art-rezept-4605 ／ Velouté de Châtaignes (P41) https://food52.com/recipes/24025-roasted-chestnut-bisque ／ Bouillabaisse (P42) http://toulon.org/recette/bouillabaisse-marseillaise.htm ／ Soupe à L'oignon (P43) http://www.slate.fr/story/154499/vraie-recette-soupe-oignon ／ Consommé (P44-45) https://www.youtube.com/watch?v=IR3IDPmr2Xg ／ Pot-au-Feu (P46) https://cuisine.journaldesfemmes.fr/recette/176020-pot-au-feu ／ Ragout (P47) https://behind-the-french-menu.blogspot.com/2018/06/ragout-traditional-french-stew-ragouts.html ／ Ratatouille (P48-49) https://www.cuisineaz.com/recettes/la-ratatouille-de-ratatouille-79548.aspx ／ Vichyssoise (P50) http://lesotlylaisse.over-blog.com/article-la-creme-vichyssoise-84810392.html ／ Soupe de Tomates (P51) https://www.amourdecuisine.fr/article-soupe-de-tomate-parfaite-et-veloutee-114752334.html ／ La Soupe d'Andgulle (P52) http://tonymusings.blogspot.com/2011/07/jersey-kitchen-part-2.html ／ Escudella (P54-55) https://hubpages.com/food/Escudella-An-Andorran-Catalan-Food-Recipe ／ Caldo Verde (P56) https://www.teleculinaria.pt/receitas/sopas/caldo-verde-portuguesa/ ／ Sopa de Pedra (P57) https://easyportugueserecipes.com/stone-soup-sopa-de-pedra/ ／ Açorda Alentejana (P58) https://pt.petitchef.com/receitas/prato-principal/acorda-a-alentejana-acorda-de-alho-ou-acorda-de-coentros-fid-1382778 ／ Caldeirada de Peixe (P59) https://www.pingodoce.pt/receitas/caldeirada-de-peixe/ ／ Canja de Galinha (P60) http://www.receitas-portuguesas.com/receitas/canja-de-galinha/ ／ Caldillo de Perro (P61) https://petitchef.es/receitas/plato/caldillo-de-perros-gaditano-fid-150052 ／ Fabada Asturiana (P62) https://www.recetasderechupete.com/receta-de-fabada-o-fabes-asturianas/982/ ／ Gazpacho (P63) https://www.directoalpaladar.com/recetas-de-sopas-y-cremas/receta-de-gazpacho-andaluz-tradicional ／ Oliaigua amb Figures (P64) http://www.menorca.es/Documents/Documents/1006?docs4.pdf ／ Fabes con Almejas (P65) https://www.sabervirtv.com/cocina-sana-sergio/alubias-con-almejas_265 ／ Pisto (P66) https://www.youtube.com/watch?v=J3DVpk8Q2zE ／ Marmitako (P67) https://www.hogarmania.com/receitas/pescados-mariscos/201402/marmitako-bonito-tradicional-23507.html ／ Minestrone di Verdure (P68) https://ricette.giallozafferano.it/Minestrone-di-verdure.html ／ Minestra Maritata (P69) https://www.quicampania.it/piattitipici/minestra-maritata.html ／ Garmugia (P70-71) https://www.trucchidicasa.it/ricette/primi-piatti/garmugia-zuppa-primaverile-lucchesia-garfagnana/ ／ Maccu di Fave (P72) https://www.dissapore.com/ricette/macco-di-fave-la-ricetta-perfetta/ ／ Buridda di Seppie (P73) https://www.trucchidicasa.com/ricette/secondi-piatti/pesce/buridda-di-seppie/ ／ Minestra di Ceci (P74) https://www.lacucinaitaliana.it/ricetta/primi/minestra-di-ceci/ ／ Ribollita (P75) https://www.buttalapasta.it/articolo/ricetta-ribollita/13055/ ／ Stracciatella & Mille Fanti (P76-77) https://www.misya.info/ricetta/stracciatella-in-brodo.htm ／ Brodu (P78) https://taste.com.mt/recipe/brodu-tallaham-beef-broth/117203 ／ Kusksu (P79) https://www.maltatoday.com.mt/lifestyle/food/65110/kusksu_bilful_fresh_broad_bean#.XXJMgChKhPY ／ Soppa tal-Armla (P80) http://www.amaltesemouthful.com/widows-soup-soppa-tal-armla/ ／ Ričet (P81) https://www.youtube.com/watch?v=EqvDHWKmJwI ／ Jota (P82) http://www.thegutsygourmet.com/natl-croatia.html ／ Bujta Repa (P83) https://www.sitfit.si/recepti/brezmesna-bujta-repa/ ／ Manestra (P84) http://heneedsfood.com/recipe/istarska-manestra-istrian-minestrone/ ／ Pasticada (P85) http://split.gg/pasticada/ ／ Čobanac (P86-87) https://finirecepti.net.hr/priprema/cobanac/ ／ Pileći Paprikaš (P88-89) https://dobartek.spar.hr/hr/recepti/juhe/pijani-pileci-paprikas,318.html ／ Begova Čorba (P90) https://www.oslobodjenje.ba/o2/zivot/hrana-i-pice/begova-corba-kraljica-svake-trpeze ／ Grah (P91) https://balkanlunchbox.com/balkan-bean-stew-grah-bez-mesa/ ／ Čobanska Krem od Vrganja (P92) https://www.196flavors.com/montenegro-cream-of-mushroom-soup/ ／ Čorba od Koprive (P93) https://www.nerowolfe.org/pdf/tidbits/Wolfe's_Montenegrin_Cookbook_by_Lon_Cohen+Jean_Quinn.pdf ／ Supe me Trahana (P94) https://agroweb.org/lajme/trahanaja-me-e-mire-receta-tradicionale-agroweb/ ／ Mish me Lakra (P95) https://whenfetametolive.com/cabbage-stew/ ／ Teleska Corba (P96) https://www.youtube.com/watch?v=9U-l3WHPBUs ／ Fasolada (P97) http://www.mygreekdish.com/recipe/traditional-greek-bean-soup-recipe-fasolada/ ／ Kotosoupa Avgolemono (P98) https://www.realgreekrecipes.com/recipe/greek-lemon-chicken-soup-recipekotosoupa-avgolemono/ / Tahinosoupa (P99) https://www.argiro.gr/recipe/taxinosoupa-meg-paraskevis/ / Čorba od Karfiola (P100) http://www.passingtherelish.com/2013/10/serbian-cauliflower-corba-soup/ / Ayran Çorbası (P101) https://ar-vids.com/video/ayran-a%C5%9F%C4%B1-%C3%A7orbas%C4%B1-f91eMV0hnk0.html / Domates Çorbası (P102) https://www.nefisyemektarifleri.com/domates-corbasi/ / Tarhana Çorbası (P103) https://idilyazar.com/tarifler/tarhana-corbasi-tarifi/ / Lahana Çorbası (P104) https://yemek.com/tarif/karalahana-corbasi/ / Badem Çorbası (P105) https://www.nefisyemektarifleri.com/sutlu-badem-corbasi/ / Sultan Çorbası (P106) https://yemektarifim.net/sultan-corbasi/ / Gule Ærter (P108) https://www.dk-kogebogen.dk/opskrifter/24319/gule-aerter-med-flaesk-medister-og-rugbroed / Hønsekødssuppe med Kødboller (P109) https://www.valdemarsro.dk/hoensekoedssuppe-med/ / Valkosipulikeitto (P110) http://mammituokkonen.blogspot.com/2014/02/roasted-garlic-soup-paahdettu.html / Siskonmakkarakeitto (P111) https://www.kotikokki.net/reseptit/nayta/100190/Siskonmakkarakeitto/ / Kesäkeitto (P112) https://www.valio.fi/reseptit/kesakeitto/ / Fiskisúpa (P113) http://mimithorisson.com/2012/06/20/icelandic-fish-soup/ / Kakósúpa (P114) https://eattheroadsite.wordpress.com/2017/02/12/kakosupa-icelandic-cocoa-soup/ / Lapskaus (P115) https://www.matprat.no/oppskrifter/tradisjon/lapskaus/ / Fiskesuppe (P116-117) https://www.siljafromscratch.com/2017/09/25/norwegian-fiske-suppe-the-lazy-way-nordic-fish-soup-in-a-hurry/ / Ärtsoppa (P118) https://www.tasteline.com/recept/artsoppa-3/ / Fruktsoppa (P119) https://www.hemtrevligt.se/hemmetsjournal/recept/mormors-fina-fruktsoppa-3817/ / Vårens Nässelsoppa (P120) https://semiswede.com/2012/04/10/nasselsoppa-nettle-soup/ / Värskekapsasupp (P122) http://nami-nami.blogspot.com/2014/11/estonian-lamb-soup-with-cabbage.html / Seljanka (P123) https://toidutare.ohtuleht.ee/928525/kodune-seljanka# / Frikadeļu Zupa (P124-125) http://www.garsigalatvija.lv/frikadelu-zupa/ / Šaltibarščiai (P126) https://www.youtube.com/watch?v=3re9GsOgrnuI / Grybienė (P127) http://spice.tv3.lt/receptas/grybiene-3842 / Sup sa Sčaūja (P128) https://kuhnya.school11mog.by/2018/01/04/с у п с а щ ч а ў ў я / Shkembe Chorba (P129) https://recepti.gotvach.bg/r-6056-Оригинална_шкембе_чорба / Bob Chorba (P130) http://bulgariatravel.org/data/doc/ENG_37-Bob_chorba.pdf / Leshta Chorba (P131) http://perfectfood.ru/2013/09/28/bolgarskij-vegetarianskij-sup-iz-chechevicy-leshha-chorba/ / Česnečka (P132) https://recepty.vareni.cz/nase-cesnekova-polevka/ / Bramboračka (P133) https://www.tresbohemes.com/2018/03/bramboracka-or-classic-czech-potato-soup/ / Gulyásleves (P134-135) http://budapestcookingclass.com/authentic-hungarian-goulash-soup-recipe/ / Halászlé (P136) http://budapestcookingclass.com/hungarian-fish-soup-recipe-halaszle/ / Borleves (P137) http://www.mindmegette.hu/karacsonyi-borleves.recept/ / Biały Barszcz (P138) http://www.tastingpoland.com/food/recipes/white_borscht_recipe.html / Rosół (P139) https://www.zajadam.pl/en/broth-recipe / Krupnik (P140) https://www.polishyourkitchen.com/polishrecipes/polish-pear-barley-soup-krupnik/ / Ciorbă de Fasole cu Afumătură (P141) https://savoriurbane.com/fasole-verde-pastai-cu-smantana-usturoi-si-afumatura/ / Ciorbă de Pește (P142) https://retete.unica.ro/recipes/ciorba-de-peste/ / Fazuľová Polievka (P143) https://dobruchut.azet.sk/recept/27383/fazulova-polievka-jokai/ / Okroshka (P144) https://www.enjoyyourcooking.com/soup-recipes/okroshka.html / Svekolnik (P145) http://petersfoodadventures.com/2017/07/07/svekolnik-soup/ / Shchi (P146) https://www.youtube.com/watch?v=gZDTVSLcNdU / Borscht (P147) http://proudofukraine.com/traditional-ukrainian-borscht-history-variations-recipes/ / Horokhivka (P148) http://wworld.com.ua/recepts/30997 / Kulish (P149) https://ukrainefood.info/recipes/soups/28-kulish / Bozbash (P150) https://heghineh.com/soup-bozbash/ / Kololak Apur (P151) http://www.mission-food.com/2011/03/armenian-meatball-soup.html?fbclid=IwAR3cc-Fx0iyksyZ-enH0COioGsR1Ah5x30uCmjwKnx6NP5hwfFYQ6SFGlY / Chikhirtma (P152-153) http://www.georgianjournal.ge/georgian-cuisine/30190-chikhirtma-hearty-chicken-soup-with-a-distinct-flavor.html / Küfta-Bozbaş (P154) https://azcookbook.com/2014/02/12/kufte-bozbash-or-azerbaijani-meatball-soup / Dovga (P155) https://azcookbook.com/2011/04/13/yogurt-soup-with-fresh-herbs-and-chickpeas-dovgha/ / Dushbere (P156) https://azcookbook.com/2008/01/26/dumpling-soup-dushbere/ / Fungee & Pepperpot (P158) https://www.youtube.com/watch?v=DcG6kOYRbMc / Sopi di Pampuna (P159) https://www.visitaruba.com/aruba-recipes/sopi-di-pampuna-pumpkin-soup/ / Bahamian Pea & Dumpling Soup (P160-161) http://cookingwithsugar.blogspot.com/2012/01/peas-soup-and-dumplings.html / Sopa de Caracol (P162) http://smallhopebay.blogspot.com/2013/02/conch-chowder.html / Bajan Soup (P163) https://michaelwoodpress.wordpress.com/2017/01/14/welcome-to-michaels-culinary-blg/ / Cayman Fish Tea (P164) http://www.caribbeanchoice.com/forums/forum_posts.asp?TID=78091 / Fricasé de Pollo (P165) https://tastetheislandstv.com/fricase-de-pollo-fricassee-chicken/ / Guiso de Maiz (P166) http://cubanfood.blogspot.com/2014/05/guiso-de-maiz-de-miriam-cuban-corn-stew.html / Sancocho (P167) https://www.dominicancooking.com/125-sancocho-de-7-carnes-7-meat-hearty-stew.html / Habichuelas Guisadas (P168) https://www.chefzeecooks.com/easy-dominican-beans/ / Asopao (P169) https://thepetitgourmet.com/asopao-de-camarones-shrimp-rice-stew/ / Soup Joumou (P170-171) http://haitian-rec pes.com/soup-joumou/ / Jamaican Red Pea Soup (P172) http://www.jamaicatravelandculture.com/food_and_drink/red_pea_soup.htm / Caldo Santo (P173) https://www.aarp.org/espanol/cocina/recetas/info-2016/caldo-santo-sopa-pescado-viandas-coco.html / Trinidadian Corn Soup (P174) https://www.simplytrinicooking.com/corn-soup-trini-style/ / Escabeche (P175) http://www.belizepoultry.com/recipes/viewrecipe/tabid/91/articleid/54/escabeche.aspx / Chimole (P177) https://ambergriscaye.com/forum/ubbthreads.php/topics/511132/chimole.html / Sopa de Mondongo (P178) http://www.whats4eats.com/soups/sopa-de-mondongo-recipe / Sopa Negra (P179) https://www.costarica.com/recipes/sopa-negra-bean-soup / Sopa de Pollo (P180) https://latinaish.com/2014/08/25/sopa-de-pollo-salvadorena/ / Sopa de Frijoles (P181) https://www.elsalvadormipais.com/sopa-de-frijoles-con-costilla-de-cerdo / Kak'ik (P182) http://www.thefoodieskitchen.com/en/2010/09/10/kaq-ik/ / Caldo de Res (P183) http://recetasguatemaltecasymas.blogspot.com/2014/06/caldo-de-res-guatemalan-beef-stew.html / Atol de Elote (P184) https://www.elheraldo.hn/cocina/981993-466/c%C3%B3mo-preparar-un-delicioso-atol-de-elote / Caldo de Camaron (P185) http://www.amigosmap.com.mx/2015/12/29/caldo-de-camaron/ / Pozole (P186-187) https://www.mexicoenmicocina.com/como-hacer-pozole-rojo/ / Sopa Azteca (P188-189) https://www.saveur.com/mexican-tortilla-sot.p-sopa-azteca-recipe / Carne en Su Jugo (P190) https://hispanickitchen.com/recipes/carne-en-su-jugo-braised-beef-tomatillo-broth/ / Sopa de Aguacate (P191) https://www.mexicanplease.com/avocado-soup/ / Sopa de Lima (P192-193) https://hispanickitchen.com/recipes/sopa-de-lima/ / Indio Viejo (P194) http://www.n caraguafood.org/Indio-viejo.php / Sopa de Albondigas (P195) https://batabolavolunteers.wordpress.com/2015/05/20/sopa-de-albondigas-nicaraguan-dumpling- / Locro (P196) https://therealargentina.com/en/recipe-for-argentine-locro/ / Carbonada Criolla (P197) https://caserissimo.com/2014/04/carbonada-criolla-argentina/ / Guiso de Lentejas (P198-199) http://www.seashellsandsunflowers.com/2010/05/celebrating-200-years-of-argentina.html#.XW133ShKhPa / Sopa de Mani (P200) https://boliviancookbook.wordpress.com/soups/sopa-de-mani/ / Fricasé (P201) https://boliviancookbook.wordpress.com/tag/fricase-paceno/ / Feijoada Brasileira (P202) https://www.saveur.com/article/Recipes/Beans-Pork-Rice-Collards / Moqueca de Camarão (P203) https://www.tudoreceitas.com/receita-de-moqueca-de-camarao-378.html / Sopa de Mariscos (P204) http://chileanrecipes.blogspot.com/2011/10/paila-marina.html / Changua (P205) https://www.colombia.com/gastronomia/asi-sabe-colombia/sopas/sdi140/16043/changua / Ajiaco (P206) https://www.mycolombianrecipes.com/ajiaco-bogotano-colombian-chicken-and / Cuchuco (P207) https://antojandoando.com/recetas/cuchuco-de-maiz/ / Biche de Pescado (P208-209) https://www.laylita.com/recipes/biche-de-pescado-or-fish-soup/ / Caldo de Bolas de Verde (P210-211) https://www.laylita.com/recipes/caldo-de-bolas-de-verde/ / Fanesca (P212) https://www.19offlavors.com/ecuador-fanesca/ / Soyo (P213) https://www.19offlavors.com/paraguay-soyo/ / Vori Vori (P214) http://www.tembiuparaguay.com/recetas/otra-receta-de-vori-vori/ / Sancocho (P215) http://www.foodlunatic.com/2014/12/sancochado-peruvian-braised-beef-and.html / Chupe de Camarones (P216) http://perudelights.com/chupe-de-camarones-shrimp-chupe-our-champion-soup/ / Inchicapi (P217) https://emilyandrafael.wordpress.com/2014/03/12/flavors-of-the-amazon-inchicapi/ / Saoto (P218) https://www.youtube.com/watch?v=Mnh4fc06OEQ / Puchero (P219) https://www.gastronomia.com.uy/Gastronomia/Pucheroouc65720 / Chupe Andino (P220) https://www.facebook.com/venezuelatextra/posts/chupe-andino-venezolano-recetael-origen-de-este-sopa-es-de-per%C3%BA-pero-su-combinac/1038124746169978/ / Bermuda fish Chowder (P222-223) https://www.lionfish.bm/assets/pdf/Chris_Malpas_Lionfish_Chowder.pdf / Canadian Yellow Pea Soup (P224) http://www.pbs.org/food/kitchen-vignettes/quebec-style-yellow-pea-soup/ / Canadian Cheddar Cheese Soup (P225) https://www.dairygoodness.ca/recipes/canadian-cheddar-cheese-soup / Chicken Noodle Soup (P226) https://www.myrecipes.com/recipe/old-fashioned-chicken-noodle-soup / Brunswick Stew (P227) https://practicalselfreliance.com/traditional-brunswick-stew/ / Pot Likker Soup (P228) https://addapinch.com/pot-likker-soup-recipe/ / Green Chile Stew (P229) http://www.geniuskitchen.com/recipe/authentic-new-mexico-green-chile-stew-277862 / Gumbo (P230-231) http://www.gumbocooking.com/authentic-New-Orleans-gumbo-recipe.html / New England Clam Chowder (P232) https://newengland.com/today/food/massachusetts-new-england-clam-chowder/ / Maryland Crab Soup (P233) https://www.monicastable.com/maryland-crab-soup-recipe/ / Taco Soup (P234) https://downshiftology.com/recipes/taco-soup/ / Burundian Bean Soup (P236) https://www.globaltableadventure.com/recipe/red-kidney-beans-with-plantains/ / Mlsir Wot (P237) http://thespiceisland.blogspot.com/2012/11/trulyauthentic-mesir-wot.html / Shiro Wat (P238) https://theberberediaries.wordpress.com/2009/02/06/recipes-shiro-alecha-and-shiro-wat/ / Kenyan Mushroom Soup (P239) https://dejavucook.wordpress.com/2011/03/02/kenyan-mushroom-soup/ / Kenyan Tilapia Fish Stew (P240) http://sheenaskitchen.com/fish-stew-kenya-style/ / Romazava (P241) https://www.internationalcuisine.com/malagasy-romazava/ / Sopa de Feijao Verde (P242) http://www.recetasdetodoelmundo.com/detalle. php?a=sopa-de-feijao-verde-de-mozambique&t=40&d=687 / Agatogo (P243) http://btckstorage.blob.core.windows.net/site10336/Recipes/Rwandan%20Agatogo%20 (vegetable%20and%20plantain%20stew).pdf / Maraq Fahfah (P244) https://www.internationalcuisine.com/djibouti-fah-fah/ / Supu ya Ndizi (P245) http://world-culinaire.blogspot.com/2008/04/supu-ya-ndizi-plantain-soup.html / Sorghum Soup (P246) http://www.fao.org/in-action/inpho/resources/cookbook/detail/en/c/635/ / Calulu (P247) https://allafricandishesng.blogspot.com/2016/09/angolan-recipes-calulu-de-peixe-fish.html / Elephant Soup (P248) http://www.congocookbook. com/soup-and-stew-recipes/elephant-soup/ / Muamba Nsusu (P249) http://www.geniuskitchen.com/recipe/muamba-nsusu-congo-chicken-soup-455555 / Poulet Nyembwe (P250) http://www.congocookbook.com/category-chicken-recipes/poulet-moambe-poulet-nyembwe/ / Berkoukes (P251) https://miammiamyum. com/2017/03/02/algerian-berkoukes/ / Bouktouf (P252) http://www.aminoz.com.au/content/blog/bouktouf/ / Kolkas (P253) http://cairocooking.com/md_recipe/traditional-kolkas-with-green-herbs/ / Molokhiya (P254) https://chefindisguise.com/2017/05/15/mulukhiyah-a-stew-fit-for-royals/ / Harira (P255) https:// tasteofmaroc.com/moroccan-harira-soup-recipe/ / Bissara (P256) https://tasteofmaroc.com/moroccan-split-pea-bessara/ / Kefta Mkaoura (P257) https:// tasteofmaroc.com/moroccan-meatball-tagine-tomato-sauce/ / Mrouzia (P258-259) https://www.youtube.com/watch?v=Gt2D2Mj0VNw / Marka Jelbana (P260) http://cuisinedewissal.canalblog.com/archives/2007/11/11/6844532.html / Lablabi (P261) https://www.baya.tn/rubriques/cuisine/soupe-de-pois-chiches-lablabi/ / Botswana Pumpkin Soup (P262) https://www.196flavors.com/botswana-pumpkin-soup/ / South African Butternut Soup (P263) http://www.getaway.co.za/food/healthy-hearty-butternut-soup-recipe/ / Maafe (P264) https://www.africanbites.com/maafe-west-african-peanut-soup/ / Kedjenou (P265) https://www.youtube.com/watch?v=4QQy079N02k / Ebbeh (P266) https://www.jammarekk.com/cookingwithjamma-easy-healthy-recipes-homec/thick-ebbeh-soup / Plasas (P267) https://www.youtube.com/watch?v=7C2xtbhaSMU / Fetri Detsi (P268-269) http://betumiblog.blogspot.com/2011/07/recipe-91-light-okra-soup-wchicken-ewe.html / Liberian Eggplant Soup (P270) https://www.youtube.com/watch?v=PMAiBJPQsEs / Egusi Soup (P271) http://www.allnigerianrecipes.com/soups/fried-egusi-soup.html / Afang Soup (P272) https://www.yummymedley.com/nigerian-afang-soup/ / 芝麻糊 (P274) https://www.youtube.com/watch?v=ybjXOHQZ9Q4 / 鲫鱼汤 (P275) https://www.chinasichuanfood.com/chinese-fish-soup/ / 药膳鸡汤 (P276) https://www.chinasichuanfood.com/herbal-chicken-soup/ / 蟹肉玉米汤 (P277) https://www.xinshipu.com/zuofa/84437 / 酸菜鱼 (P278) https://www.xiachufang.com/recipe/102227807/ / 冬瓜丸子汤 (P279) https://omnivorescookbook.com/recipes/winter-melon-meatball-soup / 排骨莲藕汤 (P280) https://souperdiaries.com/lotus-root-soup-recipe/ / 蛋花汤 (P281) https://www.chinasichuanfood.com/egg-drop-soup/ / 酸辣汤 (P282) https://www.youtube.com/watch?v=2Oc8rfEjVC4 / Bantan (P289) https://www.mongolfood.info/en/recipes/bantan.html / 만둣국 (P290-291) https://www.koreanbapsang.com/2011/01/manduguk-korean-dumpling-soup.html / 갈비탕 (P292) http://www.10000recipe.com/recipe/5055288 / 삼계탕 (P293) https://www.maangchi.com/recipe/samgyetang / 매운 탕 (P294) https://www.maangchi.com/recipe/maeuntang / 된장찌개 (P295) http://www.beyondkimchee.com/doenjang-jjigae/ / 김치찌개 (P296) https://mykoreankitchen.com/kimchi-jjigae/ / 순두부찌개 (P297) https://mykoreankitchen.com/sundubu-jjigae/ / 소고기 무국 (P298) http://www.beyondkimchee.com/beef-radish-soup/ / 台湾麻油鸡汤 (P299) https://www.angelwongskitchen.com/sesameoilchicken.html / 肉羹 (P300-301) https://tinyurbankitchen.com/ro-geng-mian-ba-genh-pork-bamboo-and/ / 藥燉排骨 (P302) https://icook.tw/recipes/135075 / Shurpa (P304) http://www.centralasia-travel.com/en/countries/uzbekistan/cuisine/shurpa / Chalop (P305) http://gurmania.uz/restorani/uzbekskaya-kuhnya/1983 / Mastava (P306) https://nadiskitchen.com/2017/10/12/uzbek-mastava-soup-rice-and-meat-soup/ / Mashawa (P307) http://www.afghancultureunveiled.com/humaira-ghilzai/afghancooking/2013/11/confessions-of-crock-pot-convert-afghan.html / Haleem (P308) https://zuranazrecipe.com/haleemhow-to-make-serve-haleem-in-bangladesh/ / Ema Datshi (P309) https://www.compassandfork.com/recipe/ema-datshi-beloved-bhutanese-cuisine/ / Dal Shorba (P310) https://food.ndtv.com/recipe-moong-dal-shorba-100506 / Palak Shorba (P311) https://www.sanjeevkapoor.com/recipe/Palak-Shorba-KhaanaKhazana.html / Ulava Charu (P312) https://kannaarun23.blogspot.com/2017/04/ulavacharu-recipe.html / Gobi Masala (P313) https://www.vegrecipesofindia.com/gobi-masala-recipe-gobi-recipes/ / Rasam (P314) https://www.pepperbowl.com/authentic-rasam-recipe-south-indian-rasam/ / Sambar (P315) https://www.cookwithmanali.com/sambar/ / Punjabi Kadhi (P316) https://recipes.timesofindia.com/recipes/punjabi-kadhi/rs62456091.cms / Garudhiya (P317) https://nadiyas-tastesofmaldives.blogspot.jp/2011/10/garudiya-fish-soup.html / Kwati (P318) https://nepaliaustralian.com/2014/06/03/kwati-nepali-mixed-bean-soup/ / Jhol Momo (P319) http://www.anupskitchen.com/recipes/momo-dumplings/ / Nihari (P320) http://pakistani-cuisine.com/traditional-pakistani-nihari/ / Khichra (P321) https://miansari66.blogspot.com/2012/11/khichra.html / Mulligatawny (P322) https://www.unileverfoodsolutions.lk/recipe/chicken-mulligatawny-soup-with-red-lentils-R0059568.html / Samlor Kako (P324) http://www.amokcuisine.com/soups-curries/20-recipes/soups-curries/133-soup-samlor-kako / Samlor Kari (P325) https://cambokitchen.wordpress.com/2014/08/15/khmer-redyellow-chicken-curry-somlar-kari-saek- mouan/ / Keng No Mai Sai Yanang (P326) https://www.youtube.com/watch?v=gZtLEI6KZME / Sup Brenebon (P327) https://thedivingcomedy.wordpress.com/2016/04/08/how-to-make-brenebon-soup-recipe-2/ / Konro (P328) https://rasamasa.com/en/recipes/sup-konro / Rawon (P329) https://www.belindo.com/indonesia/indonesian-recipes/soups/sop-rawon-beef-soup/195 / Tekwan (P330-331) http://elieslie.blogspot.com/2011/08/tekwan-indonesia-fish-ball-soup-with.html / Tongseng (P332) https://www.theschizochef.com/2013/03/tongseng-kambing-via-indonesia-eats/ / Sup Ayam (P333) https://en.petitchef.com/recipes/main-dish/sup-ayam-ala-mamak-chicken-soup-malaysian-indian- muslim-style-fid-484991 / Chin Yay Hin (P334) http://pickledtealeaves.com/traditional-burmese-sour-soup/ / 肉骨茶 (P335) http://goodyfoodies.blogspot.jp/2016/05/recipe-singapore-bak-kut-teh.html / 咖喱鱼头 (P336) https://www.foodforlifetv.sg/video-cookbook/video/fish-head-curry-0 / Khao Tom (P337) https://delishar.com/2015/09/thai-rice-soup-khao-tom.html / Tom Kha Gai (P338) https://www.eatingthaifood.com/tom-kha-gai- / Tom Yum (P339) https://hot-thai-kitchen.com/tom-yum-goong/ / Gaeng Keow Wan (P340) https://hot-thai-kitchen.com/green-curry-new-2/ / Cháo Gà (P341) http://thuyancom.blogspot.com/2017/08/chao-ga-vietnamese-chicken-congee.html / Lẩu (P342) https://www.youtube.com/watch?v=ttSLQl3HuPQ / Bò Kho (P343) https://thewoksoflife.com/2017/10/bo-kho-spicy-vietnamese-beef-stew/ / Australian Pie Floater (P344) https://www.findingfeasts.com.au/recipe-index/ham-and-pea-pie-floater-with-mash-potato/ / Fijian Fish Soup (P345) http://www.borrowedsalt.com/blog/2014/1/22/fijian-fish-soup / Guamanian / Chamorro Corn Soup (P346) http://www.annieschamorrokitchen.com/corn-soup/ / Luau Stew (P347) https://www.frolichawaii.com/stories/the-luau-stew-from-heeia-pier / Kumara Soup (P348) https://www.bite.co.nz/recipe/6221/Golden-kumara-soup-with-ginger-and-garlic/ / Suafa'i Banana Soup (P349) http://www.samoafood.com/2010/08/suafai-banana-soup.html / Curried Coconut and Lime Gourd Soup (P350) https://theglobalreader.com/2015/05/01/cooking-for-the-solomon-islands-part-2-coconut-lime-curry-soup/ / Marak Kubbeh Adom (P352) http://recipesbyrachel.com/wp-content/uploads/2013/05/3.recipesbyrachel.kubbastews.pdf / Margat Bamia (P353) https://www.thebigsweettooth.com/margat-bamia-iraqi-mutton-okra-stew/ / Shorbat Rumman (P354) http://www.sooran.com/fa/recipes/2305/ / Fesenjān (P355) https://persianmama.com/chicken-in-walnut-pomegranate-sauce-khoresht-fesenjan/ / Āsh e Doogh (P356) http://honestandtasty.com/aashe-doogh-a-delectable-yogurt-based-persian-soup/ / Abgoosht (P357) http://www.thepersianpot.com/recipe/abgoosht-lamb-chickpea-soup/ / Khoresh Bademjan (P358) https://www.196flavors.com/iran-khoresh-bademjan/ / Gormeh Sabzi (P359) http://www.mypersiankitchen.com/ghormeh-sabzi-persian-herb-stew/ / Matzo Ball Soup (P360) https://toriavey.com/toris-kitchen/perfect-chicken-soup/ / Israeli Bean Soup (P361) https://israelforever.org/israel/cooking/israeli_White_bean_soup/ / Shakshouka (P362-363) https://www.haaretz.com/food/how-to-make-israeli-shakshuka-1.5390057 / Shorbet Freekeh (P364) https://www.middleeasteye.net/discover/food-recipe/how-to-make-freekeh-soup-jordanian-eating / Shorbat Adas (P365) http://amandasplate.com/lebanese-lentil-soup/ / Adas Bhamod (P366) http://www.bakefree.co/2017/01/lentil-and-swiss-chard-soup-adas-bi.html / Makhlouta (P367) https://www.mamaslebanesekitchen.com/soups/whole-grains-stew-makhlouta-recipe/ / Matazeez (P368-369) http://www.halalhomecooking.com/matazeez-%D9%85%D8%B7%D8%A7%D8%B2%D9%8A%D8%B2- margoog/ / Harees (P370) https://emiratickitchen.wordpress.com/2012/07/23/harees/ / Fahsa (P371) http://www.shebayemenifood.com/content/fahsa-saltah

あとがき

　私が住むアメリカは、移民の国である。私が今まで会った人たちは、いったいどこの国の出身なのかなんとなく考えてみたことがある。ざっと数えて40ヵ国ぐらいあった。それだけ雑多の人がいるわけで、その人たちの食生活を満たすために、さまざまな国の食材を売る店がいたるところにある。

　そんなアメリカだからこそ、こうした本を書くのが可能なのだが、それでも手に入りにくいものがいくつかあった。とくに苦労したのは、アフリカの食材だ。そもそも、どんなものなのかわからない。近所に1軒だけアフリカの食材を置いているスーパーがある。そのスーパーにはラテンアメリカの食材も置いてあり、結構広い。日本の平均サイズのスーパーよりも広い店内を、棚から棚へとくまなく探す羽目になる。それでもない場合は、あきらめるしかない。インターネットで代替品を探して、それを使うこともしばしばあった。とくに野菜、果物、ハーブは曲者だ。それでなくてもなかなか見つからないのに、そこに季節まで絡んでくる。

　そんな状況でもどうにか300を超えるスープを作ったのだから、よくやったものだと自己満足に浸っているのである。今では、どういう食材ならどこに行けば手に入るというのも、だいたい予測がつくようにまでなったのだから、自分でも大したものだと思っている。

　妻はほとんど料理をせず、食べることが専門だが、毎日スープばかり半年以上も食べ続けてくれたことには感謝しなければならない。
「これが終わったら、次はどんな本にするの」
　撮影が終盤に近付いてきたころ、妻が聞いてきた。
「どうしようかねぇ」などと私がとぼけた返事をすると、妻が言った。
「どんな料理でもいいけど、300というのはやめなさい」

　　　　　　　　　　　　　　　　　　　　　　　　　　　佐藤政人

佐藤政人 さとう・まさひと

アメリカ・ボストン近郊在住の編集者。アウトドア関連の書籍、雑誌の編集者や著者として活躍するほか、プロフェッショナル・フライ・タイヤー（フライフィッシングの毛ばり製作者）として、アメリカでは認知されている。また、料理にも造詣が深く、『日本の郷土料理』シリーズ（ぎょうせい出版）の編集などにも携わったほか、著書に『世界のサンドイッチ図鑑』『アメリカン・スタイルBBQ』（ともに誠文堂新光社）がある。

アートディレクション
草薙伸行
(Planet Plan Design Works)

デザイン
蛭田典子・村田亘
(Planet Plan Design Works)

校正
中野博子

独自の組み合わせが楽しいご当地レシピ 317
世界のスープ図鑑

2019年11月11日　発　行　　　　　　　NDC596
2023年 2月13日　第4刷

著　者　佐藤政人
発行者　小川雄一
発行所　株式会社 誠文堂新光社
　　　　〒113-0033 東京都文京区本郷 3-3-11
　　　　電話 03-5800-5780
　　　　https://www.seibundo-shinkosha.net/
印刷所　株式会社 大熊整美堂
製本所　和光堂 株式会社

©2019, Masahito Sato.
Printed in Japan
検印省略
本書記載の記事の無断転用を禁じます。
万一落丁・乱丁本の場合はお取り替えいたします。

本書のコピー、スキャン、デジタル化等の無断複製は、著作権法上での例外を除き、禁じられています。本書を代行業者等の第三者に依頼してスキャンやデジタル化することは、たとえ個人や家庭内での利用であっても著作権法上認められません。

JCOPY〈(一社)出版者著作権管理機構　委託出版物〉
本書を無断で複製複写（コピー）することは、著作権法上での例外を除き、禁じられています。本書をコピーされる場合は、そのつど事前に、(一社)出版者著作権管理機構（電話 03-5244-5088／FAX 03-5244-5089／e-mail：info@jcopy.or.jp）の許諾を得てください。

ISBN978-4-416-51953-0